前言

“青年强，则国家强。”习近平总书记在党的二十大报告中指出，“当代中国青年生逢其时，施展才干的舞台无比广阔，实现梦想的前景无比光明”，殷切寄语广大青年“立志做有理想、敢担当、能吃苦、肯奋斗的新时代好青年”。青年是整个社会力量中最积极、最有生气的力量，国家的未来在青年，民族的未来在青年。青年一代有理想、有本领、有担当，国家就有前途，民族就有希望，实现中华民族伟大复兴才会有源源不断的力量。

“人生万事须自为，跬步江山即寥廓。”新时代的中国青年身处奔腾向前的时代，拥有风华正茂的青春，肩负建设社会主义现代化强国的光荣使命，施展才华的舞台无比广阔，实现梦想的前景无比光明。生逢盛世追梦时，作为党和国家事业发展的生力军，当代青年要时刻牢记“国之大者”、主动擎起“时代火炬”，用奋斗致敬这可贵的青春与伟大的时代，用自己闪亮的光芒照亮家国远方。

有这样一群青年人，他们秉持着“青春不以山海为远，志愿只向家国未来”的情怀，从青葱校园奔赴基层一线倾情服务，走进绿色军营淬炼报国，闯进创业大潮踔厉奋发，把青春书写在党和人民的伟大事业中，把奋斗播撒在民族复兴的伟大征程上，让人生在国家富强和民族进步中熠熠发光。

他们在扎根基层中擦亮青春底色。北京科技大学张晟传同学毕业后毅然决然放弃北京公务员、高校辅导员、河北航空公司飞行员等舒适工作选择，成为西藏自治区拉萨市城关区金珠西路街道办事处的一位年轻干部。5 年来，他坚持扎根基层服务群众，帮助农民工讨薪 20 余万元，引进 110 余万元的物资，直接打击涉黄涉黑案件 4 起，协助公安机关抓获违法犯罪嫌疑人 13 人，多次受赠当地藏族群众锦旗。他将“小我”融入“大我”，在服务祖国、服务社会、服务边疆、服务西部的生动实践中谱写着人生故事，成就着青春梦想。

他们在顽强拼搏中彰显青春担当。昌吉学院毕业生加德热拉·哈布力万里赴戎机，从北疆阿勒泰到辽宁舰，从碧绿的草原到蔚蓝的大海，跨越 3500 多公里，成为海军辽宁舰的一名操舵兵，开启了长达 5 年的军旅生涯。2018 年南海海上阅兵和 2019 年庆祝人民海军成立 70 周年的海上阅兵中，她连续两次随舰执行阅兵任务，光荣接受习近平主席检阅，并多次随舰出海执行艰巨任务，荣获“优秀士官”表彰和 2 次嘉奖。于高山之巅，方见大河奔涌；于群峰之上，更觉长风浩荡。她青春向党、矢志为国，把热血挥洒在实现强军梦的伟大实践中。

他们在创新创业中激扬青春力量。毕业于金华职业技术学院的钱继昌是百万高职扩招生的代表。三年学到的丰富园艺专业知识为他插上了创业腾飞的翅膀。钱继昌把无花果卖到了全国31个省(直辖市、自治区),也把金华的无花果引种到了全国,其中红皮无花果鲜果销量稳居全国第一,打造了中国无花果王国。他争做中国无花果行业的王者和助农的头雁,助力乡村振兴,致力共同富裕,在全国17个省(直辖市、自治区)共建基地77个,带动就业1万余人,2022年获评首届浙江省农创客助力乡村振兴"金雁奖·助农榜样"。

"志之所趋,无远弗届,穷山距海,不能限也。"时代各有不同,青春一脉相承。无限的远方,无数的青年在不同的时代赛道上奋力奔跑,践行着"强国有我"的铿锵誓言。他们的事迹可学可做,他们的精神可追可及。我们要向这些青年榜样学习,从他们身上汲取人格的力量、精神的力量、奋斗的力量,用脚步丈量祖国大地,用眼睛发现中国精神,用耳朵倾听人民呼声,用内心感应时代脉搏,将梦想与祖国的未来交融,筑就无悔青春。

青春向上,时代向前。教育部学生服务与素质发展中心已连续多年面向全国高校征集大学生就业、创业、入伍典型事迹,2022年我们再出发。本套《第五届闪亮的日子——青春该有的模样》丛书在广泛征集大学生就业、创业、入伍典型人物事迹的基础上,记录当代大学生立志民族复兴,不负韶华,不负时代,不负人民,在青春的赛道上奋力奔跑的感人故事。希望能以本书激励广大大学生在实现中华民族伟大复兴中国梦的伟大实践中书写属于自己的精彩人生,致敬每一位曾经或正在为祖国发展砥砺奋进的大学生。

编　者

2022年12月

第五届

闪亮的日子

青春该有的模样

大学生创新创业
典型人物事迹

DAXUESHENG CHUANGXIN CHUANGYE
DIANXING RENWU SHIJI

教育部学生服务与素质发展中心 编

北京航空航天大学出版社
BEIHANG UNIVERSITY PRESS

内容简介

青春向上，时代向前。教育部学生服务与素质发展中心已连续多年面向全国高校征集大学生就业、创业、入伍典型事迹，2022年我们再出发。本套《第五届闪亮的日子——青春该有的模样》丛书在广泛征集大学生就业、创业、入伍典型人物事迹的基础上，记录当代大学生立志民族复兴，不负韶华，不负时代，不负人民，在青春的赛道上奋力奔跑的感人故事。希望能以本书激励广大大学生在实现中华民族伟大复兴中国梦的伟大实践中书写属于自己的精彩人生，致敬每一位曾经或正在为祖国发展砥砺奋进的大学生。

图书在版编目(CIP)数据

大学生创新创业典型人物事迹 / 教育部学生服务与素质发展中心编. -- 北京 ：北京航空航天大学出版社，2022.12

(第五届闪亮的日子——青春该有的模样)

ISBN 978-7-5124-3966-5

Ⅰ. ①大… Ⅱ. ①教… Ⅲ. ①大学生－创业－先进事迹－中国 Ⅳ. ①K828.4

中国版本图书馆 CIP 数据核字(2022)第 244420 号

大学生创新创业典型人物事迹

教育部学生服务与素质发展中心　编

策划编辑　陈守平　　责任编辑　江小珍　雷　妍

*

北京航空航天大学出版社出版发行

北京市海淀区学院路 37 号(邮编 100191)　http://www.buaapress.com.cn

发行部电话：(010)82317024　传真：(010)82328026

读者信箱：goodtextbook@126.com　邮购电话：(010)82316936

北京雅图新世纪印刷科技有限公司印装　各地书店经销

*

开本：787×1 092　1/16　印张：28　字数：699 千字

2022 年 12 月第 1 版　2022 年 12 月第 1 次印刷　印数：1 100 册

ISBN 978-7-5124-3966-5　定价：179.00 元

若本书有倒页、脱页、缺页等印装质量问题，请与本社发行部联系调换。联系电话：(010)82317024

目录

海南 420

闪亮的日子

北京

从学生开始创业，从学术走向赋能

——北京大学谈国禹事迹

由北京大学 AI 算法博士团队于 2019 年创办的北京砥脊科技有限公司「AI for Science」已经建立集科研工具、学术社区、数据库服务三位一体的科研赋能生态。公司旗下的「AI for Science」数字 AI Lab 是国内首款可应用在科研级别数据量级和学术级别模型精度的 AI 算法可视化 SaaS 分析平台，已与 1000 多个课题组建立合作关系，客户分布在北京大学、清华大学、中国科学院、南开大学、哥伦比亚大学等 180 多所国内外一流高校的研究院，20 多项成果见刊国际顶级刊物。此外，公司还基于人工智能、云计算、大数据技术，推出人工智能前沿文献、高品质科研数据库、学术交流 App 等科研产品矩阵，致力于成为中国数字化时代科研基建的引领者。

「AI for Science」的创始人都是北京大学 AI 交叉学科出身的硕士和博士。他们从学生开始创业，从学术走向赋能。他们一路前行，希望用自己的力量推进中国科研数字化、智能化、现代化的进程，为大国科研的蓝图添砖加瓦。

于学术研究中获得创业灵感

我本人是全国中学生物理奥林匹克竞赛决赛金牌得主，保送北京大学物理学院，在北京大学完成了物理和计算材料学专业的本科和硕士研究生学业，其间在国际顶级学术期刊上发表多篇专业论文。

七年前，我在北京大学研究生阶段参与了“材料基因组＋全固态电池”的国家重大专项研究，在研究过程中学习了用人工智能的方法预测新材料的前沿技术。

一开始，我在掌握人工智能这门技术上投入了大量的精力，后来，在将人工智能技术应用于材料学中时，我发现人工智能的可应用面极其广泛，几乎可以应用到现有的任何学科研究中去。这时，我就萌生了一个想法：何不研发一个像简化 DOS 操作系统的 Windows 图像操作系统那样的、可以简化人工智能操作的系统？这样，各学科的研究者们就可以像通过 Windows 使用电脑一样，简单便捷地操作人工智能技术了，不仅可以极大地降低使用人工智能的门槛，还可以用 AI 算法和大数据赋能学术探索前沿。

于是，我开始着手设计「AI for Science」的雏形。「AI for Science」的设想是一个为研究者提供图形用户界面的 AI 工具系统，研究者只需通过拖拽 AI 图形模块就可以自行设计 AI 项目，这样科研人员就不用花一年的时间学习人工智能技术，从而能更快更多地做出科学突破。

于刻苦实践中寻得创新方向

带着「AI for Science」的想法，我在北京大学第二教学楼下的创业中心申请了三个工位，开始了我的创业旅途。渐渐地，「AI for Science」吸引到了更多北京大学 AI 交叉学科出身的硕士博士同学加入，结合创始团队的学术经历、研究经验和技术掌握，凭借团队内生的学术和技术基因，团队在用 AI 技术赋能科研的道路上不断求索。

我们发现自 2014 年起，国际上 AI 与各学科的前沿交叉研究一直保持着高速增长的态势，AI＋制药、AI＋生命科学、AI＋新材料、AI＋环境、AI＋医疗、AI＋金融等交叉研究发展尤为迅速。目前全球 1%～3%的非 AI 领域学科选择 AI 技术进行交叉学科研究与创新，并在其科研论文中用 AI 技术来描述、记录和传播复杂系统的规律体系。保守预计，未来 10 年内，全球将有 25%～40%的非 AI 学科研究会和 AI 技术结合。

全球学术领域对 AI 交叉研究的关注并非简单意义上的热点追逐，究其根本——AI 模型在本质上是一种适应于复杂系统的规律体系的记录、存储和传播方式。数据时代的到来对科学提出了新的要求：不能如同数据匮乏时代时那样对现象做出高度抽象和单一解释，而要用大量数据对现象做出高度仿真的数字模拟和分析。相应地，这就对数据分析和规律记录方式提出了新挑战：以往“公式＋文字”的规律记录方式不适用于大数据的复杂系统，因为这种方式无法完整、准确和易于传播地表述复杂系统研究中的规律。而“AI 模型＋文字”则正是复杂系统研究规律记录、存储和传播的完美解决方案。这也是学术界热衷于进行 AI 交叉学科研究的根本原因之一。

由此可见，AI 技术在数据时代的科学中承担着规律记载的基建作用，随着 AI 技术的不断发展，随着科研数据量的不断积累，AI 技术将成为未来科学不可或缺的基础组成要素，承担着记录、存储和传播数字孪生和模拟时代下复杂系统的规律。所以，我们团队立志要通过「AI for Science」平台建设“科学 AI 模型”基础设施，为中国未来的科学发展添砖加瓦，实现一个学术创业团队的报国情怀！

于风雨兼程中检验创业初心

“在这个时代长大，社会给予我的太多。一路走来，无论是学习资源，还是生活上的林林总总，都是养育我的物质和精神基础。”

从小到大，成长在国泰民安的中国，感受着无数圣人先哲的精神成果，感受着社会主义现代化建设的朝气蓬勃，我无比幸福。但我感受幸福的同时，却不想受之有愧。随着年龄的增长，我对这种馈赠、这种被守护的感受日益强烈。我想，是时候学着承担更多，在自己力所能及的地方去守护自己的亲人以及更多的人，去回馈社会。我开始思考：“有什么是我能做的吗？”机缘巧合之中，创业就像一束光照进了我的生命。

从小到大，我就特别喜欢挑战，热爱思考，尤其享受自我觉醒的过程。创业能为我打开更大的空间去发现身边更有趣的事情，去应对更多的挑战。相比于其他项目，创业对于我而言更像是一次挑战。在不断迭代的市场，创业的美妙之处就在于它需要你能够孤注一掷、义无反顾地深耕于某一个行业里。恰恰是这种需要长期投入的本质，导致很少人坚持去创业，并且还要达到一定的状态，真正回馈社会。

我们这一代人是很幸运的，可以见证中国在过去的几十年里一步步缔造的奇迹。我想，在现下瞬息万变的社会里，创业是最能让人用直观去感受、去参与改革，收获更多的成长与机会的。

在创业过程中，我最大的幸运便是遇见了很多人与人之间的善良及信任。何谓信任？信任就是在战场上，你可以毫无保留地把自己的后背交给对方。好的创业的前提就是能够知人善用。我很庆幸，我遇到的创业小伙伴们都是发自内心去热爱、去认可创业这件事情。面对挑战时，大家都会凝聚起来，不会退缩，成为彼此最坚实的后盾。挫折与挑战也是对团队最好的馈赠，只有通过不断的历练，团队才能打磨得更好。

近几年，很多人都在谈论资本寒冬这个概念。在投资环境不好的情况下，学生还有必要出来创业吗？

在世人眼里，BAT 是乘着中国崛起的东风迅速成长起来的，却没人记得 BAT 的诞生正处于互联网泡沫的时代。当时，数万的企业倒下了，而 BAT 却从寒冬里走了出来。因此，一家企业的核心能力肯定是它的优秀团队。

我坚信，一家成功的企业一定是能经得起大浪淘沙的。无论外部冷暖，只要团队本身是有生命力的，就总能披荆斩棘闯出一番天地来。

希望有一天我和我的团队可以与公司和产品一道，闯出一番天地。

（北京高校大学生就业创业指导中心供稿）

科技创新路上，初心不改，砥砺前行

——北京工业大学王志举事迹

在承担多项大型项目的负责人或技术顾问后，王志举认为自己已经掌握了足够的技能和资源，并充分了解了市场需求，是时候通过创业来创造价值了。

厚积薄发的后起之秀

自高中起，王志举就认为自己应该创立一家高科技公司，甚至让公司成长为市场细分领域的冠军也不是不可能。在他看来，人类的科技爆炸具有史诗般宏伟壮阔的美感，资本的商业运作包含高度的复杂与智慧，二者结合是实现人生价值的绝佳途径。他对科技和商业的书籍深深入迷，成了老师眼里聪明但不好好学习的问题学生。一转眼八年时间过去了，王志举当时的志向在坚持不懈的努力中成了现实。

北京格镭信息科技有限公司（简称格镭）聚焦于数字孪生领域的三维重建和自动驾驶领域的智能传感器，为高级别自动驾驶提供激光与视觉深度耦合的智能传感器。公司项目先后获得第七届中国国际“互联网＋”创新创业大赛国家金奖、第三届首都高校创新创业大赛冠军、第十届高校科技创新成果展示推介会一等奖暨创新金奖等高规格奖项，并入围了中国科协2021“科创中国”先导技术榜单（装备制造领域）。

作为还没毕业就创立公司拿到融资的硕士研究生，“年少有为”是王志举出席商务场合时经常听到的评价，对此他感到很惭愧，格镭作为一家初创公司，在他看来远没有到“有为”的程度，新冠疫情带来的风险和不确定性都很大，一种无法摆脱的危机感始终存在于他的心中，提醒他保持谦虚谨慎。

在校期间，王志举曾获得五项国家级科技奖项，其中包括两项国家一等奖，并且担任过学生会主席和研究生会主席，为创业夯实了能力基础，也让他深刻体会到了管理团队应兼具科学性与艺术性。丰富的实操经验让王志举在创业过程中有举重若轻的自信，也清醒了解了作为年轻人的短板，他提醒自己时刻保持冷静与慎重。为了弥补自己在职场人事和开拓市场方面经验的不足，王志举通过教授引荐结识了数位名企高管，且对方被他的真诚和魄力打动，愿意加入格镭，这极大提升了格镭在人事和市场方面的实力。

有人评价格镭“在大赛冠军中正式亮相，获奖无数”，也有团队成员开玩笑称格镭是拿奖专业户。对此，王志举有着自己的认知，他曾对同事们说，“获奖不是目的，我希望能借助各种平台，实现资源链接”。实际情况验证了他的判断，在一次获得国家金奖的舞台上，格镭的电话被意向客户拨通，对方应邀来现场参观并开展后续合作；在之后的发展中，格镭被越来越多的合作伙伴所知晓，更有大型央企上门寻求合作，格镭的商务网络稳步建立。

时代帮助敢闯敢拼的人

王志举与联创团队都有过在实验室通宵做项目的经历，那种艰苦奋斗得来的成就感让他们深深着迷，决心在千亿级赛道创业后，他们认为创业的苦与累将远超以往，但收获与回报也不可限量，一群人下定了决心携手面对任何狂风暴雨。对于工作条件，王志举曾预想在极端简陋的条件下开始自己的第一步，做一个充满极客风和浪漫主义色彩的“车库创业者”，然而就在此时，他接到了北京高校大学生创业园的电话。

“高端，大气”，这是王志举踏入园区时的第一印象，进一步分析后，交通便利，高校云集，园区实在是黄金地段。大学生创业园位于北京理工大学国防科技园内，园区领导安排了面试，通过简洁而犀利的提问，很快掌握了格镭的综合情况，当即决定免费接收格镭入驻，并将其安排在园区核心位置。粗略计算，相当于两年内北京市为格镭承担了近百万元租金，王志举跟同事们笑道：“车库创业先放一放，现在要走高端路线了。”

格镭的技术来源于高校多年的成果积累，随着国家大力推动高校科技成果转化，再加上股东会中北京工业大学与清华大学的两位教授、博导的大力支持与帮助，格镭在专利等知识产权的转让与申请上稳步推进，技术护城河不断加深。

创造价值是企业立身之本

新冠疫情期间经济遇冷，王志举最常思考的问题就是作为初创企业如何才能够获取稳定的现金流，虽然获得了数百万元的融资，但是在他看来企业必须拥有自己的造血能力，而创造价值是企业的立身之本，将千万级的意向订单落实下去是当务之急。

有一次，客户正在使用的设备出现 bug，王志举带着工程师们当即前往现场，经排查后判断是客户应用场景变化导致的设备故障。本着以客户为中心的原则，为了不影响客户工作进度，众人一致决定原地升级设备，顶着炎炎烈日现场工作，一下午依次拿出三套改进方案，发现均不能完美涵盖新的应用场景，第四套方案论证后光速执行，博士驱车 2 小时送元件，团队原地改代码、改电路。

设备升级后，客户忍不住为他们的敬业和效率点赞，而这次经历也成为格镭成员津津乐道的话题，同时也让新加入格镭的成员意识到，这支团队不仅有深厚的技术积累，也充满了朝气和创造力。

前路漫漫，坡长雪厚

“找人，找钱，找方向”，这是优秀 CEO 的重要工作，也是王志举认为需要不断修炼打磨的技能。工作之余，他在论文致谢中写下了自己的感悟：

“与志同道合的伙伴们艰苦奋斗，在无数 deadline 中实现阶段性目标，在未知的领域中突破自己能力的边界，在压力与困难中磨砺自己的意志品质。

“我不记得有在深夜彷徨过，因为眼中始终有一团跳动的火焰在指引着我，星光看到的，是我们在埋头赶路的身影。

“但我也曾陷入焦虑之中，那是实践的阵痛，是成长的代价，同时我明白只有历经挫折的人才能够真正成熟。

“创业辛苦，但颇有乐趣，在挑战与探索中开拓认知疆界，实现人生价值，参与世界变化，在我看来充满了激情与热血，同时别具浪漫主义色彩。

“在未来，我仍将面对无数困难与抉择，仍将在充满挑战与未知的道路上前行，路漫漫其修远兮，吾将上下而求索。”

如今，国际环境风起云涌，在当前的时代背景下，格镭作为一家科技驱动的创新企业，会讲述怎样的故事，书写怎样的篇章？让我们拭目以待。

（北京高校大学生就业创业指导中心供稿）

青年勇担科技兴农使命，创新赋能饲草产业发展

——中国农业大学王学凯事迹

王学凯，男，汉族，1993 年 10 月生，河南焦作人，中共党员，中国农业大学兴农青年学者，现任北京中青益草科技有限公司法人、董事。

王学凯于 2016—2021 年先后在中国农业大学动物科学技术学院、草业科学与技术学院学习，曾任草学硕士党支部书记，曾获优秀党员称号及博士研究生一等学业奖学金等荣誉奖励。2020 年攻读博士研究生期间，王学凯与校友徐晶晶一同发起中青益草创新创业团队，在饲草加工课题组杨富裕教授等专家的指导与支持下，组织草学、畜牧学、管理学等多学科优秀青年学子投身饲草产业科技创新成果推广工作。在王学凯的带领下，团队成员奔走在科技扶贫第一线、历练于创新创业赛场上，经过半年多的筹备，北京中青益草科技有限公司应运而生。截至 2021 年生产季结束时，公司业务便已覆盖天津、河北、河南、内蒙古、山西、甘肃、江西、广西、四川、贵州、辽宁、吉林等十余个省区，团队创制的主打产品“益青”系列菌剂也于 2021 年 10 月成功入选全国“大众创业　万众创新”活动周与国家“十三五”科技创新成就展。

为国家做好小草里的大文章

对于出生于中原小城双职工家庭的王学凯而言，2012 年高考后报考农业领域的草业科学专业绝对称得上是进入了一个冷门行业。那时他对草业的全部印象都建立在初中时从新闻上看到的三聚氰胺事件的相关报道之上：原来奶牛可能吃的是秸秆，没有好的饲草就没有好品质的牛奶，这让他产生了了解草业的兴趣。随着本科阶段专业课学习的不断深入，他越来越觉得草业有价值、有意义、有意思。2015 年中央一号文件中共中央国务院《关于加大改革创新力度加快农业现代化建设的若干意见》提出深入推进农业结构调整、支持青贮饲草料种植等指导意见，让他感到十分振奋。本科即将毕业时，他便报考了中国农业大学，攻读硕士、博士学位期间，师从杨富裕教授，在新型饲草料资源开发与青贮发酵机理方向开展研究，通过科研的方式深耕这个行业。

“十三五”以来，国家相继实施草原生态保护补助奖励、粮改饲、振兴奶业苜蓿发展行动等政策措施，草食畜牧业集约化高质量发展步伐加快，优质饲草产品需求快速增加。王学凯明白基础研究是产业创新的源头。2016 年入学以来，他便在导师的指导与师兄师姐们的帮助下，努力学习专业知识、积极参加调研考察，不断丰富对本专业的认识。在青贮饲草料加工领域，青贮微生物与加工技术是整个工艺流程的关键所在，王学凯便在此研究方向上勤奋钻研。在校期间，他主要主持 2 项、参与 6 项与青贮饲料发酵专用菌株优选与应用相关的项目，先后发表科技论文 7 篇，主导研发专利 2 项，受邀在国际会议上做报告 1 次，参与《构树青贮技术规程》等 10 项标准的编制工作。通过深入研究，王学凯扩充、更新了团队的青贮微生物动态菌株库，验证了多株功能型微生物在青贮饲料中的应用效果，丰富了青贮饲料品质资源数据库。他开始觉得，草业这个事情是值得干一辈子的大事，正如学院的院训“小草大业”所言，仿佛自己未来的道路已经明了。

在科研路上以自研菌剂投身创新创业

饲草产业的健康发展不仅需要新技术的支持，更需要形成良好的应用模式，才能具有足够的影响力。青贮技术通过微生物厌氧发酵的方式保持饲草鲜嫩多汁，解决了农牧区饲草生产和使用的时空矛盾。让家畜一年四季都可以吃上青绿饲草料，保证动物每天营养均衡，便可以达到提高生产性能、提升肉奶等产品品质的效果。此外，青贮技术还能使构树、桑树等木本饲料，秸秆、甘蔗尾叶等农业副产物，果树、生态林平茬枝条等成为饲草料，通过微生物发酵提高适口性与发酵品质，释放功能性成分，提高营养成分的保存率与吸收利用率，达到扩充饲草料资源来源的目的。推广青贮技术，调制出更多优质、安全的青贮饲料，便成为王学凯践行“把论文写在祖国大地上”号召的方向。投身于优质饲草产品加工技术推广后，王学凯的产业考察足迹遍布国内饲草料主要产区，他深入广西、贵州、青海、云南、西藏等地饲草料生产一线参与指导青贮饲料加工技术。

在青贮技术推广过程中王学凯了解到，我国青贮饲料生产过程中青贮发酵菌剂普及率较低，尤其是中小型生产单位，要么完全不用青贮发酵剂，要么使用“三无”产品。这也就意味着近半数青贮饲料品质安全没有保障，可能造成青贮饲料在贮藏过程中滋生腐败微生物，导致饲草料腐败、霉变、发热，从而增加营养成分损失，甚至在采食后危害家畜健康。同时，由于我国饲草产业起步较晚，国内青贮菌剂规模化市场基本完全被国外品牌产品主导，其核心微生物对外国当地主要饲草品类和发酵条件的适配性较好，但并不完全适合我国多元化的饲草供给体系与生产环境，造成青贮菌剂应用成本高、发酵效果良莠不齐等一系列问题。

为中国饲草量身定制的青贮专用微生物并非没有，只是还处于实验室和论文阶段，尚未投入市场。在课题组团队近二十年的研究中，在自己以及师兄师姐们的成果里，王学凯亲眼见到了许多效果绝佳的青贮专用微生物。为了突破国内青贮菌剂市场被海外垄断的局面，王学凯在课题组老师、同学的支持下牵头组建了中青益草创新创业团队，带领团队成员先后创制了“益青1号木本饲料专用青贮发酵剂”“益青2号豆科饲草专用青贮发酵剂”“益青3号禾本饲草专用青贮发酵剂”等产品。在学校科技成果转化政策的扶持下，核心菌株与应用技术免费授权给学生创新创业团队进行产品应用转化与示范推广。中试产品经过2019年的示范推广与配方优化，获得了应用单位的一致好评。

以赛促创，以科技兴农共谋乡村振兴

中青益草创新创业团队在北京高校大学生创业园（理工园）、中国农业大学就业创业办公室、草业科学与技术学院创新创业中心以及中国农业大学国家大学科技园的指导与孵化下，先后获得2020年北京地区高校大学生优秀创业团队评选一等奖、第一届全国博士后创新创业大赛全国总决赛优胜奖、第六届中国国际“互联网＋”大学生创新创业大赛北京赛区二等奖等荣誉奖励。2012年底成功注册北京中青益草科技有限公司后，团队以青贮微生物发酵剂研发销售为切入点进入饲草产业，同时提供青贮全产业链菜单式标准化生产技术服务。

创业时总是拥有美好的设想与宏大的志愿，真正进入市场后才会迎接社会的第一课。按《“十四五”全国饲草产业发展规划》，要确保牛羊肉和奶源自给率的目标，届时我国对优质饲草的需求总量将超过1.2亿吨，尚有近5000万吨的缺口。在如此巨大的需求之下，王学凯和团队成员信心满满地认为物美价廉的产品肯定不愁销路，但市场迎头便给他们浇来了一盆凉水。农牧民对应用菌剂的长效收益认识不足、“三无产品”低价营销、企业客户对外国货的“迷信”以及改用新产品与新产品可能存在的风险，即使有赛事奖励、高校科研成果背书，产品在推广过程中的种种问题使得创业初期进展缓慢、困难重重。加之产品投产不及时错过初期生产季、运营管理与专业技术人员结构失调等内因，团队前几个月的路走得格外不顺。王学凯带领团队成员及时汇总问题咨询学校、园区创业导师，协调代工渠道、拓宽宣传途径、改进客户教育方案，组织团队骨干参加一系列管理技术学习、招募饲草领域资深经理人开拓市场资源。同时，他按照客户特征与规模差异，及时调整推广策略，开展买赠折扣、意向订单试用、附赠技术培训等活动，市场反馈渐渐好转，公司初创的下半年逐步实现盈利。

转眼已是创业的第二年，成长后的王学凯与中青益草团队深知，农业领域的研究与推广一样，从来都不是一蹴而就的。正如公司“中国青年，为中国草”的理念一般，他们希望能为我国草食畜牧业高质量发展作出更多的贡献，也希望有更多优秀的青年一道同行，接过草业创新发展的接力棒，肩负起科技兴农的使命担当，在服务乡村振兴的道路上脚踏实地、笃行致远。

（北京高校大学生就业创业指导中心供稿）

坚持自己的热爱，让工作和生活都充满幸福

——北京建筑大学陈岳洋事迹

我是一名普通的创业者，创业的初衷就是想要做一件自己喜欢做的事，同时这件事还可以养活自己。我相信很多年轻人都有这样的理想，比如做一名博主驾车环游旅行，又比如开一家小店然后过上自给自足的生活。我也是在这种小理想的支持下开始走上创业的道路的。我的创业故事非常平淡，缺少跌宕起伏的趣味，但我还是想借助这次机会写下我的创业故事，以此感谢这一路帮助过我的人们。

兴趣导向

我从小就喜欢做手工。2015 年考上北京建筑大学的我，第一次接触到手工皮具，然后就深深地爱上了这门手艺，皮革的质感还有精致的工艺使我深陷其中不能自拔。在大一、大二期间，我几乎每天都会在宿舍缝制皮具，每当亲戚朋友过生日时，我都会送上亲手制作的皮具小礼品。随着技艺的积累及同学、朋友的宣传，我结交了更多喜欢手工的同学，也遇到了那个默默支持我、鼓励我的她。

经人介绍，在大三刚开学的时候我结识了我的大学导师化凤芳老师。在导师的指导下，我们建立了学生社团——手工皮具社，同时学校领导也非常支持学生的创新工作，专门在学校工程实践创新中心协调出一间 30 平方米的房间作为社团专用活动室。这是我创业的起点，也是我梦想开始的地方。

在学校这间面朝正南的小屋里，我带领皮具社逐渐壮大。每学期来社团学习制作手工皮具的师生越来越多，慢慢地我们将手工皮具社打造成了一个专业的手工皮具工作室。2018 年下半年皮具社人数急速增长，工作室已然不能满足上百人的社团活动需求，只能通过每天预约 30 人的方式开展活动。在前所未有的热闹场面下，我们的工作方向也在重新梳理，首先是工作室要以服务全校师生为根本出发点，故而我们开设了面向全校学生的校级选修课，每学年可完成 400 余人的课程培养，这样就可以让更多的同学有机会体验学习手工

皮具。同时皮具工作室也通过在校教师之间口口相传,有更多喜爱手工的老师加入了社团。师生们集思广益提出了很多宝贵意见,这又极大地推动了手工皮具工作室的发展。这时候,我深刻地意识到手工皮具教学很受欢迎,皮具市场潜力巨大。

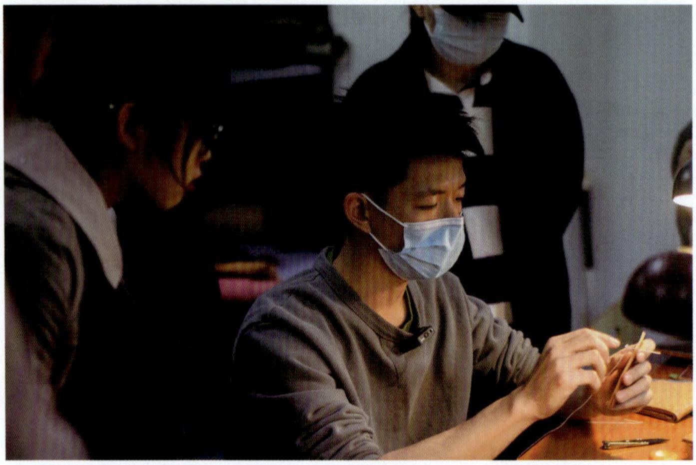

梦想起程

2019 年我面临大学毕业,现实的压力也让我变得不知所措。我参加了校招,也参加了几家公司的面试,都因为专业不对口或达不到想要的薪酬而失之交臂。同学们有的出国,有的考上了研究生,有的找好了工作,但是也有不少人和我一样迷茫着,不知道前路在何方,只能不断地投简历,以逐渐深入地了解社会就业环境。

在人生的十字路口,我是备战考研?是上班工作?还是回家躺平?我曾与女友一起畅想过,到她老家云南去创业。从街边手工店做起,虽然古城街边门店年租金只要大约两万元,但再加上其他投入则每年至少需要十多万元。现实是我没有这笔创业启动金,我的父母也和大多数父母一样,面对孩子不切实际的理想总是不理解居多,担心孩子创业失败。

在最迷茫的时候,我找了很多人去倾诉烦恼,我的女友、我的哥们儿、我的导师、我的辅导员等,他们却无一不鼓励我、支持我去做自己喜欢的事情,他们的鼓励和肯定也坚定了我走上创业之路的信心。

导师认为刚毕业时的我还不具备创业能力,就帮我找了解决办法:暂时留在学校发展皮具工作室,利用学校的现有条件继续做好手工皮具教学。在学校领导的支持下,我得到了一个合同教工的岗位,在毕业后的两年时间里,我手把手地教,带入门了几百名对手工皮具感兴趣的师生,并因此获得了一段继续磨炼自身技艺、学习创业知识、摸索如何建立企业的珍贵时光。

在校工作期间,我探索着举办了校内的手工皮艺大赛和皮具展览,尝试着做多种多样的皮具文创产品,组织学生撰写了多篇调研报告。在探索中成长,在调查研究中升华,通过多维度分析,我逐渐构建了属于自己的知识体系和思维框架,也对自己的创业前景有了较清晰的评估。国内皮具行业缺乏品牌营销,缺乏前沿产品设计能力,缺乏长远谋划的运营思维,缺乏定义审美的话语权,这些都是我需要突破的桎梏。困难已经摆在面前,是时候该我开始行动了！

创业落地

2021年我带领学生参加了“互联网＋”创新创业大赛。通过学校推荐并层层选拔之后，团队还成功地申请到了北京高校大学生创业园（良乡园）的工作室。良乡园为我们提供了一间超级棒的创业孵化工作室，让我们不但可以进行产品研发制作，甚至还可以在未来开展教学活动。我们团队于2022年初正式注册成立公司——树人与海商贸中心，致力于中国设计、中国制造的皮具品牌新未来。

我很喜欢听罗翔老师讲课，他曾引用《功夫熊猫》里的一句话，“昨天是段历史，明天是个谜团，而今天是天赐的礼物，像珍惜礼物那样珍惜今天”。我也认为青年应该好好把握住今天，不要去后悔过去发生的事情，在自己热爱的领域去发光发热，即便理想难以实现，也应当坚持下去。因为热爱，所以不负韶华。

结　语

故事讲到这里就告一段落了。我想告诉朋友们，我只是一位正走在创业路上的实践者。我的短期目标不大，只想让我的创业团队能够维持1～2家小店即可。但是，我期盼着能在创业道路上遇到更多志同道合的朋友。希望我的故事可以激励那些还处在迷茫中的朋友去做自己喜欢的事情，主动寻找属于自己的机会，不要放弃理想。

最后，请允许我再次感谢一路支持我创业的朋友们！

（北京高校大学生就业创业指导中心供稿）

法雨科技，为大变局时代的智慧决策赋能

——中国社会科学院大学张润泽事迹

张润泽，毕业于中国社会科学院研究生院，现任法雨科技（北京）有限责任公司执行董事，在校期间曾获中国社会科学院大学第一届校长特别奖、中国社会科学院大学研究生突出贡献奖、第一届创新创业大赛一等奖等荣誉，曾任团中央全国学联主席团领导力计划成员、主席团班班长、中国人工智能学会社会计算专委会会员。2018 年，张润泽同中国社会科学院王国成教授、复旦大学研究生委员会主任王震宇博士、中国科学技术大学研究生会主席赵乐陶、北京大学高昕宇博士等伙伴创立了法雨科技项目，聚焦计算社会科学与智能决策方向。

创业初衷：实现大变局时代的智慧决策创新

当今世界正在经历“百年未有之大变局”，外部环境和宏观形势快速且剧烈变化着。在政治领域，国际竞争、政府治理都渴求更加精准和高效的情报信息；在商业领域，大国博弈引发的“灰天鹅”事件频发，导致商业决策的复杂程度升级，战略规划亟须对全球宏观政治经济环境进行准确预判；在科研教育领域，“数据科学＋社会科学”的学科融合与“学术科研＋教学培养＋社会服务”的实践融合，催生出“新型智库建设”“创新基础设施建设”“新文科建设”等需要重新整合科研资源、发展现代情报模式和教育模式的新型决策场景。

在前所未有的不确定性中，面对大量行为频次和资源节点聚集度“两高”的决策场景，来自政府、智库、高校和大型企业的高层决策者，迫切需要新的服务范式来有效利用数字化转型的力量，重塑发展模式，提高决策水平。在此背景下，张润泽和他的团队创立了法雨科技，其初心即是为国家战略及跨国投资企业的科学决策提供精准、即时、高效的决策与情报技术。

法雨科技（北京）有限责任公司（简称法雨科技）孵化于中国社会科学院与中国社会科学院大学，是一家聚焦“计算社会科学与智能决策”领域的高新技术企业，业务聚焦政经风险情报、科教情报、数字经济方向。法雨团队由来自中国社会科学院、中国科学院、复旦大学等机构的专家、硕博组建，曾承接并完成国家“973”计划、国家自然基金资助的多个国家重点科研项目及多篇重要内参、专报的撰写工作。目前，法雨科技在计算社会科学与智能决策领域取得了关键理论与创新突破，其中法案预测、选举预测、精英网络分析等方面的准确率指标在国际业界创造了最好成绩，保持了领先优势。

创业历程：深耕政产学研，引领转型实践

在加快中国特色新型智库的建设浪潮中，作为中国社会科学院大学与北京高校大学生

创业园（软件园）孵化的“智库型”企业，法雨科技在产学研用的创新转化中，得到了来自中国社会科学院大学、北京市教育委员会及中关村软件园的重点培养与帮扶。

法雨科技的创新起点，是在中国特色新型智库数字化转型中探索基于计算社会科学范式的解决方案。尽管团队的相关技术已经在国家级综合性高端智库建设中得到了深厚的积累，但是在市场与社会的场域中，“智慧决策”还是一个新鲜词，科研成果的应用落地仍然面临着不小的挑战。在这种情况下，从立足国家战略、指明发展研究方向，到完善组织建设、对接项目资源，中国社会科学院大学张树辉副校长及校团委、教务处的领导老师们全程手把手地指导，支持着这只科研创新团队从“象牙塔”走向了市场，将研究室里的“屠龙术”转化成智慧决策的“好服务”。在中国社会科学院大学各级领导的帮扶下，张润泽与其团队基于“计算社会科学”的科研与技术范式，将国家智库、政府、跨国企业政经风险预警的决策瓶颈，通过融合数据科学、人工智能等计算科学，和政治学、经济学、传播学等社会科学理论模型，对当下影响全球经济发展的重要政治经济因素进行数据归集、重要性筛选和趋势预判，从而提供有效的风险预警和策略对冲。这一新的技术范式不仅可以在数字赋能的基础上及时捕捉战略窗口期，更为政府和企业的高级决策者提供了极具针对性的、可解释的、注意力集约的智慧决策辅助建议。

在完成产品迭代升级、准备市场化落地时，张润泽带领其团队参加了北京市教育委员会组织的北京地区高校大学生优秀创业团队评选活动，获奖后成功入驻北京市教育委员会与中关村软件园共建的北京高校大学生创业园（软件园）。北京高校大学生创业园（软件园）在办公设施、配套政策、资源对接等方面为项目提供了关键助力。2021 年，因公司发展需要，张润泽决定建设法雨科技创新研发基地。在中关村软件园的支持下，研发基地落地在中关村软件园 · 领昱。研发基地将重点围绕全球战略分析、教育信息化、数字经济等方向和课题展开研究，逐步建成智慧决策实验室，搭建起旨在改进人类决策的数据库、模型库、知识库和软件库。

砥砺前行：服务重大需求，收获社会认可

在某些西方国家，政府、智库与科技公司相协作，构建了“专家智力＋机器智能”的智慧决策体系。他们通过计算社会科学的方法模拟和推演国家政治、经济、社会活动的重大发展趋势。为服务国家全球战略，辅助科学决策，经过多年发展，张润泽带领法雨科技打造了一系列数字产品矩阵，目前公司研发的业内第一款基于计算社会科学与人工智能的全球战略分析引擎（GSAE）、“社智”社会计算平台（SSCP）、“沪港”教育治理数据动态监测平台等产品技术已广泛应用于国家高端智库、部委、央企、科研院所及情报中心。团队主导的关于全球战略态势感知系列专报、内参得到了国家有关部门的批示及认可。此外，法雨科技凭借自主研发的“国家级新型智库数字化转型解决方法——基于计算社会科学的智能决策支持技术解决方案”，在第十九届中国国际数字和软件服务交易会上荣获“中国数字经济与软件服务业最佳数字化转型实践奖”，在中关村创新之源大会上荣获“创新之星”奖等荣誉。

要增进人类的福祉，关键一环就是要改善人类的决策。张润泽及其团队相信，在“知识＋技术”的赋能下，人类文明正插上数字的翅膀，向着新一轮的进化飞翔。展望未来，张润泽和他的团队期待探索如何为大国竞争、气候变化、教育改革等关涉人类生存境况的关键问题，锻造智慧、可靠、高效且成长的思想工具，为一个更加安全、和平、繁荣的世界提供一份“智慧的”解决方案。

（北京高校大学生就业创业指导中心供稿）

闪亮的日子

天津

用绿色虫害防治技术振兴乡村

——南开大学李晶晶事迹

李晶晶，女，南开大学 2018 级植物学专业博士研究生，曾参与多个国家自然科学基金重点项目，申请专利 2 项，合作发表论文 3 篇。她曾获得南开大学优秀党员、南开大学优秀学生干部称号。她带领团队研获一种“以虫治虫”生物防控技术，开发出产品，并创立天津绿丰农业科技有限公司。目前，公司已成功防治 10 余种作物害虫，技术应用到国内 15 个城市的 4600 余亩田地，累计助农 300 余户，获得经济效益超 1500 万元。她多次到田间地头参加助农志愿活动，助力乡村振兴。她还作为项目负责人获得第七届中国国际“互联网＋”大学生创新创业大赛青年红色筑梦之旅赛道金奖。她的创业成果曾被中青网、人民网等多家媒体报道。

心系田野，不忘初心

李晶晶来自河南农村，从小就经常跟随父母下地干活。当时，村子里的农作物经常遭受病虫害，只能大量施药，若逢灾年，颗粒无收也是常有的事。自那时起，她便立志要克服万难，探寻出一种绿色方法，彻底解决虫害问题。

为了实现心中的理想，她义无反顾报考了农学相关专业。通过学习，她了解到传统物理防治手段效率低、见效慢、局限大，化学防治虽然高效、速效，但会导致农产品农药残留超标，长期食用会致癌或致死。现有的生物防治手段存在低毒性、防控效果不稳定、价格高等缺点，而且无法解决地下害虫问题。因此她不断地学习了解更加科学、环保且高效的方法，立志解决农业害虫问题。

自从 2018 年走入南开大学校园，李晶晶就耳濡目染“南开三问”和“知中国，服务中国”的红色精神。在这里她还成功找到了解决虫害问题的钥匙——昆虫病原线虫。在导师的指导下，她充分发挥专业优势，研获了一种“以虫治虫”的绿色生物防治技术，有效解决了农药残留、害虫易抗药、环境污染等问题，而且此项技术可防控 200 多种害虫。

经过多次的田间走访，李晶晶注意到韭菜因根部的韭蛆危害会导致产量降低 80%，只能使用农药灌根的方式来防治，农药残留严重，农民增收困难。于是她下定决心将昆虫病原线虫应用于田间虫害防治，让老百姓用得起，让人民吃上放心蔬菜。

攻坚克难，不负使命

昆虫病原线虫可以有效防控害虫，但一种昆虫病原线虫只能防控少量害虫，那么大量害虫防控资源从哪里获得？从2018年开始，李晶晶带领团队奔赴全国各地采样，走过11个省份，300万平方公里的土地，从最初的几十份合格样品，到如今的4000份土样、200多份线虫，她建成了全国最大的昆虫病原线虫资源库，可防控200多种害虫，基本覆盖了中国人民餐桌上的食物。

线虫资源在常温条件下极易死亡，如何储存？若要将“以虫治虫”的技术应用于田间就必须扩大虫源生产。如何大批量生产虫源？李晶晶带领团队历经百余次试验，解决染菌的关键性问题，终于在2021年解决了线虫储存难和生产难的问题。

批量生产线虫之后，以什么样的方式应用到田间？如何实现大规模应用？一个个的问题引着她不断深入科研。于是她又开始了虫尸剂研究。虫尸剂就是感染线虫的昆虫尸体，它可将线虫呈百倍扩增，且能持续释放3个月。经过千余次工艺调整，2021年李晶晶和她的团队终于将次品率由70%降为0，成功解决了虫尸剂量产难的问题，将成本从3000元一亩降为30元一亩，实现了量级上的突破，相比施用农药，收益提高了5倍以上。团队创立了固体培养技术，在国际上首次实现了虫尸剂规模化生产，日产超1000亩。

释放能量，发光发热

为民造福是科技工作的根本价值追求，“以虫治虫”技术在实验室相对成熟后，李晶晶带领团队开始在山东寿光为农户提供虫尸剂并开展培训，虫尸剂施用一个月后，韭菜长势良好，农药检测零残留。

2021年5月，李晶晶带着研发出的小批量虫尸剂到“扶贫号角吹响的地方”河北省阜平县黑崖沟村用以防治番茄地下金针虫，当时番茄还是幼苗，金针虫将地下根茎咬断，出苗率不足70%。她立即带领村民施用刚研制出的黄粉虫虫尸剂；6月份得到反馈，地下金针虫的防控效率达到80%以上。2021年7月，地上烟青虫防控也取得良好效果。村民张红亮说：“‘以虫治虫’技术对于金针虫、烟青虫等害虫防治效果很好。现在虫害的问题得到解决，这下我就放心多了，完全有信心做好有机农业。”得到村民们的肯定和好评，团队成员们觉得即使再辛苦也是值得的。如今团队还在持续关注黑崖沟村的虫害防治，定期联系当地百姓，防止返贫，立志将“知中国，服务中国”的精神贯彻到底。

创新创业，振兴乡村

目前，李晶晶带领团队研发出了线虫粉剂和虫尸剂，以此作为产品，成立了天津绿丰农业科技有限公司，并将产品应用到国内10省16市的4600余亩试验田，在韭菜、番茄、土豆等10种农作物害虫防治方面取得了良好效果，累计助农300余户，帮助农户获得经济效益超1500万元。公司在云南玉溪，天津宝坻、蓟县、武清，河北乐亭、廊坊，甘肃庄浪等地，针对烟草害虫小地老虎、花生害虫蛴螬、番茄害虫金针虫和烟青虫等10余种作物害虫防控开始同步示范。公司的产品应用成果被中青网、人民网等媒体多次报道，后续还将推广到其他蔬菜、中草药、果树、城市林木等多个领域应用。李晶晶志在将“以虫治虫”技术大面积推广，将产品用于千家万户，让中国人吃上放心菜，带领农民走科技兴农的小康之路，带动更多的人加入创新创业的队伍，投身乡村振兴。

李晶晶做到了“产学研用”相结合，把理论和国家实际发展需要相融合，发扬爱国主义光荣传统和南开大学“允公允能，日新月异”校训，把科研成果写在中国大地上，将小我融入大我，用绿色技术为乡村振兴贡献力量。

（天津市大中专学校就业信息服务中心供稿）

癌症患者的福音 AccRate

——南开大学张恒事迹

张恒，南开大学药学院 2020 级博士研究生，中共党员，天津艾可瑞特生物科技有限公司创始人兼 CEO。面对癌症患者难以准确、快速选药的现实，他带领团队，基于药物-靶点结合“第一性原理”，开发了全新的药物敏感性检测技术“AccRate”，得到新华网“读懂创新的密码”专栏、天津经济广播的专访和光明网、《天津日报》等媒体的报道。张恒作为 AccRate 项目负责人，参加了第七届中国国际“互联网+”创新创业大赛，并以小组第一名的成绩摘得高教主赛道全国金奖。该项目也是本届大赛天津市唯一进入三强排位赛的项目。目前，AccRate 项目已得到九州通集团战略投资，将在天津滨海高新区的九州通天津健康产业园进行生产。项目已通过天津医科大学总医院的临床试验伦理审查，即将启动前瞻性临床试验。

2016 年进入实验室后，张恒开始对严重威胁人类健康的癌症进行基础研究。在细胞影像等先进技术的加持下，他发现了癌细胞通过模拟饥饿来启动干细胞程序的机制，还发现利用癌细胞的免疫抑制能力可治疗炎症风暴等。这一系列的科学发现，使他至今已发表 14 篇 SCI 论文，累计影响因子超过 120。他作为第一作者的研究工作论文发表在 *Nature* 子刊、*Cell* 子刊及 *Advanced Materials* 等高水平期刊上。在国内癌症领域最重要的学术会议——中国肿瘤学大会上，他的论文也在 14000 余篇论文中脱颖而出，获评 2020 年 50 篇青年优秀论文之一。同时他作为团队骨干，参与申报并获批一类新药临床批文两项，其中一项进入国内Ⅰ期临床试验，一项进入澳洲Ⅱ期临床试验。扎实的基础研究让他对癌症有了更加深入的理解，也为他抓住临床癌症诊断和治疗的痛点、进行创新创业奠定了基础。

张恒坚信，科研的最终目标一定是服务人类。那么实验室对癌症的研究，能否为数千万在病痛中苦苦挣扎的癌症患者带来一丝希望？他在一次与临床医生的交流中，听说了靶向药虽然是癌症治疗的首选，但每 4 名患者就有一名因为选错药而导致治疗无效，导致患者白白浪费几十万元药费，却依然面临死亡。其原因就在于，现有方法难以准确选择靶向药。这引发了张恒的思考：能否有一种新技术可以准确快速地选择最适合癌症患者的靶向药，最好还能够避免二次取样的痛苦，并且让老百姓都用得起呢？

张恒在实验室一次药物靶点的钓取实验中受到启发：能否借助类似的药物-靶点结合“第一性原理”，用药物去“点亮”患者的癌组织？也就是给药物连上一个发光的基团，去亲和癌组织，如果能亲和上，那么癌组织就会被点亮，同时也说明癌组织中存在靶点，此药物就有效。如果癌组织不能被点亮，则说明此药物无效。张恒带领团队，历时三年，突破了五大技术难点，终于将这个思路变成了现实。这也是国际上首个基于药物-靶点结合“第一性原理”的全新药物敏感性检测技术。该技术经过了回顾性临床试验的检验，显示准确率高达 95%，解决了目前方法准确率低、耗时长、费用高昂、需进行令病人痛苦的额外取样、需要新设备以及数据分析复杂等六大痛点。张恒对这项技术进行了系统的数据整理和分析，以第一作者的身份撰写了学术论文，已发表于 *Cell* 旗下交叉科学一区期刊 *iScience*，专利也已进入实审。

此项技术一经发表就得到了柳叶刀、细胞出版社编辑的高度赞扬，也得到了细胞出版社《对话科学家》栏目的专访。2019 年 11 月，国际顶级期刊 *Nature* 专版对该技术进行了介绍。南开大学对 AccRate 技术给予了高度关注和报道宣传，很快得到光明网、《天津日报》、《天津教育报》等媒体的高度关注。他还受天津广播电台的邀请，做客直播访谈节目。新华网《读懂创新的密码》专栏也对他进行了专题采访。

在天津市以及南开大学浓厚的双创氛围的熏陶下，张恒产生了创业的想法，他希望早日让该技术造福患者。他深入天津医科大学总医院等医院推进临床试验，同时借助课题组的条件，积极寻找合作伙伴。最终，该项目得到了国内医药龙头企业九州通集团的关注。九州通集团与张恒创业团队达成了战略合作，双方将共同努力将该技术推向临床患者。天津市滨海新区科技局党组书记刘朱岩、九州通集团副总经理葛啸虎、天津市肿瘤医院副院长黄鼎智、南开大学药学院院长杨诚、南开大学药学院党委副书记王渤洋等领导和专家出席了签约仪式，本次签约仪式得到了中国新闻网、天津高新区官网及南开大学官网等媒体的报道。

AccRate 作为生物医学领域的前沿技术，是病理学与化学生物学的创新交叉，是惠及民生的实例，得到了天津市科协主席饶子和院士的肯定和鼓励。张恒作为 AccRate 项目负责人，参加了 2021 年 10 月举办的第七届中国国际“互联网+”创新创业大赛，并以小组第一名的优异成绩摘得全国金奖。他也成为本届天津市唯一登上三强排位赛舞台的选手。面对数百名专业评委和央视网直播镜头，第一个上台的他，在全国观众面前展现了天津青年努力让科研成果服务中国大地的精神面貌。天津市教委在赛后发来贺电向张恒致以祝贺。

目前，天津艾可瑞特生物科技有限公司已得到九州通集团的战略投资，正在进行量产及二类医疗器械的注册申报准备工作，不久将在天津滨海高新区的九州通天津健康产业园启动批量生产。

习近平总书记在视察南开大学时曾深情指出：“只有把小我融入大我，才会有海一样的胸怀，山一样的崇高。”张恒带领的 AccRate 团队，也将牢记习近平总书记的嘱托，发扬南开大学和西南联大的爱国精神和“允公允能，日新月异”的南开大学校训，把所知所学奉献给社会，努力推进本项目早日服务中国，做“知中国，服务中国”的践行者。

（天津市大中专学校就业信息服务中心供稿）

"三问"桥下水，"心衢"管中流

——天津大学李双阳事迹

"心血管疾病是全球范围内致残和致死的主要原因，2020 年全球患病人数有 5.23 亿，2020 年死亡人数达 1860 万，死亡率居世界首位，甚至高于肿瘤及其他疾病。"

"中国心血管病患病率处于持续上升阶段。推算心血管病现患人数 3.30 亿。"

"2018 年，心血管病死亡占城乡居民总死亡原因的首位，高于肿瘤及其他疾病。"

"2018 年，每 5 例死亡中就有 2 例死于心血管病。"

"2017 年，中国腹主动脉人工血管置换术患者平均住院日中位数为 18 天，平均住院费用为 11.23 万元。"

触目惊心的数字、日常潜伏的病情，无一不在提醒着我们要关注心血管疾病，关注人民生命健康。随着支架、球囊等创新治疗技术的不断发展，许多心血管疾病患者得到了很好的治疗，但仍有众多心血管疾病如心脏搭桥、血液透析等，须通过血管置换方式进行治疗。现阶段的人工血管来源有三种：自体来源血管、异体来源血管和人工血管。自体来源血管来源有限，且二次手术对病人伤害很大，异体来源血管则存在严重的免疫排斥反应。因此，临床上常采用人工血管进行血管置换治疗。

国内心脏搭桥及血液透析病患对人工血管的需求量很大，目前大中口径人工血管已经应用于临床。2018 年，我国大口径人造血管市场需求量为每年 36.9 万条，市场完全由国外主导；6 mm 以下的小口径人造血管市场需求量为每年 15.3 万条，而当病人所需要置换的血管直径在 6 mm 以下时，在世界范围内却没有任何一款上市产品可用，且迄今市场上依旧没有小口径人工血管产品推出。总体来看，中国的人工血管产品主要依赖于进口，缺少具有核心知识产权技术以及能进行产业化生产人工血管的厂家，且目前世界范围内使用的心血管医用材料也远未达到理想的治疗效果。

懂吗？

心衢科技团队负责人，天津大学化工学院 2020 级博士生李双阳，专业研究方向为"抗凝血涂层"，这是材料学、组织工程学、生物学、医学等的交叉学科研究方向，在课题推进过程中，他关注到了心血管疾病。面对这一问题，他提出了自己的疑问："为何没有小口径人工血管产品上市？其与大中口径血管相比，难点在哪里？现有的人工血管存在什么问题？材料学能为这一领域做些什么贡献？"带着这些疑问，李双阳开始踏入"小口径人工血管"这一赛道，以自己的专业——高分子材料为出发点，逐步深入了解这一领域。

有文献资料显示，小口径人工血管目前受限于材料自身的血液相容性及抗凝血性能，其与血液接触后会不同程度地产生纤维蛋白和血小板沉积，造成管腔狭窄、血管闭塞，因此长期通畅性能也无法保证；同时，材料的力学性能与天然血管的力学性能匹配差，极易造成吻合口狭窄，最终导致血栓形成。

结合课题组已有科研成果，团队转换思路、弯道超车，期望从材料设计方面提出新的解决方案。通过对几百种原材料的筛选、上千次的尝试，团队最终从仿生学的角度成功模仿出天然血管的三层结构，通过不同结构水凝胶的合理构建达到功能协同，将抗凝血材料应用于小口径人工血管的内层，大强度水凝胶应用于血管的外层，参考人体自身动脉结构进行设计，极大地优化了小口径人工血管产品的力学性能、生物相容性，提高了其远期通畅率。课题组自主研发的两性离子水凝胶，与市场上的大口径人工血管所用材料相比，比格犬血管置换一年后，血栓形成量可降低 98.75%，非常好地解决了人工血管易栓塞的主要问题。

会吗？

小口径人工血管功能初具，那市场会不会对人工血管提出更高的要求？我们会不会为这一领域带来更新的视角？“道虽迩，不行不至；事虽小，不为不成”，团队又开始了新的寻找与探索。值得注意的是，在人体内，需借助造影剂对血管的形貌进行监测，而这对肾功能障碍患者无法适用，且目前报道的组织工程技术制备的人工血管需要在体内或离体培养一个半月左右，制备周期长，非常可能导致患者错过最佳的治疗时间。带着更高的期待和要求，更智能、更低廉的小口径人工血管被设计了出来。

通过将可视化材料附加至人工血管的内层，可实现无创、无放射性地对植入后的人工血管形态进行精准监测的仿人体自身动脉结构的全球首款体内精准可视化小口径水凝胶人工血管研制成功。同时，该产品的生产工艺得到了极大优化，产品制备周期只需 10 分钟，生物安全性能好，且成本比传统的组织工程技术还要低 8 成。科技查新报告显示，此项技术处于国际领先水平。

专利控制技术，创新引领发展。与目前文章报道的世界最先进的技术相比，心衢科技弯道超车，创造性地提出用全新的材料替代传统的组织工程，实现了制备周期从 1.5 个月大幅缩短至 10 分钟的重大突破，且制作成本大幅降低、产品性能显著提高。该项技术得到了我国生物医用材料领域泰斗陈学思院士的高度认可——认为该产品具有很高的社会价值,也得到了诸多材料学、组织工程学、临床医学、化学领域顶级专家的一致认可。

敢吗?

科学研究不应该只存在于论文里,更应该将论文写在祖国大地上,产学研用,将自己所学运用到临床,真正造福于民。何不敢闯敢拼,尝试一下真正的成果转化呢?从科研走向创业,一条青春创业路慢慢铺展开来。

2021 年 6 月 29 日,天津心衢生物科技有限公司成立,创业团队汇集了天津大学各个学院、各个专业的优秀青年学子。不同的学科背景交叉融合,不同的实践经历互融有通,运营团队是集研发、运营、销售为一体的专业性强、多学科交叉的优势互补团队。在他们中,有钻研研微的技术工作者,有独立创新的创业实践者,有持筹握算的经营管理者,他们一起努力为心血管疾病患者推出了质优价廉的国产先进人工血管产品。

公司目前推出的"体内精准可视化小口径人工血管"主要应用于心脏搭桥、动静脉造瘘以及周围血管疾病等领域,现在正积极向包括阜外医院、安贞医院在内的国内心血管病治疗医院和医疗器械公司提供优质的产品与服务。

未来,心衢科技团队将秉承"实事求是、勇攀高峰"的科学态度,联合高等院校、科研院所和其他企业建设产业创新中心,努力成长为一家以创新型水凝胶原材料为底层技术的集心血管医疗器械研发、生产与销售为一体的高新技术企业。同时,公司的创新创业仍不止步,还将继续尝试设计具有可视化仿生自愈合功能的人工血管、用于医用导丝/导管表面的超润滑涂层等一系列新产品。

天津大学新校区中轴线上的"三问桥",源于天津大学老校长张含英的三问:"懂吗?会吗?敢吗?"这既是老校长对校训"实事求是"的阐释,更是心衢科技团队在青春创业路上思考、解决、实践的方式。

(天津市大中专学校就业信息服务中心供稿)

柔性管道机器人，中小管道维护管家

——天津科技大学吴俊然事迹

我是来自于天津科技大学机械工程学院的吴俊然，我的专业是机械电子工程，目前本科三年级在读。在日常的工作与生活中，我积极学习党的理论知识，目前已是一名入党积极分子。

同时我担任天津科技大学仿生智能柔性管道机器人（学生）团队负责人，已成立天津深硕智能科技有限公司。截至目前，我带领团队在科研、竞赛、创业等方面均取得了不错的成果。

在科研方面：我带领团队成员先后研制出适用于70～160 mm管径的刚柔融合构型管道机器人1.0、适用于25～35 mm管径的微小管道机器人和实现智能传感的刚柔融合构型管道机器人2.0，并申请专利4项，项目同时获得了2021年大学生创新训练计划项目国家级立项。

在竞赛方面：我们团队荣获第十七届“挑战杯”大学生课外学术科技作品竞赛全国一等奖、2021年中美青年创客大赛总决赛一等奖、第七届中国国际“互联网＋”创新创业大赛天津赛区金奖。

在创业方面：我们目前已经成立了天津深硕智能科技有限公司，致力于推进柔性管道机器人技术实现成果转换及推广应用，并为有管内维护需求的用户提供智能化的解决方案。目前项目已入驻天津科技大学众创空间。

我们团队立足于市场需求，积极提出完善的管内维护解决方案，我们的技术解决了济南一家企业的管道堵塞、检修困难的问题，获得了该企业的认可，并与该企业展开了相关合作。我公司目前已与多家企业展开一定合作，将共同推进柔性管道机器人技术的实用化推广及成果转换。天津团市委书记李龙、天津科技大学校党委书记韩金玉、天津科技大学校长路福平等领导曾参观过团队的项目展览。

我从小就对科技发明制作有着浓厚的兴趣，在大一学年及大二上学期，陆续加入学校的车队、创新实验室学习。经历一年多的学习后，我便决定尝试开始做更有难度、更有意义的事情，加入房德磊老师的课题组开始接触科研。在房老师的指导下，我发现传统刚性管道机器人存在环境适应能力较差的问题，而软体管道机器人的运动性能较弱。为了突破这种两难的局面，我决定尝试将软体机器人的柔性结构应用在传统的刚性管道机器人中，以达到一种刚柔融合的设计，从而保障机器人的环境适应能力以及运动性能均能得到充分的提高。这个想法获得了房老师的认可与支持。之后我开始展开对柔性管道机器人的研究与探索……

随着现代化进程，管道机器人在工业、农业、军事及石油化工领域得到广泛应用。但传统的刚性管道机器人由于性能及结构尺寸等问题限制了其在中小管道的实用化推广。为了突破这一技术难题，团队创新性地将柔性结构、仿生技术应用在管道机器人上，极大地提高了机器人的运动性能及复杂管内通过性；并且机器人采用了模块化设计，可加装运动单元来提高牵引能力及运行速度，加装功能模块来提升服务范围与作业效率，可满足管内检测、管内清堵、管内清理等多种管内需求，应用前景广阔。

在开展项目之前，我需要寻找一群志同道合的同学共同来推进这个项目，我找到前期在学校创新实验室结识的几位同学。2020 年 12 月,刚放寒假,团队便开始了项目研究,由于线下沟通不便,项目进展缓慢,我们经常进行线上交流与沟通。在此期间,项目指导老师积极指导我们并帮助我们克服了重重困难。经过不断的修改与完善,最终我们确定了机器人的第一版方案。

确定好项目方案后,我们便开始样机的研制。但此时团队成员均在家中,缺少试验平台及工具,为了加快项目进度,我购置了相应的器材,在家里进行研制。在研制样机期间,气囊气密性问题是遇到的最大困难,但在不断的改进与尝试后,我们最终突破重重困难,研制出了第一代样机。

寒假返校后,学院对项目提供了巨大的支持,为我们提供了大创实验室,方便我们研究与改进机器人。在我们的努力下,机器人经过了多层次的优化与改良,可在水下流体管道、倾斜管道等场景下稳定运行,并且还支持管内清洁、管内检测及异物夹取。

为了使项目得到大幅度的改进与优化,我们带着管道机器人参加了创新创业竞赛。在“挑战杯”课外学术科技作品竞赛中,我们先后获得了校级特等奖、市级特等奖的好成绩。市赛期间,天津团市委书记李龙、天津科技大学校党委书记韩金玉等领导观看了我们的项目展示并给予我们极大的鼓励。

项目参加完“挑战杯”之后,在多名老师的推荐下,我们又参与了“互联网+”创新创业大赛。在该项竞赛中,我们充分提高了创新创业意识,同时也意识到当前中小管道的机器人维护市场的空白,多次受到培训专家的鼓励与肯定,团队尝试将研发的管道机器人推向中小管道维护市场。暑假期间,我们参加了中美青年创客大赛,还在企业孵化中心进行培训学习,并于 2022 年 8 月成立了天津深硕智能科技有限公司。

我们在创业探索的同时,还不断提高与改进机器人的性能,积极地为有管内维护需求的客户提供合适的智能化解决方案。基于济南一家企业热处理管道的易堵塞、检修困难的问题,我们为其研制了相应的管内机器人系统来解决客户难题并获得了该企业的认可。同时我们还基于供热公司的需求,研制了适用于 25 mm 管径的微小管道机器人系统。在未来,我们将与更多的企业展开合作,致力于解决国内中小管道的维护难题。

在未来几年,我还将带领我的团队成员在中小管道维护领域深耕,在现有项目基础之上,继续加大对柔性管道机器人项目的研究,同时通过积极参加展会来进行项目推广,争取更多的合作伙伴来共同推进柔性管道机器人技术的成果转化及推广应用,为解决国内中小管道维护难题不断努力。

(天津市大中专学校就业信息服务中心供稿)

折翼天使为爱与梦想插上无声的翅膀

——天津理工大学陈豪事迹

这是“别人家的孩子”，优秀、开朗、热心……大二就是星沙龙手语社社长；代理过智联招聘在天津高校所有校园招聘业务；担任过京东、苏宁、腾讯视频、惠普、新东方、爱奇艺校园大使；还没毕业就和同学一起注册了自己的设计公司。曾获“团中央全国大学生自强之星”“中国大学生年度人物”“中国优秀青年志愿者”“全国第十届残运会火炬手”“中国社企青年 U35”“首届天津青年创业能手”等称号。这便是陈豪。

很多人说聋孩子是折翼的天使，而四年的大学生活却是陈豪梦开始的地方。他是一名听力障碍患者，靠助听器和读唇语与人交流。“挑战人生，自己掌握命运，自强不息。”这是他的座右铭，很实在，很艰难，但他一直在努力，而且从未懈怠！

一岁时的一场高烧夺走了陈豪的听力，之后，小小年纪的他用了五年的时间学会了说话，并且能与人正常沟通。这份坚强的意志一直伴随他长大，“聋健融合”的理念似乎从那时起就埋进了陈豪的小小心田。“我要大力传播手语文化，让健听人能听懂聋人的语言，聋人有需要时，健听人就能帮助他们。”正是因为这样的初衷，大学期间陈豪走向了各行各业，民航、公安、医院、消防、银行、公交、地铁、残奥会志愿者……一年上百场手语公益讲座，让陈豪拥有了 2 万多名学生，在健听人和聋人之间架起了沟通的桥梁，也让更多人感受到手语的多样化与魅力，而他自己也收获了与陌生人无障碍沟通的能力，让更多人感受到手语的多样化与温馨。他时刻关注社会的公益事业，每月组织同学去看望养老院里的孤寡老人、肿瘤医院里的重症患者、特殊学校的残疾儿童，给他们送去点滴温暖；响应市妇联开展“最美家庭”天使妈妈守护计划；做杭州国际聋人文化盛典的手语翻译；以男主角的身份出演聋人题材的电影；号召公益徒步、公益环保种树、全体社员捐赠百余件衣物、上千本图书和数千元人民币给更多需要帮助的人，建立乡村小型图书馆。生活和周围的人们告诉他：人生的意义正如张海迪所言，在于奉献而不是索取。他觉得独善其身并不够，还应该积极用自己的言行去影响别人。

大学是学习的地方，陈豪始终牢记学习是学生的首要任务，他连续三年获得人民奖学金及理工之星优秀学生干部、三好学生、雷锋之星、优秀共青团员、优秀学长助理等荣誉称号。三年多时间，他的课外阅读量达到200万字以上。他每日都会关注社会热点问题，并融入自己的想法和思考，关心人民疾苦。作为21世纪的大学生，陈豪认为，砥砺学思与养成人格皆为必备的要务。

就业难是聋人生存要面对的最大问题，也是很难妥善解决的问题。幸运的是国家近些年一直推进“大众创业　万众创新”的政策，为陈豪提供了新的就业选择。2016年在校院两级领导的关心和支持下，陈豪成立了意物设计工作室，2017年6月创办了聋人手工公司，开始了创业之路，与知名电商平台合作，将旅游文创产品销往全国。公司旨在聋健融合，致力于聋人手工师与消费者之间的无障碍沟通，为消费者提供优质的手工艺产品，为聋人群体创造更多学习机会与就业岗位，用艺术让中国聋人群体有尊严地融入社会，充分发挥他们的社会价值。他用激情与灵感为青春作序，将中国手工工艺文化、民间艺术和现代化技术相结合，引进国际时尚和创意手工元素，设计个性化、多样化的手工产品，涉及家居设计、图案设计、饰品设计、玩具设计、产品摄影等；他还开设DIY半成品的手工用户体验馆，形成了具有特色文化娱乐的休闲场所。他的作品织绣杯垫在达沃斯论坛上被送给外国领导人，剪纸作品在联合国峰会上展出，首饰作品获明星张钧甯代言，服装作品获得国际级银奖……他曾荣登全国高校文化非遗创意设计大赛和“一带一路”设计大赛的舞台。

毕业后，陈豪在上海又创办了一家社会企业，为欧盟文化协会、多国驻华领事馆提供各类设计服务，旨在利用商业向善的力量，支持听障人群可持续性就业与赋能，努力搭建一个平等的平台，让所有聋人都可以站在与健听人相同的起跑线上，让残疾群体在共建共享中有更多获得感。他的创业项目获“深创杯”国际大学生突出双创项目奖，被人社部授予“全国优秀创业创新项目”称号，获全国社创之星未来教育赛道银奖、第四届“互联网＋”大学生创新创业大赛天津赛区三等奖、第五届天津青年创新创业大赛初创组二等奖、GSVC全球社会企业创新创业大赛大中华赛区100强等，被评为汇丰中国社会企业创新计划Top20、益创未来Top10等，成功首次代表天津理工大学在天津OTC高校板场外交易挂牌。他还曾得到多位领导的现场指导。他的突出事迹被天津电视台、《天津日报》、上海民政部门报道，广受社会各界的赞誉。此外，他也不忘回馈母校，多次为学院的学弟、学妹们分享创业经验，寻找工作机会。陈豪说：“对于学习，一定要勤勤恳恳；对于生活，要不断培养自己的爱好，保持新鲜感；对于未来，迷茫和不解会经常让你不知所措，但千万别害怕。世界上没有一条路是可以复制的，没有人能代替你告诉你怎么走。年轻真好！但时间很快，要珍惜大学时光的每分每秒，努力成长为对国家、对社会发展有所贡献的有为青年！”

（天津市大中专学校就业信息服务中心供稿）

闪亮的日子

河北

初心不与年俱老，奋斗永似少年时

——河北建筑工程学院刘荣彪事迹

刘荣彪，男，河北建筑工程学院本科在读，张家口爱创摄影服务有限公司联合创始人，雕丛筱艺工作室联合创始人，智景工作室创始人。他利用5年在校时间，带领一支无场地、无设备、无资金的初创团队成长为区域内新媒体行业领航者，产出成果曾多次被中央广播电视总台河北总站、风景园林网、河北省园博会使用，目前已实现新媒体为主、文创为辅全力向VR科技研发进军的目标。他曾荣获国家励志奖学金3次、单项奖学金3次，发表论文3篇，拥有专利1项、软件著作权7项，竞赛获奖30多项，并荣获河北省“优秀学生干部”称号。

不畏艰险，永记初心

“都说90后、00后是垮掉的一代人，我内心是不承认的。我们这代人虽大多数是在温室里长大的，但不意味着我们不能历经风吹雨打。我们虽身处校园，但并非不能承担社会责任。”刘荣彪在大一开学的一次演讲比赛中如是说。2017年，他和他的初创团队开启了创业生涯，起初团队没有场地、没有设备，更没有资金的支持，只有一颗颗想要创业的心和一群志同道合的人，凭借着一台单反相机和浅显的摄影技术起家，从一张张证件照、毕业照中获得了第一桶金，并在后续成立了第一家公司。

但公司在发展过程中并不是一帆风顺，需解决客户群体单一、宣传推广困难以及与上课时间冲突等种种问题，团队成员为了不耽误学业经常工作到凌晨。等上述困难一一得到解决后团队的技术问题又成了首要问题，公司人员主要是本校学生，团队针对人员选用、技能培养、服务企业、产品自身的迭代升级以及行业存在的问题的了解程度都存在一定欠缺。为了不影响团队的声誉，刘荣彪及时叫停了公司的所有业务，用当时的全部资金去完成设备升级和人员培训，使刚刚有了起色的初创公司再次回到了起点。

2018年国内短视频行业迅速崛起，公司团队成员把握住机会积极与校外中国工商银行、中国农业银行、河北银行、北京希瑞亚斯科技有限公司、张家口爱餐科技开发有限公司等大型企业进行合作，突出公司在视频制作创意与后期服务上的特色，获得合作企业一致好评，并为公司短视频行业的发展打下了深厚的基础。为拓展公司业务和视频制作后期服务，刘荣彪积极与校外小波音乐工作室、影视传媒有限公司、影视制作单兵达成合作共识，在公司成员的努力和学校领导及老师们的支持下，公司发展成为张家口高校规模最大的影视制作公司，并且与中国工商银行等多家单位达成战略合作意向。为提升公司的知名度，公司团队成员积极参加创新视频制作比赛，荣获首届河北省大学生“创视之星”短视频创新创业大赛团队一等奖及最佳人气奖，拍摄视频素材曾被中央广播电视总台河北总站选用，制作的视频在中国风景园林网展示播放，公司成员报送作品在2020年河北省大学生风景园林文化节微视频大赛中获奖5项，并且在《印象园博——河北省第四届（邯郸）园林博览会》图书中担任图片提供者。公司为中国工商银行在张家口举办征信文化宣传作品评选活动制作的两部作品全部入围总决赛并获奖，为河北银行制作的视频也荣获省级二等奖，为怀安供电公司制作的作品荣获省级一等奖，以优质的服务受到了合作企业的一致好评。

在张家口爱创摄影服务有限公司逐步发展后，为拓宽公司业务，公司参与成立了雕丛筱艺工作室，用机械雕刻的工艺来增加校园内的文创产品，团队成员几乎每天大部分时间都沉浸在图纸修改与产品雕刻的过程中，在每次产品迭代中团队成员都积极探讨自身产品独创的优点以及当下文创产品的整体环境。一年的发展中，雕丛筱艺工作室已制作出多套河北建筑工程学院系列的文创产品，受到校友以及在校师生的一致好评。另外，通过公司客户对雕丛筱艺工作室文创产品进行宣传，使两个创业团队进行互联，做大了用户群体。工作室的文创产品在冰雪主题设计大赛文创组获得三等奖，在美育人生观绚丽年华第十三届全国美育教学成果展评中荣获二等奖，在第二届“国青杯”全国高校艺术与设计作品展评中获二等奖。2021—2022年，工作室连续两年为河北建筑工程学院提供录取通知书的设计与制作。

2019年5G技术走进公司团队的视线，团队结合张家口爱创摄影有限公司的无人机摄影小组，将无人机倾斜摄影技术与风景园林专业结合成立智景工作室，进行5G+数字景观设计的研发与应用。在团队的紧密配合下公司在相关领域发表论文3篇，获实用新型专利1项、软件著作权7项。公司荣获第八届全国高校数字艺术设计大赛全国总决赛一等奖，省级一等奖、三等奖各1项，荣获山东省大学生医养健康创新创业大赛二等奖，获河北省第四届园林博览会设计训练营荣誉奖，获其他景观设计省级奖项10余项。为鼓励刘荣彪在勇于创业以及科技创新方面的突出表现，学校在2020年推选他为第十二届“中国青少年科技创新奖”候选人。

不负青春,奋力起航

刘荣彪从入校以来一直积极参加学校的各类活动,在大学生活中注重学习与各方面能力共同发展,努力完成老师交给的任务,和身边的同学互帮互助,时刻牢记自己应该做什么,并思考如何能做得更好。大一到大五的五个学年内他的综合测评成绩连续五年排名第一。

刘荣彪在坚持学业的同时努力实现自己的创业梦,在国家鼓励"大众创业　万众创新"的背景下,在学校众创空间免费提供工作室场地、免水电费的扶持政策下,以及学校老师的鼓励下,刘荣彪大一就积极参与成立张家口爱创摄影有限公司,在公司经营管理走上正轨以后,又成立了雕丛筱艺工作室、智景工作室来实现内心的梦想。团队创业项目荣获第四届河北省"互联网+"大学生创新创业大赛铜奖、"挑战杯"河北省大学生创业计划竞赛一等奖、第十九届全国大学生机器人 ROBOMASTER 2020 机甲大赛单项赛三等奖及新星启航奖、第八届全国高校数字艺术设计大赛全国总决赛一等奖、"挑战杯"大学生课外学术科技作品竞赛二等奖、首届河北省大学生"创视之星"短视频创新创业大赛团队一等奖及最佳人气奖,参与主持大学生创新创业项目训练计划国家级项目 2 项,并多次荣获河北省大学生创新创业年会优秀奖。他的创业项目多次荣获众创空间年度优秀项目,本科在读时在创业项目相关领域发表论文 3 篇,获实用新型专利 1 项、软件著作权 7 项。

心存感恩,追逐梦想

刘荣彪很庆幸在五年的本科大学生活中,自己可以如此充实。然而他的学习、工作、创业也不是"艰辛"二字就能形容的,即便长期熬夜,他也感到快乐而充实。一路走来,他无怨无悔,有的只是那一份责任与担当。他经常带领同学一起参加各种活动并且相互鼓励,用自己的行动去影响周围的同学。

对待生活,刘荣彪充满感恩。他经常和同学分享自己在创业路上的感悟:"青春无悔,心存感恩。人生最精彩的不是实现梦想的一瞬间,而是坚持梦想的过程。在大学五年中,我获得过很多奖项,个人的、集体的都有,但是每一个奖项的背后都绝不是我一个人在奋斗,所以每次在创业的路上取得成绩时我都会非常感恩身边的人,感谢学校提供的创业平台,感谢学校各位领导、老师给予的帮助。我将带着感恩上路,不断努力,勇往直前。"

(河北省教育厅学生就业创业事务中心供稿)

追双创梦想，担青年使命

——河北民族师范学院贾若培事迹

贾若培，男，中共党员，2001年1月出生，河北省石家庄市人，河北民族师范学院商学院人力资源管理2019级在校生，现为河北民族师范学院创新创业协会主席、科研处学生助理、大学生创业就业引领工程学生负责人、存瑞筑梦志愿者协会副会长，河北省破茧网络科技有限公司总经理，筋斗云互娱（深圳）科技有限公司监事。

中美贸易战中萌生创业想法

北京时间2018年7月6日凌晨，美国总统特朗普宣布要对来自中国的一部分商品增加收取25%的额外关税。此时的贾若培还是一名准高三学生，他看到美国为了遏制我国的经济发展，不断使用各种各样的手段，身为一个中国人，尤其是一个正值热血的青年男孩，贾若培十分想为国家的贸易做些事情，献出自己的一份力量。随着中美贸易战不断升级，美国的做法引起了我国很多民众的不满，贾若培就是这广大群众中的一员。从那时起，他更坚定了以后要为国家贸易做贡献的想法，并且立誓要脚踏实地，不谈空话，势必要在某一领域真正做出成绩，为国家和人民贡献出自己的绵薄之力。之后，他就开始不停地寻找国际贸易中的创业机会。

积极带动同学参与创新创业

2020年7月，贾若培了解了出口型的跨境电商。与进口型的跨境电商不同的是，出口型跨境电商是将我国的产品通过电商平台销售到国外。贾若培意识到这是一个机会，他独自前往人生地不熟的江西省南昌市学习，一个月后，带着技术与经验回到了学校。贾若培到校后便开始马不停蹄地组建团队，筹办公司。在筹办公司方面，贾若培经验与见解不足，希望学校能提供支持。学校积极鼓励大学生创业，贾若培同学在学校汇智领创空间专业老师的全程辅助下注册了公司，学校还为他提供了办公场地和办公设施，并且安排了专业的企业教练陪跑，帮助他的团队快速成长起来。

很快，10个人的创始团队就组建完成了，同时贾若培创办的公司也在学校的帮助下完成了注册。此时的贾若培带着年轻人的激情与活力，没日没夜地联系厂家，沟通供应商，多处打听物流渠道，一次次地进行对比与尝试。团队成员在回忆那时的贾若培时说："吃饭没准点，睡觉没规律，简直就是个创业疯子。"

经过团队的不懈努力，他们很快就出单了，他们边上课边运营店铺边打包发货，忙得不亦乐乎。学校为了方便他们的国际快递打包，还为团队联系了物流点，为其提供合适的打包场地。

贾若培积累了一定的经验后，开始进行自我突破尝试，在首个公司有了一定基础后又与其他高校毕业生在深圳龙岗区共同创办筋斗云互娱（深圳）科技有限公司，建立了一个小型物流中转中心和产品再包装中心。这也给他团队的同学们提供了更多的选择，毕业不想留在学校的同学还可以选择去深圳的公司。针对跨境电商人才稀缺的问题，他又联系了深圳前沿的优秀运营，结合学生经验空白的问题，开发出了一套实用性强的跨境电商培训课程，助力跨境电商人才的培养。

在团队的努力下，贾若培所成立的公司带动了学校电子商务、人力资源管理、英语翻译等 8 个专业的 100 多名学生在校参与创业和就业，并与数独（深圳）科技有限公司合作研发跨境电商 ERP 系统。通过跨境电商技术研发，贾若培创办的河北省破茧网络科技有限公司于 2021 年获“河北省科技型中小企业”称号，学校和市高新区科技局也给予了公司很高的评价并发放了奖金表示奖励。目前，贾若培团队所创立的两个公司的总月销售额稳定在 200 万元以上，所售产品全是国货。

老师和同学们曾问贾若培是什么给了他勇气，让他能够敢于说走就走去南昌学习跨境电商，贾若培回答：“我相信在中国范围内，人民生命十分安全，个人出行安全有着极大的保障，其他再大的困难也不是问题，一切挫折都一定有解决的办法，所以我对自己的求学之旅期望很高，也对自己的前路没有畏惧。说走就走的动力来源于我内心的热爱和抱负，我自己很想试一试、闯一闯，拼尽全力闯出个名堂。自从我高三那年中美贸易战开始以来，中国就一直处于被动，那时候我就想着自己以后一定要在国际贸易领域为国家出力，让外国人认可中国、心甘情愿消费中国产品，证明我们国家的实力。一场突如其来的新冠疫情，让我的大学时光在封校期间疯狂流失。大一这一年过得如此迅速，但在这一年里，我的潜力开始在沉寂中暴发了。历史经验告诉我们，在大灾难之后，一定有新的挑战与机遇。在长期的积累与学习中，我对商业和贸易有了一定的了解，于是在短期内我快速了解了跨境电商，同时国家现阶段也在大力鼓励支持跨境电商的发展，我就毫不犹豫地行动了。”

贾若培积极推动学校的大学生创新创业和就业，为了让同学们更深入地接触创新创业，激发兴趣，贾若培带动同学们积极参加创新创业比赛，荣获第七届河北省“互联网＋”大学生创新创业大赛省级铜奖，第二届河北省 TRIZ 杯大学生创新方法大赛省级二等奖，第九届“东升杯”国际创新创业大赛省级三等奖。各种赛事活动最大限度地让同学们积累了经验并且提高了各项能力。

除此之外，贾若培还担任学校很多学生企业的顾问，很多学生创业者在遇到问题时会主动咨询贾若培，希望贾若培可以帮其出谋划策。贾若培针对同学们的具体问题进行具体分析，倾囊相授，和大家分享自己的经验。很多经过贾若培指导过的项目，无论在实践中还是在比赛中都取得了很好的成绩。贾若培将自己闯出的经验融汇到同学们的企业项目中，让大家可以在创业途中少走弯路，共同进步。

社会担当，彰显青年本色

2019 年底新冠肺炎疫情暴发，贾若培第一时间投入家乡的志愿服务中，每逢寒假他总是投身在石家庄抗疫的第一线，积极推动国家抗疫行动的开展和进行，不畏辛苦，与广大人民一起努力抗击疫情，以其兢兢业业的志愿者行为，荣获了“优秀志愿者”称号。抗疫期间他曾写过一篇文章，被河北民族师范学院收集并整理在册。2020 年 6 月，他和学校汇智领创空间的大学生创业者王赫铭共同注册成立了存瑞筑梦志愿者协会，旨在承担青年社会担当，引导青年大学生深入了解党的知识，提高大学生的思想觉悟和政治素质。他们以中国共产党领导人民在革命和战争时期建立丰功伟绩所形成的纪念地、标志物为载体，以其所承载的革命历史、革命事迹和革命精神为内涵，志愿组织接待旅游者开展缅怀学习、参观游览的红色主题旅游活动。存瑞筑梦志愿者协会先后与董存瑞烈士陵园、承德市博物馆进行过志愿合作服务。

在家乡的抗疫志愿活动中，村委书记贾朝强了解到贾若培的创业经历后，多次邀请他大学毕业后带着经验回村创业，由村集体为其担保提供资金，带领乡亲们发家致富。贾若培也痛快地答应了，他说：“正如很多人所说，接受教育的目的不是摆脱贫困的家乡，而是让家乡摆脱贫困。空说无益，实干兴邦，我定尽自己所能回报家乡。”

创业学业两不耽误

贾若培在积极创业的同时，也没有耽误学业，他的多门课程在班级名列前茅，连续两年获得奖学金，他还兼顾学术研究，参与老师的课题研究，发表专业相关的论文。

2021 年 11 月，学校党组织鉴于贾若培的优秀表现和敢当先锋的精神，发展其成为中共预备党员。成为预备党员后，也意味着肩上的责任更重了，贾若培进一步懂得了努力和奉献的意义。假期他带领多名大一、大二的同学去石家庄、保定、廊坊等地调研，了解供应链优势，为低年级同学的创业指点迷津。

贾若培在追逐梦想的路上，不断充实自己、完善自己，积累经验、不断突破自我。他将圆梦的道路不断扩充，给更多迷茫的大学生指引前路，用自己拼出来的经验，带动同学们共同进步、一起成长。

（河北省教育厅学生就业创业事务中心供稿）

科技助农，奏时代强音，做新时代“三农”青年

——河北农业大学魏枭雄事迹

魏枭雄，男，陕西省眉县人，2014 年考入河北农业大学食品科技学院食品科学与工程专业，2018 年 6 月毕业。毕业后，他怀着梦想与母校的寄托，用深厚的乡土情结，在发展农业的道路上笃定前行，创办了唐农耕种集团。唐农耕种集团现已成为一家集品牌打造、种植、标准化分装、标准化分拨、服务配送为一体的全线供应链服务公司，在陕西黄金产区拥有自己的猕猴桃种植基地，单季产量超过 50 万斤，日销售超过 2000 斤。

立志学农，与勤奋和学习为伴

2014 年，魏枭雄怀着激动的心情步入河北农业大学的校园，开启了自己的大学生活。泰戈尔说：“命运的主宰者是自己，而自己的主宰者是意识。”魏枭雄一直把这句话作为座右铭激励自己勤学奋进。大学期间，他紧抓学业，一直保持着积极认真的学习态度，夯实专业基础知识，掌握实验技能，与图书馆为伴，与纸笔为友。图书馆里常见他学习的身影，他也会主动提出各种专业问题，通过查阅相关资料、积极与同学们讨论、向老师请教等各种方法把疑难点解决，坚持不留下知识的漏洞。正是这样的不懈努力和对自己的严格要求，使他坚定信念、逐梦理想，一步步接近他的既定目标。

在魏枭雄看来，拼搏的青春更有活力，必须要树立自己的目标，并朝着它不断努力地前进。他的家乡陕西省眉县是猕猴桃最佳优生区之一，野生猕猴桃资源丰富，而且果肉细腻，浓香多汁，却被外地果贩大量压价收购，由此，他便立志要用科技改变家乡的现状，所以高考他选择了食品科学与工程专业。上学期间，在认真学习专业知识的同时，他主动地把所学知识与生产实际相结合，向老师说明自己的想法后，老师们给予了他肯定和悉心的指导。他也经常与学校的老师们探讨、研究如何提高猕猴桃品质，如何让猕猴桃更加安全可口。他从大二开始就在老师的指导下做更适合猕猴桃生长的土壤改良实验，改良第一年没有成功，但他并未放弃，而是利用食品科学与工程方面的专业知识，结合西北农林科技大学研制出的生物菌肥，最终成功改良出适合家乡猕猴桃种植的优质土壤。

奋力兴农，科技创新走向新高度

大四那年，通过与食品相关的五个月的工作实习经历，魏枭雄清晰地找出了传统的猕

猴桃销售模式存在的问题，并利用在校期间所学知识思考解决方法。“借助新零售的运营理念，排除中间商，让水果与客户之间只隔着一个快递。这样就可以从源头严格把控每一个环节，让用户买到新鲜健康、好吃不贵的水果。”“家乡的土地养育了我，家乡的发展需要我。”这是魏枭雄回乡创业时的心声。返乡后，他便带领团队开展实地考察、调研，他们并没有创业经验，完全是摸着石头过河。即使是在自己的家乡，很多村民听说这个项目是一群大学生在做时，也都心存疑虑，不太愿意改变现状去冒险，不敢轻易跳出传统的销售链。万事开头难，他们没有丝毫怯懦，反而拿出更大的耐心，一次次地上门拜访，细致、形象地向村民们解释该项目的可实施性和广阔的发展前景，功夫不负有心人，他们最终获取了村民的信任。

从未来发展着手，魏枭雄意识到要从产销两个方面入手，充分挖掘猕猴桃产业流程各环节潜在的价值，对于“种什么”“怎么种”“卖给谁”三个问题的回答也日渐清晰。在生产方面，“科技＋经验”实现适地生产，通过产销信息集中传播，引导种植，从而避免果农盲目生产造成的资源浪费。利用科技优势培养专业人才队伍全流程生产跟踪，进行生产技术指导，严格施用西北农林科技大学研制出的有机肥和农家肥，不使用化肥，不打膨大剂、增硬剂，全方面提升果农的猕猴桃质量与产量。销售方面，他提出“贫困户＋合作社＋龙头企业”的营销模式，合作社直接对接一级批发、商超和线上电商，针对市场需求进行细分销售，对不同品种的猕猴桃分别进行品牌化经营、一级批发、深加工等，做到有产必销，提升产品附加值，充分发挥猕猴桃本身的价值，让农民直接增收获益。他带领团队上山下乡，穿梭在山区果园中，运用所学知识、现代企业管理技术、现代农业生产模式和电商平台改善猕猴桃的传统销售局面。截至目前，公司已成立 3 个猕猴桃生产合作社，拥有良田千亩，年产量可达 70 万斤，且已成功对接浙江义乌嘉创网络科技有限公司和河北石家庄金田精品果业公司，为其供货，本着诚信经营、友好合作的原则达成长期合作共识。

坚守“三农”情怀，发扬创业精神

毕业后，魏枭雄没有忘记母校的培养。他回到学院为学弟学妹们分享在校学习和创业过程中的经验和收获，对同学们如何度过充实而有意义的大学生活提出了意见和建议。他鼓励同学们积极拓展知识面，树立人生目标，积极锻炼身体，培养多方面能力和特长，为将来就业、创业、考研和职业发展打下良好的基础。“创业，不光要有热情，还要有不怕吃苦的精神，在创业过程中，难免会遇到相应的困难，但只要我们有永不言败的精神，相信胜利就会在眼前。”他鼓励同学们学好专业知识，培养创新精神，带领学院同学参加了第六届中国国际“互联网＋”大学生创新创业大赛，荣获国家级铜奖；发扬创业精神，带领学弟学妹们不断创新，他希望能用坚持不懈的努力和进行到底的勇气鼓舞每一位同学。

大学四年，除了专业知识，魏枭雄也收获了一份真挚的友情，他与志同道合的同班同学秦冠群在大学期间便一起在学校进行土壤改良、品种研究工作，成了农业领域名副其实的中国合伙人。他敢于实践，勇于创新，依靠自己的专业知识和一腔热血走出了一条自主创业之路。现在，他们已经是唐农耕种猕猴桃品牌创始人，并且与深圳康康食品科技有限公司达成战略合作，创新产品，共同生产猕猴桃酒。

以农立心，彰显新农人本色

有了品牌，就代表做任何事都要更加严格与用心，不能砸了招牌。唐农耕种对品控要求极高，从种植、采摘、存储、包装到发货，都制定了严格的质量要求与操作规范，严格把控每一个生产环节，保证客户最终吃到的猕猴桃足够新鲜、足够绿色。大学时期是一个人一生中最美好的时光，四年时光一晃而过，然而无论做什么都不要虚度光阴。他坚信，在大学中找准自己的定位，找到自身的价值，才是大学真正的意义所在。

“作为农业院校的大学生，我们是‘新农人’，希望能为农业发展出一份力，把所学知识用于解决农业生产的实际问题，助力乡村振兴。”生于农民、长于农村、立志终身服务于农业，魏枭雄践行着作为一名新时代新农人的责任与担当。

（河北省教育厅学生就业创业事务中心供稿）

净化农村污水，打造宜居环境

——河北科技工程职业技术大学张齐星事迹

张齐星，男，现就读于河北科技工程职业技术大学资环系环境规划与管理专业，担任环管 2020 班班长。他积极好学、热情奉献，先后荣获“优秀团员”“优秀学生会干部标兵”等多次表彰。他所带领的农村污水处理项目团队目前已完成了 4 个县 46 个乡村的污水改造。他入选邢台市 2021 年度“最美新邢台人”；项目获得 2021 年第七届中国国际“互联网＋”大学生创新创业国赛银奖、中华职教社创新创业大赛二等奖、邢台市创新创业大赛优秀奖；项目组多次被《河北日报》《牛城晚报》等多家媒体采访报道。他于 2021 年成立邢台星淼环保科技有限公司。

追逐理想，脚踏实地

张齐星刚步入大学时，就确定了未来自己要向什么样的方向发展。从踏入邢台市的第一天起，创业者张齐星便开始践行着他选择这座城市的初衷——来到一座充满发展活力与机遇的城市开启自己的事业。他相信，自己在这片土地上一定会有一段精彩的旅程。

自进入大学校园，张齐星在保持学好专业知识的同时，踊跃参与社会公益活动，了解行业知识，不断在实践过程中提升能力，同时沉淀经验和资源，蓄势待发。2021 年，他顺应国家大众创业的号召，成立了“农村污水处理系统”工作室，一边参加比赛，认真听取各类创业导师的建议，一边投入市场实践，直面一线市场的挑战，在这样的过程中不断提升团队、优化项目。

2021 年 6 月，张齐星成立了邢台星森环保科技有限公司。在担任公司总经理期间，他带领团队一起将公司从不到 10 万元的销售额，做到年销售额破 200 万元，并得到邢台市市长、邢台生态环境局局长的认可和表扬。团队从 4 个人发展到现在的 30 余人，主要研究农村污水处理系统，以便更好地服务乡村，打造乡村宜居环境。公司产品不但可以净化农村生活污水还能绿化乡村街道。他一直在努力带领公司不断创造奇迹，不断走向更好的未来。

深入乡村，服务农民

早在进入大学的第二个月，张齐星就加入了“时代先锋”志愿者组织，开始了他深入乡镇开展志愿活动，走村入户服务村民的大学生活，用他的话说就是“我是来自农村的孩子，我就想试试能不能为农村做点什么”。他时时刻刻以共产党员的标准来严格要求自己，做事不声张，开拓进取，刻苦钻研。他认真学习，有较强的政治敏锐性和鉴别力，注重学以致用、理论联系实际，积极帮助村民解决生活中遇到的困难和问题。他配合当地政府建设农村生活污水处理系统，希望用自己所学的专业知识帮助乡村人民创造美丽、干净的生活环境。

张齐星时时牢记习近平总书记的指示，将自己的专业论文书写在祖国的大地上。暑假期间，他顶着炎炎烈日深入农村一线，倾听村民的需求，与困难群众共同制订设备建设计划，对村民的困难进行集中统计和妥善处理。经过不断努力，他从一个普通的大学生转变成为一名乡村青年创业者，黑黝黝的肤色是他真心付出、青春奉献最好的证明。2020—2022 年，他带领团队累计走访了近百个乡村，走访贫困户千余户，累计受益人数达 9100 余人。艰苦付出终有收获，2021 年张齐星获得“新邢台之星”提名，改善了 46 个乡村的村容村貌。

以农村需要为导向，务实笃行

在一次与同学一起去农村开展志愿活动中，张齐星发现很多农村的环境都是这样的：阴天的时候路面湿漉漉的，晴天时路边又有一股臭味。如何解决这个难题？结合自己所学的环境专业，张齐星回到学校和工作室的小伙伴经过一轮又一轮的讨论后，开启了学生生涯中的另一种选择——创业。在日复一日的坚持下，创业已经成为他的事业，从最开始的自我研究，到解决农村污水处理难、回收难、利用难等问题，他积极思考，勇于创造，勇于承担，致力于提升农村的整体环境，改变大多数人对乡村的刻板印象。但这条路注定艰辛无比，对于一个创业型的公司更是困难重重。张齐星遇到过资金短缺、团队人手不够等问题，但他还是义无反顾地前行，因为他坚信这是一条必须要有人去走的路，作为青年大学生创业者要不怕苦、不怕累。只要农村的父老乡亲有需要，为了环保事业，他愿意披荆斩棘，探索前行，为乡村振兴事业添砖加瓦。

立乡村青年之本

在创业过程中，除了小伙伴们的支持，学校领导和老师的帮助，张齐星也真真切切地感受到了。他看到了更多青年创客面对挫折时的坚持，看到了老乡们的淳朴与艰辛，在感受中体验，在体验中升华。

张齐星想去传承这样一种踏踏实实做事的态度：能够慢慢去感受和体验生活的艰辛，能够克服生活中的一些困难，踏踏实实用工匠精神去打磨产品，做出真真正正能为大家解决实际问题的产品。他说："现在为乡村环境治理提供服务的企业少之又少，中国经历了很多磨难才走到今天，我们能有今天的幸福生活实属不易，因为这是一个个前人的付出换来的。把一件产品做好、做实，随之而来的自然就有回报。我要做一名合格的乡村青年创业者，立做人做事之本。"

（河北省教育厅学生就业创业事务中心供稿）

用创新创业点亮青春

——河北工业职业技术大学杨振事迹

杨振，男，中共党员，2020年毕业于河北工业职业技术大学材料工程系，现就职于石家庄拜特锐科技有限公司和石家庄冀好未来教育科技有限公司，分别任技术总监和总经理。他曾获中国“创翼之星”、河北省“冀青之星”“优秀毕业生”“三好学生”等荣誉称号，获“中国向上向善好青年”提名奖、“挑战杯”中国大学生创业计划大赛金奖、中国“TRIZ杯”大学生创新方法大赛特等奖、“黄炎培”中华职业教育创新创业大赛金奖、中国国际“互联网+”大学生创新创业大赛银奖等国家级奖项近20项，获河北省中华职业教育创新创业大赛金奖、河北省“互联网+”大学生创新创业大赛金奖等省级奖项30余项，发表专利30余项，受到《中国新闻报》专访，多次作为创新创业代表受到国家领导人接见。

杨振的创业路是从李克强总理的一句“大众创业　万众创新”开始的。

初探科研创业之路

2017年7月，高中毕业的杨振在社会实践过程中发现，学生兼职时常常因为不了解实际情况而被蒙骗，造成经济损失，更有甚者失去了生命，于是他的脑海中闪过一个念头，要为稚嫩却又承担祖国未来的学生群体筑造一道防火墙，要为学生的安全就业提供保障。自从将这颗种子种在心里后，杨振的生活学习便朝着这个目标发芽开花。

进入大学后，学校经常开展例如讲座、沙龙、创客面对面等丰富多彩的创业服务指导活动，使得杨振对大学生创新创业的有关政策有了深入了解，于是在老师和同学们的帮助下，他开始了第一个创业项目——“职路启明星”，希望以此为开始，为打造一个正规的大学生兼职市场而努力。

之后的日子，杨振牺牲了自己的课余时间，全身心地投入到这一工作中，带着纯朴之心和满腔热血，将自己的青春和汗水挥洒在项目上，当其他同学在休息时间逛街购物打游戏时，他和团队里的同学在考察合作商家、升级优化软件、完善商业模式，最终使项目成功落地。

不经一番寒彻骨，怎得梅花扑鼻香。2018年杨振参加了第四届中国“互联网+”大学生创新创业大赛，整个过程虽有千重万险，但他以敢为人先的勇气，一路过关斩将，项目作品使评委老师眼前一亮。在第四届中国“互联网+”大学生创新创业大赛校赛的比赛过程中，他精益求精的精神和在校内集训中踏实稳重的表现深深印在了每个老师的心中。在结业考核后，学校领导对他的个人素质和成绩表示肯定，引导并鼓励他要继续提高个人的综合素养和专业能力。在老师的鼓励下，他投身到与新能源电池方向有关的学习研究中，并启动了相关的创业项目。在省级比赛中，杨振代表学院和全省122所本专科高校同台竞技，最终获得了第四届中国“互联网+”大学生创新创业大赛河北省选拔赛银奖。

然而回到学校的杨振却日渐消沉，他非常自责：“团队的日夜坚守、老师的倾囊相授、学院的鼎力相助为何没能取得更令人满意的成绩？是我有问题还是项目有问题？”此时的杨振宛如走火入魔的修行者一般自我问责，他埋怨自己没能得到金奖，怨恨自己辜负了团队的期望。

关心杨振的老师们也注意到了这一点，老师们为此对他进行心理疏导，鼓励他不计过往，继续努力，不管以前的成绩如何，现在都可以化整为零，从头开始。

此刻的杨振还没有意识到，这一次的成绩已经是学校在各类创新创业赛事中获得的最高奖项。这看似“没有取得好成绩”的银奖也真正在杨振的心上留下了独特的印记，而这次大赛的经历仿佛一块磨刀石，使杨振的骄傲被击碎，整个人完成了从学子到创客的蜕变，使他在之前的标准和要求下更进一步，将专业与创新创业紧密结合，加入“新材工坊”实验室，在金属材料真空悬浮熔炼提纯方面开展相关研究。

在创业这条路上，杨振走得艰辛，但他不觉得辛苦，因为陪伴他的有和蔼博学的老师、有志同道合的伙伴，最主要的是他有一颗无比坚强勇敢的心。

加快科研转化脚步

为参加下一届“互联网+”大学生创新创业大赛，杨振足足准备了一年。在此期间，除了技术上的攻坚克难，杨振还有着与常人不同的商业思维，通过考察市场，渐渐得到灵感，凭借着大胆细腻的心思，他觉得科技转化为生产才是最好的结果。在 2019 年比赛后，他和指导老师及团队一起成立了石家庄拜特锐科技有限公司，将技术创新与商业模式紧密结合。公司注册地在学校，学校提供了免费的场地和办公用具。只为让他们能够安心创新，放心创业，学校带给他的感动他永远铭记。杨振也始终心系学校，心系学弟、学妹的就业，将这一份恩情回馈给学校和社会。

有了各方支持，杨振带领团队做出了真空悬浮熔炉，并在 2019 年获得了第五届“互联网+”大学生创新创业大赛的国家级金奖，这次金奖的获得对他意义非凡。他带着这项技术率领创新团队走访了河北敬业集团、河北钢铁集团等生产一线，对项目进行技术创新和改进，使其成功走出实验室，转化为生产力。该项目先后为河北敬业集团、河北钢铁集团等创造了不菲的经济价值。

此时的杨振担任石家庄拜特锐科技有限公司技术总监，并持有 18%的股份，在公司的运营中，他充分利用自己的知识和经验，主要负责技术设计、开发、测试、应用等工作，并致力于专利和科研成果的转化。

2020年毕业后，杨振回到石家庄拜特锐科技有限公司，实施“纯电动汽车换电新模式新系统”项目，获得国家级银奖，并与中国汽车研究院合作该项目，加速了科研转化，让科研专利落地开花。他还与长城汽车、北汽新能源、河北省汽车美容协会等就该项目开展战略合作，对科技成果进行后续试验、开发、应用、推广直至形成新技术、新工艺、新材料、新产品，发展成为新产业，并最终实现盈利。

推动校企协同就业

2020年新年伊始，一场突如其来的新冠肺炎疫情打破了人们的平静生活。在这个紧要关头，作为党员的杨振第一时间投入到了社区组织的防疫工作中。结合之前参加创新创业比赛的优势和思维方式，他与团队成员致力于解决封村之后的群众“菜篮子”问题，同时帮助商家将积压的产品进行平价销售，最大限度降低了商家的损失。虽然这样的活动没有任何利润，但是他和团队成员都因为抗疫做出了微薄的努力而开心。

此次志愿者经历对杨振的启发很大，为他创立石家庄冀好未来科技有限公司提供了思路和想法，志愿活动中运用到的优秀模式也为公司的创建打好了一定的基础。防疫结束后，杨振创办了石家庄冀好未来科技有限公司，这是一家在疫情中诞生的公司，是杨振及其团队在爱心的花园中浇灌出来的果实。

石家庄冀好未来科技有限公司服务的对象主要是大学生和各高校，以“1＋x”为切入点，协助学校设立考点，协助学生取得职业技能证书。在工信部的倡议下，公司协助学校建立校企协同就业创业创新示范实践基地，开展承接双选会、招聘会等活动，努力促进人才培养供给侧和产业需求侧结构要素全方位融合，推动教育链、人才链与产业链、创新链的有机衔接。

杨振作为校园天使投资人，每周会线上邀约一个校园创业项目并为其做指导；他还在多所学校做公益讲座，带动更多的人创业就业，实现公司发展的目标。

杨振从创业伊始到现在，始终不骄不躁、勤恳踏实，不但自身的科研素质过硬，还具有很强的领导能力。在他的带领下，石家庄拜特锐有限公司和石家庄冀好未来科技有限公司在技术上不断实现突破。

杨振十年饮冰，却难凉热血。“耐心专注、一丝不苟、精益求精、一以贯之”这十六个字是杨振的人生信条，也是他多年来做出许多成就的支撑。

（河北省教育厅学生就业创业事务中心供稿）

闪亮的日子

山西

发展自媒体，振兴家乡

——晋中职业技术学院李祥事迹

李祥，一个在不断努力的创业者，他来自山西晋城的一个小村庄，是晋中职业技术学院2019级电子商务专业的一名学生，2022年毕业，现任山西傲天文化传媒有限公司法人兼执行董事，太原大制作科技有限公司合伙人兼总经理。高中时期的李祥学习不尽如人意，17岁便步入社会，做过网管，发过传单，当过服务员，再苦再累的活儿他都尝试过，那些经历让他体会到了生活的艰辛和不易，以及不被人尊重的痛苦和酸楚。他意识到，唯有自己强大了才能有更好的生活。

2018年，李祥因为兴趣爱好走上了自媒体的道路，从一个只有几千粉丝的博主，到签约国内科技领域知名机构——天异传媒。经过为期一年的学习，以及回到家乡对市场的调研，李祥抓住了时代机遇。作为一个仅有80万粉丝的个人博主，他迅速成立了两家公司，并且发展为单微博平台总粉丝量超2000万、单月流量均破亿的MCN矩阵团队。两年来，李祥曾被新浪微博官方评为2019年度影响力人物，公司旗下矩阵团队也荣登微博情感MCN影响力榜单TOP5。在校期间，李祥积极参加学校组织的各种比赛，2020年组建团队比肩益农，专注于农村电商精准扶贫，获得双创大赛山西红旅赛道省一等奖、山西省金奖、中华职业教育创新创业大赛省级三等奖，且受到当地农户和农企的一致称赞与好评。

2021年初，公司成立寻星项目团队，致力于带动和唤醒更多和李祥一样的普通学生走上自媒体道路，给希望在新媒体电商领域展翅高飞的有志之士提供一些机会和扶持。至此寻星项目部在第七届山西省“互联网＋”大学生创新创业大赛中荣获银奖，且直接带动就业26人，间接带动就业212人，并采用“1＋1＋N”的运营模式为MCN机构行业人才稀缺问题做了突出贡献。这是李祥感到自豪的时刻，同样也是他的高光时刻。除此之外，李祥心存感恩，他深知在实现自我价值的基础上还应该努力实现社会价值，在自己的能力范围内要为社会做一些力所能及的事。

天灾无情人有情，在2021年家乡山西遭遇前所未有的暴雨洪灾时，李祥积极准备爱心物资——累计三批次，价值一万余元，并亲自送往吕梁市孝义市、晋中市榆社县、长治市襄垣县等抗洪救灾一线，获得了政府颁发的爱心企业证书。自新冠肺炎疫情暴发以来，李祥团队一直在各平台通过其账号的影响力来号召粉丝做好防疫工作，配合当地防疫政策，还组织捐款捐物等，尽他们最大的努力来为社会做出一点贡献。作为新时代的青年，李祥将会继续承担起爱与责任，披荆斩棘，以更蓬勃的姿态去面对新时代。

（山西省教育发展服务中心供稿）

绿水青山就是金山银山

——临汾职业技术学院张云山事迹

我叫张云山，曾服役于中国人民解放军军事科学院。在多次执行任务的过程中，我发现北方有大面积的荒山，这让我想起了家乡漫山遍野的橡树，春季绿树成荫，秋天红叶满山，于是我萌生了为华夏荒山披绿装的梦想。

退伍后我就职于山西省临汾市城市综合管理办公室，但绿化荒山的初衷始终萦绕在我的心头。2017年我毅然辞职，成立了古县红橡谷科技发展有限公司，经过反复调研后，开启了一颗橡子果的创业之旅，用橡果育苗绿化荒山带动周边群众致富。为了深入发掘橡树的发展前景，我于2019年进入临汾职业技术学院深造，响应国家的“双创”号召，成立“老班长”退伍军人服务社，带动相关专业学生创新创业，不断扩展橡树产业链，用实际行动演绎一名退伍军人和当代大学生的责任与担当。

2005年8月15日，习近平总书记提出“绿水青山就是金山银山”的科学论断。2020年5月12日，习近平总书记在山西考察时强调，要牢固树立绿水青山就是金山银山的理念，做好生态保护“大文章”。目前我国荒山造林面积正以4%～5%的速度逐年递增，2020年全国荒山造林面积达12057万亩。但目前造林中针叶、阔叶树种的比例却极度失调，阔叶树种仅占11.3%，大面积的栽种针叶纯林导致生物多样性减少，还带来了土壤退化、水土流失加剧、森林病虫害蔓延等一系列问题，所以，增加阔叶树种的数量以平衡生态已成为荒山绿化中亟待解决的问题。我的家乡在山西省临汾市古县石壁乡徐村，附近大山中蕴藏着巨大开发价值的橡树橡子漫山遍野、无人问津，经过反复调研，我发现橡树不仅长势强健、适应性广、病虫害少，而且还是蕴藏着巨大开发价值的“摇钱树”，它的韧皮部——软木——在航空航天领域是超高温防护材料，在军事领域也具有不可替代的特殊用途，在建筑装饰业和工业产品领域也具有不可替代的特殊用途，尤其在建筑装饰业和工业产品领域具有十分广阔的市场；在英、法等欧洲国家橡木木材所打造的家具、地板，更是贵族身份的象征；橡子果是良好的可再生能源原料，还可制作多种食品，其丰富的单宁含量更使它在保健食品领域独具特色；橡树枝丫是生物质能源材料，而且是培育食用菌最好的基质；橡树树叶除了具有独特的观赏价值外，还可以用于饲养柞蚕；橡树树姿优美，是优良的园林绿化树种和景观树种；可以说橡树的全身都是宝。最为可贵的是，橡树是北方地区最为优秀的荒山绿化阔叶树树种，极具种植和推广价值。于是我开启了一颗橡子果的创业之旅，立志为华夏荒山披上绿装，并带动周边群众致富，为实现乡村振兴贡献自己的一份微薄之力。

创业初期虽然历经波折，但我凭着满腔热忱迅速整合资源，聘请山西农业大学、山西师范大学的专家作为公司顾问，进行橡树种植研究；多次邀请北方橡树联盟理事长潘陈宁先生、山西省风景园林协会副会长张津魁先生进行实地指导；并多次带领团队深入山东、江苏、陕西等地考察学习，吸取先进的育苗经验。古县政府也对公司给予了大力支持，相关部门快速启动程序，县、乡、村三级组织对橡树育苗荒山绿化项目一路绿灯，帮助公司完成了在石壁乡三合村流转土地 333 公顷的一切前置手续和合同事宜。

橡树在育苗、移栽过程中存在移栽成活率低和回根、卷根严重的市场痛点。为此，我多方奔走，请来林业、农业、气象等方面的专家，并于 2019 进入临汾职业技术学院进行专业学习。在这里我不仅学到了专业的知识，而且响应学院“双创”教育的号召，和一群志同道合的同学组建了致橡树项目团队，并成立了“老班长退伍军人服务社”，以带动更多同学和退伍军人进行创业。我们项目团队通过对穴盘进行独特的设计及采用全国独创的橡树育苗培养专用营养液，将原来橡树的单直根系转变为多须根，增强了苗木对水肥的吸收利用能力，并从根本上解决了普通容器苗的回根问题，将橡树的成活率由 33.4%提高到了 95.8%，彻底破除了荒山造林栽植—死亡—再栽植的魔咒，突破了橡树造林移栽成活难的瓶颈，解决了行业痛点。基于以上核心技术，我们团队已申请了国家专利两项，发表了专业论文两篇。

目前我们的项目种植基地提供就业岗位 68 个，带动农民成为新兴职业农民，人均增收 6000 元以上；产品研发基地提供就业岗位 27 个，培训农民成为产业工人，户均增收 13000 元；成立了退伍军人创业平台，帮助退伍军人一起创业就业，解决了 18 位退伍军人创业、再就业问题；给山西农业大学、临汾职业技术学院 267 名学生提供了实习岗位。公司种苗已销往山东、河南、河北等 8 个省、市、自治区，与 60 余家单位签订了苗木销售合同，净利润达 351.98 万元，并实现了经济效益、生态效益和社会效益的并行发展。

创业从来不是原地踏步，几年的时间里，团队锐意进取、不断创新，先后研发了十月栎、火焰栎、速生栎等适应北方地区不同土壤和气候的新品种，并向栎子食品、栎木家具、森林康养、乡村旅游等方向发展，形成全产业链发展体系。未来，公司将继续采用“互联网＋农业”的新型产业模式和“公司＋合作社＋基地”的合作模式，向更多橡树产品进军，带领更多农民致富，带动更多退伍军人和大学生实现就业、创业。目前，橡树产业已取得了经济效益、生态效益和社会效益的并行发展，良好的发展态势使得我们的企业利润大幅度增长。

利用一种植物，做强一个产业，振兴一方经济，造福一方百姓，保护一方环境，实现农民增收、荒山增绿、退伍军人增值，早日实现乡村振兴是红橡谷人坚守的初心和牢记的使命。我们将倾情橡树，共筑青山，因为绿水青山就是金山银山！

（山西省教育发展服务中心供稿）

校园创业，青春勃发

——山西财经大学李俊洁事迹

我叫李俊洁，现就读于山西财经大学体育学院 2019 级体育经济与管理专业，是一名学生共产党员，现担任山西财经大学体育学院学生会主席，是山西财经大学创新创业实训基地——山西云途教育科技有限公司法人。

生于 2000 年的我是一位名副其实的“00 后”，我知道现在“00 后”身上有很多标签，而我身上最闪亮的标签即是“创业者”。

从懵懂无知到有所坚定

我出生时并没有含着“金钥匙”，父母都是工人，退休后靠做一些小本买卖维持生计。小时候，父母忙于生计，都是姐姐照顾我。上初中后，我就一直住校，直至大学。住校经历让我比同龄人更早懂得独立自主。高中时一次偶然的机会，我开始做起了自己的小买卖。学校运动会期间，我为运动员提供服务，卖水和食物等补给，以低成本批发再以零售价格卖出，赚取差价。怀着自主创业的初衷和想法，2019 年 9 月，我考入山西财经大学体育学院，刚来学校时，我干过兼职，送过外卖，卖过鲜花，帮忙跑腿……在大学一年级期间，学校开设创业课，通过课堂学习，我对大学生自主创业充满了憧憬，在学院的大力支持下，我在 2019 年 12 月成功入驻学校创业基地。2020 年，我与网络上的一些优秀学生进行了沟通交流，在课下与创业基地的老师们经常沟通，在学校老师们的帮助下，我成功在 2020 年 8 月注册了自己的公司，这得益于创业基地老师的大力支持和帮助，给我们这些有创业想法的同学提供了一个通道。

从有所坚定到有所行动

经过前期一年的项目论证和筹备，2022 年 8 月“研集”项目正式落地，“研集”品牌已在国家知识产权局完成了商标注册。团队创立以来，我们就项目名称曾提出过多个方案，最终确定为“研集”，“研”即研究生，“集”即聚集的意思，这两个字就代表了我们将要做出的具体行动，也表达出了我们对项目的殷切期望，项目专注于研究生招生信息、数据、资源整合共享，不断推进“中国研究生招考数据化知识资源总库”的平台建设。具体来讲，我们的项目通过留存全国 852 所研招院校历年的招录资料，进行数据整合、计算分析，构建一个能够囊括全国所有院校研招信息、数据、资料的大平台、大仓库，即中国研究生招生信息数据总库。我们可以形象地将它理解为一个大型超市，用户可以自由检索、选取和使用相关资料。这样的模式和项目定位在山西乃至全国均属首创，“研集”的出现将重新定义考研辅导的行业形式，创新市场的盈利模式，再一次引领行业的转型和发展。

行动前的筹备与思考

从开始的一窍不通，到通过自学和与从事考研行业的学长的高频次交流，再加上自我对这个行业的体会和调查，我深知考研正处于一个转变阶段。考研业务的业务模式经历了视频课、大班课、面授课、高端课、集训营……考研辅导模式可以说不断在变化，一年一个样。从大班视频、大班面授、线上网课、小班直播、小班高端面授到全日制集训营，基本上每种辅导模式都只存在一两年。究其原因，主要还是考研人数的激增所带来的竞争态势的改变刺激着学生备考需求的改变。考研人数的持续上升确实带来了更大的市场空间和发展机会，但也给考研行业提出了更高的要求。7 年时间，考研市场规模增长了 130%，翻了一大番，但在这个过程中行业的平均营收并未实现同比例的增长。当然，也有少数人做到了，但大多数校区经营得都比较困难，甚至被迫退出了考研市场。这些现实问题使得考研行业深陷窘境，考研辅导行业正面临着前所未有的危机，各机构的业绩断崖式下滑、招生困难，财务利润危机、生存维艰，行业口碑差、报班无用论盛行。究其根本，还是学生日益增长的考研备考需求和行业落后生产力之间的矛盾。客观来说，考研辅导行业已经到了一个转型发展的历史机遇期，且正处于重新洗牌的关键时期。

对行业的充分思考和理解

考研人数的激增带来了竞争态势的改变，刺激着学生备考需求的变化，迫使考研辅导模式不断转型。但是不管其如何转型，由研究生招生独有的考试特点带来的考研备考本身就是一个极其复杂的系统工程，学生在备考过程中对考研规划指导、院校信息数据、资料资源的刚性需求从来没有改变过，而且日趋严峻的竞争环境使得这种需求越来越强劲。需求决定方向，需求决定市场，目前对专业信息、院校数据、资料资源的备考需求已成为研究生考生的刚性需求。在这种情况下，"研集"项目应运而生，"研集"的定位迎合并匹配了当前考生备考的最核心需求。

对未来的愿景和期待

"研集"项目将以信息知识服务为企业的定位，不断推进"中国研究生招考数据化知识资源总库"平台建设，用科技驱动企业的发展，"研集"在行业中走出了一条与众不同的发展之路。我坚信"研集"一定能够大有作为，取得良好成绩。

"研集"项目总体计划：

第一阶段（已完成）：项目落地、论证优化、模式建立。

通过山西财经大学、山西大学、山西师范大学三家工作室的经营，项目模式已完全跑通，"研集"独创的 4 个标准化的运行体系真正实现了标准化、流程化、制度化的运转。目前已构建了一支 26 人的团队，形成了 3 家"样板间"工作室。

第二阶段（已完成 3/8，计划 2022 年完成）：快速复制和拓建。

项目将采用直营和区域合伙两种模式进行复制和拓建，目前项目正在推进中，计划用 2022 年一年时间覆盖太原的 8 所重点学校。

第三阶段（已研发 1.5 年，累计投入 63 万元）："中国研究生招考数据化知识总库"平台上线。

线下工作室在太原所有高校实现基本全覆盖，开始平台的推广，利用线下优势、逐校区域化突破。推进"研集"信息化平台的形成。

第四阶段（计划中）：对外发展。用 2～3 年完成在全太原的布局，基于太原的模式辐射周边城市，目前规划的城市有石家庄、保定、西安、郑州。

创业维艰，没有哪个创业者能预判创业的过程和结果。创业自身的魅力一直吸引着我为了梦想去努力奋斗。即使没有收获财富和成功，我依然在创业过程中挥洒了自己的激情和梦想，挖掘了自己的潜能，学会了忍耐和坚持、责任和担当。

今天这个时代，给了创业者更好、更大的舞台，我要奋力前行，坚持心中的梦想，继续带领我的团队推进项目的发展，不负韶华，不负时代，砥砺前行。吃苦也享乐的岁月，就是我的青春！

（山西省教育发展服务中心供稿）

用健康绿色的农业守护青春创业梦

——山西农业大学马红军事迹

马红军，山西农业大学植物保护学院2020届植物病理学硕士研究生，于2014年4月组建微美曲辰创业团队在山西农业大学大学生创业园开始创业，曾荣获共青团中央、全国学联2014年度“中国大学生自强之星”称号，“第十届中国大学生年度人物”入围奖。现在，团队所种植的品种由单一的番茄发展到草莓、圣女果、黄秋葵等多个特色品种，温室产品数量已经由最初的一个发展到五个。

用农业先进技术守护青春创业梦

2015年本科毕业后，马红军并没有选择就业，而是在自己未完的创业道路上继续前行。他扩大了种植规模，带领团队承包了5栋温室，开始了更多的创新。在这一过程中，他希望能将多种绿色生产技术进行集成，应用于生产。然而他却越做越吃力，因为做这件事需要的知识更加专业，而他在本科所学的知识和技能已经不够用了，这无疑给他接下来的创业带来了不小的障碍。思考再三，他决定回母校继续学习。2016年9月，他以优异的成绩成功考取了山西农业大学植物病理学硕士研究生。他的导师曹辉教授是植物源农药的专家。与导师沟通后，马红军最终确定了他的研究方向——草莓等作物的病害综合防控体系。他积极学习农业先进技术，用知识守护自己的创业梦想。

三年多来，马红军多次带领团队前往北京、辽宁、山东、上海等地考察，学习、引进新品种和新技术。他和队友通过参观考察，找寻当地知名的种植能手，到基地拜访，白天和基地的农民一起劳动，晚上住到农民家里和他们交流，向他们请教。他们还拜访了研究机构的专家和老师，咨询实用技术和生产中存在的问题，交流自己对草莓产业和农业发展的看法，获得了专家、老师的鼓励和赞扬。同时，他们还引进了奶油草莓、白草莓、红花草莓等多个草莓新品种及黑色圣女果、绿色圣女果等番茄新品种，并且筛选出了适合当地种植的品种。马红军将病虫害的生物防治和物理防治与化学防治相结合，引进捕食螨等天敌昆虫防治害虫，试验使用植物源农药防治病害，形成了新的防治系统，降低了化学农药的使用量，提高了农产品的安全性和品质。

现在的马红军已经能独立处理一些农业技术性问题。他的创业路也越走越稳。

用宽广思路成为大学生创业带头人

马红军的团队率先迈出了“产学结合”的步伐。他与儿童教育机构、大型企业合作，开展儿童自然体验教育活动、企业团队建设活动；以农业为载体，进行产业融合，打造“农业＋教育”“农业＋企业”的模式，为创业园各个团队探索出了一条新的模式。

同时，马红军和队友们经常在田间地头为学校组织的和加入团队的大学生们分享自己的创业经历，解答他们在创业过程中的困惑，分享自己总结出来的农业创业学习途径：向老师学习、向书本学习、向技术员学习、向精英农民学习、向企业家学习。只有不断学习，才能创造新的东西，才能实现超越，才能保持领先。毕业后，马红军也积极参加母校的创业宣传活动，参加“成功者之路报告会”，参加创业社团活动，并且走进其他高校分享自己的创业经验，展现创业精神，点燃同学们的创业激情。

在自己创业的同时，马红军也将团队自身积累的客户引向年轻团队，拓宽年轻团队的销售渠道，加快市场的开拓速度；分享产业上游资源，如种苗、肥料、农药资源等，帮助年轻团队快速找到优质生产资料，获得快速成长。同时，他还主动积极对大学生创业项目进行指导，帮助大学生创业团队对项目进行分析，并且陪同有潜力的团队一起出省进行项目考察、学习，最终实现项目落地。

为了传播自己的先进理念，帮助身边人共同致富，马红军积极为山西省青年农场主培训班培训了百名学员，并为新型职业农民培训班的近千名学员讲述了自己的创业经历，分享农业创业思路、方法和生态农业理念。他经常钻进周边农民的温室中，发现并解决他们生产中遇到的问题，讲解和推广生态农业生产技术，如双蜂授粉技术、震动授粉技术，帮助农民减少激素的使用，提高产品品质，增强产品竞争力。

现在的马红军有一个信念，不只自己要富起来，更要响应党的号召带动更多的农民富起来。

用满腔激情播种“农”的种子

“绿色农业，健康你我。”这是马红军做农业的初心。他做农业，追求的是让消费者和生产者都收获健康，达到人和自然的和谐共处。为此，他多次外出学习、引进新品种和新技术，在老师的帮助下运用自己在大学所学，对多项技术进行集成创新，坚定不移地探索健康绿色的生产技术体系。2019 年，他主持起草了太谷县地方标准《绿色食品——温室草莓生产技术规程》，走出了自己带领农业先进化、标准化的第一步。

习近平总书记指出要解决好“未来谁来种地？”这个问题。经过数年的农业大学求学和多年的农业实践，马红军可以回答，未来他来种地。从小就在田野上玩耍，他和身边的小伙伴一样，热爱着脚下的土地，对农业有深厚的感情。因此，他能够坚持下来，让农业成为自己的谋生手段，甚至成为他毕生的事业。但是现在的孩子，无论在城市还是农村，几乎都没有机会接触土地、接触农业，自然对农业就没有太多的了解，更不会产生感情。从现在的情况看，上农业大学学农的人本来就不多，学农后又从农的人更是少之又少，坚持干农业的人更是凤毛麟角。那么 20 年以后，现在的孩子们长大了，他们会选择农业吗？如果这些孩子都没有选择农业，那么未来的未来，中国的地谁来种？因此，马红军认为，他不仅要把今天的地种好，更要把未来的地种好。要种好未来的地，就要找到未来种地的人。

想到这里，马红军带领团队以农业为载体，进行一、二、三产业融合，通过“农业＋教育＋互联网”的模式，建立了常青藤农耕研学基地。孩子们通过到农耕研学基地参与农事劳动，体验农耕的辛劳和乐趣，接受农耕文化的熏陶，在心中种下一颗浓“农”的种子。多年以后，相信这些孩子也可能走向农业领域，中国农耕文化就能不断地传承下去。

马红军有这样一个梦想：带动更多的大学生和有志青年投身到健康绿色的农业中，使之成长为懂技术、善经营、会管理、有思想且愿意留在农村从事农业生产、管理的新型农业人才；希望健康绿色的农产品与现代农业理念能够扩散出去，让更多的人享受现代农业带来的健康。

（山西省教育发展服务中心供稿）

经韬纬略踏实践创新之路，千锤百炼助仪电展翅翱翔

——中北大学郝文渊事迹

郝文渊，中共党员，2014—2018 年在中北大学电子科学与技术专业学习，2019—2021 年在中北大学仪器仪表工程专业读硕士，2021 年至今在中北大学仪器科学与技术专业读博士，现任山西意启创电子科技有限公司总经理。

仰望星空，脚踏实地

我在大学一年级便加入了中北大学仪器与电子学院创新精英研究院，开始了对仪器科学世界的探索之旅。仪器与电子学院创新精英研究院是一个为广大本科生提供理论学习和动手实践的创新平台，我在大二时参加了全国大学生机器人大赛，并且荣获全国二等奖。通过此次大赛，我深深意识到我与全国优秀高校学生之间的差距，于是我在大三时组建了自己的研究小组。我坚信科技的创新来源于生活，科技的创新成果应该让人类的生活更加美好，同时解决问题的方案根源应该在科学技术的理论学习中不断积累。所以我选择坚持专业学业，在中北大学继续进行硕士阶段的深造。我认为只有不断地发现生活中的痛点，才能有针对性地进行发明创造，才能让科技创新真正造福人类。

学以致用，致知于行

2017 年我与同学合伙创办了山西意启创电子科技有限公司，我认为新的智慧生活理念是我们对于美好生活的感性追求往往被现实生活中的理性缺陷所击败。那么，如何通过创新创造让人们的生活更美好？基于此我们打造了公司的第一个项目——基于物联网的智能高层擦窗机器人，这个项目成功为公司争取了山西二马马建工集团的 200 万元天使投资，同时吸纳了各类人才到团队中来，为公司的起步奠定了良好的基础。

为了帮助更多的青少年培养创新意识，锻炼动手能力，2018 年我们研发了人工智能教育机器人以及相关课程，并且配备了相应的实验室建设方案，确定了人工智能教育产品—课程—空间规划—课程培训四位一体的人工智能教育解决方案。

选择做教育机器人是希望把我们从零到一的亲身经历和经验注入我们的产品及课程，播散创新的火种，推广创客的精神，培育创新文化，在全国不断播撒未来创客的希望。我们坚信在不断创新的产品加持下，星星之火，终可燎原。目前，公司的教育机器人已在全国 290 所学校服务，为数十万的青少年所用。在未来，我们依旧会坚持用创新塑造未来的理念，在不断播撒未来创客的道路上砥砺前行，打造中国创新教育的领导品牌。

不忘初心，牢记使命

公司从 2017 年注册成立到现在，一直致力于人工智能教育机器人的研发，旨在以更高

的性价比、更优的产品体验，让更多的青少年体验到科技的乐趣，激发创新的激情。随着公司的发展，我们从社会上获取了利益，因此我们也希望能够承担起回报社会的责任和义务。

由于城乡之间的差距、教育发展的不平衡，城乡学子之间的差距在逐渐加大，于是我带领团队立志为贫困地区的孩子带去创客的火种。2019 年，公司开始研发设计贫困地区孩子适用的课程及产品，我们深耕一线，先后走进了朔州的怀仁、右玉及山阴县，并与当地政府开展合作，为那里的孩子们建设创客科学实验室，免费为他们提供开展科创教育的产品及课程，义务为当地的师资进行培训，为当地建立起完整的人工智能课程框架和体系，让更多的孩子接触人工智能，拥抱科技梦想，激发创新激情，扩展他们的学习视野。我们还与政府开展合作，联合打造属于贫困地区的孩子们的"科技梦工厂"，在为孩子们播下科技创新火种的同时，对于企业，我们也履行了相应的社会责任。

反哺母校，牢记使命

我今天所取得的成绩与荣誉，所获得的知识与技能都离不开母校的栽培与关怀，可以说没有母校孜孜不倦的哺育和恩师们春风化雨的教导就没有我的今天。2021 年，正值中北大学建校 80 周年之际，山西意启创电子科技有限公司为中北大学捐赠了价值 500 万元的智能感知实验室设备和 20 万元的创新创业基金，用于支持在校大学生创新创业，引领学弟、学妹积极开展创新创业实践活动，培养创新思维、创业意识和综合能力。虽然我们企业的力量有限，但我的蝼蚁之诚、反哺之心日月可鉴。

在未来的学习、工作、生活中，我会一如既往，保持谦逊，求知若渴，坚持创业到底。取经韬纬略踏实践创新之路，承千锤百炼助仪电展翅翱翔！

获奖经历

2017 年，获国际创新创业大赛三等奖；

2018 年，在工业和信息化部、财政部、科技部等举办的"创客中国"大赛中获山西省总冠军；

2018 年，在共青团中央、教育部等举办的"创青春"全国大学生创新创业大赛中获全国铜奖；

2018 年，在教育部等十三部委举办的第四届全国大学生"互联网＋"创新创业大赛中获全国铜奖、山西省冠军；

2019 年，在教育部等十三部委举办的第五届全国大学生"互联网＋"创新创业大赛中获全国铜奖、山西省季军；

2019 年，在科技部、财政部、教育部、国家网信办和中华全国工商业联合会共同指导举办的中国创新创业大赛中获山西省二等奖；

2019 年，获科技部"星火计划"创新创业大赛三等奖；

2019 年，获"创青春"青年创新创业大赛三等奖；

2019 年，获太原市"优秀创业青年"称号；

2020年，在教育部等十三部委举办的第六届全国大学生“互联网+”创新创业大赛中获全国铜奖、山西省金奖；

2021年，在教育部等十三部委举办的第七届全国大学生“互联网+”创新创业大赛中获全国银奖、山西省冠军；

2021年，在工业和信息化部、财政部、科技部等举办的“创客中国”大赛中获山西省二等奖。

（山西省教育发展服务中心供稿）

闪亮的日子

内蒙古

创新创业永不止步，强国青年砥砺前行

——内蒙古农业大学刘翔东事迹

刘翔东，男，汉族，共青团员，1999 年 6 月出生，内蒙古农业大学草原与资源环境学院 2018 级草业科学 3 班，2019 级工程造价专业（第二学位）学生，内蒙古自治区优秀毕业生。他的家乡是世界“藻都”——内蒙古鄂托克旗，他从小就对螺旋藻有着朴素的情感。上了大学后，通过对专业知识的学习，他创造性地将螺旋藻与山楂、陈皮等 10 种中草药有机结合，历经 869 天、3 个周期小试验、4 个大试验、5 个对照组，开创性地研发出了“藻增重”“藻保健”两大系列产品。产品为全国首创，可有效解决如今我国替抗饲料添加剂产品的空缺问题。他曾先后以第一发明人、著作人身份申请国家发明专利 3 项，以第三发明人身份申请国家发明专利 1 项、授权实用新型专利 1 项、软件著作权 1 项、国家美术作品著作权 1 项。他还先后在第七届中国国际“互联网＋”大学生创新创业大赛中斩获金奖，实现了内蒙古自治区在该项赛事上金奖“零”的突破；在第十二届“挑战杯”中国大学生创新创业大赛中荣获内蒙古自治区一等奖；在第二届沿黄五省区大学生就业创业大赛中荣获内蒙古赛区第一名。刘翔东不骄不躁，笃行不怠，在大学生创新创业方面能够真正为同学树立模范、起到带头作用，先后有草业科学、兽医、动物科学等 6 个专业的 72 名本科生参与他的创新创业实践中，他们用科技与创新的力量，推动了内蒙古畜牧业的高质量发展。

勇于探索，敢于实践

大学期间，刘翔东在高凌岩、王志军老师的带领下，开创性地将螺旋藻与中草药相结合做成绿色饲料添加剂。他在螺旋藻养殖方面历时三年创新性地研发了藻种组合养殖技术，筛选了 199 种藻种组合，使得螺旋藻的产量得到了有效提高，同时发明了新型温控大棚，使螺旋藻产品高质高产；在饲料添加剂方面古方今用创新配伍，将螺旋藻与中草药相结合，使得两者的优势得到了充分发挥，研发出了“藻增重”“藻保健”两个系列的四大产品，解决了螺旋藻从食用到饲用的转变难题。内蒙古饲料工业协会经过双盲实验后对该产品评价：产品对牛羊具有促生长、增重快、防病保健、提风味的功效；内蒙古螺旋藻工程技术研究中心评价：可助力当地螺旋藻和牛羊肉中欧地理标识产品的发展和延伸。该产品曾作为内蒙古农业大学取得的标志性成果赴重庆参加国内饲料行业规模最大、专业化程度最高、影响力和传播力最强的第一品牌展览会、5A 级专业展——2021 年中国饲料工业展览。

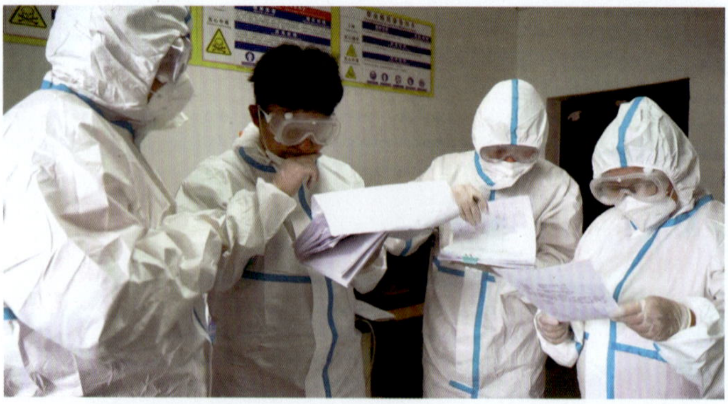

尽职尽责，求真务实

勇担应尽之责，笃行勤勉之道。作为学生骨干，刘翔东总结出学生骨干要做好自己的本职必须具备责任心、耐心和细心，能协调好学习、工作和生活三者之间的关系。在做好自己本职工作的同时，他和其他团队成员共同培养团队的合作能力和团队中个人处理突发事件的能力，让团队中的每一个人都能得到良好的发展。习近平总书记说："青年是社会上最富活力、最具创造性的群体，理应走在创新创业前列。""要敢于做先锋，而不做过客、当看客，让创新成为青春远航的动力，让创业成为青春搏击的能量，让青春年华在为国家、为人民的奉献中焕发出绚丽光彩。"在导师的帮助下，刘翔东于 2021 年 5 月 19 日成立了内蒙古伊可生物有限公司，正式开启了创业之路。公司致力于饲料添加剂的开发与销售，主营业务包括饲料添加剂、研发、生产销售、螺旋藻养殖、农业技术服务、螺旋藻及衍生产品深加工。在销售服务方面，刘翔东利用专业优势，为购买饲料添加剂的企业因地制宜精准提供家畜日粮饲喂方案，为公司创造了更大的利润。刘翔东认为，创业也许充满未知和挑战，但只要坚定信念、脚踏实地、努力向前，就足够彰显青春的底色和精彩。功夫不负有心人，2021 年 10 月内蒙古伊可生物有限公司获得了鄂尔多斯市丰源商贸有限公司的 500 万元融资，2022 年 3 月公司经鄂尔多斯市春季招商引资入驻鄂尔多斯市空港物流园区，同时得到了鄂尔多斯市空港物流园区全方位的政策支持。学校更是将教育部、农业农村部重点实验室 4500 万元的高端设备及实验平台用于支持刘翔东的产品研发。合作企业也为公司提供了8 处试验基地支持产品生产试验和迭代升级。创业之星刘翔东开启了风风火火的创市场之路。

立足国际，创新发展

刘翔东是一个善于抓住机会的人，他紧跟时代脉搏、把握网络风口。2022 年 1 月国务院批复同意在鄂尔多斯市设立跨境电子商务综合试验区。他意识到，跨境电子商务是发展速度最快、潜力最大、带动作用最强的外贸新业态，现在仍处于高速发展期，这意味着内蒙古自治区的对外开放格局将进一步打开，届时将会集聚各种服务资源，可以让企业充分享受到便利和红利，这也将成为内蒙古伊可生物有限公司在未来进军国际市场的重要的转折点。刘翔东在2022年4月成立了内蒙古伊可进出口贸易有限公司，公司一方面瞄准将主打产品输送到“一带一路”沿线国家以及周边国家，服务当地百姓；另一方面要成为国内对外贸易的窗口，不再仅依赖传统港口城市来做中转和承接，公司可以直接面向全球，直接面向需要该产品的国家做跨境电商。

同时，对市场敏锐的刘翔东决定开拓螺旋藻饲料添加剂产业新模式，打通属于自己的饲料添加剂市场销售渠道。“视界就是世界，要通过对国家政策方针的认真学习和分析，成为新时代的弄潮儿。”刘翔东超凡的思维引领着他的行为。国家“十二五”规划和一号文件明确提出要大力支持农业科技信息化的建设，推动生态链应用，提出让生态链下乡的新理念，而土地集约化、现代农业的转型升级使得智能农业的应用成为农业发展的必然趋势。发达国家已经建立了农业生态链体系，在农业智能化生产、精细化生产方面已经开始了成熟的应用，我国浙江、江苏、安徽等省份在农业生态链建设方面已经做了多年的探索应用。一番研究后刘翔东决定打造“互联网＋农业”生态业产业链，以此来填补市场上生态绿色饲料添加剂产品的空缺，他利用所研发的饲料添加剂提高农牧民及养殖企业的收入，提高产品知名度，开拓国内外市场，以达到经济、生态、社会效益的最大化。刘翔东通过“互联网＋消费”助农新模式，积极为乡村振兴贡献力量，助力激发助农新动力。

脚踏实地，砥砺前行

回顾自己的创业经历时，刘翔东说：“做好眼前的每一件事，走一步再走一步，没有白走的路，每一步都算数。”选择创业，需要勇气，需要一份毅力，更需要一种不怕吃苦的精神。在大学的四年，刘翔东的大学生活有艰辛和苦楚，但更多的是汗水和欢笑，他不断挖掘着自己的潜能，使自己的每个细胞都得到锻炼，他不断充实、完善自己，用青春描绘着梦想，用努力和拼搏续写人生的华美篇章。

经历了从无到有、从优到强，刘翔东有着不属于他这个年纪的感慨。在他看来，自己成绩的取得，离不开三个好的机遇：一是他作为内蒙古农业大学的一名学生，学校的教育尤其是创新创业方面的教育培养，给他走进创业、做大企业创造了很好的机会和条件。“一直以来我都心存感激，内蒙古农业大学的创业孵化中心为公司提供了诸多的孵化政策，使我在创业初期得以顺风顺水、步步受益。”二是公司乘上了鄂尔多斯市空港物流园区的春风。物流园区优渥的创业政策和优良的创业环境，给了作为立足内蒙古自治区、面向全国、大胆创业的优秀毕业生刘翔东不断成长、不断发展的巨大勇气和无穷力量，为他的裂变成长提供了无限营养；三是刘翔东有幸在新时代领略到“大众创业　万众创新”的巨大魅力。“创新、协调、绿色、开放、共享”“实施网络强国战略”“把创新摆在国家发展全局的核心位置”等新思想、新论断启发了他的创新思路、创新模式、创新举措，让他一步步适应新时代的经济发展新常态，不断整装再出发。

“时代是我们现在最大的‘背景’，这样一个大的时代背景助力了我们的成功。”刘翔东说。他一路高歌，披荆斩棘，谱写着属于自己的精彩人生。

（内蒙古自治区高校学生就业创业服务中心供稿）

做服务乡村振兴之路的铺路石

——内蒙古财经大学商务学院巴达仍贵事迹

巴达仍贵是来自内蒙古赤峰市翁牛特旗的一个普通牧民家庭的蒙古族小伙，2018年考入内蒙古财经大学商务学院市场营销专业，2021年荣获内蒙古自治区“创意、创新、创业”三创比赛特等奖，2021年在华北赛区移动互联创新创业大赛中获得赛区金奖并荣获全国移动互联创新创业大赛总决赛三等奖。他还被评为2021年度内蒙古自治区三好学生、2022年度内蒙古自治区优秀毕业生等。

一次课堂，一生使命

大二时，在学校的创业培训课上，老师的一句话深深地触动了巴达仍贵：“作为当代大学生，你们一定要有抱负、有理想。做大事赚大钱可以是阶段目标，但那绝不应是人生理想……在座的同学们，我们的家乡地大物博、资源丰富，可如果我们自己都不去建设它，那要等待谁来建设它呢？”巴达仍贵的脑海中立刻闪现出天高云淡的草原上，家乡的牧民们手捧草原特产的温暖笑脸。他心念一动：是啊，他的家乡翁牛特旗就有一种独特工艺的手工制特产——奶果。奶果的口感奶香浓郁，深受大众喜爱，但至今没有人将其规模化生产，没有品牌、没有商标，甚至没有像样的包装，以致这么好的特产一直无人问津。这堂课让巴达仍贵更加坚定了心中的信念，他要振兴家乡、推广家乡的特色奶制品。

不畏艰苦，敢于探索

在大二暑假，巴达仍贵对家乡的特色奶果小作坊进行了为期两个月的实地调研。小作坊的牧民也希望他更全面地了解奶果制作的整个过程，把家乡的奶制品推广出去。通过调研，他发现奶果的销售存在很多问题，虽然当地有很多奶果生产商，但是都存在无品牌、无标准、无规模等问题。生产商非常希望提升奶果产品的品质，但由于当地生产商知识水平有限，不知道该从何入手，于是巴达仍贵从品牌策划和整合当地小作坊开始，解决现阶段生产商存在的“三无”问题。这两个月让他看到了家乡人们对提升奶果品质的认可和渴望，他也非常希望将家乡的特色奶制品推荐给更多消费者，使特色奶制品不仅产品优质，更让消费者买得放心。这需要将产品规模化、品牌化，这条路很长，过程也很艰苦，而未来发展却是未知数。但他坚定了信心，因为从这一刻开始，这条路不仅是他一个人的路，也是很多人的期望。

回到学校后，巴达仍贵组织了自己的创业小团队，开始了项目的策划和实施。作为大学生的他们没有资金、人脉、渠道和经验，经过商讨后他们决定先参加创业比赛，一是可以得到评委的建议和意见，使项目更加完善和丰满；二是可以通过比赛获得名次及奖金，让项目有落实落地资金。通过不断打磨特色奶制品奶果的品牌设计和营销方案，2020—2021 年他多次参加省级和国家级的各类相关比赛，项目共获得国家级奖项 1 项、自治区级奖项 2 项、校级奖项 9 项。巴达仍贵经常说：“一路走来，看似一帆风顺，其实只有我们的指导老师和团队成员们知道这一路的艰难。”

从项目成立到现在已经两年多了，巴达仍贵一直在坚持着，从中他也得到了许多支持和认可。2021 年项目被列入内蒙古自治区大创计划省级项目库，得到自治区相关政策扶持，获得 1 万元项目调研资金，巴达仍贵也开始了他的第一次创业。

千里之行，始于足下

创业项目初步规划已经做好，关键还需知行合一，主动行动起来。2021 年 12 月巴达仍贵开始了创业的第一步。他先从翁牛特旗手工作坊购进一批奶果，然后经过工作室进行二次包装，再通过私域流量进行推广销售，不到一个月的时间，他就收获了自己创业的第一桶金，也在实践中验证了项目的可实施性。通过这次实践，他也发现了不足之处：第一，产品没有标准；第二，相关资质不全；第三，线上推广力度少，仅靠几个有志青年单打独斗很难坚持下去，还需要专家团队的指导才能更好地推动项目落地。

响应时代，助力乡村振兴

发现奶果销售以及团队自身建设中的不足后，巴达仍贵决定加强学习，他主动到图书馆自学，通过借阅相关电商书籍，查阅相关创业文献资料，将奶果经由线上渠道推广到更多地方。

幸运的是，在 2022 年的第五天，通过指导老师徐军的介绍，他认识了内蒙古包头市固阳县国家电子商务示范县的电子商务负责人，经过三个月的实习，巴达仍贵负责当地的农产品——土豆的上行工作。对于巴达仍贵来说，这既是一次挑战也是一次实战。在五天的实战中，巴达仍贵成功售出了30吨土豆，清空了当地的土豆存货，实现销售收入89064元。对于当地农户来说，既出售了积压的土豆，又鼓舞了农户的士气。这对巴达仍贵来说，既是一次考验，更是一次自身价值的体现。巴达仍贵说："有幸参与包头市固阳县国家电子商务示范县农产品上行工作，这次边学习边实践的时光使我不仅学到了电商方面的知识，也实实在在了解了县域电商目前面临的问题和困难。此次学习让我有了更大的理想，以前我只把目光放在了自己的家乡，其实我们内蒙古自治区的电商整体相对比较落后，这也是我们的好产品卖不出去的重要原因之一。希望未来有更多的大学生从事电商行业，用自己的知识建设家乡。内蒙古自治区一共有103旗县，希望更多的人在一村一品、一县一品的发展中贡献自身的微薄之力，实现乡村振兴与内蒙古电子商务进农村政策的具体落实和推动；奶果项目、土豆项目只是个开始，我希望可以使更多农牧民的特产真正走出旗县面向全国，这是作为当代大学生的我们必须承担的责任，让我们一起前行。"

（内蒙古自治区高校学生就业创业服务中心供稿）

脚踏实地服务基层，仰望星空勇攀高峰

——河套学院杜星宇事迹

他是老师和同学眼中的内蒙古自治区“三好学生”，自治区“优秀学生干部”“优秀团干部”“优秀团员”。

他是同行和同事心中的“巴彦淖尔市创业先锋”“巴彦淖尔市青年创业代表”。

他拥有中华人民共和国人力资源和社会保障部高级“电子商务师”资质，是工业和信息化部“工业和信息化领域急需紧缺人才培养工程”和“全国工业和信息化应用人才培养工程”成员，被工业和信息化部纳入中国人才交流中心人才库。

他带领创业团队和企业先后获得“巴彦淖尔创业先锋企业”“天赋河套杯创业大赛二等奖”“第六届‘创青春’内蒙古青年创新创业大赛优秀奖”等各类奖项。

他就是内蒙古星蕴信息科技服务有限公司总经理，内蒙古星蕴咨询策划有限公司总经理，巴彦淖尔市心蕴社会服务中心主任，河套学院大学生创业协会荣誉主席，河套学院优秀毕业生——杜星宇。

作为新时代青年，杜星宇扎根祖国北疆，不负青春年华；作为敢想敢拼的创业者，杜星宇立志科技报国，服务乡村振兴；作为自立自强的奋斗者，杜星宇勇于承担责任，努力回报社会。在创业路上，杜星宇攻下三重难关，立下三段标杆，在自身成功创业的同时，也带动更多大学生实现就业，从脚踏实地到仰望星空，实现创业者的蜕变与涅槃。这些，就是杜星宇的成长经历。

技术创新第一难，科技创新树标杆

杜星宇的创业梦想始于大学阶段。2015 年，他积极响应“大众创业　万众创新”的号召，利用假期在巴彦淖尔市五原县电子商务园区帮助农户和本土企业进行线上平台设计宣传和议价售卖，真正触摸到了创业的星空理想照耀现实的真切，在大学这一创业理论的练兵场上小试牛刀。2018 年毕业后，他与多名大学毕业生基于 3D 打印技术研发的想法以及大学期间的创客咖啡、开展商贸活动等创业基础，在河套学院大学生创新创业基地的支持和帮助下，成立了内蒙古星蕴信息科技服务有限公司。怀揣着创业梦想，他和他的创业团队努力拼搏、不断提升。但要把想法变为现实，必须攻克技术创新的难关。团队成员通过研究 3D 打印机的原理、设计过程、部分附件选型、部分机械计算、主板固件编写过程，经过对各种机型的 3D 打印机的原理进行对比后决定采用机床结构功能分配式，这成为该项目的一个创新点。此时他们的 3D 打印机已经可以通过设计、固件调试、计算验证等过程制造出可节能减排 30%的产品。

创业初期，在河套学院创新创业中心的推介下，杜星宇团队 3D 打印机项目参与了多项创新创业活动并多次获奖，先后在巴彦淖尔市、内蒙古自治区获得了创业奖项，达到了良好的前期宣传效果，满足了高校、青年宫、科教机构等的使用需要。

持续发展第二难，集成服务擎标杆

依托科技创新这一闪亮的名片，团队逐渐成长，但如何使项目落地并实现市场推广成为团队持续发展的“第二难”。团队在河套学院创新创业基地和学校创业服务中心的资源对接和资金支持下，在多名技术成员加入后，业务拓展到网站设计，小程序、软件定制开发，App 开发等技术集成服务，并从软件服务延伸到硬件的供应与安装服务，服务对象不仅有企业单位、事业单位，还有政府相关部门，先后为巴彦淖尔市精神病院开发心理 CT 系统，为巴彦淖尔市人大提供会议室视频会议整体服务供应，并承担巴彦淖尔市全市公务员继续教育网报名系统等项目。在业务发展逐步稳定的同时，杜星宇的创业团队也吸引了更多研究生及本科生加入。

扎根基层第三难，社会服务举标杆

作为西部创业企业，立足于服务西部基层创新，是当前公司发展的重要目标。在公司形成了稳定的业务和完善的组织架构之时，公司围绕西部乡村振兴的基层展开实践，实现从产品到服务的全面区域推进。从计算机硬件集成供应到软件开发，从直播带货、乡村创业培训到社区服务，杜星宇的企业通过各种方式服务基层、回报社会。同时，他也积极承担社会责任，努力增加就业岗位，帮助更多人实现就业。2018—2022 年，公司先后为巴彦淖尔市五原县策划并开展了针对退伍军人、社区妇女等的创业就业直播带货、农技推广、无人机驾驶等创业就业培训。创业团队设计并编排了丰富生动的新媒体运营、直播带货课程，还做了现场教学与后期随访。2021 年，创业团队成立了巴彦淖尔市心蕴社会服务中心，作为公司业务的延伸。服务中心招募了多名具有社会工作者资质的员工，并吸纳多名农村妇女就业;在巴彦淖尔市五原县开展社区养老、康复训练、青少年发展以及社区教育活动,现阶段已与五原县旧城社区达成了战略合作,开展了多次敬老上门服务,取得了良好的社会评价。2022 年,服务中心的残疾人创业就业车间助残项目正如火如荼地开展,羊毛手工产品、假发生产等助残培训和完整的成品对接服务已经为超过 15 名残疾人士打通了就业梗阻。

创业的路并不平坦,但挡不住创业者到达彼岸的决心。

奋斗的路并不顺遂,但抵不过奋斗者实现梦想的努力。

杜星宇,一个坚韧的创业者、一个顽强的奋斗者,也是每一个梦想创业的河套学院学子学习的榜样。他将始终扎根基层,服务社会,努力承担企业的社会责任,为实现科技创业、报效祖国的初心而不懈努力。

(内蒙古自治区高校学生就业创业服务中心供稿)

以赛促学立创新梦，研学结合走创业路

——内蒙古商贸职业学院贾国龙事迹

贾国龙，男，2000年6月出生，蒙古族，内蒙古巴彦淖尔市乌拉特前旗人，毕业于内蒙古商贸职业学院，现任内蒙古御谷农牧科技有限责任公司总经理、内蒙古丰羽传媒主播经纪人。他曾获第七届“创青春”中国青年创新创业大赛国赛银奖、2021年全国职业院校技能大赛国赛三等奖、第七届中国“互联网＋”大学生创新创业大赛铜奖、沿黄五省大学生生涯规划大赛三等奖。

校园培养创新思维，积极奋斗屡获佳绩

可以说贾国龙的成就来源于学校而又高于学校，贾国龙在校期间十分热爱学校开设的创新创业就业指导类课程，从大一时就积极带领团队参加各类创新创业比赛和讲座，荣获校内外多项荣誉，致力于创新创业事业，并不断推陈出新，创建新的项目和想法。他曾在2020年带领本校三支团队参加第七届“创青春”中国青年创新创业大赛，在参赛过程中带领三支团队累计销售出4000多件商品，涵盖多个品类和商家，他所带领的三支队伍全部获得了华北赛区百强的好成绩，并有两支团队成功夺得国赛银奖。在此过程中，他所带领的15位团队成员全部取得了京东集团的优秀实践证明，获得了来自共青团中央的奖励，并最终为内蒙古商贸职业学院夺得了优秀组织奖。贾国龙说，自身奋斗是离不开学校和团队的，要充分发挥团队的力量，在自身能力有限的情况下也要始终想着如何能为学校带来荣誉。在一次次创新创业比赛的同时，贾国龙也在心里种下了自己创业的种子，这颗种子在日后的校园生活和竞赛中不断萌发，逐渐培养出了属于自身的创新思维和创业头脑，在多个十分重要的创新创业赛事上拿到了优异成绩，为日后自己创办公司打下了坚实的基础。贾国龙在校园中积累了许多创新创业知识，并在自身创业时活学活用。

创新创业不忘家乡情，五下牧区带来纯净水

虽然身在繁华的内蒙古自治区首府，但贾国龙一直都记挂着养育他的那片家乡热土。贾国龙在2021年7月参加了第七届中国国际“互联网＋”大学生创新创业大赛，响应中国国

际“互联网+”大学生创新创业大赛红色筑梦之旅的号召，扎根中国大地，了解民风民情，根据家乡的实际问题，设计了一个红色公益创新创业项目——“滤”水清山-农牧民饮水安全的守护者，并带领团队联合多地区、多院校的同学一起研发了一个拥有专利技术的便携式净水设备，同时团队也申请了一项实用新型发明专利。在机会来临时，贾国龙首先想到的不是自己如何参加比赛获奖，而是心系家乡，想着如何为家乡带来一丝改变。

贾国龙的项目在校赛阶段取得了院系第一名的成绩，并且受到了呼和浩特电视台的采访，项目被选为学院重点推荐项目，学院党委书记李兴旺和贾国龙的项目一起参加了内蒙古自治区教育厅举办的红色筑梦之旅启动仪式，在启动仪式后他的项目也被内蒙古自治区教育厅在全国大学生创业服务网上列为首位报道项目，在全国大学生创业服务网首页进行报道展示。在骄阳似火的七月，贾国龙投入到为农牧民带来纯净水的项目中，先后与化学、给排水等相关专业的同学一起探讨研发全新的净水设备，针对农牧民特殊的饮水情况而独立开发产品，并在一个月后设计出了初代产品，在初代产品通过检测后便开始了他的洁水之旅。

当同龄人享受假期生活时，贾国龙在为家乡奔波着。他在一个月的时间内辗转了内蒙古的五个盟市，实地调研不同地区农牧民的饮水现状和问题。在调研过程中，贾国龙到过鄂尔多斯的蒙古包，也深入过巴彦淖尔市的牧民家，一路上遇到了很多困难和阻力，但在老师的帮助和学校的支持下他坚持了下来。通过此次调研，贾国龙不仅更加了解了家乡饮用水的现状，也为后续净水设备的改进和商业性持续取得了宝贵的资料，为日后创办公司开展净水业务开拓了新思路。

在竞赛中沉淀，在就业中创业

磨刀不误砍柴工，贾国龙并没有因为一些小成绩就贸然创业，而是用更多的时间去沉淀和提升自己，他假期中也在为创业蓄积力量。在公司参加前期竞赛过程中，贾国龙就早早意识到了新媒体对企业的重要性，入职了一家国内前十的 MCN 机构，凭借着在学校的竞赛经历，他很快就在工作中崭露头角，成了公司的核心成员，也更加理解了公司营销的重要性。在工作过程中，他把平常从竞赛中所学的知识与工作实践相结合，更加了解了现实生活中企业运行和项目运行的机制，为独立开办公司做好了十足的准备。

创新改良技术,创业开办公司

十年磨一剑,今朝试锋芒。贾国龙曾在高考后进入内蒙古民泽公司实习,主要负责牧场的牛垫料处理和牛粪收集。在工作过程中,贾国龙指出了公司设备设计中的缺陷并与同事设计进行了改良,公司在采纳后发现贾国龙创新的模块确实比之前的设备效率高,在公司大会上嘉奖了贾国龙,这为贾国龙日后创办公司获得种子轮投资埋下了伏笔。2022 年国家环保政策进一步规定了牧场牛粪处理的相关细则,现有传统农牧场急需现代化改进,否则就无法适应新的环保政策。此时的贾国龙嗅到了商机,凭借着创业比赛和工作中的经验,贾国龙团结团队开办了内蒙古御谷农牧科技有限责任公司。

在牧场实习的过程中,贾国龙发现,牧场的牛粪垫料处理方法十分落后,传统的堆积和掩埋等方式不仅破坏了环境更污染了农田,眼睁睁地看着好好的农田变成堆粪的臭地,他的内心也被深深地触动了。贾国龙从小生活在农村,深知土地的珍贵和重要性,此时他的内心有了一个大胆的想法:如何能让牧民减少牛粪处理的成本,让环境变得更好?贾国龙求助老师,在老师的指导下,他认识了许多志同道合的同学,大家都有一个净化家乡的共同理想。所以他联合相关专业的同学开发了一整套改良方案。贾国龙凭借着在内蒙古民泽公司的优秀实习经历,得到了内蒙古民泽公司的帮助——为贾国龙提供了合作资源供他实验。在合作的牧场上线新系统后,难以处理的牛粪污变废为宝,成了香饽饽,不仅可以作为垫料供给牧场使用,剩余部分也做成了新型肥料出售获取更高的价值。在实验成功后不久,贾国龙便开办了内蒙古御谷农牧科技有限责任公司,主要做牛粪垫料的无害化循环处理和液体肥的销售,首轮便拿到了老东家内蒙古民泽公司的资金投入和资源支持,为公司后续开拓市场打下了坚实的基础。正逢内蒙古奶业振兴的大政策环境,贾国龙的公司发展前景和市场将十分广阔。

后 记

创新创业是一个永无止境的过程,不是一个生命周期的存在阶段;创新是创业的基础,创业是创新的升华,创新创业已经越来越成为一种能力。对贾国龙而言,创新创业承载着他全部的梦想和情怀,在创业这条路上,他会坚定地走下去。未来的他会用自己的创新创业思维带动更多的人去深入乡村,践行乡村振兴,为了打造美丽富饶的家乡而努力!

(内蒙古自治区高校学生就业创业服务中心供稿)

创业筑梦,实干担当

——内蒙古大学创业学院王韬事迹

我叫王韬,就读于内蒙古大学创业学院,目前是一名大学四年级的在校生。在校期间,我担任班级的班长和校学生会主席等职务。同时,我也是一名"90"后连续创业者,多年的创业经历,让我深刻感受到了创业路程的艰辛与不易,也让我看到了很多像我一样拥有创业梦想的同学,为心中的理想在努力奋斗着。习近平总书记说:"青年是国家和民族的希望,创新是社会进步的灵魂,创业是推动经济社会发展、改善民生的重要途径。青年学生富有想象力和创造力,是创新创业的有生力量。"所以践行创新发展、以创业带动就业,始终是我的奋斗目标和理想。

三年前,我刚步入大学校园,带着年少的懵懂与无知,怀揣着对未来的憧憬与幻想,走在通往知识的道路上。我曾暗暗起誓,一定要"撸起袖子加油干",干出一番大事业。我曾经对自己的未来很迷茫,不知道自己应该做什么,也不知道自己能做什么。直到在一次学校组织的"创新创业知识"讲座上,老师向我们全面讲述了国家鼓励和支持大学生创业的政策方针,这也是我第一次感受到"创业"带给我的热情与希望。所以,我下定决心要利用自己所学的知识,去完成一次创业实践。于是,当我萌生了创业的想法时,便开始寻找志同道合的伙伴。我发现有很多和我一样拥有创业梦想的同学,于是我们一拍即合,成立了"双创之星俱乐部",成为了学校唯一的创新创业类社团组织。

经过两年多的发展,俱乐部由初期的 6 人拓展到了现在的 160 余人,成员涵盖了呼和浩特市三所本科院校和两所高职院校的学生。在指导老师的帮助下,我们聘请了多位创新创业讲师,开设了"创业公开课大讲堂"和"创业那些事云课堂"等,累计观看人数达到了 2000 人次以上,在创新教育、创业指导、创业孵化等方面为广大高校在校生提供了丰富的创业知识和实践交流平台。我们也组织和策划了"创友汇-综合创业服务平台"项目,经过团队成员的不懈努力,项目荣获了中国第五届"互联网+"大学生创新创业大赛内蒙古自治区银奖,这也为我后来的创业实践奠定了一个良好的基础。

创业是一条注定孤独的旅程,这条路上少有鲜花与掌声,但我们青年人就是要勇立潮头,把不可能完成的事变为可能。对于创业者来说,这是最好的时代。"大众创业 万众创新"的浪潮掀起阵阵波澜,同时国家也一直加大对大学生自主创业的扶持力度。现如今,创新创业早已成为一种社会风尚,尤其大学生创业,更是备受青睐。大学生们有知识、有理想、有抱负、敢闯敢拼,为这个时代注入了新鲜的血液和动力。在创业扶持政策的引领下,我也开始了自己的公司化运营道路,创办了自己的第一家公司,并担任公司 CEO,开始了自己企业化经营的新征程。公司的定位是社区新零售方向,为消费者提供方便、快捷、安全的农副产品。我们还结合自身渠道优势,与部分乡村达成了产业振兴合作,帮助乡村地区进行农产品线上和线下销售,并带动相关产业发展,为乡村地区的村民提供就业机会,增加经济收入，从而为乡村振兴奉献自己的一份力量。

与此同时，我们还发起了“乡村青年创业-鸿志计划”的倡议，现在公司已经与多家企业和机构达成合作意向，结合内蒙古乡村地区的优势资源，鼓励广大乡村青年因地制宜在乡村地区进行创业。同时，该计划也支持更多的高校毕业生返乡并利用所学知识进行创业，带动当地经济发展，提供更多就业岗位。我们通过与合作的社会组织、企业机构，向广大返乡创业者提供创业培训、创业资金、创业孵化等多方面的服务工作。作为一名入党积极分子，我更应该起到表率作用，呼吁更多的同学关注乡村、走进乡村、发展乡村，为新时代美丽乡村建设奉献出青年人的力量。由于以上工作的开展，我们的项目还获得了内蒙古自治区第十二届“挑战杯”全区大学生创业计划竞赛特等奖的好成绩，我相信这也是对我们扶贫及乡村振兴工作的肯定与回报。

在乡村振兴工作方面，我们除了采取传统的线下营销模式，还积极利用现代新媒体技术和平台，组建“直播带货”团队，将优质农产品通过互联网销售给更多消费者。我们设身处地地为农户着想，并结合当地农产品特色设计了新颖的包装和宣传营销方案，使我们的农产品在多个平台上实现售卖，为我们的农产品打开了新的销路，也帮助农户取得了更大的经济收益。

践行创业和投身公益事业是我一直以来不变的追求。在创业之初，我遇到了很多困难，在我最无助的时候，很多人都向我伸出了援手，帮助我渡过难关，让我在黑暗中找到了光明，在绝望中找到了新的希望。所以当在创业路上取得了一些成绩的时候，我更愿意帮助那些同样遇到困难的创业者们，为他们提供力所能及的帮助。所以我积极推动了“双创筑梦公益基金”项目的筹备工作，为解决创业者早期创业过程中经历的资金难、融资难等相关问题出谋划策。

电影《中国合伙人》中有一句经典台词：“失败并不可怕，害怕失败才真正可怕。”在创业的路上，不可能一帆风顺，更不可能事事如意，我们在企业经营和管理中，难免会犯一些错误，严重时可能会导致创业失败。可是我们不能因为害怕失败，就将创业“拒之门外”，从一开始就选择放弃的人，绝不会品尝到成功的喜悦。对于更多有创业意向的同学来说，要做的就是提升自己的能力，增加自己的知识和阅历，在别人成功时学习经验，在别人失败时吸取教训，根据市场和消费者的需求变化，不断调整经营策略和管理模式，增强核心竞争力，让自己的创业项目始终跟随时代发展的潮流，因时而变，不断创新，在顺境中反思自我，在逆境中找寻希望，只有这样我们才可以最大限度地避免失败，走向成功。

最后，衷心祝愿每一位想要创业，或者正在创业路上的创业者们在逐梦的旅途中披荆斩棘、乘风破浪，寻找到属于自己的诗与远方……

（内蒙古自治区高校学生就业创业服务中心供稿）

闪亮的日子

辽宁

用“舞指科技”舞出无声者的心声

——东北大学曾振事迹

曾振，东北大学机器人科学与工程学院 2019 级硕士，创办了沈阳舞指科技有限公司，获评东北大学创新创业校长奖章，入选东吴科技、5213 等高层次人才计划，于 2018、2019 年两次代表中国科创企业出访硅谷。

手语，不知道你是否曾经注意过它，那是一种指尖的跳跃舞动，“跳”出无声人的“声音”，让人们能听清那仿佛隐秘在冰山底下的炽热思想。

对于中国 2000 多万的听力障碍者来说，手语是他们与世界交流的方式，是他们的心灵在指尖跳出的舞蹈。曾振说：“希望我能帮助听力障碍者攻克手语难关，让他们能够更加便捷地与世界对话，找回属于自己的‘声音’”。

攻破技术难关，为你发出“心声”

2017 年，曾振认识了辽宁省残疾人联合会的一位朋友，他和姐姐都是遗传性听力障碍，幸运的是他的症状可以通过后天训练得到改善。在与这位朋友交往的过程中，他了解到中国手语翻译的数量严重短缺，而培养手语翻译也是一件长期且艰苦的事情，因此他萌生了“能不能用科技为听力障碍者做些事情”的想法。他的这一想法与中国聋人协会的领导和东北大学机器人学院的王斐老师不谋而合，于是他们开始组建团队，研究工作开始起步。

在王斐老师的带领下，曾振三人团队研发了一套可以帮助听力障碍者沟通交流的智能系统——舞指科技，这套系统由肌电臂环、云端数据、App 程序组成。臂环通过接收 21 维手部关键点的信息和 8 维肌电信号信息，完成手臂运动轨迹的信息记录，再通过 AI 技术和标准手语进行对比，最终将其转化为文字和语音呈现于 App 端。

在具体使用中，听力障碍者通过佩戴臂环用手语交流，臂环将肌电信号信息上传到云端，云端将信息数据转译成文字和语音后，传至“妙手回声”App，而接收者则通过该 App 将自己的语音转换为文字和手势动画再反馈给听力障碍者。如此，便完成了一轮交流的闭环。针对早期用户，舞指科技会为他们提供定制版产品，根据个人手语习惯，训练臂环也会更加智能，识别精准率也更高。

在“舞指科技”初创之时，曾振的残联朋友的姐姐曾亲自来到公司体验了一次肌电臂环，当她紧张地用手语打出“谢谢”的时候，曾振觉得自己和团队所付出的这一切都是非常有意义的。他说：“其实我做实验的时候还没有想太多，因为之前都是做理论实验，没有实际发出声音，但是现在，它真正发声了，这让我感觉所有的付出都没有白费，都是值得的。”

一场“寻声”之旅，就在那一声“谢谢”之后，拉开了帷幕。

艰辛寻声之路，初心一路相随

在“寻声”之路上，曾振和团队遇到了未曾预料的困难。一方面是技术问题，手语转换的技术极具挑战性，因此，很长的一段时间项目都得不到有效推进，有时因为一个错误的结果，实验和数据都要推倒重来。另一方面是人才问题，曾振说：“人才涉及公司层面，2019 年本科毕业面临着团队重组，大家一开始觉得做公司会有各种各样的光环，例如有媒体报道、有投资人等，但毕业之后才发现做公司涉及的却都是现实问题。这个公司承载着大家的梦想，我就得为伙伴们的选择负责任。在创业过程中，很多人也面临着多重选择。创业并没有人们想象中那么光鲜亮丽。”

曾振的创业之路，走得跌跌撞撞，面临着人员重组、技术难关乃至市场前景等多重考验。“但很庆幸，这一切，我们都挺过来了。”“在取得了一点成绩想要更上一层楼的时候，我感觉身上的包袱更重了，甚至曾有过放弃读研和创业的想法。”“然而那一声‘谢谢’时刻回荡在我脑海里，支撑着我和团队一路向前。”

在创业初期那段异常艰难的时光，学校的老师给团队提出了很多好的意见和建议，曾振由衷地说：“学校和老师们给予了我们很重要的物质支持和精神指引。现在回想起来，对我这样的学生创业者来说，学校和老师的帮助对我创业起了决定性的作用。”

追随心之所向，共谱生命之舞

回想创业这几年，曾振认为创业是提升自己的重要途径，在经历了大大小小诸如资金、科研和突如其来的新冠肺炎疫情等困难后，他的能力也在一次次攻坚克难的经历中得到了很大提升。

对曾振而言，他坚持的不仅是创业，更是对听力障碍者群体坚持不懈的关注和理解。在不久的将来，他希望自己能为听力障碍者带去科技福音，不仅有政策上的关注和资金上的倾斜，还有进一步提升人们对听力障碍者群体的关注和共情。

在曾振开始“舞指科技”这个项目之后，华为、阿里、腾讯、百度、科大讯飞等公司也都陆续开始进行相关领域的研究，他希望有更多企业关注到这个领域，通过大企业的影响力并与之进行合作，可以快速地覆盖千万听力障碍者。

“现在我们还是一个年轻的公司，我们能做的就是尽力提升科技水平，引起更多人对这一研究领域的关注，从而在群策群力之下做出涓滴改变。”从创立“舞指科技”以来，曾振的团队连续斩获了第十二届“挑战杯”中国大学生创业计划竞赛国赛金奖，第七届中国国际“互联网＋”大赛国赛金奖、最具商业价值单项奖等荣誉，并在“互联网＋”成果展中，从 228 万个项目中脱颖而出，作为 6 个项目代表之一，向国务院副总理孙春兰做专题汇报，获得高度评价，并由国务院特批，将项目成果带往西安残特奥会落地应用，为听力障碍者提供智能化信息无障碍技术服务，这项服务为残特奥会历史上的首次。

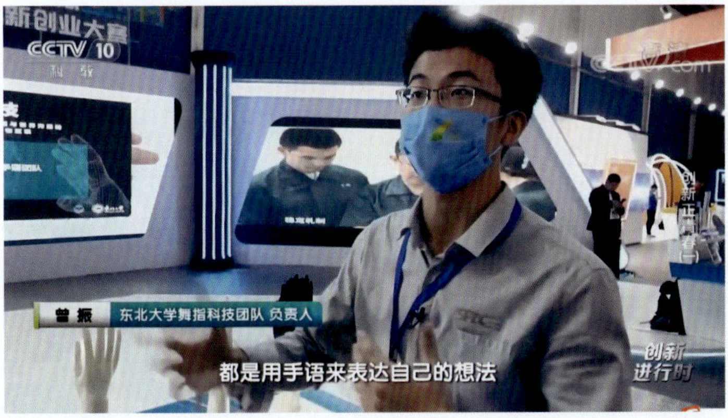

面向未来，曾振充满希望：“在新的一年里，我们希望新迭代的产品也能够顺利量产，从而进一步在合作的示范单位进行试点试用，稳固行业领先性，赢得更多人的关注和支持，让听力障碍者和外界无障碍沟通，真正帮助他们感受这个美丽的世界。最终为不同国家、不同种族的听力障碍者和正常人之间提供跨国家、跨障碍的沟通服务。”

循着自己的心声，曾振用指尖的舞蹈谱就了自己对听力障碍者深沉的关爱。

（辽宁省大学生就业创业中心供稿）

奋斗青春，不负韶华

——大连理工大学石云峰事迹

石云峰，男，博士，国防科技创新团队成员、辽宁省工业装备数字孪生重点实验室成员、大连铭云科技有限公司创始人兼总经理，长期从事航天结构的强度与轻量化研究，在复杂薄壳结构优化设计方面有充足的理论工作积累，相关工作在我国新一代载人运载火箭长征五号和长征七号的结构方案论证中起到了关键作用，他所提出的结构设计方案已应用于多型火箭和武器装备。

2021年，在博士后期满出站后，石云峰组建了十余人的专业研发团队，创办了大连铭云科技有限公司，专注于轻量化技术的研究成果转化与商业应用，为高校院所的先进技术与型号单位的工程需求架起应用的桥梁。

自强不息，奋发进取，助力航天梦

本科毕业后，石云峰获得了本校的直博资格，并加入大连理工大学结构强度与轻量化科研团队攻读博士学位。博士在读期间，石云峰瞄准国家需求，聚焦于航空航天装备的轻量化设计理论与方法研究，用轻量化技术助力我国先进装备研发，让火箭的载重更大，让飞机的航程更远。作为团队的青年骨干，石云峰亲历了多个国家关键航天型号的研制，曾作为参研人员赴航天一院、航天三院等科研院所参与装备研发工作，工作累计达21个月。其间，他围绕多种承力舱段结构发展了系列轻量化设计技术与算法，还为工程单位提供了多种新型、轻质、高承载装备组件设计方案，均直接应用于相关型号装备，解决了工程单位装备研发过程中的多个结构设计关键难题。最终，石云峰与团队助力解决了新一代长征火箭的多个减重难题，包括令主捆绑连接装备承载效率提升60%，使我国首次掌握了火箭助推传力的总体布局核心技术；关键舱段减重幅度达30%，是长征五号火箭研制过程中减重幅度最大的舱段。在他和团队的努力下，最终实现了长征七号全箭减重310公斤、单发火箭新增利润2000余万元，长征五号全箭减重1.1吨、单发火箭新增利润3600余万元，有力保障了空间站发射任务，被总体单位评价为“在轻量化设计方面具有里程碑意义”。

不忘初心，砥砺前行，胸怀报国志

随着团队技术的逐步发展与成熟，诸如列车、汽车和船舶等越来越多的其他行业领域也找到石云峰所在团队，希望依托他们团队的航空航天轻量化技术为其装备减重，有的甚至希望他们团队能够帮助开发新的产品。但是，人的精力是有限的，学校的本质仍然是教书育人和科学技术的研究与突破，并且团队一贯秉持“以人才培养为本、以科研发展为先”的发展理念，同时石云峰也认为学校科研团队并不是推广应用轻量化技术的最佳方式。因此，博士在读期间，他便有了组建公司的想法，希望以公司的形式将团队成熟的轻量化技术以更加标准化、规模化、流程化的方式去服务我国装备制造领域的各行各业，推进轻量化技术在更多领域的推广和落地。

公司筹备期间发生了中美贸易摩擦，美国以国家安全为由对我国科技领域进行全面打压，尤其是借助工业软件的垄断地位阻碍华为等高科技企业的发展，深深影响了国内的各行各业。时至今日，各类工业软件的自主可控依旧是我国科技和产业界的重要发展目标。中美贸易摩擦更加坚定了石云峰创办公司的决心，作为大连理工大学力学系的毕业生，将团队的先进理论和方法固化成为专用设计和分析软件，惠及更多的领域与行业，打破国外软件对我国高端制造领域的封锁，是新时代科技青年义不容辞的义务与责任。于是，2021 年石云峰创办了大连铭云科技有限公司，专注于轻量化技术的成果转化与商业应用。同年，石云峰带领团队从全球 228 万余个项目中脱颖而出，斩获了中国国际"互联网＋"大学生创新创业大赛金奖，后续还获得了第十届中国创新创业大赛高端装备制造初创组一等奖，以及第一届全国博士后创新创业大赛创业赛优胜奖等多项荣誉，成为大连理工大学具有代表性的学生创业团队之一。

未来可期，扬帆起航，迈向新征程

目前，大连铭云科技有限公司已经完成了数百万元的天使轮融资，由善渊科技和英诺天使共同投资。随着本轮融资完成，石云峰将带领大连铭云科技有限公司，依托大连理工大学结构强度与轻量化团队十余年的技术积累与原始创新，进一步加大研发投入，加速技术创新，并基于国际化的知识产权布局、自主化的软件工具和体系化的设计流程，利用国际领先的分析和优化设计技术，为工业装备设计制造企业提供从概念到产品、从分析到设计、从算法到软件的先进装备极致轻量化解决方案，力争成长为国内领先、国际一流的结构轻量化设计服务供应商。

（辽宁省大学生就业创业中心供稿）

砥砺前行,不负韶华

——大连海事大学张艺飞事迹

张艺飞,男,大连海事大学环境科学与工程学院环境工程专业2018届毕业生。在校期间创立了寰泰科技有限公司,从事特种飞行器的设计与应用,填补了我国特种飞行器市场的空白。公司的核心技术无人直升机整机设计、表面蒙皮技术,大型无人直升机飞控技术达到国内一流水平。张艺飞先后获得2020年第六届中国“互联网+”大学生创新创业大赛国家级铜奖,2017年辽宁省第三届“互联网+”大学生创新创业大赛省级金奖,大连市“未来可期——2018年三创嘉年华暨创业之声盛典”创业领军者称号,2017年大连软件和信息技术服务业优秀创新企业等荣誉。

飞向蓝天,青春的梦

“在那儿!”一位小伙伴指着斜上方的天空,其他人纷纷望去。半空中,一架无人机在降落伞的保护下缓缓下降。伴随着团队的一阵欢呼,张艺飞的心也终于落了地。

这是比赛前最后一次试飞,为了拿到准飞许可,张艺飞把试飞地点设在远离市区的大山里。回来途中,他按捺不住内心的兴奋,“特别想冲着车窗外大喊”,但车上的其他小伙伴此时都已经睡着了。因为试飞前出现临时故障,团队已经连续5天4夜没有休息了。

2014年9月,读大二的张艺飞看到一则军事新闻:美国自主研发的固定翼无人机平台获得航空部5000万美元投资。从小就是军事迷的张艺飞,对其中涉及的技术很感兴趣,便根据文章内容推测其采用了何种技术。

经过反复查阅资料,张艺飞认定这件事他也可以做。刚好他所在的大连海事大学正在举办创新创业大赛,张艺飞便以“固定翼无人机”项目报名,并找到学习结构、材料及信息技术专业的同学组建团队。国内目前针对无人机和空艇的研究是两个独立的领域。张艺飞将二者结合起来,利用空艇的飞行高度优势,携带无人机升至万米高空平流层,之后,无人机再利用自身动力实现指定目标高度悬停。

敢于有梦,勇于追梦

平流层大气运动属于平流式,且风向和风速相对恒定,因此固定翼无人机可以借助动力装置悬停在某一高度。

2015年11月,张艺飞带着第一代固定翼无人机SURP-1参加本校大学生创新创业大赛,从700多个参赛团队中脱颖而出,获得10万元奖金。获奖后,张艺飞并未沉浸于成功的喜悦,而是立即投入到第二代机型的研发中。固定翼无人机属于高空飞行器,而张艺飞不能使用军用频段,这给远距离通信造成了很大困难。因此,张艺飞希望在第二代机型中首先对通信系统进行改良，然而这个过程远比他想象的要复杂得多。

在连续9台试验机试飞都失败后，张艺飞曾一度心灰意冷。“每次试验成本高达数十万元，可要么就是飞机失联，要么就是飞机不听操控。”当时团队士气低迷，甚至有两位成员选择了离开，但家人的支持最终让他走出了低谷。

功夫不负有心人，随着飞机返航逐渐进入视野，降落伞在空中打开，第一次实际意义上的试飞成功给予了张艺飞坚持下去的勇气和动力，同时项目也受到了投资人的关注。

不忘初心，砥砺前行

2017年，张艺飞在大连海事大学就业指导中心和创新创业学院老师们的指导下，不断完善创业项目，撰写报告书，并接受了第一轮天使投资，成立了寰泰科技有限公司。由学校牵头，联系风投企业，第一轮投资人为星海融创和创业工坊。“这是真正意义上感到项目受到了认可，也是我正式成为创业者的体现，不过我肩上的责任更加沉重了。”张艺飞如是说。

随着企业的发展，越来越多的专家和行业精英进入到张艺飞的团队，公司的业务范围也在不断地扩大。目前，寰泰科技的产品包括地效翼飞行器、临近空间无人机系统、水陆两栖飞机、军用及民用无人机系统等，以“三航（航空、航天、航海）”技术为基础，结合中外特种无人机先进技术及市场资源，面向万亿级规模特种装备市场，催生新的经济增长极，努力打造中国具有国际影响力的特种飞行器产业集群。

青春因奋斗而精彩

2020年，一场新冠肺炎疫情席卷了全球，对于各行各业尤其是涉及进出口领域的企业影响最为严重，张艺飞的团队也同样面临严峻的挑战，数月不能开工、外业任务因为不能外出只能违约……但是张艺飞并没有退缩，反而带领团队越战越勇，进出口货物中断就集合力量去解决国内自有技术工程化与产业化，不能外出执行任务就在本地市场寻找突破口。在这样的环境下，公司完成了业务板块的扩大和企业落地任务，并且签下了数千万元的订单，同时引进了数位国内外顶尖设计师，企业的核心竞争力得到了显著提升。除此之外，张艺飞也没有停下学习的脚步，作为一名年轻的创业者，张艺飞深知自己在管理经验、专业知识等方面存在着短板，于是他利用闲暇时间学习专业知识，2022年以优异的成绩考入了浙江大学管理学院。

张艺飞的创业项目，立足国家发展和行业需要，以学校大学生创新创业项目为基础，整合国内外先进技术和市场资源，打造具有中国知识产权的特种飞行器产业，为我国这一领域填补了空白，为打破国际垄断做出了积极的贡献。“困难与折磨对于人来说是一把打向胚料的锤，打掉的应是脆弱的铁屑，锻成的将是锋利的钢刀。”这句出自契诃夫的名言，也是张艺飞的座右铭。正是这种不屈的精神引领着他在挫折与坎坷中不断奋进，同时这种创业奋斗的精神也成为团队的灵魂，将所有人牢牢地拧在一起共同拼搏，为实现祖国的伟大复兴贡献自己的绵薄之力。

（辽宁省大学生就业创业中心供稿）

扎实创业、服务乡村，助力农业技术现代化

——辽宁农业职业技术学院孙钰棚事迹

“如果觉得自己是块金子，就自己为自己打磨发亮。”这是孙钰棚的座右铭。孙钰棚，中共预备党员，辽宁农业职业技术学院农学园艺学院植物保护与检疫技术专业2019级学生。该生入校时就笃定农业，想做一名有资格、有能力服务农业的人。通过在学校和社会实践中的努力，他在创业助农上取得了不俗的成绩。2021年年末孙钰棚注册了东港市钰棚农业发展有限公司，注册资金500万元。

学而后勇

入学后的孙钰棚，明确了学习目标，不论是理论学习还是实践实习，抑或是各项创新创业活动，他都表现出了积极主动、意志坚定的品质，并取得了骄人的成绩。2019年11月他获得植保无人机操作员证书，同年12月获得全国职业院校植保无人机技能大赛二等奖。2020年他被学院评为“优秀学生”，获得“中牧杯”第四届全国“互联网＋”现代农牧创新创业大赛三等奖，获得学院植保技能大赛二等奖，获得大疆植保无人机教员资格证书，获得“建行杯”第七届辽宁省“互联网＋”大学生创新创业大赛金奖。从创新创业大赛中，孙钰棚摸索出了自己的创业之路。

学、创经历

2019年孙钰棚入学后，积极参加了学校的创新创业大赛，第一次创新的项目为“钰野农业——农业机械化土地托管”，然而由于准备不充分，在比赛时无法充分表达对项目的具体构思，导致参加系赛时便被淘汰。可正是因为这次被淘汰的经历，更加坚定了他对未来发展农业的信念，坚定了他投身农业的思想。2019年11月，孙钰棚参加了大疆无人机培训，考取了农业无人机飞手证。通过这次培训，他深刻地了解到农业无人机的未来发展前景，从此开始了将农业无人机加入自己未来创业的构思。

2020年由于新冠肺炎疫情导致学校停学进行网上授课。孙钰棚在重新构思了自己的创新创业项目，重新组织项目结构，将农药批发零售、农业技术指导、农业机械租赁，统筹于项目“钰鑫农业——土地托管金方案”中，并获得“中牧杯”第四届全国“互联网＋”现代农牧创新创业大赛三等奖。这一次获奖让他认识到农业劳动力缺乏的问题可以用新兴的设备、新兴的技术、新兴的人才来解决，一台无人机仅需两个人单日作业面积就可达一千亩以上，可抵之前百人同时作业一天的工作量。

在2020年暑假期间，孙钰棚凭借接受过植保无人机的培训并拥有飞手证，入职了辽宁飞王航空技术有限公司，成了一名无人机售后维修与飞防人员。在维修工作和飞防作业中，他经历了很多刻骨铭心的事情，这些事情更加锻炼了他的身心与思想，使他从“温室花朵”渐渐成长为一个不怕吃苦的农业人。他睡过烂尾小区，夜里被冷风冻醒；经常光脚下田抬飞机，脚上是腐臭的烂泥，腿上是水稻叶子割出的伤口；晚上为客户打药，被蚊子隔着衣

服叮出几十个包，随手在空中扇一扇就可以抓住几只蚊子；车轮陷入雨后的小路里，下地推车，鞋子踩进去就拔不出来了，只能光脚推车，被石头划伤却浑然不知，直到车子被成功推出来了才发现满脚都是血。

2020年的创新创业大赛中，孙钰棚从农业的一个综合项目和一个单项项目分别出发，重新整理出两个项目“钰鑫农业”“云飞农机”，最终“云飞农机”获得了系赛一等奖，“钰鑫农业”获得了系赛二等奖。在同一时期，他还成功获得了大疆无人机的丹东市级代理权，开始了农业无人机的售后维修与学员培训工作，真正走上了创业之路。2021年大疆T30的无人机销量83台，居辽宁地区销量第二。无人机累计飞防作业面积83万亩，团队得到了辽宁区总代理商的表扬。那时候他刚刚进入大二下学期，每天都有大量的电话打进来咨询无人机打药的事情，甚至有时候平均五分钟就有一个电话。

收获信任与自信

2021年，孙钰棚花钱买了一辆皮卡车，5月作业季开始便周末开车回家，为农户进行无人机培训与维修。就这样坚持到了7月，开始顶岗实习，他才全身心投入到了创业项目中。他带着生计20-1班的陈书明、植保19-1班的王文、汤立赢一起在东港市组成了专业的无人机维修团队，深受农业用户的欢迎。在这一年中，团队累计维修无人机743架次，维修客户覆盖东港市、丹东市、凤城市、庄河市，好评率达100%。团队带动了周边无人机创业人员35名，单年无人机作业面积覆盖丹东地区水稻面积65%，在农忙季节有效控制了当地突发性灾害的发生，为农户的增产增收保驾护航。

2021年年末，孙钰棚注册了东港市钰棚农业发展有限公司，注册资金500万元。公司继续深耕农业科学管理，发展现代化农业服务。孙钰棚计划在2022年整合农资与农业机械资源，向农业机械化土地托管进军，实现自己的第一个“五年计划”。

孙钰棚乐学、慧创，同时深深感恩周围每一位支持、帮助和信任他的人，更深深感恩自己遇上了一个好时代，让自己拥有一个可以施展德志的舞台。

（辽宁省大学生就业创业中心供稿）

创业援疆

——沈阳理工大学樊振性事迹

樊振性，男，23岁，于2017年9月考入沈阳理工大学机械工程学院，2018年获沈阳市科普创新大赛一等奖，后与志同道合的同学共创了“沐雪创客创新实验室”。2021年6月毕业后，他带领团队到新疆维吾尔自治区伊犁哈萨克自治州开启创业之旅。

多领域学习，大一崭露头角

樊振性的父亲是一名高中化学老师，受父亲的影响他也很热爱科学知识，考入沈阳理工大学后，在完成校内学习任务的同时，他从大一开始便自学其他学科领域的知识，尤其是超前领域的学术问题。樊振性能够学以致用、善于思考，经常在寝室捣鼓一些“小发明”，一有时间就去工业博物馆、科技馆了解科技发展的最新动态。

樊振性得知在校生可以参加全国大学生科技竞赛，便积极参加。虽然刚刚步入大学，技术水平比较低，加工设备也不足，但是抱着多参与、多了解的想法，他完成了一件自己的科技作品，并参加辽宁省机械设计大赛。虽然在省级评选中落选，但是作为唯一一位大一新生参赛选手，樊振性进入了老师们的视野，他也有了努力的方向，在专业知识学习、发明创造等方面的能力有了很大提升。受益于老师和学长的帮助，大一下学期，他便荣获沈阳市科普创新大赛一等奖。

创立实验室，开启团队创新

到了大二，为了创作一个作品，需要多学科合作，樊振性开始寻找志同道合的同学，他们一起创建了创客实验室，开启了团队创新。和大多数团队刚刚起步时一样，前期由于缺乏经验、某些专业知识存在盲区，在一些科技类竞赛、创新项目中屡屡受挫后，团队许多成员都有了离开的心思。但作为团队的创始人，樊振性并没有被失败击倒，在最关键的时候他能够始终保持冷静，一边安抚队员，一边总结失败的原因，并开启创客实验室团队内部改革，出台激励考核制度，明确工作责任，积极振奋团队士气，找出技术关键问题后，对项目发起全力攻关。

在一系列团队建设举措实施后，樊振性的团队终于迎来了曙光。创客实验室团队形成机械组、电控组、加工组等小组，分工明确，效率大大提升，"老带新"的团队模式愈发成熟，每年新加入的同学越来越多。科技创新团队在师生的共同努力下，学术研究成果颇丰。

截至 2021 年年底，樊振性的团队——沐雪创客创新实验室，陆续获得国家级、省级科技竞赛类奖项、专利等达 117 项。团队也由开始的同班同专业几名同学逐步发展到跨 6 个不同学院、10 余个不同专业，共计 53 名大学生。实验室实现了从个人开始学术竞赛研究，逐步到形成团体协作、相互促进，跨学科、多元化发展的格局，在沈阳理工大学起到了良好的科技创新模范带头作用。

团队走出沈阳理工大学，积极吸纳校外热爱科技创新、热爱发明的青年加入，形成了一个多领域、全方位发展的科技团队。团队建立了内部资料库整理国内外科技资料，积累团队创新数据资料、实验资料大数据，用于再创新和再发展。

进新疆创业，坚持不畏挑战

樊振性大学毕业后，没有停下创新创业的脚步。他积极促进团队发展，带领团队进行机器人、3D 打印等多方面的研发。

习近平总书记的《知之深-爱之切》给樊振性带来了极大的触动。他感受到了习近平总书记心系民生情切切，指点脱贫意深深，由此他做了一个大胆的决定，带领团队前往新疆维吾尔自治区伊犁哈萨克自治州开启创业，走上援疆之旅。

新疆民风淳朴，但是科学技术相对落后。樊振性团队决定先开启一个试点，针对青少年进行科技宣传，为广大青少年学生提供一个科技创新平台暨少年科学实验室。让青少年学生了解最新的科学技术，包括 3D 打印、机械设计、智能机器人编程、天文观测等。青少年是祖国的未来，在成长阶段就应当参与科技创新、科技竞赛，将他们的创造性想法一一实践，制定方案，一一实验，申请专利。希望通过这种方式，能逐步提高新疆当地的整体科技水平。樊振性团队通过自身技术创业，与社会接触，第一时间了解社会需求，将需求反馈给校内大学生，使他们有计划、有规划的学习，精准创新创业，精准求职就业，以此推动大学生将学习与实践相结合，另一方面也可以为创业团队培养人才，完成团队的人才储备。

樊振性团队在看到 2022 年冬残奥会我国体育健儿的精彩表现后，被残疾人坚强不屈的精神深深打动。他开始与新疆当地残疾人联合会进行沟通，希望通过团队的科技创新，解决残疾人的就业问题。团队通过为残疾人提供免费技术、设备扶持等方式，希望广大残疾人可以通过学习科学技术，自己设计一些工艺品、科技设备来增加收入，达到授之以鱼不如授之以渔的目的，实现团队的价值。

樊振性团队虽刚刚步入社会，仍时时面临种种困难，但他们总会想起历史上曾经发生的师夷长技以制夷的例子。现在国内科技创新与国外还有一定差距，各类科技创新公司的数量还不充足。樊振性作为一个热爱祖国、热爱科学的年轻人和团队领导人，希望通过他们的努力为祖国科技创新献一份力，成为中国的马斯克。吾辈更当自强，不断壮大自己。樊振性将为祖国科学发展尽最大的努力，把科技创新的种子播撒到祖国各地。

（辽宁省大学生就业创业中心供稿）

闪亮的日子

吉林

以学为先，精勤不倦

——长春中医药大学李方彤事迹

李方彤，女，长春中医药大学吉林省人参科学研究院 2021 级中药学专业博士研究生，中共党员，师从越皓研究员，研究方向为中药活性物质分析研究；现任吉林省人参科学研究院 2021 级博士班班长、人参科学研究院行政办公室助管，曾任人参科学研究院团委学生副书记、研究生会秘书长、药学院学生会副主席、班级团支书等职务；学习期间曾获得国家奖学金 1 次、国家励志奖学金 2 次、学业一等奖学金 2 次、创业奖学金 2 次，获评第九届感动校园人物、学术之星、优秀研究生标兵、五四红旗团干部、优秀毕业生、勤工助学十佳标兵等荣誉称号。

在专业中成才

2015 年，第四次全国中药资源普查工作启动，作为长春中医药大学 2014 级中药学专业的本科生，李方彤积极参与其中，从我国人参的主产区黑龙江省、吉林省和辽宁省采集了 13 个产区的不同参龄的栽培人参样本共 77 份，并对其含量进行测定，证实了东北三省中吉林省的人参皂苷含量相对较高，浓度较为集中。中药资源普查是一件相当辛苦并且考验内功的事情，依靠大量实地调查和样方统计才能够得到相对准确有效的信息。在资源普查的过程中，李方彤结识了一群志同道合的小伙伴，他们因对中药的热爱和对人参的喜爱汇聚在一起。为更加深入地探究人参的内涵与价值，2016 年由李方彤作为负责人组建了“参情”团队，成员由农学、药学、食品科学等专业博士、硕士学历人员共同组成。团队成立后，在吉林省人参研究院越皓、郑飞等老师的指导下，在加工转化中心实验室中，李方彤及“参情”团队深入了解到人参并不只是可作为药物进行应用，还可以制作成食品、化妆品等进行应用。于是她便励志钻研人参，希望能够有更多的人了解人参、食用人参。

在创业中磨炼

只有将科研真正落地于生活，方可体现其价值，随着我国将“大众创业　万众创新”上升为国家战略，在长春中医药大学鼓励广大研究生积极从事科学研究、加强研究生创新创业能力的号召下，依托省校共建科研平台吉林省人参科学研究院，2019 年李方彤以法人身份成立了长春方飞生物科技有限公司，持股 89%。长春方飞生物科技有限公司是一家以技术转让、推广和服务以及人参系列高附加值产品研发为主的高科技企业，致力于解决人参“产业链条短、加工层次浅、产业价值低”等卡脖子问题，通过推广人参优质品种、加工环节技术创新和高附加值产品研发，推动人参产业链转型升级。

通过将固态发酵、生物转化等自主知识产权技术应用于人参产品的开发中，公司相继研发出 17 款高附加值人参产品，实现了药物人参到新资源食品人参的转变。以药物的标准做产品，质量有保证，原料可溯源，同时为产品赋能，无须申请“蓝帽子”标志。目前已上市高附加值人参产品参泉人参酒和人参冰酒。公司自成立之初便入驻长春中医药大学创客空间创新创业孵化基地进行项目孵化，创新创业学院的领导和老师不仅为公司提供了办公场所，更为创业者提供了极大的帮助和实质性的建议。长春方飞生物科技有限公司成立两年间先后获批 17 项食品标准备案，拥有食品经营资质、商标注册证 2 类、发明专利 8 项（含受理专利）、实用新型专利 4 项，公司成员荣获吉林省科技进步奖 4 项，签订代销公司 3 家。目前，公司正在对产品做进一步升级，洽谈食品生产企业，计划将其余十余款产品投入生产，推广上市。

在比赛中成长

在创新创业学院和吉林省人参科学研究院的大力支持下，李方彤作为第一负责人参加了多项创新创业竞赛。量的积累终究会迎来质的蜕变，从最开始“四季参健饮”以单一产品为项目，到 2020 年“参情”以人参文化和产品为项目，再到 2021 年“吉人吉参”致力于人参产业链发展，李方彤及“参情”团队逐渐摸索出了一条属于自己的道路，项目也从最开始获得校赛铜奖到获得省赛银奖，再到 2021 年取得了省赛红旅赛道第一名和国赛银奖的好成绩。

在创业和比赛的过程中李方彤深刻地体会到了“过程比结果更重要”这句话。无论科研还是创业，她始终铭记越皓导师的告诫：“有的时候不是看见希望而去努力，而是努力了才能看到希望”。在备战2021年第七届互联网大赛的过程中，李方彤牺牲了两年的暑假和周末，经常“白加黑”地工作，学校领导、老师们经常陪伴她一起通宵打磨项目，帮助她挖掘项目亮点，为她点明项目思路，陪她指导练习路演。“要两条腿走路”，她的耳边也常回响起指导教师郑飞老师的话语，因此在投身创业时她始终铭记自己是一名在读博士，除了参加比赛外，她将全部的时间和精力都放在了学业和科研上。

在奉献中收获

在学习和创业期间，李方彤真正做到了在实践中检验真理，在创业中检验所学的知识。她以第一负责人的身份带领“参情”团队先后荣获“互联网＋”“挑战杯”等创新创业大赛奖项，荣获国家银奖1项、铜奖1项、最具人气奖1项、省级奖项3项；以骨干完成人的身份参与吉林省科技厅发展计划项目等4项、2021年度研究生“橘井杯”学术科研创新及创业项目3项、SRT大学生创新创业训练计划项目3项，获得吉林省科技进步三等奖1项，先后发表SCI论文9篇(其中第一作者1篇)、EI论文3篇、中文核心期刊论文2篇。在学业和创业的双重成果下，2021年李方彤获得了直博资格，她一直相信一句话，那就是“你的时间花在哪里，你的收获就在哪里”。

以学为先，精勤不倦。李方彤从未停止学习的脚步，未来，她将继续以昂扬的斗志在产、学、研的道路上迎接挑战，走好新时代的“长征路”。

（吉林省高等学校毕业生就业指导中心供稿）

我的动画世界

——吉林动画学院张耀华事迹

我是吉林动画学院2019级新媒体动画3班的学习委员张耀华。自进入吉林动画学院以来，我学习刻苦、成绩优异，在学习上尽我所能为同学们作出表率，带领同学积极参与各级各类专业实践。

考上大学后，每年的学费让我原本就背负二十万元债务的家庭更强烈地感受到了生活的不易。好在大一开学前夕，我的学费终于凑齐，我如愿进入了大学校园。然而，大二开学时，我的学费没有凑齐，于是我不得已休学一年去打工赚取学费。自2020年重返校园以来，我深知上学机会的来之不易，因此我比其他同学都有着更高的学习热忱，在课堂中表现积极，给每位任课老师都留下了正向且深刻的印象。我无时无刻不在努力着，也愿意热心帮助同学，各门功课均达到优秀水平，对待作业态度认真，不仅追求完成，还追求完美。期末时，我的综合成绩在年级名列前茅，取得了全班第一、新媒体动画系第二的优异成绩。

在2020—2021这一学年里，我确定了自己的实践方向，也更加确定了自己未来的发展方向。我考取了普通话等级证书，通过了初中美术教师资格证笔试，并在大三上半学期准备面试。我时刻充实自己、装备自己，学习使用办公软件、图像处理及后期合成软件，专研设计、绘画和管理技巧，获得了校内优秀团干部、优秀班干部、思政课大赛二等奖荣誉。在专业竞技类比赛中，我获得了省级、国家级奖项三十余项，并参与了高年级学生的毕业设计创作。大一获得大学生创新创业训练计划省级项目经验后，我对创新创业类比赛有了更深层次的了解。之后的时间里，我先后完成了大学生创新创业训练计划项目“定格动画短片《宇宙飞行》的拍摄与制作”国家级创新类项目结项、“圣地巡礼-数字化旅游，赋能乡村振兴”“点墨·音乐文创”国家级创新类项目结项、“光途人生”创新类省级项目结项。在吉林动画学院“力行杯”大赛中“圣地巡礼-数字化旅游，赋能乡村振兴”“点墨·音乐文创”项目分别荣获一等奖与三等奖的好成绩。

贯彻吉林动画学院“学研产一体化”人才培养模式，学校为创业学生提供了入驻创意产业创新创业孵化平台的机会。受新冠肺炎疫情影响，学校暂缓开学，进行线上授课。我在复学后，通过线上组建团队，进行“战疫”主题动画创作，这便是我工作室的开端。刚开始我们只是一个三人小团队，之后我们的团队不断扩大，由三人到五人再到十人。我们以“新型合伙人”的形式入驻了创意产业创新创业孵化平台进行孵化。首先，我们通过学科专业竞赛打出名气，建立了专属公众号和站酷，对工作室进行线上推广，工作室成立至今已获得奖项五十余项。同时，我们有选择地承接商业项目，在业内打造知名度，截至目前已承接商业项目三十余项。一点点的光芒照亮群星闪耀，工作室渐渐已扩展到四十余人的规模，渐渐构建起完整的组织部门，人员也较为稳定。成立工作室后，我遇到了许多良师益友，也更加注重专业能力的累积，在自己喜欢的领域大胆尝试。我更加严格地要求自己，全面提升个人能力，发挥主观能动性，努力提升自己的管理与协作、鉴赏与侦查能力，努力在工作中做到更高效。

入驻双创平台至今，经过一年多的孵化转化，双创平台对工作室进行了创业、法律等方面专业培训。我们的主要合作对象为地方政府、企事业单位，完成了教育部高教司中国“互联网＋”赛事宣传系列动画短片，吉林省教育厅第三届“互联网＋”大赛回顾片制作，长春市应急局《家庭防火知识》、长春市纪检委《心存界限方能致远》、吉林省妇女联合会、吉林省水利厅、长春市公安厅、出入境管理局等 20 余项商业动画项目。同时，学校鼓励我们对原创 IP 进行打造，《我和我的祖国》系列动画多次入围国家广电总局、国家新闻出版总署等的中国原创动漫扶持计划，现阶段正在联合吉林音像出版社出版发行。在建党百年之际，学校对于创作主题进行引导，激发了同学们对于红色主题动画的创作热情，我们的工作室完成了《向党青春》《逐星逐梦》《理想照耀中国》等多部原创主旋律动画短片，并获得专业领域的多项重量级奖项。同时，《我和我的祖国》IP 衍生设计连续两年在校内举行的创业集市上获得良好反响。目前，工作室正在制作红色主旋律动画短片《红船》《南昌起义》等。

一路走来，学校给予了工作室大力支持，为我们提出了诸多创新性和现实性的宝贵意见，并对我们进行了比赛全流程训练。2021 年工作室参与学生创新创业训练项目 5 项，其中包含 2 项国家级项目和 1 项省级项目。同时，我们取得了吉林省第七届中国“互联网＋”大学生创新创业大赛省级金奖 2 项、银奖 1 项。工作室还成立了细声漫语长春市广告传媒有限公司，负责承接各类校企服务类项目，包括 Light 学术出版中心、吉林省畜牧业管理局、中国国家博物馆、国家高新区微视频大赛动画宣传短片、校园优秀作品展、新媒体专业宣传片等。

2021 年 9 月大三开学后，为了给工作室未来的发展储备人员和力量，学校以我为社长成立了捌壹柒社团，面向大一、大二的同学招募新人。捌壹柒社团是符合学习型组织理念的高校社团，通过强化学生社团学习气氛，培养学生自主学习和团体学习能力，充分发挥社团成员的创造能力，是一种有机的、高度柔性的、扁平的、符合人性的、持续发展的、以信息和知识为基础的组织。社团有工作室为基础，活动、培训及会议开展得井井有条，在带领大家组织社团活动的同时，我的组织与领导能力也得到了极大的提升，并收获了自我认同感与正向带动群众的使命感。

如今，我不仅在自己喜欢的领域进行了新的尝试，也进行了线上技能类的变现。这对于我来说是难能可贵的。因家中经济情况不容乐观，我迫切地希望能为家庭减轻负担，但同时我也明白吐故纳新的重要性，因此在保证学业的情况下，多方承接专业内各类商业项目是最理想的方式，这既锻炼了我的专业技能，提升了作品质量，又能使我从中获取经济收入，贴补家用。

2022年，受新冠肺炎疫情影响，学校实施线上教学。我们的项目进度未受影响，大家一如既往，各司其职，继续整理数据、分析图表、撰写项目报告。工作室的小伙伴们并没有因为线上网课而感到焦虑，大家都精神十足。我和我的项目团队也将本学期的动画实践项目主题落脚于社会话题，我们这个时代的伟大不在于出现了多少英雄，而在于即使有拒绝的权利，也还是有无数人义无反顾地成为逆行者。这不是某一个英雄的奉献，这是一群普通人的英勇。我们的动画短片将围绕"平凡铸就伟大，英雄来自人民"的主题，从医护、交警、消防三个职业落脚，传递出"勇于奉献、无私无畏"的价值理念，希望能影响到更多人。我也在吉林动画学院静态管理期间担任志愿者小组组长，积极参与各项防疫工作，深入学习贯彻习近平总书记关于新冠肺炎疫情防控系列重要讲话精神，并录制了"课前五分钟抗疫精神宣讲活动"，形成师生争当抗疫宣讲员的良好高校育人氛围，还参与制作了教育部下发的中小学校防控疫情公益短片《如何正确进行核酸检测》与《中小学校防控疫情公益短片》的制作。

大学生活已过四分之三，而我对学校也充满了感情。未来，我定会怀念在吉林动画学院的人和事，能在如此好的环境下学习，学有所成，我是很幸福的人。

最后，我会继续坚持自己的道路，无论遇到什么困难，我都会努力去克服。相信最终我会到达理想的远方！

（吉林省高等学校毕业生就业指导中心供稿）

没有白走的路，每一步都作数

——东北师范大学徐婉睿事迹

徐婉睿，东北师范大学2021届应用心理学硕士毕业生，心理学院第三届团委研究生会主席，2018级研究生年级长，体育学院朋辈心理导师，沈阳城市学院辅导员。

徐婉睿作为长春天空之城信息技术有限公司创始人、总经理，负责公司运营、游戏监制等各项工作。公司团队与腾讯、重启世界、网易平台均有合作，在重启世界平台的作品《天空之城》获中国游戏产业媒体GAMELOOK及单机游戏媒体游民星空报道。公司被评为国家高新技术企业、吉林省双软企业、长春市青年就业见习基地、长春市青年科技优秀企业、腾讯ROBLOX合作体验基地等，并获ISO9001质量管理体系认证。

所获荣誉：

中国诚信企业家；

2019—2020年大学生创业英雄百强；

全国首届心理行业大学生创业大赛一等奖；

2020年第十届全国大学生信息技术创新应用大赛一等奖；

第五届中国青年志愿服务项目大赛银奖；

2020年“挑战杯”吉林省大学生创业计划竞赛终审决赛二等奖；

2019年长春市青年科技创新创业大赛三等奖；

2019—2020年度东北师范大学“国家奖学金”；

腾讯艾兰岛游戏/组件创作大赛特等奖1项、一等奖4项、二等奖4项、三等奖5项。

2019年9月开学前我收到了好友的一则微信消息：“有个好事要和你说。要不要来做我们的游戏主播，可以通过游戏直播将心理学知识普及给更多人。”一直以来在象牙塔里秉持着好好学习、天天向上理念的“乖乖女”打开了新视界。尽管游戏直播在当时已经很普及了，但似乎还离我很远，不过我还是果断答应了，因为我觉得，信息时代可以在互联网上向大家普及心理学知识，有挑战也更有意义。

认真准备了两周之后，我迎来了我的第一次直播，从心理学角度直播游戏是国内首例，获得了几千人的在线观看量，观众反响热烈，大家的评价和期待也极大地鼓舞了我。

“我要把直播这件事做好。”我越来越觉得这件事情有意义、有市场。历时两个月，我准备了心理学游戏策划，将心理剧、STROOP测验等元素融合到游戏中，在网上联系游戏平台、程序工程师、美术，组建了首个研发项目组——“天空之城”。经历了一次次的失败、研讨、优化后，终于，首款心理学游戏《天空之城》在重启世界平台获月评价第一名，并获中国游戏产业媒体GAMELOOK及单机游戏媒体游民星空联合报道。

为什么叫“天空之城”呢？这个名字的来由有一个故事，故事源于两个小男孩的对话。假期时，在孤儿院，一个小男孩突然问另一个稍大的男孩：“哥哥，你说这个世界上有没有不会因为出身受人歧视的地方？不论他是否身体有残疾都不会受到嘲笑、欺负。”男孩当时想了一会儿，还是决定说“有”，告诉小男孩这个地方是存在的，“它有一个美好的名字，叫天空之城，总有一天，我会带你一起去看看”。

正因为这个美好的承诺，我们的第一款游戏最终取名为《天空之城》，我们也确定了之后游戏的题材和玩法——做一款给人以温暖的心理学游戏。

当然创业前期也遇到了许多的研发难点，如游戏不仅仅要有娱乐元素，还要自然地嵌入大量心理治愈元素，包括融入最新的科研理论和有效的临床方法，这就需要心理学专业人士的支持，人力成本不容小视，好在东北师范大学心理学院的老师们帮助我们联系了很多资源。另一方面，国内多所高校的心理学院系都对心理游戏这一想法表示支持和期待，愿意给我们提供帮助，这些支持大大降低了心理学资源方面的取得成本。这些得天独厚的优势，让《天空之城》这款心理游戏的开发成为可能。

打响第一枪后，专业人才的需求更大了，我们开始招募人才。我们自己制作海报、传单，到省内高校进行最简单的宣传，招募了一些有意愿但是游戏制作经验较少的相关专业人才。但是创业没有一帆风顺，尽管大家很努力，但还是由于团队成员需要兼顾学业、制作环境差、制作经验缺乏等主客观原因，使公司接下来的发展之路又遇到了瓶颈。

于是，我和合作伙伴开始反思，讨论解决办法，调整发展方向。对比之前的积累经验和当下游戏平台的现状后，我们选择了一个更适合现阶段发展的游戏平台，开发了两款心理学功能性游戏《山无林》和《童话镇》，其中《山无林》荣获腾讯 1024 游戏创作大赛一等奖。此时，我们收到了一位程序员的面试申请，交流后大家都觉得可以合作，于是组内迅速制订了游戏开发计划。在公司的作品受到认可后，来应聘的人也越来越多，团队迅速发展壮大，接下来的作品更是获奖不断。团队也收到了来自腾讯、网易抛出的橄榄枝，达成了官方合作，获得了国家高新技术企业、吉林省双软企业、长春市青年就业见习基地等各项荣誉、认证。同时公司项目也获得全国首届心理行业创新创业大赛第一名的好成绩，并获得 20 万元的创业基金。在有了资金和人才的基础上，公司迅速发展，现已在腾讯游戏旗下艾兰岛平台推出作品 20 项、ROBLOX 平台推出作品 5 项。

公司成立仅两年有余，能发展到如今的规模，是因为公司创始人团队具有八年的创业经验，在此期间开展过网络心理咨询、在线心理教育，积累了 2000 余例心理咨询案例，明确了每一种心理学技术如何在网络中应用。有了这些积淀，公司创始团队于 2019 年 11 月正式进军游戏领域，成立长春天空之城信息技术有限公司，注册资金 100 万元，主要从事功能性网络游戏研发服务。公司现已获得腾讯游戏、北京代码乾坤的资金支持，我也从一名游戏主播逐渐成长为公司总经理。企业现有成员 28 人，科研成员由东北师范大学、吉林大学等重点高校心理学硕士和博士组成，游戏制作成员来自山东大学、哈尔滨工业大学、天津美术学院等优质院校。企业形成了独家心理学科研成果-网络游戏转化技术。2019—2022 年，团队研发的游戏销往腾讯、字节跳动、美国 Roblox 等平台，产品以新颖性、独特性赢得了业内人士的一致赞誉和肯定。

有了作品，我们也开发了自己的宣传渠道，目前企业入驻多家自媒体，全网粉丝量超十万，我们也有自己的门户网站及员工工作内网，实现信息共享、在线协作、高效办公的信息化办公模式。

公司和员工签订劳动合同并为其缴纳社保，在多家高校进行校园招聘，也积极为学院学生提供实习工作岗位，在长春市青年就业见习补助、就业见习带教扶持等相关政策的支持下，不断改善公司员工的福利待遇。

此外，企业的快速发展离不开学校和学院为我们提供创业孵化环境、创新创业指导等。作为研究生创业团队，我们也积极主动带动本科生，锻炼学生创新创业梯队，帮助学生参加“挑战杯”、“互联网＋”、第四届“中国创翼”创业创新大赛等比赛。通过不断努力形成良好的创新创业氛围，力争帮助学生实现科研、信息技术、创新创业上的对接与耦合。我期望可以将自己的创业经验与他人交流，使更多人了解创业的实际情况，激励更多的人关注并加入各类创业项目中来。

闲暇时思考对创业的印象，我觉得创业是虽在寒风里瑟瑟发抖却依然坚毅挺立的姿态，是日常不能按时吃饭、凌晨还在开会讨论但依旧满怀赤诚的热爱。没有白走的路，每一步都作数。这些经历对我来说“温柔”且“酷”。

我们是第一批心理学功能性网络游戏开发者，国内多家高校也陆续开展了相关项目。互联网发展的新时代，竞争激烈，但也是对我们的驱动。未来，我们有信心更敢闯、更会创，推开心理学功能性网络游戏这一崭新的大门！

（吉林省高等学校毕业生就业指导中心供稿）

超声引导下静脉穿刺机器人

——吉林大学王丹阳事迹

王丹阳，女，汉族，吉林大学第三临床学院2019级硕士研究生，1996年5月出生，辽宁省鞍山市人，中共党员。

王丹阳在校期间具备强烈的创业意识，积极参与各项创业实践项目及各类竞赛，2020年10月以团队负责人的身份获得第六届“互联网＋”大学生创新创业大赛吉林省金奖，并获得专利1项。2020年底第十二届“挑战杯”中国大学生创业计划竞赛于东北林业大学落下帷幕，王丹阳团队申报的“超声引导下静脉穿刺机器人”项目，经校赛答辩取得校级一等奖后，通过国赛直通车进入国赛，并获得国家级铜奖。她带领团队成员进行“超声引导下静脉穿刺机器人”项目的创业实践经历在影响、激励和带动周围同学了解创业、转变观念、选择创业等方面起到了较好的示范带头作用。此举开阔了同学们的创新工作思路，实现了对大学生创业精神、创业意识、创业能力、创业实践的全过程培养和引领，为学院和学校赢得了荣誉。

此项目定位于一款可替代人工操作及化验＋数据上传一体化的超声引导下静脉穿刺机器人，主要具有独立采血、精准血管定位、指标化验以及生成报告在线上传四大特性。产品操作过程可完全取代人工，采血、化验、上传报告皆由机器人独立完成，效率可达20秒采血，20～40分钟化验，1小时内数据上传。产品融合了人工智能超声引导技术、医学图像处理技术、微控技术以及多模态传感技术，可精准识别血管分布、走向和直径，以清晰分辨静脉血管和动脉血管。根据形成成像的血管分布图，机器人可快速计算出最优血管，配合超声定位，采集部分红外无法捕捉的信息，最后通过手臂断面图像，探测出静脉的直径与位置，从而精准找到穿刺点。区别于市面上的抽血机器人，产品自身配置血液化验系统，去除人为化验的运输过程，可精准独立完成检测生化28项。产品结合云服务器以及云数据平台，同时连接用户端以及管理端，一小时内对化验结果进行上传，患者可直接在线上获取结果，医院系统也可通过线上了解患者数据信息，切实将抽血机器人升级为人工智能医疗器材。

在吉林省内诸多大型三甲医院的全力支持下，团队成员同超声科、手术室配合，已完成临床案例数千例。实践中获得的宝贵数据对产品的产生和迭代有重要的指导意义。研发人员会根据数据竭尽全力攻克技术问题。技术问题解决之后，更重要的是要解决安全性和有效性的问题。作为对人进行操作的器械，智能采血机器人对于安全性和有效性的要求比普通器械要求更高，加之人工智能需要通过搜集大量数据进行学习来提高其准确性，这就要求征集一定数量的志愿者来试验我们的机器人。影像下辅助穿刺类产品，属于医疗器械三类（介入类）。公司将根据医疗器械注册证的取得进展申请医疗器械经营许可证。产品将在公司获得医疗器械注册证及医疗器械经营许可证后上市销售。许多种疾病的诊断都需要依靠血液检验的结果，因此采血是医疗行业最根本的环节。公司的任务就是不断打磨完善产品和产品的质量管理体系，从而打出知名度，开拓市场。

爱党敬业方面，王丹阳要求上进，不断提高政治素养，2020 年参加了入党发展对象的培训，处处以党员的标准来严格要求自己，2021 年 11 月她已经正式成为了一名党员。她乐于助人，勤奋刻苦，兢兢业业，时时刻刻为他人着想，在学生群众中为我党树立了良好的形象。她平时积极参与各项活动和党组织活动，在参与的过程中和同学们互相了解、相互学习，取长补短，为营造积极向上、团结有力的氛围贡献了自己的一份力量。

王丹阳曾获得研究生国家奖学金，连续三年获得研究生学业奖学金，连续两年获得吉林大学研究生一等奖学金；获得吉林大学优秀研究生、优秀研究生干部、优秀毕业生与优秀团员等称号。此外，她还获得了第七届吉林省科协研究生论坛优秀奖、第二届全国高校创新英语挑战活动综合能力赛（专业组）优秀奖、全国大学生组织管理能力大赛校优秀奖、第四届全国大学生环保知识竞赛优秀奖。学术方面，她在硕士期间以第一作者发表 SCI 论文 2 篇，其中一篇中科院分区为 2 区；发表一作中华核心论文 2 篇、科技核心期刊论文 3 篇。新冠肺炎疫情防控期间，她还深入校园防疫工作的第一线。

（吉林省高等学校毕业生就业指导中心供稿）

谱写新时代中小学教育美丽篇章

——吉林外国语大学王云云事迹

长春京墨文化发展有限公司始于2019年的“互联网+”大学生创新创业大赛，主题和背景基于当代学生们存在的共性问题，即不愿意学习、学习效率不高、学习方式单一等。针对这些问题，我们开始了实践，通过学校调研、教师访谈、学生访谈、逛各大书店、探访各类培训班等方式去总结共性问题。其间，我经历了三段故事。

妙笔“笙画”

本段故事的项目主要是通过其独特性，即国内首创IP类人物传记连环古诗历史漫画生产商，通过图像+故事的连环漫画形式，定位于中小学生，为其提供以IP类人物传记连环漫画形式呈现的连环古诗文历史漫画，帮助孩子们解决学习诗词、历史时遇到的难理解、没兴趣的问题。

从前期团队成员定期去中小学校门口“积极主动厚脸皮”地采访中小学生目前背诵古诗文的问题，到不定期去书店和各种文化宫实地走访，了解当前的中小学教辅资料情况，从这些调研中，我们不仅发现了问题，也发现了新的商机，所以我们开始考虑做漫画，聚焦于中小学的古诗词教辅漫画。从公司成立到产品出售，我们一路奔波，在学校的支持下成立了办公室，招聘了专业画师和相关专业的教授辅导我们完成作品，待产品完成，我们再寻找当地的印刷厂、出版商及很多教学机构进行合作。2020年，我们有了第一家合作机构。在公司发展过程中，我们不断实践、不断求新，发现了不少问题，因此本着解决问题的思想，我们有了第二段故事。

冰雪漫画

这是一家国内首创IP类冰雪运动探险动漫生产商，以动漫的形式做儿童冰雪运动的启蒙。项目总共分为“雪系列”和“冰系列”两部分，通过塑造人物IP“雪宝儿”在东三省进行冰雪旅程，展现成长和探险的过程。简单科普冬奥会的雪上运动与冰上运动，通过融入儿歌元素，将冰雪运动的注意事项编成歌曲，使儿童轻松记忆。

该项目取得的收获缘于团队成员夜以继日的思考，我们一起熬过的夜、一起喝过的咖啡等，都为成果的取得打下了基础。我们的创意小王子小A是东北人，之所以想出了这个点子，是因为在一次团建滑雪回来之后，他突发出来的灵感。这个独特的创意获得了评委老师们的一致认可，一方面我们借助了吉林省内特有的地理环境和生活喜好，另一方面我们联合了东北各地旅游局进行深入合作，开启城市挑战赛系列动漫的创作，将东北的建筑、山脉、水流进行90%的现实还原。我们还与非物质文化遗产单位合作，打造系列周边产品，在宣传冰雪知识的同时宣传区域文化，在寓教于乐的同时推动东北旅游发展。

我们的一个团队成员很喜欢旅游，他在2021年旅游的时候，发现VR体验大多都是游戏，没有教育方面的，而教育的VR也没有人去宣传，所以他认为可以把这个想法融入我们的漫画中，再融合当下的科技学习软件和工具。所以我们在此基础上，开始考虑在这个项目中添加新的创意和思考点，就是加入科技的元素，从而也就有了我们的第三个故事。

与“拟”从小遨游大千世界

从字面意思理解，与“拟”从小遨游大千世界一是体现了陪伴，二是体现了科技元素。该项目以前面的项目为基础，提升孩子的课堂兴趣，开展个性化教学；实现在多个场景进行各种知识的互动式体验和学习，改善传统教学环境；解决学习中的枯燥乏味、只能靠想象和没兴趣等痛点问题。另外，项目还推进了很多红色文化走进育人基地，还原红色的教育场景，丰富了红色文化教育资源，提供各种维度的体验，同时实现了教育时空的自由化和教学情境的立体化，激发了孩子们的爱国热情。

以上三个项目，通过实践发现了问题，也发现了很多可取、可借鉴之处，在团队成员的不断磨合和实践之下，探索出了新意，激发出了创意，也实际推动了各种问题的解决。

我们在探索中发现问题、解决问题，体现出了项目的价值，也体现出了我们个人的价值，我们将继续加油。

（吉林省高等学校毕业生就业指导中心供稿）

闪亮的日子

黑龙江

蛙声中闪闪发光的青春

——东北林业大学尹煜翔事迹

尹煜翔，中共党员，东北林业大学野生动物与自然保护地学院2021级畜牧专业硕士研究生；2011年9月考入东北林业大学野生动物与自然保护地学院动物医学系；2015年完成本科学业后先返乡创业，六年后，为继续深造，于2021年9月考取东北林业大学硕士研究生；曾获得“全国农村青年致富带头人”荣誉称号，事迹被中央电视台的《致富经》栏目报道。

趁青春尚好，乘快马追梦

新时代是追梦者的时代，是广大青年成就梦想的时代。情怀和梦想这两个词语，很多人都喜欢挂在嘴边，听起来似乎显得有些稀疏平常，但在追梦人的心里，这两个词语的分量举足轻重。当代的很多年轻人在面临对未来人生路的选择的那一刻都是充满了期待和惶恐——继续读书深造还是开始就业创业，对于很多青年人来说，前者是首选，后者则要看情况。然而偏偏有这样一个年轻人选择了不走寻常路。他叫尹煜翔，出生于湖南省怀化市芷江侗族自治县的一个农村家庭，他从小就很有想法，为人也十分干脆大方。

2015年，尹煜翔以专业第一的成绩完成了本科学业。当时，他的选择很多，可以选择继续深造，也可以选择考公务员或进企业，但是他毫不犹豫地选择了返乡创业。其实当初他这样做的原因很简单，就是因为两个情怀，一个是他从小就非常喜欢养殖，一个是他想回到自己的家乡干一番事业。不仅如此，他还唤回了双胞胎弟弟尹康一起返乡创业。当时弟弟已经大学毕业在长沙工作了，尹煜翔在决定返乡时问弟弟：“一个月能有多少收入？”弟弟还不好意思回答，“挣三千花三千，挣五千花五千。”尹煜翔就以大哥唤小弟的口吻说：“那你别干了吧，回去跟我一起创业。”弟弟也没多想，愉快地答应了。这一举动让身边的人都觉得匪夷所思、难以理解，特别是兄弟俩的父母。后来很多人也问过他们同样的问题：“父母不反对吗？”说服弟弟简单，但说服父母就没有那么容易了，尹煜翔清晰地记得七年前和父母的那场“谈判”，最开始父母是极力反对的，父亲一针见血的三个反问：“你有钱吗？”“你知道怎么做吗？”“万一失败，你能承受吗？”尹煜翔坚定地回答：“我年轻我怕什么？不试试怎么知道呢？万一做好了呢？”其实尹煜翔知道父母更担心的不是创业失败，而是失败之前都没有一个人能警醒、劝阻他。也就是从那天晚上开始尹煜翔的人生轨迹变了。

在说服父母之前，尹煜翔就已经有了创业的思路。那是在一次机缘巧合之中，他发现了一个不错的创业契机。在长沙再普通不过的夜晚，三两好友于夏日的夜晚随便找家路边的排档小馆谈谈天、喝喝酒，在联络感情的同时也可打发时光，当时在餐馆的菜单上有一道标价68元的爆炒青蛙引起了他的注意。尹煜翔在上大学时就了解了很多特种经济动物养殖项目，对青蛙的养殖和成本有所了解，他认为一盘青蛙可以卖到如此高的价格经济收益上很是可观，而且青蛙做成的菜品在当地也很受食客欢迎，当时他便觉得，养殖青蛙是个颇有前景的事情，重要的是，养殖动物也是他的专业和兴趣所在。

除了这次和爆炒青蛙的偶遇，尹煜翔还看到了一个能够把青蛙养殖产业做大做强的机会。根据他所学所知，以前养殖青蛙主要以活饵料为主，养殖成本比较高，很难形成大规模养殖，但偏偏青蛙的消费市场又很广阔，只靠小规模养殖显然是不够的。近些年来迅猛发展的科学技术也进入了青蛙养殖领域，喂养青蛙已经多采用饲料，不必非高价的活饵料不可。如此一来，青蛙养殖的可行性立马体现了出来。创业想法一旦产生，尹煜翔便立即付诸了实践。他于毕业之年返回了熟悉的故土，开始了人生的创业之旅。

借青蛙之势，开创业之路

养殖一开始缺乏创业的初始资金，尹煜翔找父母和亲戚朋友凑了 13 万元，又在村里租赁了五亩田地。每天早上，尹煜翔和弟弟都要每人扛一把锄头、一把铲子走上一两公里到租赁的田地里挖泥巴，修建蛙池。虽然出自农村但由于一直在外读书，很少干农活，他们常常累得直接躺在田埂上就能睡着。到了天黑，在旁边的水渠清洗干净工具，再扛着工具拖着疲惫的身体回家，没过多久两个人就被晒得黝黑甚至都脱了一层皮。

兄弟二人干着身体很累，父母看着心累，别人却觉得兄弟俩可能没啥出息，在外找不到工作混不好才被迫回家种地。但是当看着基地初现雏形，马上就可以养殖青蛙时，尹煜翔对所有的累和别人的不理解也就没那么在意了。

到了第二年春天，场地全部修建完善，看着投放下去的小蝌蚪，尹煜翔每天干活更起劲了。养殖过程中尹煜翔也碰到了不少的问题，因为当时这个蛙业养殖还是新兴的行业，很多养殖技术都不成熟，尹煜翔虽然学的专业是动物医学，但他没有养殖青蛙的经验，每天顶着巨大的压力和忐忑不安的心，如同摸着石头过河，好在他的专业知识还是有帮助，出现问题他能马上分析和解决。就这样第一年养殖还算顺利，收回成本的同时还小赚了一笔。

第二年尹煜翔在初步养殖成功的前提下，组建了一支"90"后大学生创业团队，有他的大学同学、弟弟的大学同学、他的发小还有网上结识的养殖爱好者。同时他又创办了合作社，带动当地老百姓一起养蛙致富。经过两年时间，合作社的养殖规模从 5 亩发展到 200 多亩，总产值达到 400 多万元。

但随着尹煜翔带动的养殖户越来越多，养殖规模越来越大，青蛙数量越来越多，销售就显得越来越被动。因为最开始青蛙是商户来基地收购，不仅价格波动很大，而且他们也根本不清楚市场行情，即使从微信上有所了解，但真实性和时效性都有出入。因此尹煜翔又成立了湖南省东方煜翔农业科技有限公司，带领创业团队转型发展，按照公司化运作，分化出技术部门、生产基地、财务部门，特别是销售方面，他们转被动为主动，自己做销售。现在他们已经完善了公司的产销一体化模式，拥有了成熟的养殖生产技术和大量稳定的销售渠道。他也一直在打造自己的团队。他说："要有弹性，苦力能做管理也能做；要有后劲，才能一直向前走。"

为了壮大产业，尹煜翔创办了"东方煜翔"品牌，建立了专业的技术团队和系统，同时还拓展了销售渠道，在南昌开设了经销点，开拓了两湖、川渝、江浙等主要水产市场。2021 年年末，公司仅芷江侗族自治县黑斑蛙养殖总面积就从最初的 1 户 5 亩发展到目前的 20 户

399 亩，土地总流转近百户，黑斑蛙养殖总生产量约 100 万斤，总产值 1500 万元，带动从业人数90 余人，养殖效益亩产利润 3000～10000 元不等。此外，公司在全国带动养殖单位 121 家，养殖总面积达 2000 亩。2021 年公司总供应销售量超过 200 万斤，总销售额达 3000 万元以上。

尹煜翔的创业项目，在从地方级到国家级的创业大赛上屡获佳绩和殊荣，曾获得第四届中国“互联网＋”大学生创新创业大赛银奖，各家媒体争相报道。他的事迹还被中央电视台的《致富经》栏目报道，他个人被团中央和农业农村部授予第十一届“全国农村青年致富带头人”荣誉称号。

千淘万漉虽辛苦，吹尽狂沙始到金。尹煜翔返乡创业前景广阔。这不仅是因为返乡创业是国家鼓励的创业方向，对缩小城乡差距、推动城乡结合的社会经济均衡发展具有实践意义，在促进人才流动和解决就业问题等方面也有显著作用；还因为与现代化科技紧密结合的养殖模式本身和青蛙产品广阔的消费市场需求给予了他极大的鼓舞，使他信心倍增。他希望在未来的三到五年里努力将公司打造成为行业领军代表，同时将企业经营范围进一步扩大，延伸拓宽至餐饮连锁、深加工、生物保护研究等更广阔的领域。

尹煜翔的创业故事以及他的创业之路，容易又不容易，简单却不简单。尹煜翔更像是无数返乡创业年轻人的一面镜子。他说：“创业路上，也许你所做的事情暂时看不到结果，但你并不是没有成长，而是已经在向下扎根、向上生长。”

（黑龙江省大学生就业创业指导中心供稿）

恪守信念　执着创业　着眼前沿　普惠百姓

——东北农业大学张文鹏事迹

他是一个执着创业的高校学子；他牵头成立的瑞赛齐高科公司深深扎根北疆黑土；他坚持把助农扶贫的使命和责任扛在肩上，多次在全国、全省“互联网＋”大学生创新创业竞赛中取得优异成绩，被团队成员视为创业路上的“主心骨”。

他是一个勇毅前行的科研尖兵，心怀“国之大者”，锚定科技前沿，践行“艰苦奋斗、自强不息”的东北农业大学精神，在种质资源创新中主动寻求突破，精心筛选适合农户养殖的滨麻鸡品种，被专家教授誉为励志勤学的“奔涌浪”。

他是一个心系家国的奋斗青年，新冠肺炎疫情期间，积极响应保障民生菜篮子供应的号召，为哈尔滨市每天提供 1 万余个鸡蛋。他累计带动农户 56 人就业，为养殖场养殖户带来销售额 465 万元，被农民亲切地称为会致富的“小青年”。

他就是东北农业大学 2021 级在读硕士研究生、瑞赛齐高科公司副总经理，瑞赛齐商贸公司董事——张文鹏。

倾心创新创业，雏鹰展雄翅

千帆竞渡，逐浪者领航；百舸争流，奋楫者争先。借着创新创业的浪潮，张文鹏与同伴一起成立了瑞赛齐高科公司。然而，公司成立不久就受到新冠肺炎疫情影响，发展的道路蒙上了阴影。但经历过生活磨砺的张文鹏没有选择畏惧和退缩，早懂事、肯吃苦的品格让他为梦想奋力拼搏。在学院导师的帮助和哈尔滨市科技局的支持下，张文鹏与企业沟通联络，争取多方资源。2021 年他与桦南林业局相关单位签署绿壳蛋鸡培育协议，协议第Ⅰ期就为林业局提供数万羽绿壳蛋鸡。为进一步扩大育种及产业化规模，公司在哈尔滨市道外区永源镇建立了 5400 只种鸡父母代厂的育种基地，布局绿壳蛋鸡的培育选育工作，可为黑龙江省常年提供 145.8 万羽绿壳滨麻鸡苗。同时，公司先后向大庆市、伊春铁力市、哈尔滨市双城区、齐齐哈尔市的养殖企业和养殖户提供共计 5.17 万只滨麻鸡苗，不但解决了养殖初期的实际困难，还累计带动 20 余人就业。目前，瑞赛齐高科公司已与中央红集团新农业发展公司合作，为其提供近万羽绿壳青年鸡，并将育种过程中产生的肉、蛋推向市场，入驻远大购物中心、松雷购物中心等哈尔滨市大大小小 200 余家生鲜超市和仓买；2022 年 3 月初，上线多多买菜和美团优选平台。由于成绩突出，张文鹏获得了哈尔滨市科技局“雏鹰计划”70 万元的资金支持。该项目获发明、实用新型专利 6 项，育种软件著作权 7 项，商标 3 项，在中国大学生创新创业训练计划国家级项目中获结题优秀。

潜心种质研究，小荷露尖角

青年是整个社会力量中最积极、最有生气的力量，作为农业院校的一名研究生，张文鹏和他的团队秉持着勤勉的态度，始终将目光投向龙江农业农村现代化建设的前沿。他努力将所学理论用于实践。对于东北地区水花、商品鱼越冬难等问题，他多次对冬季试验池塘进行巡塘、清雪、换氧等池塘管理工作，为解决在黑龙江地区乌苏里拟鲿水花培育成活率低、池塘水质差、越冬难等问题上贡献了自己的力量。求学期间，张文鹏在发现北方家禽养殖越冬难的问题后，主动找到学校家禽养殖的专家，提出让北方农户冬天敢养鸡，使其冬天也有经济收入的想法。专家教授对这个大胆的想法表示赞赏，并鼓励其承担相关科研成果转化的事业，而这也成为张文鹏所在公司目前的业务之一。

2021 年，中央出台《种业振兴行动方案》，将种业研究作为国家重要的战略方向。张文鹏敏锐地将所学专业与国家需求结合，勇于开拓，富于创造。公司 5 位创始人团队涵盖硕博学术背景，在学校、学院的创新创业政策扶持，专家教授的鼓励与技术支持下，瑞赛齐高科公司将目标定位为打造成北方第一家家禽育种高科技公司。公司通过科研团队的优势从种业层面培育良种，用科技振兴乡村，以抗寒的林甸鸡为资源素材，参与培育适宜北方养殖的抗寒滨麻鸡，并将其进行养殖与产业化。张文鹏以实际行动深入基层拼搏奋斗，推动乡村振兴，在不断磨砺提升中交出了一份不负青春、不负韶华的喜人答卷。

热心社会服务，微光映初心

张文鹏出生在一个普通家庭，从小学五年级开始，他就在父母做好馒头后独自一人骑三轮车去市场上售卖。大学期间，他通过勤工俭学赚取学费，并满足自己的日常开销，减轻父母压力。他常说："我很感激一路走来所有帮助过我的人，所以我也要尽自己所能去帮助他人，回馈社会。"

张文鹏是这么说的，也是这么做的。在他的带领下，公司被评为"国家科技型中小企业"，并进一步申报国家高新技术企业，2020 年度企业产值 80 万元，2021 年度企业产值达到 130 万元。为能给更多人提供就业岗位，他与哈尔滨市 110 余家生鲜超市和国内两家著名平台生鲜电商进行对接，扩大销售渠道，延伸商品链条，仅在哈尔滨市日销售鸡蛋就可达到

9000余枚。

在前期创业的基础上，张文鹏以科技和禽类养殖技术为依托开展“三下乡”社会服务，多次开展线上线下讲座。讲座内容不仅聚焦于养殖前景，还将一整套滨麻鸡养殖技术带入乡村一线。为加快科技成果转化，他在哈尔滨市双城区形成了“政府＋高校＋驻村工作队＋高科技企业＋农户”的养殖新模式，得到了包括《中国科技日报》《黑龙江日报》《极光新闻》《新晚报》等多家媒体的关注和报道，累计阅读量高达21.8万次，擦亮了建立科学绿色生态养殖模式的品牌。

踔厉奋发，勇毅前进。回首张文鹏的创业历程，让人颔首称赞的是一股奋进的力量；回味他取得的众多骄人成绩，令人热血奔涌的是一种精神的光芒。相信在未来的日子里，张文鹏和他的团队将会借着时代的春风顺势而上，推动龙江农业农村现代化建设，在奉献龙江全面振兴、全方位振兴的浪潮中再创佳绩，再立新功！

（黑龙江省大学生就业创业指导中心供稿）

游五洋之深，达星海之度

——哈尔滨工程大学李晗生事迹

李晗生，中共党员，河北沧州人，哈尔滨工程大学13119班校友，2020届船舶工程学院力学硕士，哈尔滨深度科技发展有限公司创始人，哈尔滨海探智造科技发展有限公司联合创始人。李晗生嗅觉敏锐，能时刻把握行业风向，切实服务国家海洋战略需求，曾获黑龙江省青年创业奖、第三届中国“互联网＋”大学生创新创业大赛银奖、2017年“挑战杯”全国大学生课外科技学术作品竞赛二等奖、第四届全国海洋航行器设计与制作大赛特等奖等20余项国家级创新创业奖项。

李晗生创办的哈尔滨深度科技发展有限公司是“哈船众创联盟”发起者之一，由时任黑龙江省省长陆昊同志亲自揭牌成立。公司团队由7名股东众筹成立，近几年来吸纳硕博成员十余名，为近百名在校本科大学生提供了科技创业兼职岗位，研发产品已获第十七届中国机器人大赛机器人创业赛一等奖，第二届中俄（工业）创新大赛一等奖，以及工信创业特等奖，造就了年营业额一百余万元的成绩，且得到了业界的高度认可与评价。

梦起渤海，沧龙初生

上天入海，能隐形会飞天，分分钟拯救世界，每个男孩都有过这种幻想。1994年出生的李晗生从小就是海洋和军舰迷。当身边其他同学还都对创新创业不明觉厉，亲身参与却一头雾水、找不到方向时，他却早已在大三期间就创立了公司，并以小型海洋航行器产品的设计为主要研发内容。他认为“船海创业不是造航空母舰”，当看到船海、航空航天专业的同学们由于深感行业体系过于庞大而无法创新创业时，他却认为创业项目仅仅需要做整个工业体系中的一个环节即可，并不需要团队去研发完整的船舶系统。李晗生的成功秘诀在于把握了创新创业的方向，方向正确在他看来比努力更加重要。选择一个切入点并尽早投入，并持续到研究生阶段，甚至发展成为属于自己的大型科研项目，李晗生做到了科研创业两不误。

李晗生选择从船舶科普教具开始自己创新创业的初尝试。由于李晗生从小就玩遍了各类教具模型的经历及兴趣，他在刚刚步入大二就主动承担了船舶工程学院承办的“2015全国青少年高校科学营哈尔滨工程大学分营”的船模竞速项目，并与两位同届社团的小伙伴共同开发了专业级的船模拼装及比赛教具，同时还配套完整的授课、教学、竞赛体系，衍生出了“海上对战”“海上丝路”“海上阅兵”等多种产品科技树。他认为从创新到创业并不需要一气呵成，选择简单的东西开始创业，并计划有朝一日用积攒下的第一桶金来研发更加高端的海洋产品。

上游五洋，创新启程

李晗生在高考填报志愿的时候，就按照自己的爱好选择了“三海一核”专业特色的哈尔滨工程大学。刚入学时，李晗生虽没有专业课程功底，但凭借着自幼喜爱海军武器装备的积累自己摸索学习，成为同级学生中第一个摘得国家级科技创新赛事奖项的团队负责人，为同学们树立了科创榜样。

李晗生在科技创新之路上的最大特点是对研究目标近乎偏执的坚持，为了完善自己研发的模块化水陆两栖机器人，李晗生用两年时间设计了三代作品，在申请的国家级大学生科研立项经费不足时，甚至将自己的生活费都垫了进去。天道酬勤，他代表哈尔滨工程大学在第四届全国海洋航行器大赛中斩获了特等奖的好成绩。次年，在ROBOCUP中国机器人大赛水下机器人作业组比赛中，李晗生以优异的成绩夺得了全国季军。

李晗生的第二大特点是敢于玩命。“轻轻启动电源，就可以在水中毫不费力地轻松游动，探险神秘的海底世界……”科幻电影中的智能装备让李晗生心生向往，他一直梦想着设计一款能够载着潜水员在海底翱翔的摩托艇。而直到自己的科创实力达到了一定水平，并于本科期间学习了流体力学计算软件和船舶阻力推进知识后，李晗生花了短短半年时间即设计出了第一代“水下摩托艇”，并考取了PADI国际潜水教练协会AOW潜水执照，亲自驾驶自己的研发成果在星辰大海中启航，这是其他同龄人无法想象的经历，是属于每个科创男孩的浪漫。

截至硕士研究生毕业时，李晗生的“水下摩托艇”已研发至第三代，他向导师申请将其作为自己的毕业课题，从学术的角度继续研究它。

下海创业，挑战深度

作为一个学生，李晗生的科研资金是远远不够用的。时值“大众创业　万众创新”的春风吹起，他决定与自己的创新团队成员集资成立公司，将已研发完成的各种水下航行器、机器人以及无人艇项目进行产业转化，通过盈利来支持科研，以创新孵化创业，以创业带动创新。

2016年9月，哈尔滨深度科技发展有限公司挂牌成立，由时任黑龙江省省长陆昊同志亲自为其揭牌。公司依托哈尔滨工程大学国家大学科技园，已加入“哈工程校友企业联盟”，是联盟50余所企业中最年轻的一员。李晗生的团队成员们虽然年龄与专业不同，但他们有一个共同的梦想——通过创新创业创造出中国人自己的海洋科技产品。

公司成立伊始，李晗生就积极从高校中走出去，与行业和市场接轨。近年来，李晗生团队携产品连续亮相了四届 Marinetec 中国国际海事展览会、DrtShow 潜水装备展、首届沙特利雅德防务警务展等国际顶级行业峰会，并积极响应中国船舶集团、中海油集团、中国电子集团的合作需求，得到了各界客户与合作方的认可与支持。

在我国船舶行业规模最大的 MarintecChina-2017-中国国际海事展上，李晗生的“水下摩托艇”作为哈尔滨工程大学主展位中唯一的学生项目，与其余教授和专家的科研成果一并参展，受到了行业的认可与赞同。迄今为止，该项目自展览首秀以来，累计获得了百万余元的合同大单。

梅开二度，师生共创

李晗生的创新创业精神打动了他的硕士研究生导师祝海涛教授，后者将自己的科研项目“海底生物采样机器人”托付给李晗生进行产业转化，在对市场和行业进行了快速的调研后，李晗生瞄准了人工成本极高的海参养殖产业，并利用短短一年半的时间迭代出三轮产品样机，设计出“智能海洋牧场”集群式水下机器人系统，其中包括我国首款“海参无损捕捞机器人”以及李晗生创业公司畅销的“水下观测机器人”，革命性地用水下机器人编队替代了传统潜水员进行危险的作业。目前，该项目已签署了高达 140 余万元 B2B 式的研发及采购合同，正在销往大连、威海、烟台等海参重要产地。有趣的是，李晗生专门在公司安置了海水造景缸，养殖了数条海参进行研究观察，其也作为“海洋牧场”的吉祥物，见证着这款革命性产品的成长。

和李晗生一起打造“智能海洋牧场”的，有科创达人、资深学霸、资深船模达人，他的团队内尽是“高手”，这些“高手”在一次次激烈的智慧碰撞后，研发的产品也获得了社会各界的认可。全国大学生海洋航行器设计与制作大赛设计制作类冠军、中国“互联网＋”大学生创新创业大赛银奖、“挑战杯”全国大学生课外学术科技作品竞赛机械与控制类二等奖等，他带领的这支由几名“90”后年轻人创建的团队所获大大小小的奖项加起来已经过百。

千舟共济，扬帆起航

游五洋之深，达星海之度，李晗生最大的梦想是自己研发的海洋装备产品有朝一日可以投入到我国新一代海军装备的升级换代中，他用创新创业的激情诠释着自己的海洋强国梦。随着创新创业的进行，团队积累了资金、技术和渠道，并反哺到了自身的科研生活中。李晗生的产品也为他将来的博士研究课题带来了极大启发，使他可以做到事半功倍，科研创业两不误。目前，李晗生团队的大部分成员已步入博士学习阶段，在新冠肺炎疫情期间他们仍保持小步快跑，紧锣密鼓地研发高大上的工业级海洋机器人产品，并通过外贸渠道走出国门，走向世界。他也希望通过这种方式吸引更多船海人投入创新创业事业，一起驾驶创业之舟在“大众创业　万众创新”的茫茫大海上扬帆起航！

（黑龙江省大学生就业创业指导中心供稿）

青春在奋斗中闪光

——哈尔滨师范大学宋家兴事迹

我是黑龙江省哈尔滨师范大学2017级播音主持艺术系的一名毕业生，在此借这个机会对我创业这五年来的成绩和收获进行系统性回顾和个人总结。

和普通大学生一样，我带着对专业的热爱步入校园，开始了大学生活，井然有序地学习专业知识，认识社会，学习为人处世的道理和树立正确的价值观及金钱观。一段时间后我认识了一个道理：做自己热爱的事情，并且能够带来价值、更能够创造价值，是一件很美好的事情。

大二开学我进入了创业的第一阶段——体育与传媒。相较其他优秀创业者我的优势在于我的专业与传媒相关以及我良好的沟通能力，这使我在和大公司以及跨国公司的谈判上较有优势。创业初期我通过小团队的方式了解了这个行业的痛点和较大的利益环节，我慢慢从乙方变为了甲方。个人的能力永远有绝对值，但成为一个管理者，发挥团队的价值共同创造财富，才是一个合格的创业者和商人应该具备的能力，实现共同富裕才能真正体现自我价值和社会认同的统一。

2018年6月20日，我在前期积累的基础上同两位室友共同创立了第一家公司——哈尔滨冲雲科技有限公司，学习财务知识、如何扩大公司规模、如何具备竞争优势、如何兼顾学业也成为我们创业的新课题。至此哈尔滨冲雲科技有限公司取得的成绩如下：

- 与懂球帝（全国最大的足球体育平台App）单板块达成战略合作伙伴关系，独家合作。
- 2020年全年纳税额117万元人民币。
- 与PP体育足球专栏达成合作伙伴关系，输出4位优秀解说主播，并获得2021年PPTV最受欢迎新生主播奖。
- 共为300多人次提供就业机会。
- 为武汉捐款人民币10万元整。

回顾第一个创业阶段，我错失过不少优质的资源和机会，也有过一些决策性的失误，新冠肺炎疫情对体育行业的影响更是摧枯拉朽般具有毁灭性，如何维稳以及让企业活下去成了所有企业的第一课题。我们同样在这个问题下进行了上百次的线上视频会议，奔波于北京、上海、杭州、哈尔滨等地，希望通过协商和内部流程的优化来减少新冠肺炎疫情带来的冲击。这也使我们应对紧急状态的能力得到了加强。我认为这也并非完全是坏事，只有自我真正强大起来，在未来更大体量下公司才会避免更严重的错误，同时也正是因为这次新冠肺炎疫情让我认识到了分散项目类型和企业布局能力的重要性。

综上所述，2021年我进入了创业的第二阶段：在有了较多管理经验和启动资金以及人脉的情况下，我们将眼光转向了抖音平台。新媒体环境中人人都可以分享自己，分享好物。

在流量为王的新媒体时代中为受众提供优秀内容、为商家提供推广和销货，成了一件既简单又具有含金量的服务，一个全新的行业——抖音代运营公司出现了。于是在2021年我先后成立了杭州兴本文化有限公司和杭州胜兴文化传媒有限公司。大家当时都说我的胆子很大，在一个全新的领域下，相对于之前试错成本较低的创业项目，这次一次性成立两家公司堪称一笔“豪赌”。但我认为在一个具有前景和高投资、高回报的行业环境下，有些尝试是必要的。人的一生中好的机会并不多，抓住机会的人同样不多，机会只留给有胆量、有准备的人。

与之而来的压力可想而知，一年近200万元的商业写字楼租赁费用和每月接近40万元的人员费用及前期设备的购买费用，还有对新冠肺炎疫情的发展走向预测，都时时刻刻提醒我要坚持下来，收获和付出在大多数时候一定是成正比的。我可以骄傲地告诉大家，截至目前这次创业项目已经装满了整整2000平方米的场地，2022年1月公司实现扭亏为盈。胜兴/兴本取得的成绩如下：

- 为2名残障人士提供工作和帮助。
- 2021年成为INXX（服装品牌）品牌代运营。
- 2022年成为NBA品牌代运营。
- 2022年成为贵人鸟品牌代运营。
- 2022年度单项目合同金额突破1500万元人民币。
- 2022年2月成为抖音达人罗永浩的供应链合作伙伴。
- 与Fanatics（跨国上市公司）于2022年5月建立合作关系。
- 为本校同学提供20多人次就业岗位。

以上是我对近5年的创业路程的系统性汇报和总结，再次感谢哈尔滨师范大学辅导员曲老师在校期间对我的照顾、支持，学校的培养，以及黑龙江省对于大学生创新创业的政策支持和扶持。这一路走来每一个环节都很关键，在校期间老师的耐心指导、首次创业学校无偿提供的创业园区场地支持、同学的帮助和政府鼓励大学生创业的政策，这些无疑都对我的创业及发展产生了至关重要的作用。实现共同富裕这条道路的确还有很长的路要走，但作为独立的个体无论最终成功与否，给他人以帮助，为社会创造更多的就业机会，最大限度地实现自我价值，我将义不容辞！

（黑龙江省大学生就业创业指导中心供稿）

砥砺创业，科技兴瓜

——黑龙江农业经济职业学院沈威事迹

沈威，黑龙江农业经济职业学院智慧农业系 2020 级园艺生产技术专业学生，现为黑龙江省牡丹江市宁安市隆旭绿色农业有限公司法人，宁安市兰岗镇西瓜、甜瓜协会会长，宁安市人大代表等。他说："我深深地热爱着这片生我、养我的黑土地，我们要'科技兴瓜'，使我们兰岗的瓜产业走出全省、走向世界。"如今，他带领着他的团队迈着坚定的步伐，向目标一步步迈进。

坚守创业初心，誓要发扬光大家乡的瓜产业

沈威从小就生长在西瓜之乡——兰岗这片黑土地上，祖辈们更是以西瓜、甜瓜种植为主要谋生手段。他的母亲大学一毕业就回到家乡种瓜，这一坚守就是 26 年，他们家是兰岗最早进行棚室种植西瓜、甜瓜的种瓜户，其创立的西瓜嫁接技术为全国首创，成功地解决了西瓜不能连作的问题，荣获黑龙江省省长特别奖。他母亲成立的西瓜、甜瓜种植专业合作社，仅 2015 年就带领乡亲们种植西瓜、甜瓜 2750 亩，年收益 1750 万元，户均纯收入超过 15 万元，人均纯收入 4.2 万元，是全市农民人均纯收入的 2.5 倍，成为兰岗镇的致富带头人。

母亲对家乡的热爱、对农村的坚守、对事业的钻研深深地耳濡目染着沈威。他通过在母亲创办的"彩华专业合作社"历练，掌握了西瓜、甜瓜的优质高产栽培技术。但是近年来，传统的西瓜品种已经满足不了消费者的需求，并且大量化肥、激素的施用使瓜的品质大大降低，传统的销售模式使大量的西瓜、甜瓜滞销，作为土生土长的兰岗人，他意识到自己有责任和义务在守护、传承家乡的西瓜、甜瓜产业的同时，要开拓出一条新的路，继续带领乡亲们前行，助推乡村振兴的发展。

创业背后是母校坚实后盾的支持

为了更系统、更好地掌握专业技能和专业知识，沈威选择了黑龙江农业经济职业学院的园艺生产技术专业就读，接受专业的系统学习和训练。他每天起得最早，总是第一个到生产实践基地，向老师学习先进的生产技术、种植模式，并且抓住一切时间，结合家乡的西瓜、甜瓜生产特点，向老师和专家请教，如此日复一日地钻研实践，使沈威具备了一定的理论水平和实践能力，而母校的阿里巴巴电商平台的直播带货，也给予了他新形势下销售模式的帮助与指导。基于自身的专业技能与专业知识，他准确地进行各种资源的分析，捕捉发展商机，通过在校期间所学的创新创业教育课程，包括创业兴趣和价值观念、创业心理品质、创业技巧和能力等在内的全面创业素质的培育，提高了创业实践能力，积累了一定的创业经验。

在母校的支持下，沈威和一群与他一样朝气蓬勃、有共同志向的伙伴们一起成立了隆旭绿色农业有限公司，并与母校建立长期合作机制，母校技术专家长期对公司进行专业技术指导。依托国家级协同创业中心，公司与母校已共同开发西瓜、甜瓜等栽培新技术 6 项，

并推广至周边地区，创立有机果蔬协同创业中心，已完成西瓜、柿子、辣椒前期的扩繁。2021年创业项目获得黑龙江省“互联网+”大学生创新创业大赛金奖、全国铜奖，这更极大地增强了沈威创业的自信心。

科技兴瓜，带领兰岗瓜产业走出国门

沈威和它的团队通过对20个优良品种试种，筛选出主栽的黄瓤西瓜品种3个，满足了消费者对精品化、特色化、功能性西瓜种类的需求。经过不断探索、尝试，沈威团队成功实现了生态有机种植，羊粪和沙子相混合的比例不仅提高了地温和土壤透气性，同时也提高了瓜的甜度，传承、改良了西瓜嫁接技术，并成功将其应用到薄皮甜瓜嫁接；采用蜜蜂自然授粉，摆脱了激素的应用，并且绿色环保，果实大小均匀，畸形果数目下降3.1%，西瓜含糖量提升1.4%。团队采用集约化育苗及智能化管理，大大节约了成本，提升了瓜的品质。

公司注册的“彩华100号”已成为龙江最具影响力的绿色果蔬品牌；产品入驻顺丰大当家、微信商城等智慧门店，利用线上销售，已将产品销往北京、上海、广州、深圳等300多个城市和地区，回购率100%；产品成为第四届省旅发大会等定点活动指定产品。随着公司的发展，在原有的绿色生态西瓜种植与营销的基础上，公司产品已扩展为多种生态绿色果蔬种植与营销，并成功销往俄罗斯。

公司建立了标准化西瓜生产基地，依托地理优势，还建立了“兰岗100号”观光采摘园区及休闲山庄。公司还将西瓜种植技术及培训的人才输送到我国南方及老挝、缅甸、柬埔寨等国家，推广面积达上百万亩。沈威曾经自豪地说：“大家冬天在北方吃到的西瓜很有可能就是他们培训的技术人员在南方种植的。”

项目的发展，直接带动5765人就业，总效益达3.6亿元。通过提供种苗、技术培训、技术人员输出等，公司间接带动20000余人就业，总效益达120余亿元。

感恩母校，回馈社会

项目生产基地获批为黑龙江省农业农民培训特约培训基地，举办培训班30多期，培训万余人，来基地参观学习的农户达3000多人次；与母校建立校企合作基地——西瓜、甜瓜生产实习基地，为母校市场营销、作物生产技术专业学生提供实践场所2200人次；为中小学提供劳动实践基地。沈威任宁安市兰岗镇西瓜、甜瓜协会会长，依托协会制定了绿色西瓜生产技术规程进行示范和推广，通过开办田间学校工作站、开展集中培训、田间指导、科普赶集等形式对种植户进行技术培训；带领兰岗镇协调产业发展，充分发挥兰岗西瓜技术优势，使其产品走向世界；协会参与了宁安市绿色证书校本教材的编写；公司持续为市留守儿童捐资助学。

展望未来，沈威及他的团队将继续不忘初心、风雨兼程，在创业的道路上砥砺前行，利用科技兴瓜打破中国瓜果低端出口模式，继续将技术和人才持续输送到世界各地。

（黑龙江省大学生就业创业指导中心供稿）

闪亮的日子

上海

愿以吾辈之青春，捍卫盛世之中华

——同济大学王群龙事迹

王群龙，男，汉族，1988年3月出生，中共党员，2007—2011年同济大学化学工程专业本科，2011—2014年同济大学化学工程专业硕士，2019年至今同济大学物理化学专业博士，现任上海市杨浦区青联委员、同济大学生科技创业者联盟副秘书长、上海净梧新材料科技有限公司总经理。个人先后荣获国家级奖项4项、市级奖项8项、区级奖项3项、校级奖项4项；个人创办企业先后荣获国奖荣誉4项、市级荣誉7项、区级荣誉3项、校级荣誉3项；获得光华奖学金1项，发表EI论文1篇，获得50余项知识产权，其中发明专利10余项。

青春向党，创当其时，共担时代责任

王群龙作为一名同济人，又是具有十年党龄的共产党员，他一直牢记党的使命，以一名优秀共产党员的身份严格要求自己。在校期间，他积极参加各类志愿者活动，担任同济大学助学服务义工队队长，组织策划并开展各类义工活动100余场，帮助贫困生与少数民族学生5000余人次；组织捐赠各类旧教材1万余册，为贫困学生节约书本费共10万元。研究生毕业前夕，王群龙在同济大学四平路校区三好坞河中勇救落水者，获得了学校的报道和表彰。以其事迹为内容的文章，获得了教育部"因为爱，我们成长"主题征文一等奖。

王群龙还是一名热爱创新、善于创新的科研人才，他始终热爱着自己的专业，并且发挥专业优势进行创新创业。本科期间他即完成了国创项目、SITP项目等创新项目。2008年的SITP项目中，他利用项目的2000元经费完成了"缓释消毒杀菌材料"的研发。当时一个灵光乍现的想法，在2018年其成果获得了转化，在杨浦区博士后创新实践基地的项目资助下，产品得以量产，企业从中创收百万元。正是学生时代创新项目的火花点燃了王群龙创新创业的火种，才会让他成为"大众创业　万众创新"的创业热潮中一簇闪闪发光的火苗。

心中有梦，初心勾线，永攀科技高峰

王群龙同学于2016年凭借满腔热血与激情，在上海市大学生创业基金同济分基金的资助下创办了上海净梧新材料科技有限公司。项目当年就获得了杨浦区创新创业大赛一等奖，公司获上海市最具投资五十佳企业称号。2018年公司获得了百万级的天使轮投资，估值超过2000万元。项目还获得了"互联网+"创新创业大赛和"创青春"大学生创新创业大赛上海市金奖等荣誉。

2019年王群龙获得推免读博的机会，他回到了同济大学，开始自己的博士学业。在导师的帮助下，王群龙在碳基纳米制氧材料技术的研发上获得了重大突破，入驻上海市人社研发场地载体（上海市信息电子产业平台）进行项目孵化，从零开始完成了制氧设备的硬件开发。最终项目团队自主研发了新一代智能便携式制氧机产品，解决了高原旅游缺氧问题、采矿尘肺问题，支援军工企业和我国边防事业的发展，并通过此创业项目获得人力资源和社会保障部举办的创业大赛全国优秀奖。2020 年 9 月王群龙成立了新公司上海氧隆科技有限公司，公司获得了上海市大学生优秀项目创业启动资金等资助，帮助企业迅速壮大，成为一家拥有 20 多名员工的创业公司。项目又在 2021 年“创青春”中国青年创新创业项目支持计划等创新创业政策支持下，不断迭代更新，开始实现量产。目前产品已经在军工边防领域开始使用，也为高原旅游发展、解决高原贫困就业问题发挥了重要作用。

创业的五年时间里，王群龙申请的各类知识产权达 50 余项，累计产值 2000 多万元，提供了 30 多个就业岗位。2020 年年末，王群龙也获得了“上海市青年创业英才”称号。

愿以吾辈之青春，捍卫盛世之中华

在企业初步获得成功后，王群龙积极和年轻创业者们分享创业经历，帮助他们少走创业弯路，对接创业资源与平台，逐渐成为同济创业圈里的“老大哥”。2017 年他被推选为同济科创联的副秘书长，组织策划并开展各种形式的活动累计 20 场，帮助校园内初创企业创业者 200 余人次。他还受聘成为同济大学创新创业学院创业导师、杨浦区创业指导专家库专家、上海市大学生慈善基金会创业导师，并于 2021 年被推荐成为上海市创业指导专家。因为有广泛地被认可、被认同的群众基础，他获得推荐成为杨浦区青年联合会委员，代表年轻的创业者更好地践行使命，勇担职责。2018 年至今，王群龙累计开展公益讲座 100 余课时，服务学生和创业者 1000 余人次。由于在社会公益活动中的表现突出，他也获得了“四平好人”“杨浦区精神文明好人好事”等荣誉和称号。

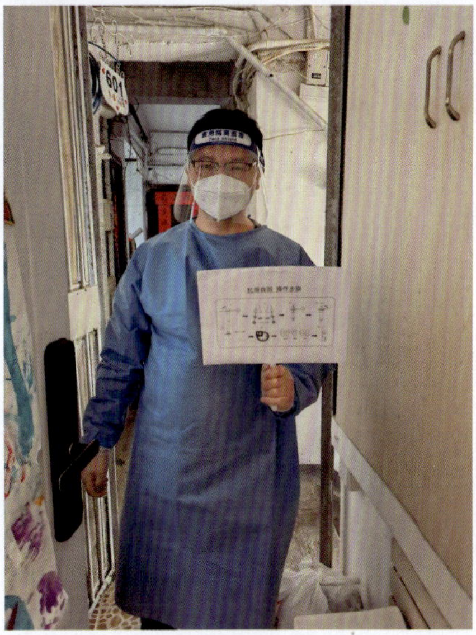

2020—2022 年的新冠肺炎疫情期间，王群龙捐赠了大批防疫物资，包括自主研发生产的缓释消毒杀菌材料、便携式制氧机等产品，总价值超过 30 万元。他也积极投入到防疫抗疫的志愿者服务当中，作为社区志愿者，用自己的所知所学为社区提供专业消杀知识科普和专业的消杀方案，用实际行动践行科研青年的报国誓言。王群龙的防疫事迹作为先进事迹得到了中央电视台、人民网、《光明日报》等媒体的争相报道，获得了杨浦区区委、杨浦区人力资源和社会保障局和上海市大学生创业基金会的表彰。

王群龙就是这样一个充满正能量、积极向上的有为斜杠青年，他虽然有着多重身份，却始终将“同济人、同济精神”融会贯穿在生活中、学习中、创业中和公益事业中，真正践行着“愿以吾辈之青春，捍卫盛世之中华”的鸿鹄之志。

（上海市学生事务中心供稿）

巾帼承载创业梦，勇立潮头向前行

——东华大学杨慧琴事迹

她家境贫寒，依靠生源地贷款完成学业，却仍然保持乐观积极的心态；她拥有14项专利，发表SCI论文3篇、EI论文2篇，获得国家奖学金，在同学眼中是个纯正的“学霸”；她关注女性健康，创立上海祎蝶生物科技有限公司并担任公司法人，获得上海大学生创业基金会（EFG）20万元雏鹰计划创业“天使基金”。她作为上海市优秀创业女性代表参加了中欧高级别人文交流对话机制第四次会议、第二届中欧性别平等专题研讨会，受到国务院副总理刘延东及中欧领导人亲切接见和勉励。她，就是东华大学化学化工与生物工程学院2018届硕士毕业生杨慧琴，在“大众创业　万众创新”的国家号召下，她用理工科女生的钻研精神关注女性健康创业，谱写出了一曲巾帼承载创业梦的时代强音。

创业，迈大步难，那就一步一步走

“祎代表着美好，我希望自己的公司能像一只美丽的蝴蝶一样经过磨砺，有宽广的视野，展翅高飞！”这是杨慧琴对自己祎蝶公司的解释，同样也是她对自己未来美好生活的期望。在杨慧琴决定开始创业的那一刻，她就给自己做了一次全方位的评估，在审视自己的过程中发现，虽然自己的科研成果可以支撑创业项目的市场评估，但是自身的能力和素质还不足以支撑起项目的推广。为了更加熟悉公司的运作流程以及项目的市场价值，她利用寒暑假赴性质相近的公司实习，在销售岗位上充分锻炼自己。

“创业远比想象中的要艰难”，杨慧琴的创业项目，作为新时代新产品的融合产物，研发和生产因为少有人涉足而困难重重，再加上作为家庭经济困难学生所面对的经济压力，更是让杨慧琴的创业之路难上加难。这其中的关键是缺少必要的启动资金和研发设备，为此，杨慧琴只有不断奔波。半年的时间，她每天早五点起床整理创业计划书，在路上奔波两小时，准时参加上海科创基金会的创新孵化营以及知识产权研讨班，晚上八点继续伏案整理实验方案，甚至经常熬夜通宵。终于，在不懈的坚持和不断的努力之下，杨慧琴自主设计的生物活性寡肽美白面膜产品顺利推向市场，并获得了行业认可。

“那段时光真的很难，很累”，现在的杨慧琴回忆道，“但我很享受为技术研发奔波的乐趣，我想让更多的人认识和使用放心、安全的产品，让每个爱美的人更加自信，这就是我创业的初衷。”

回想自己参加上海市大学生先进材料创新创意大赛的日子，杨慧琴的内心有很多感慨，因为这是她创业路途的真正开始。从初赛、复赛、决赛的层层选拔，到最终荣获三等奖；从最初的理论研发到逐步走向市场推广的实际应用；从学校的挑战杯比赛到“溢达杯”全国创意大赛荣获校级总决赛一等奖；每一个经历对她来说都是崭新的启程，在比赛中学习提升，在比赛中反思改进。创新创业比赛让她创业的想法更加踏实坚定。

很多人对杨慧琴说：“别那么拼了，一个女孩子，干得好不如嫁得好。”在她创业项目实验进展阶段，身边这样的声音越来越多，而她的内心始终有一个声音：“不！这条路上没有性别，只有能力。”她累并快乐着。创业前期的投入和付出并不顺利，杨慧琴和团队成员初期的成果和项目书没能得到认可，但她也没想过放弃。

破茧成蝶，创业硕果累累

失败不是成功之母，知道为何失败并且规避才是成功的垫脚石。杨慧琴带领她的团队参加上海市“贤城众创，畅享人生”全国创新创业大赛，赢得了全国总决赛二等奖，在之后的全球创业周中国站组委会主办的“天使走进实验室”项目中，团队项目也作为优秀项目代表参加项目展示，同时于11月荣获“筑梦飞翔，创享人生”2017年上海市女性创业大赛最有创意“十佳方案”奖，并作为上海市优秀创业女性代表参加了中欧高级别人文交流对话机制第四次会议，第二届中欧性别平等专题研讨会，受到国务院副总理刘延东同志亲切接见。

不忘初心的坚守奋斗，换来的是杨慧琴自立自强出色的表现和各界人士的一致认可。

上海市妇女联合会副主席黎荣对杨慧琴赞许道：“作为一名女生，她不仅在理工科专业上做到了品学兼优，并且有想法，敢实践，那一股韧性和努力非常让我感动；每次跟她交流她都是热情饱满，积极阳光，从来没有困难把她困住，我相信她能够笑到最后！”

东华大学化工生物学院院长武培怡教授评价杨慧琴：“她在学术上攻坚克难，勇攀高峰，在学院的研究生群体中形成了积极的示范和带动作用。作为新时代的大学生党员，她牢记肩上的责任和使命，把自我的人生理想融入建设家乡、建设祖国的事业中来，学以致用，知行合一，我很自豪学院有杨慧琴这么优秀的学生。”

项目合作公司广州佛山迭蓓丝生物科技有限公司董事长陈健良这样评价杨慧琴：“她无论在技术能力上还是商业头脑上都是最全面的一名学生，她靠谱又勤奋，专业技术过硬，我欣赏她那种巾帼不让须眉的干劲儿，刚开始我还犹豫是否不该和还未毕业的学生合作，现在我想，我非常庆幸选对了合作者，我相信她的创业梦想不久就会实现。”

孜孜不倦，浇灌梦想的种子

春华秋实，孜孜不倦；功崇惟志，业广惟勤。研究生的生活磨砺让杨慧琴完成了从青涩到成熟的蜕变。她一路成长，化茧为蝶，但不变的是那份对科研的热情和对创业孜孜不倦的追求。在科研、实践、创业道路上的坎坷让她羽翼逐渐丰满。在困难中，她学会了拨开迷雾，掌声和鲜花使她选择了谦虚前行。她深知成绩的取得离不开国家对大学生创业政策的支持、老师和团队的帮助，也感谢那些有笑有泪的日子，感恩那些陪伴她走过艰难时光的人。她自立自强、不断拼搏的正能量也被《光明日报》、新华网、《中国妇女报》等媒体报道，东华大学官网、官方微信等媒体也多次进行宣传。

作为女大学生创业的典型代表，杨慧琴勤学笃行，不忘初心，牢记时代使命，用认真的付出浇灌梦想的种子，用自信和勇敢赢得精彩人生。她用小小的身躯践行着大大的梦想，自强不息，挑起青年责任，实现着伟大的中国梦。

（上海市学生事务中心供稿）

RoboWay 助力国家卫生健康数字化

——复旦大学张天资事迹

张天资，复旦大学 2017 级硕博连读生，RoboWay 团队创始人，上海莱陆科技有限公司创始人兼 CEO。就读复旦大学的四年中，张天资在保证学业成绩的前提下，带领团队潜心钻研机器人和物联网技术及产品研发，申请知识产权 113 项，成功完成科研成果产业化，成为复旦大学学生创新创业和成果转化的典型。团队研发的“感控消毒机器人”服务于 2020 年全国两会、物表全覆盖智能雾化消毒机入选上海市教委防疫保供应推荐目录。

善于观察，学用结合。张天资 2017 年本科毕业于山东大学，经推荐免试来到复旦大学读研。硕士期间，张天资选择可以让机器人实时构建环境地图并获取定位信息的“视觉 SLAM”作为研究方向。2018 年年初，复旦大学校园加强交通安全管理，外卖配送员进入邯郸校区后均需集中停放电瓶车，之后步行送餐至学生宿舍，这项规定出台后引起了部分外卖配送员的不满，甚至在订餐高峰期出现过配送员拒绝接单的极端情况。为了更好地解决校园交通安全和外卖配送效率之间的矛盾，张天资从 SLAM 技术的实际场景化运用构想中获得灵感，并加以优化创新，决定研制一款校园无人配送机器人，与外卖平台连通，这样配送员就不必进入校园，只需在门口将外卖放入机器人储物箱后便可离开。这样的机器人，如果研制成功并推广，不仅可大幅提高校园外卖配送效率，而且将会为保障全国校园交通安全做出贡献。

初遇伯乐，顺利扬帆。张天资的这个想法很快得到他的硕士生导师商慧亮副教授的支持，并在其指导下顺利做出了项目计划书。在四处寻求投资碰壁之时，商老师又向张天资推荐了时任复旦大学信息学院院长的郑立荣教授。2018年5月3日下午，张天资带着简历和项目计划书，如约见到了郑立荣教授。经过3个多小时的论证分析，郑教授被张天资的项目的意义和前景打动了，当场答应全力支持该项目启动。得益于复旦大学良好的科技创新氛围，在两位老师的鼎力支持下，复旦大学无人配送机器人项目迅速启动，RoboWay团队成立。项目从想法产生、筹集资金到最终启动只用了不到1个月的时间。

基金资助，产品进阶。2018年9月，在郑立荣教授、商慧亮副教授等老师的支持下，第一代无人配送机器人ROBOWAY R1完成首单校园配送，并亮相世界人工智能大会。在复旦大学创新创业学院的支持下，该项目获得泛海基金的资助，大幅加速了产品化进程。

成果转化，公司成立。RoboWay项目于2019年年初顺利完成成果转化，成立了无锡复创机器人有限公司及其全资子公司上海莱陆科技有限公司，并获得复旦大学无锡研究院下属全资子公司江苏复晖信息科技有限公司的天使投资。2018年年底，张天资硕转硕博连读考核通过，师从郑立荣教授。2019年7月，第三代无人配送机器人“蓝朋友”发布，校园代跑腿无人配送平台上线。

学校支持，绝处逢生。2020年年初，新冠肺炎疫情暴发，处于封控期间的张天资对公司的生存和发展充满担忧，所幸有了学校对创新创业团队的跟踪关心和支持，团队再一次获得新的希望。2020年2月，在信息科学与工程学院和工程与应用技术研究院的指导下，张天资带领团队启动了感控消毒机器人的研发。得益于三年来扎实的技术积累，团队只用了43天时间，就研制出第一代“可升降紫外＋超声干雾复合消毒机器人”，并在2020年全国两会期间承担部分日常消毒任务。

2020年8月，在阜阳复旦电子信息联合创新中心的孵化下，消毒机器人项目成功落地阜阳复旦科技园投入生产。随后，在复旦大学和阜合现代产业园的指导下，张天资团队的目标和业务进一步拓展，基于机器人和物联网技术积淀，以创新科技助力国家卫生健康体系现代化建设。

厚积薄发，饮水思源。2022年4月，上海新冠肺炎疫情再起，包括复旦大学在内的上海各高校再次进入封闭管理。校园封闭管理期间，新冠病毒物传人是疫情防控面临的最大挑战。拥有研制消毒机器人经验的张天资团队主动领命，团队成员连夜工作，5天即研发出物表全覆盖智能雾化消毒机，上海莱陆科技有限公司紧急量产，快速有效地解决了防疫期间大量物资人工消毒带来的效率低、消毒不充分、消毒剂浪费、人力消耗大等问题。随后这款物表消毒机以其高性价比、稳定实用等优势成功入选上海市教委防疫保供应推荐目录。为支持学校防疫，张天资代表上海莱陆科技有限公司捐赠了价值 37 万元的物表消毒机和消毒液，尽其所能，以拳拳之心回报学校和社会。

不忘初心，砥砺前行。2022 年 5 月，在阜阳合肥现代产业园的大力支持下，1000 平方米的莱陆阜阳生产基地（一期）启动施工，Pre-A 轮融资也即将结束，上海莱陆科技有限公司的发展从此进入快车道。从解决校园送餐小问题出发到现今回馈社会，上海莱陆科技有限公司的发展进入新的阶段，张天资将继续带领团队在“卫生健康数字化”领域研发更多物美价廉的智能设备、提供智能高效的数据服务，积极响应《“十四五”医疗装备产业发展规划》的号召，以创新科技助力我国卫生健康体系的现代化建设。

（上海市学生事务中心供稿）

专注抗体药物研发，践行新时代企业家精神

——华东师范大学赵文祥事迹

赵文祥，华东师范大学 2018 级在读博士生，上海祥耀生物科技有限责任公司（简称祥耀生物）创始人兼 CEO，上海市青年创业英才，上海市闵行区春申人才，参与研发的多款抗体药物都在申报上市或临床阶段。赵文祥创立祥耀生物的第一年便带领团队参加了多个创新创业大赛，荣获第五届中国“互联网＋”大学生创新创业大赛全国金奖和第六届“创青春”中国青年创新创业大赛全国金奖。

使命驱动，勇毅前行

“我想做药，做好药。”每次谈及自己的梦想，赵文祥都非常坚定。赵文祥的导师刘明耀教授也常鼓励他大胆尝试、勇于创新，要做有应用价值的科学研究，要做有企业家精神的科学家。2009 年赵文祥硕士毕业后，先后进入南京金斯瑞、上海药明生物、中科院药物所等单位从事抗体药研发工作。在相当长的一段时间内，赵文祥都在为国内外的大型药企提供抗体药物研发的技术服务，积累了大量药物研发的技术经验和项目经验。2018 年，赵文祥以优异成绩考上了华东师范大学研究生，开始攻读博士学位，他想把多年的工业界经验进行一次系统梳理，积累学术基础，训练创新思维，让自己离梦想更近一些。

赵文祥参与的很多科研项目都是和医院合作的，由于研究课题需要，他经常会到上海的各大医院与临床医生进行深度交流，目睹了很多肿瘤病人的痛苦与无奈，近距离了解临床对抗体药物需求的紧迫。他之前都是在实验室里，根据药企的设计思路开展药物研发，从未如此近距离地接触过病人。其间，他看到过有人拿到检查报告当场崩溃，看到过患者拿着厚厚的文献资料找医生分析讨论，寻求治疗方案，也看到过有病人家属在医生办公室苦苦哀求……病患在重大疾病方面的急迫用药需求，再次激发了赵文祥的使命感，他在导师的鼓励和支持下开始了第二次创业。

2019 年 2 月，赵文祥和导师刘明耀教授共同创立了上海祥耀生物科技有限责任公司，专注于重大疾病领域的抗体药育种研发。如果把做药比作种庄稼的话，那么药物的育种、生根、发芽就在祥耀生物完成了，未来的开花结果会在不同的药企中完成，他把传统的单一药物全生命周期的研发方式切换成了专注于多个药物的某一阶段的研发方式。在创立祥耀生物的第一年，他带领团队参加了多个创新创业大赛，荣获第五届中国“互联网＋”大学生创新创业大赛全国金奖和第六届“创青春”中国青年创新创业大赛全国金奖。

士以宏道，投身抗疫

2020 年，一场突如其来的新冠肺炎疫情席卷了全球，赵文祥带领祥耀生物的研发团队快速行动，在针对病毒的中和抗体药物研发和基于抗体的快速诊断试剂盒方面开展技术攻关。第一时间找到可以阻断病毒进入细胞的抗体非常重要。抗体研发快一秒，战“疫”胜算就多一分。然而，当时的他们对新冠病毒还一无所知。团队只能制定多种研发策略，齐头并进，哪条路走得通就沿着哪条路继续走。因为是春节假期，所有的供应商都放假了，快递也停了，买不到急需的试剂耗材，他们就到处找周边的公司去借，在各方的支持下，他们完成了科研材料的制备。整个研发过程是 24 小时工作制，上一个人累了，就跑到办公室趴一会，下一个人接着干，没有食堂也没有外卖，饿了大家就泡一碗方便面垫垫肚子，几乎是不分白天黑夜。经过几周夜以继日的奋战，他们终于在 2020 年 2 月 20 日筛选到了高活性抗体，完成抗体表达生产之后，便快速交付到传染病诊治国家重点实验室的 P3 实验室，验证抗体的活性，结果显示赵文祥团队筛选到的抗体达到了临床的应用级别，这一刻他们非常欣慰，随即把抗体快速授权到药企中，交给下游科学家继续开发成药。

与此同时，赵文祥又组织力量研发了基于抗体的新冠病毒检测试剂。由于前面已经完成了科研材料的研发，并且筛选到了高活性抗体，所以检测试剂的研发非常顺利。据报道，赵文祥团队是上海市第一家完成基于抗体的新冠病毒检测试剂的公司。仅需采一滴血，十分钟后就可以出检测结果，大大缩短了检测时间，这为核酸检测提供了有效的补充。消息公开后，大量的医院、医疗机构联系赵文祥采购试剂，但由于他们是一家研发公司，没有生产车间和大规模生产能力，为了加速研发成果的应用，他们将技术立即转移到一家有生产资质的 IVD 企业，并且对外提供核心的试剂原料。中国最大的医疗企业公司所使用的新冠病毒试剂的原料，以及有些试剂销售公司面向终端提供的新冠原料，很多都来自祥耀生物。

新冠项目只是赵文祥团队众多药物研发项目中的一个，2022 年 4 月，浦东张江一家上市药企的领导来到公司，向赵文祥团队表达感谢。因为 2021 年公司授权张江的这家药企的一款用于治疗小细胞肺癌候选药物取得了重要进展，为这款药物的开发节约了至少半年以上的时间。能为病患早争取半年的时间，赵文祥认为这是他们工作的最大价值和意义。

饮水思源，回馈母校

2020 年，赵文祥的公司被评为高新技术企业，获得上海市经济和信息化委员会授予的“2020 年上海最具投资潜力 50 佳创业企业”称号，获评“2021 年闵行区科技创业新锐企业”。公司在慢慢壮大，赵文祥也在饮水思源，一直不忘回馈母校。

2019 年 11 月，祥耀生物与华东师范大学合作设立的本科生实习基地，为高校学子们提供了了解生物医药行业的窗口。2020 年 10 月，赵文祥在华东师范大学设立“双创基金”，用于鼓励、支持和带动母校的双创育人工作，帮助开展创业实践或有创业意向的学弟、学妹，培育和孵化优秀创业项目，发挥创业带动就业的倍增作用。赵文祥说：“我是在学院这么多专家教授扎实的研究基础上孵化出来的一棵小苗，正是因为有了这一强大支撑，我才有机会在众多双创项目中脱颖而出。”赵文祥还被华东师范大学亚欧商学院聘为企业导师，定期把自己的创业实践和收获带到课堂，给更多的本科生和 MBA 分享创业经验。

在上海鼓励发展生物医药等战略新兴产业的大背景下，赵文祥在公司的初创阶段受到了上海市大学生创业基金会、上海市科委、上海市经济和信息化委员会、上海团市委等部门的大力支持，在母校的双创平台上，祥耀生物快速稳步发展。要做有应用价值的科学研究，要做有企业家精神的科学家，这是赵文祥一直追求的目标。生物医药行业的研发失败率非常高，但赵文祥和他的团队坚持致力于癌症和自身免疫疾病等重大疾病的抗体药物育种研发，他们相信技术和智慧能给更多的病患带来希望和福音，愿意凝集更多具备学术知识和创新思维的科学家，一起用知识、技术、经验和智慧去创造出更多、更好的医药产品。

（上海市学生事务中心供稿）

这就是我，不一样的烟火

——上海建桥学院祝挺事迹

祝挺，1991 年 8 月出生于江西省上饶市，他是二次创业的青年企业家，现任校聘网 CEO，同时担任上海勋厚人力资源有限公司创始人兼董事长。上海勋厚人力资源有限公司致力于打造一个为企业提供全方位人力资源服务的科技平台，目前在全国有 16 个分公司，已获得四轮投资，年收入约 15 亿元。

不走寻常路，才是通往成功的捷径

祝挺的父亲是一名包工头，他从小跟着家人做生意，与同龄人相比总显得有些与众不同。来到上海读书，大城市的所见所闻无形中也影响了他的性格。

2011 年刚入大学的祝挺经常通宵打游戏，但是玩了一个月后，他突然顿悟了："这样的生活过于枯燥乏味，并不是我想要的人生。"第二个月，祝挺在网上找到学校周边的达美乐披萨店做兼职，当起了外卖小哥。当时兼职工资每小时十几元，忙的时候，祝挺一天要干八个小时。同时，祝挺还带动身边十几名同学跟他一起送外卖。

半年后，祝挺又尝试去做一家西式快餐的服务员。与此同时，又有一批同学跟着祝挺去新元素做兼职。

两次兼职的经历让祝挺明白了，大学生兼职是一种刚需。这时，祝挺敏锐地发现了一个商机，岗位信息与求职信息不对称的情况下，大部分求职者比较迷茫，不知道从哪里获取兼职信息或实习信息。是否可以搭建一个平台，传递企业的兼职信息或实习生的需求呢？

然而，祝挺并不是人力资源行业出身，他的所学专业是汽车服务工程，与他想做的事并不对口。祝挺说："有句广告词叫'不走寻常路'，我从大一就走了一条不寻常之路。"

祝挺的学校就在市区旁，距离上海新国际博览中心很近，兼职用工的供需匹配很有市场契机。在种种机缘巧合下，祝挺走上了为企业推荐兼职的道路。

纵然千锤百炼，也要勇往直前

2011 年，祝挺成立了大学生兼职平台。

尚未走出校园的祝挺，没有那么多企业客户，而企业对他的招聘能力更是没有信任度，这样的他要如何获取企业的招聘需求呢？

"开始我挺玻璃心的，感觉创业是个挺痛苦的经历。"祝挺说。

为了寻找企业客户，祝挺就在上海的兼职网上搜寻有兼职需求的企业客户，然后一一打电话，有的是企业客户，有的其实也是第三方。入职一个人他就可获得 5 元或者 10 元的服务费。

那时候祝挺一天大约要打400个电话，没有企业名录的时候就去地推，这些经历让他加深了对人力资源行业的了解，也坚定了他未来从事这个行业的想法。大学时，当身边同学一个月只有2000元生活费的时候，祝挺一个月就能赚2万元了。

之后，祝挺把眼光瞄准了需求量更大且更稳定的展会。2013年汽车博览会上，祝挺为展会提供了500个工作人员以及100个礼仪小姐的求职信息，一天利润2万元左右，十几天祝挺就赚到了人生中的第一桶金——20万元。

“创业真的不是一帆风顺。”祝挺回忆道。

祝挺作为“搭桥人”，需要把学生的兼职信息和公司的用工需求对接起来。一次，祝挺帮好乐迪第三方的企业推荐员工，结果第三方跑路了，很多学生没有拿到工资。兼职的学生来学校找他，学校相关部门也帮他处理此事。遭遇被骗，他也很无奈。他直言：“这二三十人的工资到今天都没有发，差不多有10万元。”

熬过了这段时期，祝挺的创业路开始慢慢好转。他坦言：“现在看来，之前痛苦的经历也是沉淀自己、积累服务口碑的过程。”体会到赚钱并没有想象中那么难后，祝挺的“野心”越来越大。

在整个大学期间，祝挺一共赚了200万元。祝挺是一个爱折腾的人，他说：“总觉得我的创业之旅不该就此结束，我还想干出更大的事业。”2013年，他到兼职猫、青团社做招聘平台，获得了很多轮融资。祝挺二话不说，有了资金就去招聘技术开发人员、租场地，团队扩张到了20多人，他还做起了电商代运营，但是因为流量获取成本太高，导致原有的资金积累已经不足以支撑流量的获取，最后团队只好解散。

然而，祝挺的想法有些特别：“当你用创业者思维去上班，你会发现其实很多事情并没有那么难，追求目标的决心也会大很多。”

大学毕业后，祝挺去了企业上班。凭借大学时积累的经验，他在人力资源部门工作仅一年半月薪便涨到了3万元。

跳出舒适圈，寻找更好的自己

这份高薪资且稳定的工作并不能满足祝挺，他内心的创业火苗还在燃烧。祝挺说：“我觉得目前太安逸了，再安逸下去我可能一辈子就这样了。”“输了又怎么样？不过是浪费一点时间而已。”

2015年年底祝挺又开始“折腾”，抱着孤注一掷的决心，他拿出100多万元积蓄，辞职创办了大学生异地求职服务平台校聘网。

“欠了几十万元，再还嘛。因为以前赚到过钱，所以我觉得赚钱不太难。”祝挺说。

原本以为第二次创业，有了第一次创业和上班积累的工作经验，祝挺认为自己可以更快地走上辉煌的创业道路，但现实却是残酷的。

创业初期，为了降低成本，祝挺将公司地址选择在松江。但是不管他怎么努力，公司业务始终不见起色，谈融资、做路演也并没有那么简单。

2016年年初，祝挺经历了人生的低谷时期。公司亏损200万元，发不出员工工资，创业团队被迫解散。祝挺独自站在空荡荡的办公室里，眼前一片迷茫。那段时间，祝挺经常整宿睡不着觉，睁着眼睛等天亮。

往前走，等着他的是 100 多万元欠款，想放弃，却也不知道下一步能去哪里。就此止步还是背水一战？祝挺选择了后者。

“我想了想欠的钱还能还得起，就继续‘折腾’。”祝挺说。

2016 年 4 月 23 日祝挺下定决心把公司从松江搬到了虹口，为此，公司流失了将近三分之二的员工，一些合伙人也离开了。因为缺少人员，祝挺既当老板又当销售员，一边重新梳理商业模式，一边出去跑业务。最多的时候，祝挺一天要跑 5 个地方，为了省钱全程乘坐公共交通。

虽然人才的流失让祝挺非常痛心，但是祝挺坚持说：“公司换地址这个选择是正确的，因为在松江就是团队内部交流，闭门造车，与客户的距离也非常远，每次出去办事都要花费两个小时；但是在虹口，公司入驻的是创业园区，有很多创业者，有更多机会让团队和客户、同行交流，不断学习。”

经过一番努力，公司慢慢开始走上坡路，并获得了投资方的认可。祝挺不断向投资人和市场证明，自己的坚持是有意义的。他也会每年上一到两次的商学院课程，不断提升自己。

如果你见过大学时的祝挺，就不会意外为什么他能在困境中坚持下来了。

拨云见日，未来可期

2020 年，祝挺的校聘网团队规模超过 300 人，一年营业收入 5 亿元，积累了 200 多所高校和 600 多家企业客户，帮助近 2.4 万人找到了理想的工作，为企业输送了 4000 多个基层岗位职员。

谈到对未来的期盼，祝挺表示：“争取在未来两到三年让公司成长为 A 股或者港股的上市公司。就像鲨鱼，它永远都在游动，就连睡觉时都在游动，如果有一天鲨鱼不游动了，那就意味着死亡。我希望在未来不停前进，永远向前。”

（上海市学生事务中心供稿）

闪亮的日子

江苏

做中国自己的共轴直升机

——南京航空航天大学葛讯事迹

葛讯，南京航空航天大学博士，南京韬讯航空科技有限公司创始人。2015 年葛讯带领团队开始中国自主品牌共轴机的研发，实现了“新型特种共轴无人机系统”项目产业化，打破了国外技术垄断，有效地为国家国防安全领域解决了难题。公司现已申请专利 100 余项，获得融资 2500 万元，多次获中国“互联网+”大赛金奖、全国首届未来飞行器设计大赛一等奖、中俄创新大赛三等奖等省部级以上奖项。

航空梦为科研创新提供不竭动力

葛讯是一位航空迷，也是一名优秀的飞行器设计师。从小就热爱航空的他，报考大学时坚定地选择了南航飞行器设计专业。他在本科学习时培养了极强的科研兴趣与能力，曾获全国首届未来飞行器设计大赛专业组唯一的一等奖。出于对航空事业的热爱，本科毕业后葛讯毅然投身祖国航空事业的建设，积累了丰富的直升机研发经验。

为了进一步提升飞机设计专业知识，2009 年 9 月葛讯重返南航攻读硕士学位，师从我国微型飞行器系统开拓者昂海松教授。研究生就读期间，葛讯对共轴直升机产生了浓厚的兴趣，并了解到相关技术一直受到国外限制，这给他埋下了一颗“一定要做国产共轴直升机”的梦想种子。

2012 年 4 月葛讯获得免试攻读博士学位资格，读博期间，他更是争分夺秒，常常以实验室为家，通宵投入科研。在导师昂海松、魏小辉等教授的指导下，葛讯和课题组成员科研攻关，顺利完成南航“远程随载微型无人机系统”等多个项目研发，获首届“南航创新奖”最高奖项、“国际空中机器人大赛(亚太赛区)杰出系统设计奖”等多个科技创新奖项。

自主创新让创业版图稳扎稳打

葛讯是一名筑梦师，也是一个团队的领航员。他立志要做属于中国人自己的共轴直升机产品。2015 年 1 月，葛讯开始带领博士生团队进行自主创业，依托南航学科背景和创业支持政策，创办了南京韬讯航空科技有限公司。2015 年 2 月，公司与某企业签订了 158 万元某定制型无人机订单，仅用时 4 个月即完成了定制无人机的交付，完成质量和速度获得了客户的高度好评，他也收获了人生的第一个 100 万元。

小获成功后，葛讯没有就此歇一歇，享受一下生活，而是将所有的收入都投入到了公司自主产品的研发中，因为他知道距离真正的航空梦，要走的路还很长。

2015 年 8 月，葛讯带领团队专注于“共轴无人直升机”的研发，其间他废寝忘食，不断创新、尝试、优化，2016 年 2 月，顺利攻克了关键技术难点，为共轴无人直升机的产业化奠定了可行性基础。

葛讯是团队的方向标，也是一名敏锐的融资捕手。他明白，要想加速公司的发展还需借助资本的力量。通过对外积极推介项目，2016 年 3 月，公司首次获得 300 万元天使投资，用于共轴无人直升机产品原型机的开发及试飞试验。他带领团队完成大量工程试验及飞行测试，进入产品标准化开发阶段，个人也获得“姑苏领军人才”“工信创业奖学金一等奖”等荣誉。

2018 年 4 月，公司获得 2200 万元 Pre-A 轮投资和地方政策扶持，并建成了首个样板工厂。经过不懈努力，2019 年葛讯带领团队进一步创新开发了折叠型和车载型两种新型共轴直升机，并进入产品批量化生产。

赤子初心铸就领先与高质量发展

葛讯是一个实干家，他始终未曾忘记“航空报国”的使命。在产品的市场定位阶段，葛讯思索了很久，忠于“航空报国”的初心与梦想。他最终选择了将产品投放国防安全领域，服务国家战略需求。

在葛讯的全局规划下，公司完成了包括 ISO9001、ISO14001、ISO45001、高新技术企业等多项资质认证，获批高新技术产业科技创新引领计划专题项目、军民融合专项资金项目、知识产权培育项目等政策支持。葛讯也荣获“湖湘高层次人才聚集工程—创业人才”“湖南省 100 个科技创新人才”等称号。在进行产品研发创新的同时，葛讯鼓励团队参加创新创业类大赛，培养锻炼团队的综合能力，公司创业项目近年来获得了第六届中国国际“互联网＋”大学生创新创业大赛金奖、第三届中俄(工业)创新大赛总决赛三等奖、第四届中国航空创新创业大赛二等奖等奖项。

在创新创业道路上，葛讯从未停止前进的脚步。支撑他始终向前的是一代代航空人赓续传递的红色基因与蓝色梦想。葛讯始终相信，凭借中国人的自主创新，中国的航空事业一定会迎来持续跨越式发展。通过带领团队刻苦攻关，葛讯实现了“一定要做国产共轴直升机”的梦想，他也希望他的团队未来能走得更高、更远，为国家的空天领域与国防安全事业、为实现中国梦做出一份贡献。

（江苏省高校招生就业指导服务中心供稿）

艰难困苦乃玉成，自强不息天地宽

——苏州大学李麟青事迹

李麟青，苏州大学计算机科学与技术学院毕业生，研究生学历，博士学位，中共党员，现任中国人民政治协商会议苏州市虎丘区委员会社会事业委副主任，苏州市无障碍建设促进会理事长，苏州市残疾人联合会第五次代表大会代表，苏州市残疾人福利基金会副秘书长，曾荣获 2011 年度“中国大学生自强之星”、第三届感动苏州“十佳残疾人自强模范”、第八届“江苏青年五四奖章”、第十一届“苏州市十大杰出青年”、第六届江苏省自强模范、苏州市劳动模范、苏州市优秀共产党员、苏州市最美劳动者等荣誉，其典型事迹和励志故事多次被《人民日报》、央视新闻关注报道。

“身体被禁锢在轮椅的方寸之间，但灵魂可以自由向上生长。”这是李麟青面对不幸命运的人生态度。不到一岁就被诊断为先天性脑瘫的他，坚信知识能改变命运，一路拼搏考入苏州大学，并坚持攻读了博士学位。他靠着“最强大脑”和 3 根手指，坐在轮椅上完成了一桩桩让人敬佩的事。

出生罹患脑瘫，艰难求学二十载

李麟青因患脑瘫，人生的前十年，跟着父母奔波在寻医问诊的路上，但没有找到特效药和治疗方法。无法站立行走，意味着他要与轮椅为伴。

身体的残疾，让李麟青的求学之路十分坎坷，不少学校曾把年幼的他拒之门外，但在家人的支持和鼓励下，李麟青自立自强、奋发成才，从本科生到硕士研究生，再到博士研究生，他用坚韧不拔的品质书写出了人生新的篇章。

李麟青从本科起就在苏州市融合通信重点实验室从事流量监测与识别方面的研究并取得了一定的成果，曾以第一作者身份在国际、国内会议，核心期刊上公开发表论文 5 篇，其中 2 篇被 EI/ISTP 检索，2 篇被国内核心期刊录用；获得国家发明专利授权 1 项、软件著作权 3 项；曾主持苏州大学第十届“挑战杯”大学生课外科技项目并获得二等奖；本科毕业设计获评苏州大学优秀毕业设计（论文）。

怀着对知识的渴望、对科研工作的强烈兴趣，李麟青选择了继续攻读博士学位。在刚开始进入实验室时，由于研究方向的转变，他的科研进展不太顺利，但是他相信这只是一个小小的挑战，从实验室的每次组会到导师布置的论文任务，他不曾放过任何一个细节。经过四个多月的努力，他便能独立安排并主持实验室的每周例会，协助导师完成国家自然科学基金项目并能指导组内的硕士生和本科生开展科研工作。

服务残疾群众，创立无障碍出行平台

李麟青的不幸让他无法像正常人一样行走，出行只能靠轮椅。攻读博士学位期间，李麟青曾到访过20多个国家和地区，他深刻认知到无障碍环境对于残疾人出行的重要性。读万卷书行万里路的他，希望可以通过自身努力，进一步提高广大残疾人的生活品质。

为降低国内残疾人获取无障碍环境信息的成本，他走遍了国内一、二线城市进行调研，进一步优化无障碍出行体验。2018年，还未毕业的他就放弃了学校提供的高薪稳定的就业机会，向相关政府部门表达了自主创业的想法并得到了大力支持。2019年3月他创办了奥博铁克（苏州）智能科技有限公司，带领团队研发面向残疾人的无障碍地图。

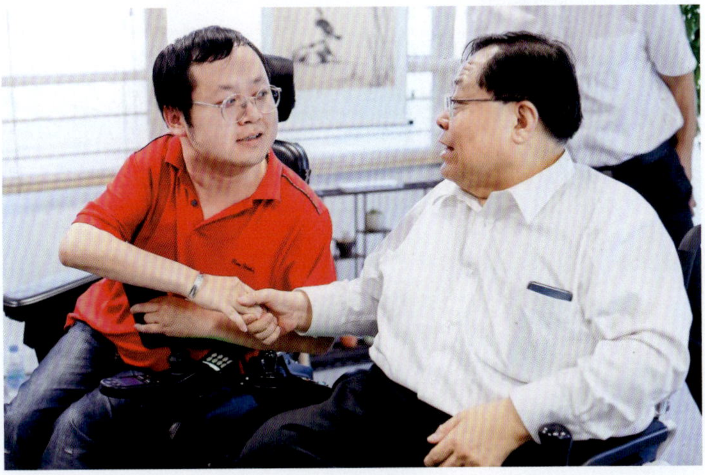

创业过程困难重重，为了让无障碍地图能够拥有精准的数据，李麟青和同事们几乎跑遍了苏州的各个角落，一次次在海量信息里核对数据。经过一年多的准备，2020年12月，全景模式无障碍地图终于问世。截至2021年12月，无障碍环境数据基本覆盖了江苏省各个区市，北京、上海等城市无障碍环境数据部分覆盖，覆盖包括交通设施、旅游景点、商务楼宇、酒店宾馆、展馆等各类别基础设施及生活配套，累计服务20000多人次。

无障碍地图的诞生，解决了出行过程中残疾人与现有无障碍环境信息不对称问题，减少了残疾人身体与心理上的双重负担，切实解决了割裂的无障碍体验，为无障碍需求群体融入全社会提供了出行基础，为他们的生活、工作、学习等方面提供了保证，也为社会的长治久安做出了贡献。

在各方努力下，无障碍地图载誉无数，2019年12月获评省大学生优秀创业项目；2020年7月获得第四届“中国创翼”创业创新大赛江苏省选拔赛专项赛第三名；2020年9月获得科大讯飞2020 iFLYTEK A. I. 开发者大赛南京站第一名；2020年9月，成功晋级央视财经频道《创业英雄汇》苏州路演，12月在央视亮相；2021年10月，入选姑苏科技创业天使计划立项项目。

创造包容文化，传播残健融合理念

为创造更加包容的社会文化，促进全社会与残疾人平等沟通，李麟青以姑苏区寒香会社为载体，以手语咖啡、评弹书场、文创产品、手工艺现场表演为主要业态，融合网络短视频和直播等新媒体形式，展现自强不息、文化自信的苏州残疾人风采，传播残健融合理念，传递党和政府对残疾人的关心和关爱。

目前，李麟青运营的寒香会社已实现残疾人就业近30人，成为苏州市残疾人品牌文化的对外输出窗口，实现本土残疾人文化品牌和项目的新发展。2021年4月，寒香会社被命名为第二批全国残疾人文化创意产业基地。如今，李麟青正在努力实现自己的梦想，也在帮助更多的残疾人实现他们的梦想。

李麟青是不幸的，但他从未想过放弃自己，坚决不向命运低头，敢于挑战自己。如今的他，早已将自己的劣势转化为优势，靠着坚定的意志，为更多残疾人带来了福音，让他们能够有安全感地出门，真正地融入社会，体会到社会对他们的善意，从而能够实现自身的价值并被社会所认可。“让残疾人过得更好，被社会更好地接纳。”这是他最大的心愿。

（江苏省高校招生就业指导服务中心供稿）

踏浪而行，做创新创业的潮头兵

——常熟理工学院丁强事迹

丁强，常熟理工学院电子信息工程专业2022届毕业生，缔造教育科技（无锡）有限公司（简称缔造教育）创始人兼CEO，缔造智能科技（苏州）有限公司（简称缔造智能科技）大股东，无锡云创星空科技有限公司联合创始人；荣获2018年江苏省大学生年度人物提名奖、2018年度全国优秀共青团员称号、“武进人才杯”江苏省大学生职业规划大赛一等奖，2020年荣获“无锡科技创新市长奖”。

梦想传递，创新驱动

小时候的丁强是个不折不扣的“拆家”能手，为了窥探电子产品的内部世界，“能拆的拆，不能拆的摔”，家里大大小小一众电器都未能逃脱他的“摧残”。丁强十岁那年，父亲默默地把跟随他走南闯北十多年的一支烙铁放在丁强的书桌上，并留下了一张字条：“我相信你能用它找到自己的未来。”彼时的丁强明白了父亲的用意，他攒下零花钱购买电子电路方面的书籍，钻研理论的同时还不忘参与乡镇社区组织的家电义务维修。凭借对电子电路的浓厚兴趣和父亲的期望，丁强顺利考入常熟理工学院电子信息工程专业。进入大学前的那个暑假，丁强找了一份实习工作，每天的流水线工作让他的手上增添了许多伤口，肉体的疼痛让他意识到传统行业迫切需要“智造升级”。“惟创新者进，惟创新者强，惟创新者胜”，习近平总书记将创新摆在党和国家事业发展全局的核心位置，而丁强也把这句话当成了自己前进路上的不竭动力，他暗下决心，要努力学习专业技术，让智能制造创新理念驱动未来。

坚定信念，以退为进

青年学生是国家和民族的未来，是推进现代化建设的生力军。在学校的这些年，丁强不断提高自己的文化素养、责任意识、实践本领，努力实现自己的人生价值。他的成果让所有同龄人心生羡慕，二十岁不到的年纪不仅拥有国家发明专利 20 项，还站上过“挑战杯”的最高领奖台，获得的各类荣誉数不胜数。然而在丁强看来，这些成绩也只是他在“象牙塔”里的昙花一现，“我不能停下来！”丁强总是这样对自己说。为了让自己的科技成果惠及更多人，丁强与两位志同道合的学长共同创立了无锡云创星空科技有限公司。然而，从创新者变为创业者的过程并不容易，在学业与创业的夹缝中，丁强已经做不到过往的从容。专业学习的时间怎么才能保证？公司运营周转的资金应该怎样协调？自身成绩的下滑伴随着团队成员的接连退出，难道真的要这样结束吗？面对现实的打击，丁强和他的梦想一次又一次挣扎在破灭的边缘。最终，他做出了艰难的决定，休学创业，在那段时光里丁强写下了“追心之所向兮，何故思量”来勉励自己。潜心创业，让这个好学的年轻人专注于做好一名创业者，填补自身在企业管理、财务运营、市场营销等方面的空白。当重返校园时，丁强已不再是昔日那个手忙脚乱的小伙子，他咽下了创业期间的种种辛酸，眺望远方，坚定前行。创业至今，云创星空已经为十余家教育培训机构提供教学用具和技术支持，累计服务逾 5000 人次。

突破自我，崭露头角

“如果说云创星空的创立是一个偶然，那么缔造教育就是我的必然！”丁强怀揣着最初的梦想，于 2020 年的最后一天创立了缔造教育科技（无锡）有限公司，出任公司 CEO，成为能够独当一面的角色。丁强明白仅凭自己的专业技术无法实现行业的转型升级，但却能以自己为圆心，将所知所学传授给他人，打好行业人才地基，推动智能制造产业蓬勃发展，应运而生的缔造教育就旨在发展电子技术基础教育，让科技成为时代进步与发展的中坚力量。从创新者到创业者，从创业者到教育者，丁强每一次的转变都是不断探索的突破与蜕变。当他再一次面临初创企业的窘境时，学校为他提供了配套政策与支持。入驻学校创业园崭新的场地后，丁强带领他的团队已研制智能机器人教具 6 套，开发智能制造基础课程 10 门，先后为 13 家企业提供智能制造教育服务，出售出租教具 10 余套，为智能制造行业输送人才近 160 人，首年营业额突破 50 万元，成为学校里的创业明星。“常熟理工学院以创新支撑创业，我就是其中的受益者。”每每谈到缔造教育的创立与发展，丁强总要夸一夸母校。为了继续巩固缔造教育在专业性和创新性上的优势，丁强主动出资吸纳优秀创业团队成立了缔造智能科技（苏州）有限公司，成为大股东。缔造智能科技以“科技引领未来”为理念，致力于为智能制造行业提供定制化问题解决方案与服务，同时新技术与新思想将用于缔造教育教具与课程的更新。

“我会带着缔造教育和缔造智能科技不断前进，立志成为智能制造教育行业的先行者！”作为常熟理工学院本科生创业典型代表，丁强扎根智能制造教育行业，致力于为行业提供技术支持、人才培养、继续教育等专业化服务，不断在新领域披荆斩棘，用实际行动诠释了社会主义新时代创新创业大学生“不忘初心，砥砺前行”的奋斗品质。

主要获奖汇总

序　号	奖项名称	奖　别
1	2018年“挑战杯-彩虹人生”全国职业学校创新创效创业大赛	特等奖
2	2018年度全国优秀共青团员	
3	2018年“挑战杯-彩虹人生”江苏省职业学校创新创效创业大赛	一等奖
4	2018江苏省大学生年度人物	提名奖
5	2018年TI杯江苏省大学生电子设计竞赛	二等奖
6	2017年第十二届全国高等职业院校“发明杯”大学生创新创业大赛(发明制作类)	一等奖
7	2018年第十三届全国高等职业院校“发明杯”大学生创新创业大赛(发明制作类)	一等奖、二等奖
8	2018“晋拓杯”第七届江苏省大学生机械创新设计大赛	三等奖
9	2018年江苏省高等职业院校技能大赛	三等奖
10	2019年第十四届全国高等职业院校“发明杯”大学生创新创业大赛	二等奖
11	2019年江苏省高等职业院校技能大赛	三等奖
12	2019第十六届江苏省高校大学生物理与实验科技作品创新竞赛	二等奖
13	2020第十七届江苏省高校大学生物理与实验科技作品创新竞赛	三等奖
14	2021年第十七届“博创杯”全国大学生嵌入式人工智能设计大赛全国总决赛标准赛比赛	三等奖
15	2021年无锡市第三届青少年科技创新市长奖	

个人专利汇总

序　号	专利名称	授权日期
1	一种能调节水平度的电站	2017年10月20日
2	一种新型焊台	2018年05月29日
3	一种骑行帽	2018年05月29日
4	一种残疾人专用鼠标	2018年07月31日
5	一种实验室模块化安全监测与报警装置	2018年10月02日
6	向阳鞋架	2019年04月26日
7	一种基于电脑电源的竹笛除湿装置	2019年06月18日
8	一种新型旅游箱	2019年09月27日
9	一种智能网球发球机	2019年12月13日
10	一种智能化照明系统	2020年02月14日
11	一种医用口腔磨削装置	2021年02月05日
12	智能垃圾存储装置	2021年04月27日
13	一种具备防护功能的计算机电子控制温度调节器	2021年10月19日
14	一种智能通断器	2021年10月19日
15	一种智能控制的主控箱	2021年10月29日
16	一种设备用定向灭火装置	2021年12月07日
17	一种可自由控制悬浮体运动的磁悬浮装置	2022年01月11日
18	一种全自由度磁悬浮装置	2022年01月11日
19	上拉式可控旋转的悬浮装置和磁悬浮机构	2022年01月11日
20	一种可控旋转的多端悬浮装置	2022年04月05日

(江苏省高校招生就业指导服务中心供稿)

心存远大，落于细微，从校园创客到青年 CEO

——南京工业职业技术大学沈书铭事迹

沈书铭，男，汉族，1998 年 5 月出生，南京工业职业技术大学（简称南工）计算机与软件学院网络 1611 班学生，2019 届优秀毕业生。他曾荣获全国无偿献血金奖、2018 江苏省大学生年度人物、江苏省优秀志愿者称号、“创青春”江苏省大学生创业大赛金奖、思源优秀学子奖学金、黄炎培专项奖学金、南京市无偿献血优秀志愿者称号等荣誉，在校期间曾多次受到《中国青年报》等媒体的报道。2018 年沈书铭创办南京宜小萌网络科技有限公司，2021 年年底，南京宜小萌网络科技有限公司获得国家高新技术企业认定，截至 2022 年 4 月，公司总营业额累计突破 8000 万元。

夯实基础，萌发创业的种子

2016 年，沈书铭以优异的成绩考入南京工业职业技术大学，美丽的校园环境、良好的学习氛围都让他情不自禁以成为这所百年学府的一员为荣。在南工的学习中，他成长为全校只有 20 名学员的华为班毕业的佼佼者，也是学校精英人才学校创业先锋班的精英学员。每天学校教学楼的创新项目工作室中的第一抹灯光总会因他亮起，最后一道灯光也总是为他而留。由理论到实践、由实践到创新，他先后荣获“创青春”江苏省大学生创业大赛金奖、高等职业院校“发明杯”创新创业大赛一等奖，在校的他已经获得了华为的 HCIA_Cloud、HCIP_Storage、HCIP_AI 等认证。他还结合自身云计算大数据的专业知识，同团队成员一起开发了全校师生使用率达百分之九十的“一只百晓生”学习生活服务平台，极大地方便了同学们的日常学习。那段时间，他的课余生活是两点一线式的，在一行行代码中，他看到的不是日复一日的枯燥，而是一个个难题被攻克的喜悦。

厚积薄发，在考验中坚守创业梦想

沈书铭结合所学专业，创办了南京宜小萌网络科技有限公司，于 2018 年入驻学校创业园。2018 年，他带领团队参加第六届“赢在南京”青年大学生创业大赛，获评南京市优秀创业项目。2019 年年底，突如其来的新冠肺炎疫情给了他的团队一记重锤。在这样风雨飘摇的环境下，对一家刚成立一年的公司来说，生存下去才是当务之急。在学校的帮助下，公司申请到了绿色通道创业贷款，还获得了投资基金和南京市配套政策支持。这些政策和资金的支持以及学校老师的鼓励，帮助他的公司渡过了这次难关。公司发展有所好转后，学校就业指导部门多次就项目发展情况进行跟踪随访，在企业的发展过程中通过举办优秀创业者分享会、企业家讲坛、公司经营与管理培训、公司法务讲座等活动持续对沈书铭这类创业者进行业务指导。沈书铭说道："学校就业指导部门十分关注我们创业者的诉求和发展现状，为我们初入社会的大学生不仅提供了全链条的服务，还提供了资源对接平台，帮助我们积累社会资源，助推创业团队发展。"艰难困苦，玉汝于成。任何事业的成功都离不开艰苦奋斗的精神。"幸福都是奋斗出来的，要幸福就要奋斗！"

追求卓越，加入"中国创造"是他的追求

2020 年 9 月，南京宜小萌网络科技有限公司入库《江苏省 2020 年第六批入库科技型中小企业名单》。这是对公司长期致力于技术研发、技术创新的肯定和鼓励，也进一步激励公司进行技术研发和科技创新，有助于提升公司的综合竞争力，更加坚定了他的创业信念。沈书铭对于计算机行业发展有着敏锐的嗅觉。他深知要让"中国制造"转变为"中国创造"的必然性与迫切性。他将目标转向了区块链，转向了当时热度刚起来的数字经济。

在 2021 年这一整年里，沈书铭奔波在学习的路上，不断去一些在行业中已经成型，并有一定发展的企业中观摩、学习，开阔思路。在学成归来后，他在公司进行了一系列改革创新。青春不负赶路人，他的努力为公司带来了意想不到的收获。2021 年年底，南京宜小萌网络科技有限公司获得国家高新技术企业认定，并获评江苏省优秀创业项目。这个认定的通过，仿佛是一剂剂量充足的"兴奋剂"。公司的业务从一开始的软件服务外包、网站建设、小程序制作，发展到如今涉及医药产业高性能计算、系统集成开发、区块链技术等。截至目前，公司一共取得了 16 项知识产权，包含 1 项集成电路布图设计专有权，15 项软件著作权。他坚定地说："这只是我们的第一步，我们的路才刚刚开始。"

心怀理想，回馈社会和母校是他的初心

沈书铭时刻铭记，在自己的创业路上国家和母校对他的扶持和帮助。在个人事业发展稳定后，他不断提高公司吸纳就业的能力，创造就业岗位。截至 2022 年 4 月，公司的运算服务器相关产品年销售额已达 1000 万元，公司总营业额累计突破 8000 万元，累计吸纳应届毕业生 12 名，并持续面向母校提供优质岗位，带动大学生就业。虽然做这些需要他付出很多

额外的时间和精力，但他坚信这种乐于助人、薪火相传的精神是他所就读的这所百年学府的一种精神传承，在这种传承中实现共同进步和自我奉献，是他一直以来想要努力给他所热爱的母校的最好的回报。

除此之外，沈书铭还多次参加无偿献血，他有30多张献血证书，他还主动加入中华骨髓库，并因此荣获南京市无偿献血优秀志愿者荣誉称号。在校期间，他积极参加各项社会公益志愿者服务，累计志愿服务时长已达400多小时，先后获得栖霞区百名优秀青年榜样、仙林半马优秀志愿者、南京市民俗文化博物馆优秀志愿者（两次）等荣誉称号，更是被评为“全国无偿献血金奖”“江苏省优秀青年志愿者”。

“学习、奉献、拼搏，是我青春全部的意义，所有的雄伟壮阔都应当从一砖一瓦做起。”沈书铭将这句话写在每本书的扉页。两年半的大学生活中，他实现了自己踏入学校时的初心和诺言。四年的创业生活中，他坚定了自己的人生梦想。无论创业、学习或者公益，他始终坚持砖瓦精神，一步一个脚印，脚踏实地。在今后，他将不断提升自己的综合能力，奋勇前行，无悔青春，让中国心实现“中国芯”！

（江苏省高校招生就业指导服务中心供稿）

军魂砺初心，实干铸典范

——常州工程职业技术学院黄志宇事迹

黄志宇，男，汉族，1999 年 7 月出生，常州工程职业技术学院智能制造学院物联网技术专业 2019 级学生，曾服役于中国人民解放军“光荣的临汾旅”；2019 年 9 月退役复学，任物联网 1921 班团支部书记、无人机创新团队负责人；获 2021 年度中国大学生自强之星、江苏省“最美职校生”称号；获第七届中国国际“互联网+”大学生创新创业大赛国赛金奖、“挑战杯”江苏省大学生课外科技学术作品一等奖、江苏省大学生机器人大赛一等奖、第十五届“发明杯”全国高等职业院校创新大赛一等奖、常州高职教育园区学生技能高手、常州市青年马克思主义者培养工程“优秀学员”等荣誉。

四年，黄志宇实现了从“军人—学生—创新达人—创业者”的四连身份进阶。四年的青春故事精彩而令人振奋，故事里的他是永不撤退的“全能枪王”，是坚定的党的追随者，是“金奖大满贯”选手，是有情怀的企业 CEO。他以坚韧、勤恳、持之以恒的奋进之姿描绘出了绚烂的青春底色。

劲旅尖兵，“全能枪王”绘制青春“绿”

黄志宇的爷爷曾是空军第一批战斗机飞行员，父亲亦曾服役于军中，“光荣之家”的牌匾在黄志宇幼小的心灵中留下了深刻的印象，他从小立志要从军报国。2017 年 9 月，黄志宇毅然前往素有“最苦最累最强”之称的野战部队服役，在徐向前麾下战斗力最强的劲旅——“光荣的临汾旅”中开启了他的军人梦。

在新兵集训期间，炼狱般的训练并没有把他击垮，他克服重重考验，荣获“神枪手”称号。他勤于思考，敢于创新，凭借优异的表现担任连队副班长，多次带领班集体获得“最佳战斗小组”称号。

英雄部队造就英雄韧劲。在一次实战化对抗演习中，黄志宇的眼睛意外被火药灼伤，他不惧疼痛，坚持带伤作战，出色地完成了任务，再获部队嘉奖，被授予“全能枪王”“优秀义务兵”称号。服役期间，黄志宇先后执行过 3 次防卫任务、2 次迎外任务、1 次抗雪救灾任务，每一次他都出色完成了任务，获“防卫标兵”“迎外标兵”“抗灾先进个人”等称号。

象塔赤子，“先锋模范”熔铸信念“红”

如果说军营“绿”是他青春的开始，那么军魂“红”便是他人生的信念。

2019 年 9 月，黄志宇退伍回到常州工程职业技术学院，担任物联网 1921 班团支部书记。他以身作则，用先进的思想武装自己，获江苏省“最美职校生”、常州市青年马克思主义者培养工程“优秀学员”等称号。

2021 年 12 月，黄志宇成为中共预备党员。他积极参与党支部工作，开办“青年成长讲堂”，协同全国劳模、全国优秀志愿者，先后开展理论学习 10 余场、主题团日活动 20 余场，团课作为示范课多次在校内推广。他建立校外志愿服务基地，带领团支部成员参与献血、疫情防控、科技培训等各类志愿服务，服务总时长超千余小时，献血量超 10000 ml，其中团支部 1 名成员获“抗疫先锋”荣誉称号。

作为无人机创新工作室负责人，他组建了退役军人研究团队，吸纳 20 余名青年加入工作室，带领他们开展研究。团队曾多次参与到陕西安康扶贫项目和市级比赛拍摄任务中。在黄志宇的带领下，物联网 1921 班获常州市“五四红旗团支部”、校“标兵班级”等多项荣誉。团队成员获国奖 6 项、省级奖项 22 项、校级荣誉 30 余项，申报专利 46 项。

黄志宇用实际行动践行了他对党的忠诚诺言，他不仅让自己成了先锋，也让更多人成了先锋。

实干典范，“创新达人”攻坚市场“白”

万色归一，回到最初之“白”，就是黄志宇身上那股永远保持重新出发的勇气和敢于开拓创新的干劲。

返校后，黄志宇刻苦钻研知识，以创新精神润化军人本色、赋能责任担当。当年，还是新生的他就已经作为无人机创新工作室核心成员参与到多项无人机技术和机器人技术的创新研发工作中，先后获得软件著作权 2 项、申报发明专利 3 项。

随着专业知识学习的不断推进，黄志宇对社会需求的敏锐度逐步提升。2019 年，他发现传统企业由于技术原因无法转型升级，便组建了机器人研发团队攻坚技术难题。其间，他带领团队走访企业、收集信息、分析痛点、确定研发方案，最终突破了瓶颈，完成了一代产品的研发。他还积极参与教师横向科研项目 20 余项，累计到账经费 100 余万元，获得软件著作权 2 项、实用新型专利 3 项、发明专利 5 项。

2020 年，黄志宇申报并主持“‘蜘蛛一号’焊接机器人”项目，致力于研究人工智能焊接核心技术，解决国内传统焊接技术品质不稳定、劳动力成本高、工作环境差、生产效率低等问题。该项目成功斩获第七届中国国际“互联网＋”大学生创新创业大赛国赛金奖、第十四届 iCAN 国际创新创业大赛江浙沪赛区一等奖、“创青春”江苏青年创新创业大赛一等奖等，被评为“江苏省高校创新创业‘金种子’孵育项目”五星级项目。

此后，黄志宇又组织团队成员突破技术，进一步做细做精机器人研究，研发了“一种基于导纳控制方法的智能焊接机器人随动示教平台”，该项目获第十二届“挑战杯”江苏省大学生课外科技学术作品一等奖。

2020 年 7 月，黄志宇注册柳成荫（常州）智能科技有限公司，担任 CEO，致力于传统机器制造业的高技术转型升级。目前，该公司获政府资助 10 万元，研发的产品已应用于 20 余家金属加工企业,销售总额达300余万元,累计纳税30余万元,在企业提质增效上做出了巨大贡献。

黄志宇积极进取、敢于尝试,他的身上彰显了莘莘学子的务实品质,彰显了华夏子女的家国担当,彰显了一名军人的铁血雄心。无论在军营还是校园,黄志宇都以实际行动书写着青春华章。

(江苏省高校招生就业指导服务中心供稿)

闪亮的日子

浙江

创业是一件很酷的事

——浙江大学陈天润事迹

陈天润，魔芯（湖州）科技有限公司创始人，浙江大学信息与电子工程学院大四在读学生。作为“一二课堂融通”的大学生创新创业优秀代表，陈天润在课外科技探索中，以第一发明人身份申请相关专利 15 项，其中 3 项发明专利已授权；以第一作者身份发表数篇 SCI/EI 收录的学术论文并担任期刊审稿人；2021 年成立魔芯（湖州）科技有限公司，利用所学的知识开展创新产品研发，带动就业，产品也经过了市场的检验；在第七届中国国际“互联网＋”大学生创新创业大赛上获得金奖、总决赛季军、本科生组第一名等荣誉；获得第十二届“挑战杯”全国大学生创业计划竞赛金奖、第十七届“挑战杯”大学生课外学术竞赛特等奖；曾受到《人民日报》、《中国青年报》、澎湃新闻、浙江新闻等媒体的报道。

从寝室出发的创业故事，基于第一课堂学习的知识，基于创新的科技探索取得创新创业成果的故事被广泛传播。

魔芯（湖州）科技有限公司的核心成员均来自浙江大学，具备 DIY 创意智能研究软硬件持续迭代研发能力，公司致力于“助力每个人的创意实现”。公司利用前沿的三维数字化等技术成果，将专业级 DIY 工具民用落地，用领先的算法和设计提升用户体验，自研的硬件已经下线量产。公司与小米有品等渠道平台达成合作，产品上线销售 9 小时便超过 100 万 GMV（商品交易总额 Gross Merchandise Volume），一周实现 400 万 GMV，通过了市场的检验，反响良好。

陈天润带领的魔芯（湖州）科技有限公司是真正的大学生科技创业项目。公司自 2021 年成立后快速发展，经历了两轮融资，直接带动就业 50 余人。公司基于自主知识产权开发的 KOKONI 多功能 3D 打印机产品已经量产发售。KOKONI 多功能 3D 打印机在小米有品上的众筹价为每台 999 元，该产品具有拍照建模、精选模型、App 控制、自研主板、自研切片软件等 6 大核心技术，能在 18 厘米的打印边长中自由打印各种形状的小物品，层分辨率为 0.05 毫米，只需下载手机 App，上传照片，就可以生成拟真三维模型。KOKONI 多功能 3D 打印机上线不到 9 小时，便售出 1000 余台。

为什么要发明 KOKONI 多功能 3D 打印机？陈天润的回答是：“酷啊，我们团队本身就想做点酷的东西，想做点有意思的东西。”事实上，KOKONI 多功能 3D 打印机并不是陈天润的第一个作品。他之前就自己设计、制作无人车，因为有相关的制作经历，陈天润的寝室中有很多设备，电钻、热熔胶枪、螺丝刀……这些工具支撑了他最初的作品创作。

将一个花瓶拍照上传，然后在手机 App 上点击“立即打印”，机械臂左右滑动，一个形状、尺寸与图片完全一致的花瓶逐渐成形了……这款 3D 打印机大小只有 18 厘米，外观精致小巧。虽然“身材”小巧，但它的功能却一点也不差。你可以在 18 厘米的打印边长中，自由打印各类形状的小物品，层分辨率为 0.05 毫米，还可配备彩色耗材。这样大小和精度的打印机足够打印很多日常生活用品，玩具配件、镜头盖、小花盆……用配套的手机 App 就能轻松操作。

陈天润团队发现，目前市场上的 3D 打印机只单纯卖机器，存在三维创作软件低交互、高门槛的弊病。通过领先的三维模型扫描构建方案和模型库自动生成算法，他们将创意抽象化过程简化，让 3D 打印机用户可以自己发挥创造力设计产品。目前，这个年轻的团队已经拥有了 2 项发明专利和 10 余项实用新型专利。

高中时期，陈天润就醉心于动手搞创新，在科技领域有着天生的敏锐眼光，在不耽误学业的同时他还自学了绘图和编程。“入读浙江大学，恰好遇到了志同道合的室友。”陈天润兴奋地说，“将书本中学到的知识变成一件产品，是一件很酷的事。”陈天润擅长从生活中寻找灵感，构思出一件件创新产品的设计方案，而室友们也具备很强的动手能力，协助他一起把创意变成产品。

浙江大学是一所创新氛围浓厚的高校，为学生提供了优质的科研平台和科研资源，不仅提升学生追踪学术前沿的能力，也为学生提供施展创新灵感的空间，陈天润的身边就有很多学姐、学长创业成功的范例。在他和室友搞研发创作的过程中，学校老师也给予了他们很多专业的指导意见。在浙江大学创新氛围的感染下，陈天润多次参加校内外的创新创业大赛。在参赛过程中，专业评委对创赛项目进行指导，陈天润也目睹了不少成熟项目落地的过程。这些经历让陈天润懂得了如何选择合适的资源、选择更好的赛道，也让他找到了创业合伙人。

从本科生到创业者，对陈天润这样一个还没走出大学校园的“初生牛犊”来说，创业之路并不容易。但也正因为有敢想敢试的勇气，他的人生才会滚烫。

以往人们只听过 3D 打印这个概念，但是从未接触和使用过 3D 打印机。陈天润团队设计的 KOKONI 多功能 3D 打印机，可以轻松使用 3D 打印功能，它身形小巧，A4 体积即可轻松收纳，App 智能联控操作，丰富且免费的模型库，随选随点一手操作；拍照拟真建模，随时随地发挥创意；个性模型上传后，设计创意打出来。

KOKONI 多功能 3D 打印机已于 2022 年 3 月 19 日在小米有品首发，产品即将投放市场，为保证充足的产能，魔芯科技 1400 平方米的厂房正在加紧装修，工作人员忙着搬运安装设备……

“虽然陈天润是一名本科生，但是接触下来感觉这个孩子聪明、务实，他们的项目成熟度也很高，我很看好他们团队的发展前景。”2021年6月，湖州莫干山高新区科技局招商干部谢晓伟谈到陈天润时说。他回忆，当时陈天润团队已经在和小米洽谈合作，急需生产几台3D打印机的样机。湖州莫干山高新区科技局获知消息后，帮忙联系了德清当地一家企业帮助陈天润团队制造了样机，得知陈天润还是在校生，又当即决定为陈天润的团队搭建场地，提供临时办公场所和人才公寓。

谢晓伟说：“他年龄虽小，但未来可期。”这位别人眼中的“天才少年”背后是自我不断努力的付出。他接着说：“前段时间台风天气，值班安保半夜巡查大楼时，发现陈天润办公室的灯却依然亮着。”

“他忙起来，常常能失联两三天。”聊起这位“00”后老板，员工们总结出一个字，就是“拼”。团队初创，成员年纪最小的20岁，最大的也不过34岁，他们决定跟随陈天润，是因为他们都拥有一个共同的梦想——做一些“酷”的事情，让用户的生活与众不同。

陈天润说，他的梦想是成为“中国的乔布斯”，让更多人享受到科技带来的乐趣。“乔布斯是在车库里做出了第一代苹果电脑，而我们在寝室里自己捣鼓出了KOKONI的雏形。”陈天润说：“发明创造更重要的是你的想法，是想法加上验证的过程。想法哪里都可以去想、去讨论，不一定要在实验室里。”

陈天润团队对新产品的竞争力颇具信心：“我们提供的产品是行业内首个集成AI算法和领先的智能物联控制的打印机。现有其他产品多以发烧友为目标客户，需要使用电脑上的专用软件进行控制、安装和校准，对于普通用户的使用和维护不够友好。但是我们的设备能通过手机轻松使用，并提供多种三维建模玩法，包括拍照生成三维模型。”

（浙江省教育发展中心供稿）

砥砺前行守初心，勇创产学稳前行

——浙江工业大学李亚飞事迹

李亚飞，男，汉族，中共党员，2016 年 7 月加入中国共产党，博士研究生，现就读于浙江工业大学机械工程学院。他连续三年获得研究生国家奖学金，以第一作者身份发表高水平 SCI 论文 2 篇，以第一发明人身份获授权专利 12 项；主持并参与国家级项目和省部级项目 4 项，入选 2020 年浙江省新苗人才计划；作为项目负责人获第六届中国国际"互联网＋"大学生创新创业大赛金奖、第八届"创青春"中国青年创新创业大赛金奖、第十二届"挑战杯"中国大学生创业计划竞赛铜奖；曾获浙江省高校优秀共产党员、浙江工业大学"十佳"优秀团干、优秀研究生干部、三好研究生等荣誉称号，获国家无偿献血奉献铜奖。目前，他自主创业，成立博双信息科技有限公司，公司成立一年即获得紫金创投天使轮融资 800 万元，公司 2020 年营业收入 165 万元，2021 年营业收入 860 万元。

作为当代青年党员，面对新形势、新环境、新任务，李亚飞牢记叮嘱，牢记期盼，以更加健康向上的精神面貌，更加扎实全面的能力才干，承前启后，踵事增华，积极肩负起新使命。在思想引领、组织工作、教学科研、创新创业等方面充分体现了其独有的精神与力量。

不忘初心，做"励志笃行"的坚定者

李亚飞立志成为思想上的坚定者，注重从党的理论中汲取信仰的力量。他时刻牢记为中国人民谋幸福，为中华民族谋复兴的初心和使命，自觉加强理论学习，坚持"两个确立"，做到"两个维护"，坚强党性，坚定信念，始终保持自身的纯洁性、先进性，全心全意投入到实现中华民族伟大复兴的事业当中。他主动学习、宣讲党的创新理论，担任学校"溯采先锋"宣讲团成员、杭州市良渚街道"学红色党史，迎建党百年"理论宣讲员，走进班级、走进社区宣讲 20 余场，辐射带动 5000 余人。

李亚飞勇担青年党员责任，积极为高校创新创业教育与浙江省发展献计献策。2019 年，李亚飞作为学生代表参加时任浙江省省长袁家军的形势政策报告会，将学生个人的发展与浙江省的未来紧密结合，将工科背景与政治视野相融合，形成更加广阔、深邃的认知，促进自我的提升。他说："不论我们的专业背景如何，我们都要将自己未来的发展融入整个社会的发展中去，从而更好地服务人民、服务大众。"他注重将自己的理念与整体环境的打造相结合。

创新先行，做"产学结合"的奋进者

世上无难事，只要肯登攀。当前世界正处于百年未有之大变局，我国正处于实现中华民族伟大复兴的关键时期。青年党员也应建立起"披荆斩棘，舍我其谁"的勇气，面对困难，不犹豫，不回避。李亚飞亦深刻地认识到自己对于试验机发展的重要责任，对于"卡脖子技术"及创业发展有了更为深刻的见解，也对于国家发展的重大问题和任务敢作先锋，并积极贡献活力与力量，提供智慧和方案。

“从前我作为一名学生其实对这些并不了解。而随着我对产业调研的逐步深入，那些真实的案例和数字让我触目惊心。作为一个个体，作为一个创业团队的负责人，不断攻克技术难关、并且将技术化为民用，是我所要努力达到的事情。”李亚飞坚定地说。他也不禁感慨，在公司发展过程中，最为幸福的事情就是看到公司的技术领先国际，成功取代国外产品，看到其产品帮助公司业绩再创新高，看到公司用技术撬动原有困境，用新生力量带动区域经济，以此帮助社会，帮助祖国，实现个人价值与社会价值的高度统一。

此外，他也关注到了大学生创新创业竞赛的社会价值。“参加创业并不是为了鼓励大学生马上创业，也不是为了一场比赛，而是一种高校育人、育才的方式。在创赛的过程中，每个成员通过实践提高动手能力，提高自身竞争力，为之后的发展提供能力积累与经验，避免毕业后无所适从，从而进一步解决当下‘就业难，用工难’的社会问题。”正是因为有了这样的认知，他也鼓励和重视“双创”所带来的锻炼意义。“双创需要解决的问题非常多，在双创过程中也经常需要通宵熬夜。但是很多时候，熬过去就是一种成长，在此过程中学生们能够不断提高解决问题、判断事件及理解商业的能力，这本身就是一种锻炼。”带着这样的认知与见解，他重视创赛为团队、为社会带来的价值，积极带领团队参与“互联网＋”大学生创新创业大赛，最终，他带领团队获得了全国金奖。

勇攀巅峰，做“创业发展”的搏击者

作为一名新时代的博士研究生，李亚飞始终认为做有用的科研是件幸福的事。人生在勤，不索何获。李亚飞对科研工作充满激情，不懒散，不懈怠，从而确保其时刻都充满旺盛的斗志，不断进取。大国重器，机械为民，他注重将自身的学术见解与产业的发展相结合，时刻保持“空杯心态”，对知识充满求知欲，并能静下心来钻研摸索“最佳道路”，在总结中不断提升，将科研工作落到实处。

浙江是创新创业的沃土。借着“大众创业　万众创新”的风口，李亚飞成立了博双信息科技有限公司（简称博双科技），致力于成为中国高端试验装备核心零部件供应商及关键结构件服役性能评估的引领者。公司专注提升技术创新能力，打破国外技术封锁，提升民族制造业核心竞争力。博双科技于 2020 年 9 月成立，成立一年即获得紫金创投天使轮融资 800 万元，公司 2020 年营业收入 165 万元，2021 年营业收入 860 万元。公司成果已成功应用于中国广核集团有限公司、中国科学院上海应用物理研究所等单位的高温承压设备结构完整性评价项目。针对我国制造业水平提升的传统试验装备关键零部件“卡脖子”问题，他的项目依托浙江工业大学过程装备及其再制造教育部工程研究中心，为民族高端试验装备开发核心零部件。团队首创了数据采集自适应逐步回归校准方法，推出了具有自主知识产权的万能试验系统及关键零部件，并为有重大设备完整性评估的企业及用户提供整体解决方案。他说：“服役性能评估整体解决方案将积极对接产业聚集区，帮助企业提质增效，确保生产实践的高安全性，使当地小型企业平稳安全地为社会服务，为浙江高质量建设共同富裕示范区做出贡献。”

李亚飞也曾主持并参与国家级项目和省部级项目4项，主持了2020年浙江省新苗人才计划，不断拓展科研的宽度与深度。也正是李亚飞对于创新的执着，对于科研的重视以及其对产学结合的实践，使得他能够在科研道路上不断攀登，持续提升自身本领，在“产教结合”中提高自身水平，使自身能力适应新时代中国特色社会主义发展要求，做合格的社会主义事业建设者和接班人。

坚定信念，勇往直前；创新目标，不断奋进；搏击长空，双创本色；滴水穿石，践行公益。李亚飞用实际行动书写了属于自己的人生篇章，用汗水诠释着当代新青年的精神内涵。“不忘初心，牢记使命，我时刻注重承担党员责任，立足学生党员身份，在产学结合的创新中不断摸索，在创业创新的道路上勇攀高峰，希望能够为社会发展尽一份绵薄之力！”李亚飞说道。

（浙江省教育发展中心供稿）

坚守创业初心，让科技红利惠泽于民

——浙江理工大学欧阳申珅事迹

欧阳申珅，女，中共党员，浙江理工大学纺织科学与工程专业2018届博士毕业生，中国科学院宁波材料所出站博士后，宁波市拔尖人才；现任宁波航天米瑞科技有限公司总经理（创始人）、中国科学院宁波材料所客聘副研究员、宁波大学兼职硕士生导师；曾入选2021年宁波市“甬江引才工程”科技创新领域青年创业人才，是2020年保税区特色产业重点人才团队（3315计划）高端B类创业项目带头人、2020年宁波市“智团创业项目计划”负责人、2019年宁波市领军与拔尖人才第三层次培养对象。

欧阳申珅一直专注于创新创业，目前已获授权专利32项，其中，中国发明专利22项、美国发明专利1项、中国实用新型专利7项、中国外观专利2项；发表高水平论文17篇，国际SCI期刊论文15篇（其中2篇TOP期刊论文、2篇封面论文）；主持或重点参与国家级、省市级等科研项目13项；曾获国资委主办的2018中央企业熠星创新创意大赛一等奖，以及第四届中国创新创业大赛全国第八、浙江省环境保护科学进步三等奖、“创业张家港”全国青年创业大赛第二名等赛事奖励。

初心所向，恪守承诺故能传承创新

欧阳申珅本科、硕士、博士均就读于浙江理工大学，这是一所具有百年办学历史、富有创新创业传统的省属重点大学。精神催人奋进，文化启迪成长，用她的话说，“我的科研素养具有‘浙理’基因，是实验室导师手把手培育的，而创业所需的团队管理能力是在班级管理中锻炼出来的，思辨能力和谈判技巧也是在学校辩论赛中激发出来的，如何撰写创业商业计划书更是在学校的大赛中修炼而成的”。她把自己归为“浙理”的头号粉丝与骨灰级忠实校友。2022年初，她作为创业典型受邀参加学校就业创业总结大会，在会上自豪地说道：

"学校是我梦想的起点，我的科研梦想和创业梦想都在此启航。我相信未来我们都将会是散在社会各个领域的'浙理'之星，会成长为社会的中流砥柱，带着闪耀荣归母校，实现当年我们走出校门时立下的承诺"！承载着母校的希冀和内心的承诺，欧阳申珅开启了创业之路，而这一走，便是风雨无阻的五个春秋。

心系百姓，科研红利终要造福于民

科技源于生活，创新究于思考。欧阳申珅在读硕博研究生期间就发现光催化纳米材料自身无损耗，在光的照射下可以将空气中、水中的有机污染物彻底分解为二氧化碳和水，可以广泛运用于生活中，发展前景一片光明。同时，她也敏锐地洞察到该领域多年来存在技术瓶颈以及难以推广应用的"羁绊"。随着研究的深入，她做到了创新性运用一种独特的纳米核壳中空结构，以外壳保护使材料不会跟载体直接接触，有效解决了光腐蚀问题，使得单位面积整体催化能力最高可提高数万倍。

"特种光催化纳米材料技术作为国内外首创且领先的技术，应用面非常广。这么好的科研成果不应该只存在于学术理论竞技场中，也不应该仅印刷在期刊论文中束之高阁，我国自主研发的高科技应该被人们看得见、摸得着、用得起，进而造福于百姓！"带着这种信念，欧阳申珅团队踏上了科技转化的创业之路，一路克服花样百出的应用需求，降低新技术成本以及规模生产难等痛点，将该项特种光催化新技术进行产品开发、规模投产与市场推广。功夫不负有心人，她与团队完成了国内外首例光催化技术治理大型水域污染的成功案例，实现室内空气净化项目在 G20 峰会场馆、首届世界工业设计大会场馆等成功落地。此外，她继续在室内外空气污染治理、民用产品开发销售等多领域进行探索，并在公路汽车尾气净化、校园综合空气净化、垃圾站 TVOC 污染净化等多项室外空气净化工程中成功实施应用案例。

"让科技成果走进千家万户，让科技红利惠泽于民，这是我始终坚定的信念，让老百姓有更多科技'获得感'，享受到科技带来的美好生活，这是我们科研人员的使命与归宿。"欧阳申珅如是说。

红色先锋，大疫之下尽显本色担当

2020 年年初，新冠肺炎疫情席卷全国，还在初创期的团队必然会受到不小的影响。然而，欧阳申珅凭借共产党人的勇气和底气，把遇困思变、转危为机作为第一行动。"希望我们能快速成长，以更强的技术和经济实力承担更多的社会责任。"她所在的团队立即投入到基于特种光催化纳米材料抗菌特性的研究当中，成功构建"光催化防治/感控大规模传染疾病技术保障系统"，创新性地提出"空间自清洁"防护概念，以环境整体抗菌抗病毒防护技术体系，积极组织生产链迅速推出速效＋长效抗菌消杀产品，后经检测机构认证该产品可有效抗击新冠病毒。为此，该技术在医院、中小学幼儿园校园、国际会议场馆、办公大楼等公共场所进行全国范围应用推广，打造出实施多项大型成功案例，仅太原市妇幼保健院室内空气治理工程的应用面积就达 10 万平方米。

欧阳申珅还积极响应上级党组织的战疫部署，带领团队发挥技术与产业链优势，始终冲锋在抗疫一线，为复工、复学工作保驾护航。在了解到复学开始后的第一时间，她立即组织人力和物力为宁波市梧桐艺术幼儿园等合作单位提供免费消杀服务。面对公司将近一半员工居家隔离，工程消杀产品库存所剩无几的情况，她仍时刻心系疫区，尽全力为“抗疫”贡献力量。面临库存已经没有工程消杀产品的情况，她把所有零售礼盒装消杀产品一瓶不留全部拆开汇装成桶，由团队成员克服重重困难自驾至紧急需求的地方提供产品保障与消杀服务。

技术“芯片”助力产业点亮绿色之光

创新的使命之一在于贯彻新发展理念、孕育新产业生机。行走在创新之路上的欧阳申珅深知：产业要发展，理念须先行，所以与时俱进的她把目光聚焦于“绿色、协调”的理念输出。2018 年，她的团队带着研发多年的特种光催化技术应用成果参加了国资委主办的中央企业熠星创新创意大赛，从 2658 个参赛项目中脱颖而出，荣获熠星大赛一等奖，向世人展示了绿色赋能的价值所在，也恰恰通过这次赛事，使得原本深藏小巷的光催化项目走上了大舞台，并与中国航天科工集团建立了长期战略合作。而今，欧阳申珅及团队创办的宁波航天米瑞科技有限公司，深耕于环保、健康领域，把拳头产品、技术“芯片”植入各行各业，带动行业产业升级，用科技为各传统行业转型升级赋能。他们以大型环境治理工程解决人居环境问题，同时积极拓展医疗、工业、民用等产品技术应用，开发出一系列具有抗菌、自清洁、除异味等功能的产品，涉及家纺、日用、母婴、服饰、汽车、宠物等多个领域，真正做到了让科研成果切实应用到各场景中，用一抹科研之白点亮环保行业的绿色之光。

忆往昔，初心犹在；望前路，踔厉奋发。立足研究、钻于技术、敢于创造的欧阳申珅始终坚信：创业之路多是曲折不平的，但心里装着梦想，前面必见光明！特别是青年创业者，只有眼中有光，才能脚下有路，才能走好每一步，干好每一件事。如今，创业初成的她心中唯有一念，那便是一以贯之推进光催化科技的广泛应用，不断以创新驱动点燃产业升级新引擎，用健康和绿色装点千家万户的美好生活。

（浙江省教育发展中心供稿）

做新时代共富路上的"热气青年"

——宁波工程学院陆依伦事迹

陆依伦，男，汉族，中共党员，1998 年 5 月出生于浙江省嘉兴市，宁波工程学院材料成型及控制工程专业 2022 届应届毕业生，现任宁波市漾公益社会工作服务中心党支部书记、主任，浙江热气青年教育科技有限公司董事长，宁波亲青文化发展有限公司总经理；曾获 2018 年全国践行社会主义核心价值观先进个人，2021 年第七届中国国际"互联网+"大学生创新创业大赛红色筑梦之旅"七个一百"案例、国赛铜奖、省赛金奖，国家奖学金，浙江省优秀毕业生称号，宁波市最美河湖志愿者称号，宁波市北仑区优秀团员称号，宁波市北仑区青少年事务社工人才称号等荣誉；带领团队荣获 2021 年度"志愿汇"全国百强组织称号、宁波好人（战疫好人）志愿服务团队称号、宁波市疫情防控优秀志愿服务组织称号、宁波市疫情防控和复工复产一线表现突出的青年志愿服务组织称号。

"怀揣梦想到宁波，奋力成长在宁波，拼搏创业留宁波。"短短 21 个字是陆依伦来甬六年奋斗路的有力概括。

从小深受红船精神熏陶的陆依伦，是"热气青年"品牌的创始人，也是一名扎根基层的青年党支部书记。六年来他深耕城乡社区基层一线，为青年社群文化研究和青年与城市发展融合探索贡献了自己的一份力量。

不负殷盼立志基层，引领青年公益价值向善

"趁年轻，去基层。"说起陆依伦与基层的缘分，这要追溯到他上大学时的一次乡村支教。在校地共建支教服务的基础上，经过筛选他作为团长成功入选当年的乡村支教服务团。两个月的暑期支教，成了留守孩子们每年最憧憬、最期待的时光。那一年，陆依伦和孩子们定下了属于"你我间的十年之约"。那一年，也在陆依伦内心深深播种了"青年人的基层之梦"，黔贵、新疆……大山、文化礼堂……尽管学业、工作接踵而至，但自那年起，每到暑假，曾经的"伙伴"们便如约而至，用自己的一技之长和一腔热血为孩子们筑起一次次的"创变之旅"。

乡村振兴是实现共同富裕的必经之路，与"小候鸟"定下 10 年的"假日之约"陆依伦他们从不失约，每年组织 40 余名青年职工、大学生下沉基层去支教，累计为 6000 余名流动人口子女开设"青少年假日课堂"，组织"品格训练、能效成长、红色感悟"等 340 余场乡村青少年城市职旅体验实践活动。

如今陆依伦是一名基层青年组织的党支部书记，也是"漾公益""漾基金"的代言人和传播者。一句"让公益流行起来"，扎根在他的心里，落实在他的行动当中。

2019 年，超强台风"利奇马"席卷浙江，陆依伦所在的地区为重灾区，他第一时间发动工

业区几十家企业组织了50余名青年职工组成救援小队展开抗台自救，并带领十余名青年救援骨干两天两夜深入重灾村，转移泥石流、山洪等危险地区群众百余名，抗台48小时中的那抹闪耀的"荧光绿"受到了社会的高度肯定。

四年多的时间，"漾公益"组织已经成长为累计服务时长36万小时的由青年大学生和外来青年职工组成的基层青年公益组织，在区域内连续三年保持服务时长最多、发布活动最多、注册人员最多的冠军称号，荣获2021年度"志愿汇"全国百强组织。

不负韶华同心同行，催化青年社群蒸腾向上

迷茫，是这座城市中很多青年人都有的状态，他们都在焦虑"未来的我何去何从""同事同学都相继回家了，圈子越来越小了"，可在大家眼里，陆依伦似乎是一个目标坚定、方向清晰的青年人。对于职业规划而言，职业的体验和实践更为重要，时代不断地变化，也许规划的调整速度永远都无法赶上思想和认知的成长。"只要对社会有益，对大家有帮助的事，再不济也是一段绝佳的自我修炼。"陆依伦在宁波工程学院职业发展集训营上说道。

"如何让更多的青年人对未来充满期待"成为陆依伦共益创业开端的星星之火。2018年，本着"亲近青年，服务青年"的初衷，应对即将步入职场的高校青年求职者与企业间的信息不对称、能力不匹配的现实问题，陆依伦意识到要培养兼具商业思维和社会责任感的青年职场带领者。在"政校地"三方互动、互助、互融下打造"四位一体·工匠学堂"，组建"校地共建"名师坊、"名片工程"特聘站、"青年大学"筑梦坛、"博笃菁英"导师营"四位合一"，为青年带来自我认知、技能提升、思维训练、社会创变的升级机会，通过科学的朋辈探索和文化引领，累计吸纳68400多人次青年职工和待业青年回炉"工匠学堂"，推进青年与城市的发展。这项举措获宁波市北仑区人大常委会、北仑区总工会的肯定性批示。

依托宁波市为创业就业青年提供的政策，陆依伦创办了宁波亲青文化发展有限公司，从"青年学堂"到"社创实践"，陆依伦从公益创业逐步转向共益创业，以实现社会公共利益为杠杆，致力于撬动更多人成为利己利他的创变者，推动良善文化直抵青年内心。经过三年的努力，公司在平台搭建、内容社群、青年大数据等核心板块的部署，覆盖品格训练、文化体育、文学艺术、职业发展、社会应急、慈善关爱等多领域的青年服务板块，打造青年思想创

造和社会创新上的“第三空间”，同时衍生“金点子停车场”“青年传声筒”“热气青年说”等社群品牌，月参与用户人数达5万余人次。公司2020年品牌产值101万元，2021年品牌产值274万元。得益于“互联网＋”创新创业大赛的进一步孵化，作为全国红色筑梦之旅“七个一百”案例项目，“热气青年TM——可持续的青年发展生态”作为青年文化领域生态的新兴概念品牌，在社创领域取得了突破性的成功，2022年主体公司浙江热气青年教育科技有限公司获得420万元的天使轮融资。

不负时代共富共勉，共谱青年城市同频共振

从“亲近青年，服务青年”的初衷到提出“可持续的青年发展生态”，从学生时代的“小候鸟假日课堂”到创业后的“青蓝共赴”，从“社会组织”到“社会企业”，不同的站位和思考始终离不开青年价值向善的信念。

2021年年底，陆依伦把心思放在了距离自己更远的孩子身上，经过数月的筹备，在学校和政府的帮助下，他联系了20余名企业家和社会各界人士，共筹集10万元建立“青蓝共赴·造梦助学”基金，以“月捐”的形式为困境青年的上学梦添上落实的翅膀。得益于浙江援疆、宁波市对口协作平台，他发动区域企业家每年结对资助10余名困境青年，认投孵化社会创新项目，已为当地带来平均每年10万元的经济增收。在中国新闻网、浙江援疆等媒体的报道下，这项举措获得了越来越多的企业家、爱心人士的关注。

宁波是青年理想之城，北仑区是全国中长期青年发展规划实施试点区。为帮助“新青年”积极生活、共同成长，践行“青年与城市双向奔赴、协同发展”的理念，2021年陆依伦提出“青年可持续生活”的发展理念，旨在建立“社群交友平台、文化创意阵地、公益互助圈子、社创实践基地”等矩阵纽带，引导青年人在工作外的“8小时”找到发光发热的空间。六年来，陆依伦联动3.6万青年投身于社会创新和社会公益。2022年品牌文化升级为“热气青年”，获420万元天使轮融资，成为全国首个聚焦“青年与城市同频共振”的共益型社会企业，号召广大青年在投身城乡发展一线的实践和体验中实现对自我成长发展的革新、提质和创变，做蒸腾向上、价值向善的“热气青年”。

春风习习万象新，2020年3月29日，习近平总书记来到宁波市北仑区大碶高端汽配模具产业园，为“有活力、有灵性，有一股子精神”的中小企业点赞打气，而这也是陆依伦六年共益、创业的地方，如何围绕工业区发展、开展有效持续的企业社会服务是他的目标，更是他的决心。

“热气青年”始终有着向上的、蓬勃的精神与力量，始终怀揣蒸腾向上的人生信念，致力于在更高层面上实现个人价值。

（浙江省教育发展中心供稿）

播种"喜果",托起"共富梦"

——金华职业技术学院钱继昌事迹

钱继昌,男,中共党员,退役军人,金华职业技术学院园艺技术专业 2019 级在校生,2015 年成立金华橄榄绿家庭农场有限公司,2019 年成立金华市婺酒生物科技有限公司、金华市源果农业发展有限公司,2022 年成立金华市盛果农业科技有限公司,并担任公司法人,兼任浙江省无花果产业协会副理事长,2021 年被聘为浙江省农艺师学院创业导师,经营的家庭农场获评浙江省青创农场、金华市青创农场和金华市示范性家庭农场,获中国无花果产业特殊贡献奖、"建行杯"第七届中国国际"互联网+"大学生创新创业大赛银奖、"建行杯"第七届浙江省国际"互联网+"大学生创新创业大赛金奖,2022 年获首届浙江省农创客助力乡村振兴"金雁奖 · 助农榜样"称号。

钱继昌作为百万高职扩招生代表,收获三年高职教育的园艺专业知识,在产业上把土地和课本揉捏成创业腾飞的翅膀,选品种、拓基地、建协会,构建"种植—加工—销售—服务"和"互联网+实体公司+分销市场"的全产业链商业模式,通过全纬度基地布局,实现了全年天天有鲜果,解决了我国无花果种植规模小,全年鲜果销售供货难等问题。他把无花果卖到了全国 31 个省(直辖市、自治区),也把金华的无花果引种到了全国,红皮无花果鲜果销量稳居全国第一,2021 年占全国红皮无花果鲜果 60%的市场份额,营业收入达 3.25 亿元,打造了中国的无花果王国。他争做中国无花果行业的王者和助农的头雁,助力乡村振兴,致力共同富裕,在全国 17 个省(市、区)共建基地 77 个,带动就业 1 万余人。公司产品参加浙江省农创客集市,得到浙江省农业农村厅副厅长张火法的高度关注与赞赏。

抓住高职扩招机会，从田间学到课堂学

钱继昌在泥土里上大学，大地和课本是他创业腾飞的翅膀。2010年退伍返乡后，他根据家乡金东区下新屋村的地理环境、气候条件、土壤性质，跟村里人边探索边实践开始无花果的种植，也开启了他的田间求学之路，在栽培无花果路上探索成功之门。但伴随着收获的喜悦，钱继昌却遇到了另一个难题：无花果皮薄多汁，易受损伤，不耐贮藏，新鲜无花果无法大批量走向市场，优质果变成了滞销果。正当他为此苦恼时，2019年国家高职百万扩招让他有机会来到金华职业技术学院农学院园艺技术专业求学，这不仅让他实现了在土地里上大学的愿望，还助推他从经验生产到科技生产的飞跃性提升。在学院胡繁荣教授和园艺技术专业老师的指导下，钱继昌开始对无花果贮藏保鲜技术进行研究，经过近百次的试验，他于2021年成功开发出无花果保鲜技术，使无花果保鲜期从2天延长至15天。他还发明了一种无花果生物保鲜的方法和一种适于无花果保鲜运输的泡沫箱，开创了中国无花果远距离冷链物流的先河。这一年，他与金华职业技术学院合作，共同成立了绿天使工作室，并相继成立了金华市源果农业发展有限公司和金华市婺酒生物科技有限公司，开启了创业新征程。

搭上“互联网＋”快车，从先富者到共富者

围绕实现无花果从“产品”到“产业”的迭代升级目标，钱继昌在品种、品质、品牌上下苦功，2020年选育出无花果“喜果”新品系，2021年繁育优质无花果种苗80万株，开展数字化智慧栽培，构建检测体系，提升产品品质。钱继昌利用所学专业知识，开展全纬度布局基地，在全国17个省建成77家基地，种植面积达9090亩，利用不同地区无花果成熟时间差，形成了覆盖全年的无花果供应链，实现了365天均有无花果鲜果上市，解决了我国无花果种植规模小、全年鲜果销售供货难等问题。

在前期“公司＋分销市场”销售的基础上，2020年钱继昌与母校金华职业技术学院合作，尝试在美团优选、拼多多等线上平台销售，2021年开展社群团购，目前产品还直供沃尔玛、大润发、永辉超市、百果园等100多家商超，形成了“互联网＋实体公司＋分销市场”的商业模式，实现了把无花果鲜果卖到全国；公司延伸用工链，为留守妇女、返乡农民工在家门口提供了生产、分级、包装、运输、销售等长期用工和临时用工岗位超万人。公司现拥有“婺享味”“金婺泉”“农创生鲜”“农艺鲜生”等8个商标，通过农产品追溯系统，维护品牌形象，借力农博会、农创客集市等平台，提升了无花果鲜果的品牌知名度。

每年无花果鲜果销售中会有大量的次果和小果无法利用，为此，钱继昌投资800万元建立了2万平方米的无花果深加工基地，以产品为依托，延伸产业链，开发生产无花果蒸馏酒、果酱、果干等系列产品，提升产品含金量。经过几年的积累和发展，金华市婺酒生物科技有限公司已成长为一家从事种苗、鲜果、果干、果酒等生产、加工、销售和服务的全产业链科技型公司。

不忘初心扎根农村，从受惠者到贡献者

近年来，钱继昌结对帮扶安徽宿州永安镇双兴村的退伍军人王兴林，免费为其提供无花果种苗6万株，种植180亩，并委派技术员全程技术指导两年，基地年收益400万元以上。与云南元谋众利生态农业有限公司合作，在云南元谋县水电移民村，以13万株种苗和技术入股，共建200亩无花果基地，2021年基地已营收160多万元，带动水电移民村1000余人就业。与四川省攀枝花市红格镇政府合作，建立基地300亩，采用三分四统模式（即分户管理、分户采摘、分户结算，统一品种、统一药肥、统一品牌、统一销售），农户专心产，公司聚焦销，2021年基地产值超1600万元，实现公司与农户双赢。2022年他又成立金华盛果农业科技有限公司，与九江群芳农业科技发展有限公司共同注资1000万元成立江西康果农业科技发展有限公司，在九江完成第一期无花果基地300亩建设，同年7月启动第二期无花果基地2000亩建设。

钱继昌饮水思源，通过开展创业沙龙等载体，引导学弟、学妹树立为“农业强、农村美、农民富”而奋斗的信念，培养学生“懂农业、爱农村、爱农民”的情怀；同时，为园艺技术等专业学生提供实践岗位，学生在基地开展无花果生产管理、果干加工及电商直播等营销实战。他主持起草了《无花果生产全产业链管控技术规范》地方标准，实施《无花果绿色标准化生产规程》，帮助农民实现增产增收，让无花果真正成为农民丰收后的喜悦之果。

钱继昌从家庭农场起步，到成为无花果行业引领者；产业从分散经营走向规模发展；产品从良莠不齐走向优质高端，使无花果实现了从“产品”到“产业”的迭代升级，成为农民丰收后的喜悦之果，成就了共富的大产业。

（浙江省教育发展中心供稿）

闪亮的日子

安徽

成功源于永不止步的追求

——安徽警官职业学院程晓兵事迹

我叫程晓兵，一个出生于1997年的小伙子，毕业于安徽警官职业学院。一直怀有创业梦想的我，带着一股不服输的闯劲儿，从大学毕业开始创业，到现在先后涉足了安保、教育、培训等众多领域。这些创业经历不仅为我带来了一定的经济收益，同时也让我积累了丰富的创业经验，也使我在创业的道路上越走越远。

梦想有多大，现实就有多残酷

2018年的夏天，什么也不懂、什么也不会的我，凭借着自己的一些“小聪明”决定创业，本以为创业很简单，但谁也不知道接下来会发生什么。我怀着激动的心情来到行政服务大厅，一去就对工作人员说我要创业，大厅里的工作人员都像看傻子一样看着我。后来在工作人员的引导下，我来到注册公司的机台前，没料想第一个问题出现了，公司经营范围我都不知道怎么填。最后我给大学同学（现安徽亮剑集团董事）打了电话，他很耐心地给我讲解了很多注册公司的知识。在他的帮助下，我终于完成了公司注册申请。在随后的日子，我又向同学请教了很多，他都很耐心地帮我解答。公司营业执照发下来的那一刻，我的夏令营宣传单与计划也悄然完成。接下来我开始了夏令营的招生，招生地址选在安徽潜山，一个经济并不发达的城市。我骑着电动车顶着几十度的高温在学校门口发传单，宣传自己和自己的“梦想”。那个时候我也不知道自己哪来的自信，平时都很少与人交谈的我也会跟陌生人滔滔不绝地聊天，也许这就是我在警校那一声声口号中训练出来的。夏令营开营的时候，只招到了三个人，还是托亲戚朋友介绍的，当我犹豫开不开营的时候，我想到警校实习获得的荣誉证书，往日警校的生活映入脑海……开！哪怕只有一个人也要开，因为这是我的努力和梦想。开营的那天，我请了好几家培训机构来表演充场面。不出意外，我的夏令营亏本了，不仅亏光了我的全部积蓄，还向父母借了一些，我开始有了放弃创业的想法。

但做事情要有始有终，最后我坚持了下来。到了军训季，我开始找学校，可等到开学，大部分学校军训合作方基本上都已经确定了。还有一些初中和私立高中没有确定军训合作方，我盼来了机会，在学校门口等了校方领导五个小时，见面后却因为我稚嫩的脸庞和不善交际的谈判，不出意外没有谈成合作。最后凭借着人武部的推荐和自己的坚持，我与一家私立学校签订了合作协议，也很用心地完成了此次军训活动。

在随后的日子里，我遇到了很多压力，很多困难，我也被骗过，失望过，无奈过，但每当我看到自己穿着警服的照片时，一切又都释然了。也许以后我还会遇到前所未有的困难，也许以后我还会想放弃，但是现在我一定不会退缩，因为警校曾教育我要尽最大的努力去完成自己的梦想！

不甘平庸，立志创业

成长于农村的我深知生活的艰辛，从小我就是一名勤工俭学的好学生。上大学后，随着知识的增长，我逐渐感到以前设计的那条大学毕业、求职工作的道路的平凡和平庸。这时我便萌生了创业的念头。作为一名警校生，经过一番斟酌，我选择了“安保服务”进行创业，积累了一定的经验后，我的第一个创业项目就这样产生了。直到大学毕业我一直保持着安保这个创业项目。大学毕业后，单一的创业结构已经不能满足我的创业需求了，于是我先后涉足了教育、培训、生鲜售卖等行业，这些创业历程给我带来了最初的原始资本积累，同时也给我积累了丰富的创业经验，也让我在创业的道路上能越走越远。

勇于追求，潜心创业

俗话说“万事开头难”，有了之前的沉淀，我的创业思路越来越开阔，对自己的评估和市场的定位也逐渐明晰。在 2018—2019 年，我先后在太湖县、岳西县、怀宁县成立了分公司，确定了相应的合作单位，公司主营幼儿军警课、学生军训、公司团建、旅游等服务项目；2018 年 7 月，我在潜山市成立安徽头狼拓展训练有限公司——一家集旅游服务、学生军训、国防教育、幼儿军警课、安保、研学教官服务、新兵役前训练、民兵训练、消防演练等为一体的综合性公司；2018 年 9 月，经过潜山市人武部以及潜山市教育局推荐，公司与潜山市天柱山高级中学签署了 2018 年新生军训合作合同。

公司以国防教育为宗旨，以提高并增强体能为己任，以“诚信，创新，责任，共赢”为核心，坚持责任为本的经营理念，具备完善的售后服务体系。公司在发展的过程中，始终贯彻与社会、合作伙伴和参与者互惠共赢的方针，坚持与员工、合作伙伴同舟共济，开拓进取，不断努力提高员工福利、提升整体素质；谋求退伍老兵劳动方式的改变和收入的增加，谋求合作伙伴的发展壮大，谋求回报社会。最终通过我们的不懈努力，能够造福百姓，塑造良好的企业形象。

心存感恩，勤俭创业

虽然我在创业的道路上取得了一些成绩，积累的资本也越来越多，但正如谚语所说“节俭是致富的秘诀”，所以一直以来我的生活都很节俭。另外，我也有一种感恩情怀，是大家的帮助、国家的政策给了我发展的机会，所以我也要以自己的力量回报社会。

近几年来，我以个人和公司的名义免费进行了多次国防教育活动，要想帮助更多的人学习国防，了解国防，为此我将积攒实力，这也一直激励着我不断追求，永不止步。

疫情无情，无私奉献

2020 年因为新冠肺炎疫情影响较大，我决定暂时停业，按劳动合同解散教官团队。由于政府疫情防控人手不足，我毅然参加了潜山市公安局招聘，在防疫工作中不惧危险，坚守防控一线。

疫情缓和，形势升变

2021 年新冠肺炎疫情得到缓和，我也辞去了潜山市公安局的职务，除恢复公司原有的基础项目之外，还在寻找创新型项目。功夫不负有心人，我在安徽省合肥市调研过程中偶然发现了研学项目，此后便致力于国防研学项目的开发。在一番苦心钻研下，公司的国防教育研学基地项目2021年成功与安徽省军典国防教育基地签署战略合作协议。

领导信任，拓展学习

随着公司以及自身名气的逐渐扩大，我接到了安徽省省军区的邀请函，担任安徽省全省人武部专职部长集训教练员。任职期间，我受到安徽省省军区参谋长的表扬。在此次集训中不管是在生活方面，还是在学习成长等方面，我都学到了很多，有很多部长的年龄都五十多岁了，但依旧跟大家一起进行为期20天较高强度的军事训练，他们不仅坚持下来了，而且还取得了较高的分数，这让我感到无比震撼，也让我的人生又有了一次新的改变，使我从中受益匪浅。

未来发展方向

未来如何发展一直是我思考的重点，尤其是在新冠肺炎疫情影响下如何有效解决公司发展问题，我进行了如下规划：

1. 提升自身及团队的学历，预计报考2023年在职硕士研究生；

2. 提升自身及团队的其他技能，如报考会计、二级建造师、二级消防员设施操作证等含金量较高的证书；

3. 不断向榜样单位及个人学习，向他们请教创新思维与新的发展路线等；

4. 按照国家的政策，不断开发创新新项目，努力迎合新时代的需求等。

毕业几年来，我合作过很多的培训机构、政府单位，良好的信誉一直是我的口碑。我深知创业艰辛，虽有过退却，也有过困惑，但脑海中时常会回想起警校导员崔盼盼老师对我说过的一句话："做任何事情都要不惧艰险，勇于担当。"每每想起这句话我就会重拾信心，坚定决心。不积跬步无以至千里，不积小流无以成江海。我坚信在创业这条路上只要稳扎稳打，开拓进取，永不止步，涓涓细流就终会汇成江海，我也一定会开拓出自己的一方天地！

（安徽省大中专毕业生就业指导中心供稿）

"3D"智造，低碳未来

——安徽理工大学傅左强事迹

傅左强，安徽理工大学化学工程学院化学工程与工艺专业 2015 级 1 班本科生。刚上大学他就开始科技创新、自主创业，目前拥有两家先进制造领域的科技型企业；现为"中国化工学会会员"，2018 年被中国科协评为"科技成果转化高端人才"，入选"第十七届清华大学中国创业者训练计划"、2018 年度中关村 U30 创业项目百强、2018 年安徽省"创业之星"、2020 年彭州市"金彭人才"、2021 年成都市高层次"蓉漂人才"等；荣获全国"创青春"大学生创业大赛铜奖，安徽省"互联网＋"大赛和"创青春"安徽省大学生创业大赛金奖。他的创业事迹曾多次受到人民网、光明网、《中国青年报》、《安徽日报》等主流媒体的报道。

矢志探索，梦想起航

傅左强自小就对机械结构、物质变换颇有兴趣，初入大学时，由于对项目需要的专业知识一片空白，他和团队成员便克服困难，开始了边学边干的艰难跋涉。幸运的是，在一次专业课上，听到聂荣春老师讲到废旧材料的循环利用，他激动地与老师深入交流，得到了聂老师的悉心指导，并争取到了学院的大力支持。

后来，傅左强在辅导员的引导下组建团队，拟定"塑料垃圾回收制作 3D 打印耗材一体机"项目，并最终获批国家级大学生创新创业计划项目。为了能在该项目上取得突破，他再次找到了化工系教研室的聂荣春老师，经过聂老师的悉心指导，在不到一年的时间里，项目作品的质量有了很大的提高。

2017 年，历经多位老师的指导和完善，傅左强带领团队用上述创新项目参加第十届全国大学生节能减排社会实践与科技竞赛并荣获全国二等奖。同年，"创青春"全国大学生创业大赛正式启动，他作为负责人申报的创业大赛创业计划类项目"安徽绿智增材制造科技有限公司"，以创业计划类第一名的成绩顺利通过学校评选，并最终获得安徽省创业大赛创业计划类金奖、全国大赛铜奖的好成绩。此后，他还参与了多个创业大赛，荣获中国制冷大赛大学生组三等奖、安徽省“互联网＋”大学生创新创业大赛金奖、省“创客中国”创新创业大赛二等奖、省大学生电子商务“三创”赛二等奖、省大学生创业大赛金奖等数十项荣誉。

在理论成果转化上，依托创新创业训练计划项目和科技创新比赛成果，公司相继申请了专利 9 项，获得授权 3 项（包含发明专利 1 项），另有 6 项发明专利进入实审阶段。

增材制造，“绿智”扬帆

国家号召“大众创业　万众创新”以来，傅左强虽然一直怀有创业梦，但是迟迟没有找到自己感兴趣的项目和方向。大学期间，他偶然间从新闻报道中得知，废旧塑料可以回收再利用为 3D 打印耗材，这让他感觉似乎找到了创业前进的方向。在辅导员的鼓励和指导下，他用了一个月的时间查找资料，全面了解 3D 打印的发展现状和耗材生产供应情况，创业的激情蓬勃兴起。之后，他组建“绿智”团队，开始对如何利用废旧塑料生产 3D 打印耗材进行研究。

2018 年初，傅左强和绿智团队开启了新的旅程——以前期实验室成果为基础，与华东地区最大的 3D 打印产业园——安徽春谷 3D 打印产业园进行了密切接触，得到繁昌县科技局、安徽省协同研发中心、珠海市三绿实业有限公司和校就业创业指导中心的鼎力支持，他开始为成立公司以实现成果转化而四处奔走。2018 年 6 月，在安徽理工大学就业指导中心支持下，他注册了安徽绿智增材制造科技有限公司（简称绿智科技），正式入驻国内 3D 打印领域最大的安徽芜湖春谷 3D 打印产业园，主营 3D 打印再生耗材的研发、生产、销售，并提供再生耗材工业生产的整体解决方案。

公司凭借先进的技术在 3D 打印领域快速占领市场份额，并不断完善商业模式，现为国内唯一一家从事 3D 打印再生耗材的商业公司；曾入选北京市中关村 U30 创业百强。傅左强个人和公司产品在北京市核心商圈的地铁和公交站广告牌进行宣传，被人民网、凤凰新闻、中安在线等数十家媒体争相报道，进一步提高了产品知名度，为公司后续发展奠定了基础。他带领公司 16 名初创成员一起奋斗，公司的运营很快步入正轨，不到一年的时间就实现了盈利。公司现为国际绿色协会增材分会发起单位、安徽省增材制造协会会员单位。

服务"低碳",矩阵发展

3D打印技术是一项给人无限想象的工具,3D打印耗材的发展也得到国家的大力支持。随着这个领域的快速发展,傅左强偶然发现3D打印服务里蕴含着巨大商机,2019年3月他在合肥注册成立了一家专注于3D打印服务的科技公司——合肥矩阵三维技术有限公司,与绿智科技相互补充,共同发展,为3D打印的快速普及奠定了基础。目前,绿智科技的技术能够把塑料瓶、塑料餐盒等日常废弃塑料变成3D打印耗材,产品经NTSQP检测合格,其生产成本明显低于现有工艺的生产成本,主要应用于桌面级打印。但傅左强的想法不仅仅局限于此,在项目后续的发展中,在保证低成本的情况下,他还想将此项技术发展应用到更广阔的领域。

2019年6月,傅左强从安徽理工大学毕业后,又在老家成都彭州成立了四川奥韦新材料科技有限公司,现拥有厂房1500平方米,联合研发中心2个,标准化生产线3条,年产值超过1000万元。目前公司运营情况良好,拥有发明专利5项,实用新型专利6项,软件著作权6项,商标3项,申请中的专利和软件著作权超过10项。

2022年公司投资森铂(盐城)三维科技有限公司,布局超大型高精度3D打印机领域,业务范围覆盖欧美澳洲等发达国家以及国内诸多地区。同时,公司与中国科学技术大学、四川大学、安徽理工大学、太原理工大学等多所高校进行产学研合作,积极深耕3D打印领域技术。其所创办的企业获评高新技术企业、科技型中小企业,公司创业项目荣获2020年"创业天府"四川省创业大赛二等奖。

现在,傅左强成了青年创业和大学生创业的典型,为大学生创业起到了良好的引领带头作用,在同行业甚至于当地年轻创业者中起到了良好的标杆作用。傅左强说:"我们将一步一个脚印,踏踏实实地走向未来,实实在在地扎根于3D打印领域。"不忘初心,方得始终。在这片广阔的天空,傅左强所带领的团队将会继续探索,脚踏实地,依托3D打印耗材循环利用技术走向更加宽广的创业之路。

(安徽省大中专毕业生就业指导中心供稿)

不忘初心勇追梦，砥砺奋进谱新篇

——安徽信息工程学院钱阵事迹

钱阵，1996 年 4 月出生于安徽省宿州市一个贫困的农村家庭，三岁的时候父母不幸先后去世，自那时起他便只能与年迈的爷爷奶奶一起生活。父母的双双离世对这个本就贫困的家庭来说无疑是雪上加霜，但生活的重担并没有使他倒下，反而使他更顽强地站了起来。

因为体恤爷爷奶奶的辛苦，钱阵从小就主动替年迈的老人分担家中的生活压力，哪怕是酷暑时节，他也坚持在田间地头除草。一天下来，他的衣服经常是被汗打湿又被风吹干，反反复复，衣服上都能看到清晰可见的盐斑。当别的孩子玩游戏时，他却独自一人坐在田间地头上处理割草时不慎划伤的手。上小学时要走十里路才能到学校，他的鞋子经常会被磨坏，要是碰上下雨天他就干脆光着脚走在泥泞的路上回家，因为这样就能让他的鞋子少修补一次。他上小学二年级时，爷爷奶奶想利用拖拉机干更多的农活，但驾驶拖拉机对爷爷奶奶来说难度太大，懂事的钱阵担心爷爷奶奶的安全，因此，他就开始学习开拖拉机。那个年龄的他，开拖拉机时离合器踩不到底，只能滑下半边屁股才能踩到离合器，挂挡也要手脚并用才能挂好，于是经常半天下来，他的屁股上、手上、脚上都磨出了血泡。尽管儿时这些经历很艰难，但他从未埋怨过他的家庭，心里有的只是对年迈的爷爷奶奶身体的担心。这些年，他一步一步走到今天，其中不仅有他自身的努力，更离不开爷爷奶奶的抚养和照顾。

乌鸦反哺，羊羔跪乳

2022 年，钱阵的爷爷奶奶都已经是耄耋之年，已经不能再从事体力劳动。钱阵努力工作承担起整个家庭的重担，还要照顾年事已高的爷爷奶奶。爷爷患有腰椎间盘突出、严重的脊柱错位以及坐骨神经病变等多种疾病，因病多次手术不仅导致爷爷行走不便，高额的手术费用还给本就贫困的家庭带来了更大的经济压力，爷爷只能吃一些低价的止痛药物来暂时缓解疼痛。而奶奶也由于陈年外伤而遗留下头痛、头晕的毛病，腿部旧伤也经常疼痛。家中的房屋因为年久失修而墙体倾斜，2019 年初春，东墙突然倒塌。“乌鸦反哺，羊羔跪乳”，上大学后，钱阵每个月会将自己节衣缩食攒下的钱寄回去给爷爷奶奶，改善二老的生活。现在他和爷爷奶奶居住的是用铁皮夹心板搭建的简易房，每当夏日，铁皮房的温度会升高至 40～60 摄氏度，人在房里衣服经常被汗水湿透，他就光着上身看书，但不一会儿仍是汗如雨下，房间的地上都能看到他流下的汗水。每天晚上睡觉时，房间的余热也不能散去，夜间他反反复复被热醒，早上起床时床单经常都是湿透的。可即使环境如此恶劣，他仍然专心致志地学习，闲暇时间就帮着爷爷奶奶做家务，因为他想奋发努力，早日让他们都过上更好的生活。

奋发图强，不忘初心

自上大学以来，钱阵牢记自己作为学生的本职，始终保持积极向上的学习态度和进取精神，学业成绩连续多年获得本专业第一。他在不断的成长和学习中渐渐清晰了自己的初心：回报亲人和国家，为中华民族伟大复兴贡献自己的力量。

钱阵深知作为新时代的青年只有把个人理想融入国家富强、民族振兴的伟业中，才能秉承初心、砥砺前行、书写更加灿烂的华章。思想上，他积极要求上进，不断提高思想政治素养，了解党和国家的方针、政策和系列新举措。2018 年 12 月 13 日他很荣幸地通过党组织的考验，成为一名光荣的中国共产党党员。

在校期间，钱阵获得了国家专利 10 余项，申报及受理完成专利高达 30 余项，公开发表论文 1 篇，国家软件著作权 2 项，国家级创业训练计划 1 项结题，省级创业训练计划 3 项结题，荣获国家奖学金、国家励志奖学金、新东方奖学金等，并获国家级、省市校级相关奖学金多项。

钱阵曾荣获多项国家级、省市级荣誉称号。2018 年荣获安徽省“最佳年度人物”称号；2019 年被团中央、全国学联评为中国大学生自强之星；2020 年被团省委、中共安徽省委（宣传部）、安徽省教育厅等 12 个部门联合评为安徽省优秀大学生；2021 年荣获安徽省“争做新时代向上向善好青年”称号；2021 年荣获安徽省“品学兼优毕业生”称号等。

除了在学习和思想上严格要求自己，钱阵深知还需要在服务社会的实践活动中不断培育和提升自己回报社会的能力和智慧。对此，他始终坚持服务社会、发展自我的原则，积极参加社会、学校、院系组织的各项志愿活动，如利用空余时间到利普精密机械制造公司、南京创新研究院、南京智能装备研究院等进行学习；带领同学到政务中心做向导，到扬子敬老院关爱老人等。

汇入大海：人生理想融进国家事业

掌握的知识和本领越多，钱阵就越希望可以为国家、为人民贡献自己的力量。一次偶然的机会，他看到一则新闻：世界糖尿病组织调查显示中国糖尿病患者约有 1.14 亿，位居世界第一。其中 20%的患者因糖尿病引起的糖足被迫截肢，而截肢后死亡率很高。看到这则消息之后，平时就喜欢研究中医学、《本草纲目》、经络学的他，历经半年，成功研发出了第一代糖足监测分析仪。此后，又经过两个月的研发完善以及实际测试反馈，第二代糖足设备成功面世，并于 2018 年 3 月与南京文镧医疗科技有限公司达成合作意向。目前，他们的设备已经投放到北京大学医院、中国人民解放军第 306 医院、温州医科大学附属医院等多家大型医院。他也因此获邀参加了北京大学第一届足病师国际高峰论坛。论坛中哈佛医学院教授现场用他们的设备辅助检测两位十几年的老糖尿病患者准确呈现了结果。更令他激动的是，他得到了美国哈佛大学威廉教授的指导、北京大学医院糖尿病足防治中心主任温冰教授的肯定与支持，以及多名国内外知名专家的宝贵建议。

2019 年 6 月，滁州市关工委经过在全市范围内遴选成立了“我和我的祖国报告团”的五人报告团，他成为五人报告团内唯一一名大学生。他在安徽省八个大型省级重点学校进行巡讲，通过自己的亲身经历，激发了数万名学生努力学习、积极参与社会的热情；通过报告团的历练和向严金昌、刘福安、刘汉杰、王公承等四位前辈楷模学习，他更加坚定了为实现伟大的中国梦贡献自己力量的信念和初心。

2019年，钱阵发现大多数企业都是从国外进口3D打印设备核心配件，他决定从打造“原创”的激光器入手，力求提升3D打印设备的精度。为了学习前沿技术，钱阵托国外的朋友帮助搜集3D打印设备核心部件学习资料，但一家外国企业却报价100万元。钱阵只好靠网上能搜索到的有限的视频，“脑补”出新部件的工作原理和方式。研究资料的缺失，反倒让他跳出了传统的定式思维，自主研发出“闭环高速不失真振镜”，让3D打印设备的打印速度提升了30%，从而突破了3D打印设备核心部件国外进口的限制，解决了技术上的“卡脖子”问题。“打个比方，在3D打印系统中，振镜是核心的中枢部件，好比人体的心脏，激光光束就好比人体的血液。通过振镜控制、改变激光光束方向，最终形成图案，从而就可以控制打印精度。”钱阵解释道。

虽然有了原创的激光器和振镜，但很多特种金属零配件在市场上却买不到，钱阵只能买来原材料自己动手加工。飞溅出来的铁星经常会烫伤他的手，有时铁屑还会扎进肌肉里直到化脓了才发现，但是他还是坚守初心，坚持早出晚归地研发。

在研发过程中，不断有质疑声传来——“你一个专升本的学生，搞什么科研?”面对质疑，钱阵并不在意。“我的信条就是走自己的路，将每一项技术、每一个理念学到极致。”

几年来，钱阵历经了上万次的软硬件研发、测试。他成功研发出新型SLA和FDM两种成型原理的3D打印机，将3D打印速度提升了3倍，实现了所有零部件100%国产化。他自主研发出算法、主控板及控制系统，相当于给3D打印机更换了更聪明的“大脑”，这也打破了国外在3D打印算法系统上长期垄断的局面。

对此，科大讯飞董事长刘庆峰赞叹道：“一个专升本的学生干了博士生的活儿。”“钱阵造出新型3D打印整机的经历，体现了大学生创业者的逆向思维、工程积累、工匠精神和产品意识。”安徽信息工程学院院长吴敏评价道。

2021年10月，钱阵领衔的“科创3D——开启工业级3D打印的中国造”项目荣获七届中国国际“互联网+”大学生创新创业大赛高教主赛道金奖。这是近年来安徽省省属高校斩获的首个主赛道金奖。此外，钱阵先后在被誉为“中国大学生学术科技的‘奥林匹克’盛会”的“第十七届‘挑战杯’全国大学生课外学术科技作品竞赛”中荣获国家级三等奖，在第九届“挑战杯·中国联通安徽省大学生课外学术科技作品竞赛”中荣获安徽省一等奖；荣获第六届“创客中国”安徽省中小企业创新创业大赛创客组省级唯一金奖并进入国赛，最终取得全国十四强。他还获第四届全国财经院校创新创业大赛国赛二等奖、第十届全国大学生电子商务“创新、创意及创业”挑战赛省级一等奖、首届“智汇中江”芜湖市大学生科技创新创业大赛唯一金奖等各类奖项共计200余项。

2021年10月，钱阵注册成立了芜湖古戈尔自动化科技有限公司并担任公司执行董事兼总经理，公司集研发、生产、销售及服务一体化，矢志打造一家国内领先、国际先进的3D打印企业。2022年2月，公司种子轮融资获得上市企业科大讯飞投资。

2022年3月12日，钱阵受邀参加“芜湖畅聊早餐会”，成为党委政府的“座上宾”。同日，他斩获第九届“青苗杯”安徽省项目资本对接会省级金奖。

“一路走来，我非常感谢学校、学院为我们有创业意向的学生提供支持与帮助”。钱阵介绍，学校不仅为他提供了校内创业基地软硬件设施支持、特聘导师指导，同时还帮助他开展项目推广、平台扶持、市场融资、产业对接等。

钱阵说，国家政策的扶持使他有了更广阔的信息获取途径、更蓬勃的发展市场，而这个和平稳定、繁荣发展的时代为他的成长成才提供了广阔的舞台。

道阻且艰，行则将至

大学多年的学习与实践，让钱阵的综合素质得到了很大的提升，更让他懂得了如何去面对生活和自己的人生，如何去实现自己的价值。“路漫漫其修远兮，吾将上下而求索。”他认为，不管是生活、学习还是工作，都有很多避免不了的困难，在困难面前只有两种结果：克服或妥协。正如拿破仑所说：“人生如河流，我从不怕逆水行舟。”钱阵相信自己能坚守初心，沿着自己的目标走下去，更好地为社会、为人民服务。在未来的生活中，不管道路是否艰难，他都会以一百倍的信心和万分的努力去面对，并用自己的汗水浇灌更美好的明天！

（安徽省大中专毕业生就业指导中心供稿）

艰难困苦，玉汝于成

——安庆师范大学刘童童事迹

刘童童，女，安庆师范大学外国语学院法语专业2017级学生，团员，入党积极分子。2016年她创办汉服工作室，经过3年苦心经营，工作室已成长为具有自主知识产权，专营汉服设计、生产、销售的现代化公司，公司旗下拥有汉服制作厂、绣花制作厂等近千平方米生产车间以及三家电商网络销售店，现有员工20余人，2019年年销售额超过500万元，营利200余万元。作为大学生创业之星，其创业经历曾被中国青年网、《中国青年报》等媒体广为报道。

不甘贫寒，奋力争先

刘童童1999年出生于安徽省安庆市太湖县弥陀镇一户农民家庭，家境贫困。同村的同龄人大多早早就被父母送出去打工，幸运的是，刘童童的父母深知读书才是孩子未来发展的重要途径。刘童童读初中时，父亲举全家之力带着她来到安庆市读书，学习环境的变化也让其见识了自己家庭生活的窘迫和不堪，她告诉自己贫穷不可怕，一定要努力奋斗，才有可能改变人生。

2016年，刘童童考取了安庆师范大学。不甘贫困的她决定要用自己的智慧开启她不一样的大学生活。同年夏天，刘童童成立了汉服工作室，招聘了四五名员工。她自己学习设计汉服，制作成衣后，再通过网络销售。

刘童童追求精致，对成衣质量要求格外高，工作室每天仅能完成2～3套衣服。一套精心设计的汉服样衣，从选料、制版、绣花等，往往需要一个多月的时间。

不畏挫折，坚韧前行

没有谁的创业是一帆风顺的。刚开始，刘童童连一个量体制衣的裁缝师傅都请不到，因为没有谁愿意相信一个少年人的话。再后来，她又因经验不足付了学费，代加工厂商做错了衣服，竟然不愿修改，年轻的她不知所措，最后多亏母亲帮她一一修改。

2017 年 11 月，刘童童遭遇了人生第一次大起大落。她自行设计的汉服，网上订购卖了 1500 套。然而由于代加工制衣厂延误工期，导致无法按期交货，不仅原本的 15 万元营利没了，还亏损了 10 多万元。

虽然一败涂地，但是这个年仅 18 岁的小女孩却倔强地选择了重新开始。刘童童向学校申请了休学一年，开始跑市场。她只身去了全国最大的布料市场——柯桥纺织市场。从安庆到柯桥，为了省钱她坐了九个小时的大巴车，一趟又一趟，深入研究汉服客户群体。

2018 年 5 月 20 日，刘童童第二家公司——抚绸衣庄开起来了。这一次创业，她深刻理解到汉服质量和工期的重要性。不管是炎炎夏日，还是滂沱大雨，所有的质检和布料的采购，她都亲力亲为。

2018 年下半年，刘童童决定一定要建自己的加工厂，于是她一边上学，一边跑市场，一边跑工业园区。2019 年初，公司在安庆市英德利工业园区的服装厂终于进入运营轨道。这一年，公司运营逐渐走上了规范化，公司销售额逐月递增。同年 10 月，公司的月销售额开始突破百万元。

不言悲喜，感恩成长

艰难困苦，玉汝于成。创业使刘童童经历了失败和苦痛，也体验了成功与幸福。

2017 年上半年，在创业最艰难的时候，刘童童选择参加“昆山花桥杯”安徽省大学生职业规划设计大赛（创业组）和安庆市创业大赛，分别获得安徽省铜奖和安庆市第二名的好成绩，并赢得奖金 10000 元。比起获奖，刘童童更珍视参加比赛对其创业之路的帮助和成长，学院老师的指导和赛事培训让她积极反思，帮助她进一步厘清了创业思路，给她不断前行的动力。

刘童童说，她越来越珍惜学习的机会，越来越明白感恩的意义。2019 年底，刚刚走出困境实现盈利的刘童童为了感恩家乡，回馈家乡曾经给予她的帮助，向家乡太湖县弥陀村和国家级贫困村西冲村捐款 5000 元。2020 年年初，新冠肺炎疫情发生后，她主动向安徽医科大学第一附属医院支援武汉医疗队捐款 10000 元。

刘童童的创业之路还在前行，相信一个不畏挫折、努力奋进、懂得感恩的人一定会在未来的路上走出灿烂人生。

（安徽省大中专毕业生就业指导中心供稿）

创业助力“世界中医药之都”建设

——亳州职业技术学院王品武事迹

我叫王品武，男，汉族，1983 年 3 月出生，安徽省亳州市谯城区牛集镇张沃行政村徐楼村人，是亳州职业技术学院康复治疗技术专业 1902 班一名社招全日制在校大学生，现任安徽花吟姿生物科技有限公司(简称花吟姿)董事长。

2019 年入学前我长期从事中医药研发与经营，先后在湖北、广东等地从事中医药经营和研发工作十余年，长期与马应龙、武汉健民、九州通、李时珍医药集团、三九黄石制药厂、湖北炎黄本草药业、湖北康源药业、广药集团、修正药业、重庆中药总厂、贵州百灵等国内著名企业合作，积累了丰富的从业经验和研发、运营能力。我长期与武汉大学药学院王有为教授和华中科技大学药学院黄建耿教授等国内著名天然药物研发专家深度战略合作，并战略参与湖北诺克特药业股份有限公司的创立与股改上市，打造亚洲第一植物药提取基地。

2019 年 9 月入学以来在学校老师的精心辅导和关心之下，我在确保完成学业任务之余，专注研究亳州两大特色资源“芍花”和“酒糟”的科技化应用，相继取得 16 项国家专利和科技成果，开启了亳州芍花和酒糟护肤的先河，促进了亳州中医药产业的创新发展，打造了循环经济的新样板，实现了“变废为宝”。

在学院老师的鼓励、帮助和指导下，我勇于创新、敢于创业，积极将在学校所学知识应用于实践，并通过各类创新创业大赛予以检验我创新创业项目的科学性和团队的运营能力，得到各类专家老师的亲临指导和点评认可，相继取得第四届中华职业教育创新创业大赛国赛一等奖 1 项，省级创新创业大赛金奖 1 项、二等奖 2 项，市级创新创业大赛金奖 4 项。

老师的关心与指导促进我的创业项目得以快速发展，经济效益和社会效益显著提升，我本人也得到组织的关心与爱护不断进步和成长，相继荣获中国科技创新企业家、安徽省返乡下乡创业之星、安徽省优秀农民工、亳州市第三届优秀返乡创业人才等荣誉称号。2022 年我荣任亳州市第五届政协委员、亳州市工商联执委、常委。即将毕业踏出校园的我将始终铭记作为一名亳州职业技术学院的学子，我要抱着感恩的心前行，担负起青春的责任与使命，积极服务人民，回报社会，履行自己的社会责任，践行一名市政协委员的责任与担当。

安徽花吟姿生物科技有限公司是一家拥有自主知识产权的国家级高新技术企业，主营中药本草护肤和科技医美产品的研发、生产和销售，属于大健康、新医美、大消费的主流朝阳行业。花吟姿立足"世界药都"和"华夏酒城"的独特资源，深研芍花和酒糟的科技化应用，创新研发了芍花和酒糟两大系列护肤品，开创了亳州芍花和酒糟护肤的先河及循环经济的新样板，促进了亳州白酒产业和中药产业两大主导产业的创新发展。

目前花吟姿拥有国家专利16项，已成功通过国家非特化妆品官方备案11个品种，公司持续加大科研投入与创新发展，2021年6月成功入库国家科技型中小企业，2021年11月已顺利通过国家高新技术企业认证。

目前长江以北干燥和半干旱区12个省市、50多个城市都有了公司的线下销售网点，战略支持新疆代理商成立了新疆芍药花健康管理有限公司及6家分公司，开设了58家芍药花养生馆和1家芍药花职业培训学校。

项目的发展相继得到了国家部委、省、市各级领导的关心和支持，并与全国著名上市企业古井集团达成"1+1"战略合作，创新了亳州名酒与亳州市花的融合发展。

家乡情怀，滋养创业初心

2019年五一假期我从武汉返乡探亲，看到家乡"亳药花海"里几十万亩芍药花怒放的美景甚为壮观，从老乡那里得知这些美丽的芍药花五一假期观光游客走后随着一场风雨便凋谢了，甚为可惜。其间我通过媒体看到亳州市、市政府发给亳州老乡的一封家书《亳州老乡，请你回家创业》后备受感动，也看到亳州市委、市政府正在"大格局、高规格、大魄力"规划建设"世界中医药之都"，这瞬间激起了我的家乡情怀：作为一名亳州青年，我应该结合自身优势为家乡建设"世界中医药之都"贡献力量，奉献青春。时不我待，说干就干，五一假期之后我便率领我的科研团队返乡创业。以家乡情怀滋养初心，以实干创业践行使命，以学习创新成就创业本领，只争朝夕，不负韶华，以亳州青年的责任和担当开启芍药花护肤品的创业之路，争做亳州青年的创业英雄。

学院赋能，科技创新

在学院老师的精心辅导下，我坚持科技创新，专注药都亳州的市花芍药，坚持"立足芍药花产业，讲好芍药花故事，传播好华佗养生文化"的发展宗旨，以匠心铸匠品，以科技创新促产业发展，积极践行"中医药让人类更健康，芍药花让人类更美丽"的伟大梦想。

在老师的精心指导之下，我的科研团队历经上万次的科技研发实验，“承华佗传世经典美颜名方、采亳药花海精品芍药鲜花、取千年古井无极之水、经传世古法蒸馏萃取、成科技美肌芍药精华”，将药都亳州极其丰富的中药资源与底蕴深厚的华佗养生文化进行创意融合，并加以现代科技融入，创新研制出了芍药花系列护肤品：洁面乳、洁面慕斯、补水喷雾、面膜、精华、乳液、面霜、眼霜、BB霜等基础护肤天然本草产品，开创了芍药花护肤品的先河。其将亳州几十万亩中药鲜花实现了“变废为宝”，有效促进了亳州中医药产业的创新发展和产业升级，同时带动大量人员就业，促进乡村经济的可持续发展，成为当地一、二、三产业融合发展的典范。

服务白酒产业，助力华夏酒城建设

项目的发展相继得到了国家部委、省、市各级领导的关心支持，并与全国著名上市企业古井集团达成“1+1”战略合作。古井自古有名，贡酒贡献人民。作为中国老八大名酒，古井贡酒近几年连续冠名中央春晚，更是闻名世界，产品远销海内外。随着古井贡酒产能的不断提升，大量的固废酒糟处理一直是个难题，原来仅将其作为牲畜的粗饲料，缺乏科技化应用。学院发展一直坚持服务地方产业发展，培养实用性人才，在学院老师的研讨论证后，决定率领我的创业团队展开酒糟的科技化应用项目研发，成熟的研发团队和国外机构日本自然堂企业的战略支持，我们很快研发出古井酒糟特有的护肤精华，创新研发出古井酒糟护肤面膜、沐浴露、身体乳、精华水、精华乳、精华霜等天然本草产品。目前，产品已随古井贡酒走进千家万户，实现了全国有古井贡酒的地方就有我们古井酒糟护肤品的身影，践行了“男人喝酒，女人美丽的家和文化”，古井助力美好生活。

感恩前行，初心不变

作为一名从农村走出来的大学生，我深知企业的创建和辉煌成长，除了自身的机遇和努力，更离不开诚实守信的经营、政府的政策帮扶、学校老师的关心和支持。感恩之心长存，感念于此，企业根基渐稳之后，我一直热心公益，回馈社会，积极接纳贫困学生及残疾人到公司实习就业，举办爱心活动，参加志愿服务，捐款捐物，只要有奉献爱心的机会，我和我的团队就义不容辞。这几年我先后发动乡村贫困户和留守村民参与采收芍花，按约定价格坚守信诺采摘，收购了上万吨芍药鲜花，实现了“变废为宝”和精准帮助贫困户产业脱贫，有力促进了乡村经济的可持续发展，积极引领了亳州中药护肤品新业态的创新发展，为亳州建设“世界中医药之都”贡献力量，增添亮点内容。

每逢周末的志愿活动，我绝不缺席。“保护母亲河，碧水蓝天行”活动中总能看到我捡拾垃圾的身影；“亳州老乡，请您回家创业”春节志愿服务行中，作为返乡创业优秀人才，我更是不畏严寒，放弃春节假期，现身说法给返乡过年的老乡们解说家乡的创业扶持政策等；资助贫困学生这样的善举也早已经成为我的习惯。

我从一个普通的返乡创业青年学子成长为亳州中药护肤品新业态的开创者和引领者。虽然岁月更迭，但我的初心不变，立志做个善于创新、勇于创业的青年先锋，努力成为一名大善大爱的青年模范。相信在创新创业和奉献爱心的道路上，我将走得更远。

（安徽省大中专毕业生就业指导中心供稿）

闪亮的日子

福建

科技兴渔，助力乡村振兴

——福州大学丘英栋事迹

他是丘英栋，一个以梦为马，一路前行的创业新星。他出生于闽西红色革命老区长汀，从小就对生命科学充满兴趣，2014 年考入福州大学生物科学与工程学院生物工程类专业，2018 年进入福州大学应用生物技术研究所应用生态学专业攻读硕士学位；曾斩获第六届中国国际“互联网＋”创新创业大赛铜奖、第六届福建省“互联网＋”大学生创新创业大赛金奖、第十一届“挑战杯”福建省大学生创业计划竞赛金奖，拥有一项国家发明专利，参与一项国家级重大课题研究和五项省级重大课题研究，先后与五家企业开展技术合作。

确立志向，自主创业

丘英栋在校期间积极响应党中央“大众创业　万众创新”的号召，积极尝试过不少的创业项目。一次在导师袁重桂老师的激情演讲中，他对“袁家班”的可控生态精养技术有了初步的了解，这位来自于山区农村的孩子深晓养殖户养鱼的艰难，洞察到这项技术可能会让他大有所为。

丘英栋坦言道：“很少有人有机会可以近距离地感受可控生态精养技术的魅力，而我正是那少部分人，我感受到了这个技术的实用性和创新性，我觉得自己有必要成为这个技术的传承人和推广者，在实现自身价值的同时也为中国水产养殖模式的变革贡献出了自己的一份绵薄之力，做一个不负时代、担当使命的人。”大三时，他将所学知识技术运用到实践，创办了主营“生态瓶”、中高端观赏鱼的繁育、微景观设计制作的“鱼游工作室”。2019 年，他创立了鱼游生态科技有限公司。

“起初，我因为对可控生态精养技术的兴趣而创办了工作室，能把自己的爱好当作事业来做是非常令人鼓舞的一件事情。当我的兴趣点在所做的事情上，就不会过多地考虑结果是什么，而只会享受做这件事情的过程。”在工作室初创期时，丘英栋这样说。

不畏艰难，积极应对

创业过程自然不会一帆风顺。在创业初期，丘英栋曾因不熟悉市场而几近亏空，多亏有亲朋好友热心帮助才得以坚持下来；同时，因为缺乏志同道合的合作伙伴，在事业要发展壮大之际，却因团队成员的离去而导致工作室的业务受到重挫。但他始终没有放弃，而是以积极乐观的态度面对创业过程遇到的诸多困难。

2020 年，丘英栋参加了第六届福建省“互联网＋”大学生创新创业大赛。对于这次经历，他提到：“在这样的竞赛中我们经历过不少困难和焦虑，但这样的竞赛不仅可以让我们结识到很多志向相同的同龄人和同一领域的前辈，可以一同交流学习，受益匪浅，同时还让我学会了如何科学系统地去完成一个项目，也进一步提升了自己的组织管理和协调能力。”

响应号召，回乡创业

2021 年 5 月，丘英栋响应国家扶贫攻坚号召，回到自己的家乡闽西长汀县开展可控生态精养技术的试点推广。许多人曾有疑问为什么大多数人选择在大城市寻找打拼机会，而他却选择回乡创业，丘英栋回答道：“回乡创业是我一直以来的想法，我想利用自己的专业知识反哺养育我的家乡，同时，我的家乡也比较适合我们创业团队当下的发展。家乡需要我，我就回家乡去。”他与长汀县农业农村局签订协议，承包了当地25亩水产良种场，将其定位为青鳉种业基地，并将青鳉鱼的养殖技术无偿地传授给当地低保农户，为村里的低保户提供饲料并回购他们养殖的青鳉鱼，为贫困低保户增收。他利用“互联网＋”思维，培训电商团队，将产品投放至各电商平台进行销售。2021年8月开始短短四个月，基地销售额就超过100万元，直接带动就业9人，间接带动就业10余人。2022年，他计划继续扩大生产规模，将种鱼品种数由100种扩增至200种，将其打造成一个年产100万尾青鳉，集育种、生产、销售、助农于一体的青鳉种业基地，将会直接带动就业30余人。

收获成功，展望未来

从开始的艰难探索到目前的有序经营，丘英栋不懈努力与探索，积极寻找创业出路，不仅在激烈的市场竞争中提升了自己，也为助力乡村振兴做出了自己的贡献。

目前，丘英栋创立的鱼悦公司已与厦门第三地观光农业有限公司合作共建了6亩鱼菜共生大棚，这是一项以观赏鱼为主要水产品的新型鱼菜模式，该鱼菜共生基地不仅可以产出观赏鱼及绿色有机无公害蔬菜，也可作为产研学基地，与厦门周边学校合作，为其提供现代农业体验。目前，鱼悦厦门同安基地共吸纳就业人数6人，随着产业基地的扩大，相信未来将会带动更多的人就业，或将厦门基地作为福建区域的观赏鱼集散中心。此外，丘英栋还与厦门市水族协会达成合作协议，成为厦门市水族龙头企业德中水族的执行董事与最大股东，旨在推动厦门水族行业的发展。

筚路蓝缕，砥砺前行，栉风沐雨，不忘初心。一路走来，丘英栋深知创业之艰辛，他曾有过退却，也有过困惑，但这些困难在他坚定的创业决心面前都显得那么微不足道。他深信，艰难困苦，玉汝于成。在创业这条路上只要稳扎稳打，开拓进取，永不止步，涓涓细流就终将汇成江海。他相信自己一定会开拓出属于自己的一方天地，彰显福州大学才子的风华！

（福建省大中专毕业生就业工作办公室供稿）

寻找激光陶瓷里的光明

——厦门大学罗雪方事迹

2018 年 10 月 15 日夜，厦门大学的上弦场内，第四届中国“互联网＋”大学生创新创业大赛冠军争夺赛上，“引领激光照明与显示的‘中国亮度’，我们是罗化，我们是未来！”的口号久久回荡在上弦场的上空。在数万名学生和海风的见证下，材料学院“罗化新材料”项目凭借良好的商业性、全球领先的技术和出色的创业团队，获得了大赛评委的高度认可和青睐，总分排名全国第二，斩获大赛亚军。团队领导者罗雪方很清楚地记得，从决定参赛到获得全国大赛第二名，历时十个月零七天。然而，若把战线拉长，从她开始创业到获得广泛的业界认可，却是整整五年的不懈拼搏与砥砺前行。

创业艰辛，不断成长

2013 年，罗雪方在江苏南通成立江苏罗化新材料有限公司，从此开始了她的创业之旅。当被问及为什么要走创业这条路时，她回答：“最开始是看到网上各种各样的 App，觉得里面的内容本来可以做得很好，但最后的效果总是不尽人意。”于是她想利用自己的专业知识给大家带来使用和体验更好的产品，决心做好“中国智造”。

在创业初期，罗雪方一直怀揣着做好“中国智造”的理想。三年里，她对企业未来怎样发展，会往哪个方向前进，并没有一个准确的答案。在这个阶段，她尽情发挥想象力，绘制企业的蓝图，为企业后续的发展做准备。直到第四年，她下定决心要找到一个领域进行更大限度地挖掘探索。因为企业在这个阶段要能够存活下来，并做到一定规模，就必须开发好的高科技产品，提高企业的科技含量以增加销售额。产品要依靠数据说话，不仅质量要足够好，满足大家的需求，还要占据足够的市场份额。

创业本就是九死一生，做好一个企业更是一件很复杂的事情。罗雪方不仅要关注产品的科技含量，有技术上的难题要攻破，还要考虑怎么把自己的产品推销出去，寻找合适的合作伙伴，解决好资金运转等问题。任何一个难关没有攻克，都可能让企业面临生死危机。但如果坚持下去，抓住机遇，挺过难熬的时期，企业就会重新恢复生机。她说只要一直坚持下去，就会有“山重水复疑无路，柳暗花明又一村”的一天。

所以，罗雪方认为创业者最需要的个人素质便是韧性。她深刻体会到“坚持就是胜利”并不是一句虚言。罗化新材料有限公司以研发高科技的技术产品为主，所以在技术方面进行科学研究的过程中，总会面临一次次失败。但她不觉得失败是一件坏事，反而认为每一次失败都给她的团队提供了改进和提高的机会，最终他们才会生产出更好的产品。

在一次次失败后，团队中不少人难免会出现负面消极的情绪。罗雪方认为她作为创始人一定要顶住，要有破釜沉舟的勇气与乐观的心态。她在心里想着：“不管怎么样，即使失败了大不了就从头再来。”企业有盈也有亏，她认为，资金充足的时候，就让企业走得快一些；相反，资金不充足的时候，企业就慢一点走了，只不过是由原来的跑步前进变成走路前进而已。无论如何，只要不要停下来就好了。

罗雪方坦然地说，几乎每一年他们都会遇到很多困难，甚至很多时候都感觉无路可走了，但他们并没有放弃。企业在发展的过程中，遇到困难是必然的，重要的是让员工对项目充满信心，相信能够和公司一起挺过去。如果企业的中高层人心不齐，那么企业就很难渡过难关。作为领导者和研发者，她深知韧性及人心对于企业的重要性，如果企业领导者和员工都对企业失去了信心，那企业可能就真的就做不下去了。

除此之外，罗雪方深知，要做好一个企业，不仅要在产品自身的质量、科技含量上下功夫，还要积极寻找投资方和合作伙伴，这样才能提升产品的知名度。刚毕业时她在人际关系的处理上比较简单，但简单的人际关系模式是不适用于商业竞争的。罗雪方是通过实际经历认识到这一点的。她说，有一次她和某一个厂家进行了长达一年的合作，对方公司负责代生产她的产品，但是后来她发现这个厂家实际上在背后把她公司的产品直接拿来销售了，相当于把罗化新材料有限公司当作了他们的研发部门。商业上的人际关系很复杂，有时对方受利益驱使会做一些侵权的事。涉世未深的时候，她常常难以躲避这些陷阱。慢慢地，她在一次次沟通中积累经验，才让公司的商业合作进行得更顺畅。

创业本就艰辛，更何况罗雪方还是三个孩子的母亲。许多人认为，由于家庭的牵绊，女性创业者相比于男性会面临更大的挑战。但她不以为然，她认为女性创业者跟男性创业者相比没有特别的优势或者劣势。无论是男性还是女性，创业时面临的挑战都是一样的，创业过程中所需要的素质也是相同的。男性创业者在数量上较多并不代表他们在创业上就有什么特别的优势。如果有了自己的企业，无论男性还是女性，在平衡家庭和事业两方面都很困难，这点对于男性或者女性都是相同的。因为工作的原因，她大部分时间不是在出差，就是在公司里开会，对家庭就不得不做出一些牺牲。

将近五年的创业经历，使罗雪方在参加“互联网＋”大赛时的表现可圈可点，得心应手。在得到学校的大力支持后，她迅速组建了一个十二人的团队。其中三人是企业核心成员，一人是总经理，一人是办公室主任，还有一人是她的助理。另外九人是学校成员，一个博士后、三个博士、四个硕士，还有一个本科生。除了材料学院的学生和她共同进行研究外，她还寻找了一名计算机系的学生来做技术支持，以及一名人文学院的学生将学术语言转化成观众和评委能够听得懂的日常语言。团队分工有序，各司其职，整个准备过程有条不紊地进行。罗雪方的团队除了参加“互联网＋”类的比赛，还参加了其他比赛，八场比赛中有七场获得了第一名。

结缘厦大，砥砺前行

虽然厦门大学与罗雪方公司的成立地点——南通有一定的距离，但罗雪方十分看重厦门大学在激光照明领域雄厚的学科实力与优秀的导师资源。当时她的朋友推荐她去中科院读博，因为中科院不用考试，只通过面试录取。而考厦门大学还要背英语，复习专业课。但自从了解到当时在激光照明这一领域有较高水平和声望的解荣军教授从日本回到了厦门大学，罗雪方就下定决心选择了厦门大学。她说她很高兴当时选择了厦门大学，在读博士的几年里，他们科技组不管是从人数还是从发表的文章篇数与质量上表现都十分优秀。

展望未来，中国智造

没有一个项目是十全十美的，激光陶瓷也有自身的劣势，虽然激光陶瓷的红色部分很难成型，但一个材料的优势和劣势是由下游的应用客户来评价的，而非材料本身。比如，激光陶瓷在大灯照射这一领域的应用比较多，也能集中体现出激光陶瓷的优势，但是在显示方面还是有劣势的，比如 2018 年比赛时，有客户拿激光陶瓷去做显示，然而当时并没有亮起来。现在她们的科研团队将全部精力都放在科研上，以实验得到的科学数据为基准，探索更多激光照明适合的应用领域。罗化新材料有限公司科研团队脚踏实地，注重科学研发，使激光荧光陶瓷技术处于世界领先水平。

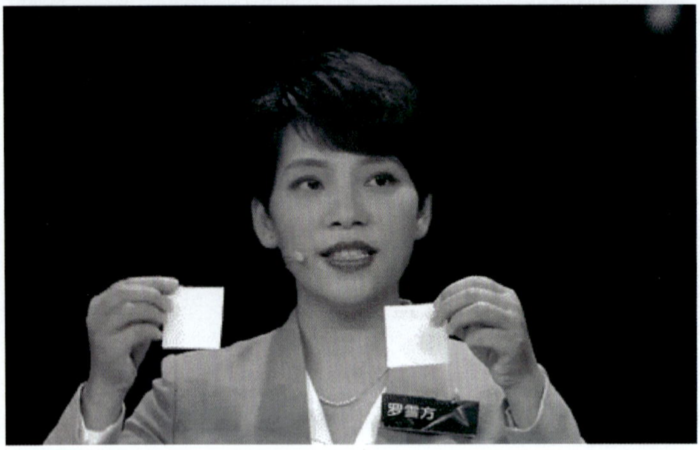

结尾寄语

罗雪方也鼓励那些想创业却有顾虑的学弟、学妹，希望他们勇敢尝试。她说道："尝试创业是可以的，要看你想把企业规模做到多大，一般小规模的创业是可以尝试的，但如果想把企业做到一定规模还需要具备两个条件，一是拥有冲劲、韧性和应变能力，就是不管发生什么情况，你都不要失去信心，并能想出较合适的解决方法。二是要有较好的资源，不管是你自身的人脉资源，还是你父母的人脉资源或经济资源，有贵人相助，可以给创业减少许多阻力。"

罗雪方从最初只是想做些好的"中国智造"到现在带领罗化新材料有限公司一步步成长并初具规模，经历了失败的磨难，也品尝了研发成功和得奖的喜悦。

创业之路、研发之路虽然艰辛，但罗雪方及其团队始终秉持严谨的科学精神与坚持不懈的韧劲，力求保证产品优质的性能及优惠的价格。相信罗化新材料有限公司作为激光陶瓷这一领域的领跑者，将成为"中国智造"一张亮丽的名片。

（福建省大中专毕业生就业工作办公室供稿）

在影像中传承中国汉服文化

——龙岩学院徐钧华事迹

徐钧华，女，汉族，1997 年 7 月 30 日出生，共青团员，福建龙岩人，2020 级龙岩学院传播与设计学院广播电视学专升本班学生，退役军人，中华传统汉服文化推广者，知华国潮汉服摄影工作室创始人；曾获评《中国青年报》"2019 年全国百强职院校园媒体骨干成员"，创作的作品曾获全国大学生广告艺术大赛福建省赛区微电影类优秀奖、微短视频类优秀奖等。

表初心，明来路

徐钧华从小在福建省龙岩市长汀古城长大，对于中国的传统文化、古建筑、传统服饰有着与同龄人不一样的热爱。近几年随着移动互联网时代抖音、B 站、微博等的推波助澜，汉服文化在年轻人中已成为一种新风潮。徐钧华是较早接触汉服的一批人，她见证了汉服从受非常小众的一群人所喜爱，慢慢走向了大众视野，逐渐称霸短视频的经过。

在退伍的第五年，也是临近本科毕业的这一年，有很长一段时间，徐钧华陷入了一种无以名状的焦虑。渐渐地，徐钧华萌生了将汉服与大学专业所学结合起来做一些有意义且能创造价值的事情的想法。创业的想法在她心里生根发芽，如星星之火，以燎原之势，越来越热烈。

初创业，知去路

徐钧华通过学校相关部门了解到国家、省、市、学校等对大学生创业扶持的相关政策，2021 年，她的创业项目通过遴选，成功申请入驻福建省大学生创新创业基地（龙岩），成立了知华国潮汉服摄影工作室。

徐钧华说："我选择做汉服摄影是因为喜欢汉服和摄影，但促使我将二者组合在一起做的真正原因，是我希望能够用自己微薄的力量让更多的人知晓我们汉族的服饰，了解汉族也是有传统服饰的民族，在五十六个民族大合照里汉族不是只有白衬衫黑裤子的民族，汉族优秀的传统文化与传统服饰也是不能被时光偷走的。"

将汉服与摄影结合进行创业让徐钧华累并快乐着。一方面是身体上的累：创业初期，她身兼数职，客服、服装、化妆、摄影、灯光、后期等；另一方面是精神上的苦：她要平衡学生和创业者的双重身份，在兼顾学业的情况下，又要忙工作室的事情。理想和现实存在的差距，无法稳定输出科普汉服的作品，曾一度让徐钧华怀疑自己做的这些是否真的值得。

相比于创业初期的苦，快乐其实来得很简单。工作室拍出了好看的作品，收获了夸奖，他们给素未谋面的人带去鼓舞与穿汉服出门的勇气，让更多的人知道了汉服、了解了汉服文化……这些点滴的成绩就能给徐钧华带来快乐。依托工作室，徐钧华的声音、想法，一点点得到传达。在信息无限、注意力有限的今天，工作室团队成员为普及中华传统服饰做出了自己微薄的贡献，就是一件特别让人有满足感的事情。别人在他们的作品下方评论，正向的反馈会更鼓舞他们前行，即使批评也会使他们得以反思、沉淀，不断改进与提升。

在参与全国大学生广告艺术大赛时，徐钧华与队友们提议将汉服元素融入参赛主题，让广告主在下一次宣传制作的时候能够想到汉服。他们参与的微电影类和微短视频类两项主题，获得了福建省赛区的优秀奖，这些鼓舞与鼓励也更加坚定了她传承中华传统文化的决心。

在长汀县的古城墙上、在永定的土楼之中、在永福的樱花树下、在培田古民居里、在连城的山水之间，徐钧华和她的团队小伙伴们带着汉服，穿梭在其中。他们说："汉服不仅仅是一件衣服，它更是一个连接自然景观、历史建筑的载体，能够使更多的人有机会贴近在历史脉络里一路恣意生长的优秀传统文化。在当下，穿着汉服的人，能够连接过去与现在，每一刻的风动，吹来的是和民族、历史同在的心动，让人能够感受到与自己民族时刻紧密地联系在一起，与天地共情。"

创业一年多来，徐钧华带领工作室与龙岩万达广场、美伦·生态城、建发·央渚、建发·云著等联合举办了30多场传统文化、节日、服饰类相关的活动，开展商业演出10余场，拍摄个人汉服写真200多场，并受邀《闽西日报》、龙岩电视台等多家媒体采访报道，受众人数不断提升，受众范围不断扩大。就这样，徐钧华带领工作室成员在渐行渐远中积极推广中华优秀汉服传统文化。

守初心，勇前行

经历了工作室创业初期的苦，徐钧华与团队成员更能接受社会的新鲜事物，他们勇于挑战自己，不固守现状，时刻准备着迎接改变。他们不怕看见争议、不怕被批评。他们梦想着在不久的未来，汉族人民也能像少数民族一样穿着自己民族的传统服饰，站在世界的面前。有些事情就是要有人去做才能发扬光大并传承下去，他们就是其中的那一小部分人。“江山错落，人间星火，中国几千年的文化积淀何其浩荡，这群年轻人用自己的力量与方式对传统文化价值进行再挖掘、再创造、再凝练、再诠释，立志要做推动中华优秀传统文化创造性转化、创新性发展的星火，以星火之势燎原。”这是福建龙岩电视台采访徐钧华团队后给予的评价。

前路浩荡，徐钧华将和更多的人，在文化传承的路上不断前行。

（福建省大中专毕业生就业工作办公室供稿）

“肿瘤治疗”，一条路走到黑

——厦门大学曾凡伟事迹

曾凡伟，厦门大学医学院2010级药理学硕士研究生、2014级生理学博士研究生，曾以第一作者的身份在 *PLOSBiology*、*AntGicancer drug* 等国际学术期刊上发表论文，曾获2015年福建省大学生“创业之星”、2018年福建省“创青春”大学生创业大赛金奖、2019年福建省“互联网＋”大学生创业大赛成长组银奖；2015年创立厦门博创盛世生物技术有限公司，现任公司CEO。

药敏辅疗，癌症患者的福音

曾凡伟最开始有做肿瘤类器官药敏项目这个想法是因为了解到中国每年有超过380万的肿瘤患者，患者5年的生存期只有20%左右，也就是说，80%的患者会在5年内逐渐去世，如果能够通过药敏辅疗提高患者的生存期，那将是癌症患者的福音。

在化疗过程中，目前有100多种可以治疗肿瘤的药物，肿瘤患者一般会进行多个疗程的用药，医生会根据患者的病情和用药指南给出一个标准的用药方案，但是这个方案无法解决因患者个体差异性而带来的药物无效问题。曾凡伟举例道：“以胃癌常用药物紫杉醇为例，这种药物仅对25%左右的患者而言非常有效，但是对70%左右的患者不是很有效。我们通过把患者的肿瘤细胞提取出来，培养成小肿瘤块，这个小肿瘤块就是患者的分身，让‘分身’代替患者去测试不同药物的敏感性，这就是我们肿瘤药敏的作用原理。”现在做药物匹配的另一种方法是基因测序，这是目前最好的精准医疗方法，但是基因测序仍然存在一定的局限性，患者要有突变的基因，院方才能找到与之匹配的药物，而能找到有对应药物的突变基因的患者只有10%左右的概率，有些患者即使能有幸找到突变基因，但是却没有与之对应的药物可用，所以基因测序的使用范围还是比较局限的。

相对而言，肿瘤药敏的应用范围会更广泛，一旦测试成功就会有更多患者受益。现在基因测序技术比较成熟，费用较低，做一次基因测序的费用大概是1万元左右。而现在肿瘤类器官药敏的成本还没有降下来，目前一次费用预计在4～5万元，大面积推广之后（一年超过1万个病例）成本可以降至1万元以内，届时大多数家庭就都能承担得起相应的费用了。

厦大领航，踏上创业之路

如果要问曾凡伟的创业灵感来自哪里，答案中一定有厦门大学。他的创业方向和想法是在厦门大学读博期间产生的，当时他的研究课题是“为什么我们人类与猴子、猩猩、老鼠等其他的物种相比智力会高很多”，这必然与基因有关，因为基因是决定人类形态和行为学的基础。在研究过程中他们发现了一个很特殊的基因——去泛素化蛋白酶6（USP6），这个基因大约是在600万年前因基因染色体重排而产生的，仅存在于猩猩和人类这两个物种中，如果人类缺少这个基因,就可能会出现智力障碍。因此他们推测这个基因可能和人类的智力密切相关。他们尝试把 USP6 基因导入小鼠脑部,然后让小鼠走迷宫,结果是体内携带该基因的小鼠走迷宫能力会更强,他们还进一步发现,神经之间连接需要一种叫作谷氨酸的受体,USP6 基因可以调节谷氨酸受体,进而使得转基因小鼠变得更加聪明。

曾凡伟博士期间的另一部分试验是把胚胎干细胞诱导成人的神经元,在这个培养过程中他们团队掌握了细胞诱导技术。"博士阶段掌握的技术促使我的创业萌芽,我攻读硕士研究生时候的课题就是肿瘤研究,那时就打下了一定的基础。此外,我本科是中药学专业,所以我也在考虑如何结合中药学进行药物开发。所以说,这些年的学习和研究对我的创业都是非常有帮助的。"

此外,在厦门大学求学阶段对曾凡伟影响最大的是来自他身边的同学,周围人的优秀成为激励他努力学习和工作的动力,那些与他年纪相仿就已经在学术研究、自主创业领域有成就的朋友都会起到榜样作用;而且在创业项目的研发过程中身边的同学和朋友也为他提供了不少的支持,大家在研发遇到瓶颈时也会一起参与讨论。

螺旋上升,坚定难中求进

2018 年,曾凡伟团队研究的肿瘤药敏项目遇到瓶颈,他们研究了很久都没有太大进展,再加上曾凡伟当时还在读博士,很难兼顾项目研究。"做研发的话,很多东西都需要比较长一段时间去验证,有好几个最初一起加入项目的伙伴在那段时间觉得项目前景不太好,就退出了,那时我也很怀疑自己的选择到底对不对,项目是不是选错了方向。""那段时间其实我是很沮丧的,很多次都觉得项目做不下去了。"曾凡伟坦诚道。"当时最主要的问题是肿瘤类器官培养效率低,所以我们一直在纠结到底是人类器官本身就难以培养,还是培养技术的原因。做研发的时候,如果是因为一些生物现象或者自然规则而做不下去就只能选择放弃;但如果是技术不足,就应该继续努力去攻克。那时候我非常矛盾,今天想'算了算了不做了!'明天想'项目还是挺有意义的,继续做吧。'"庆幸的是,"坚持下去"的想法还是占多数的,经过一年多的不懈奋斗,培养技术终于有了巨大突破,肿瘤类器官的培养成功率从原来的 30%提高到 80%~90%,于是他们就更加坚定了要继续走下去。

经营上遇到的主要困难就是研发初期资金比较紧张,研发开支较高,而这个难题可能会一直伴随他们到第一轮融资。因此他们需要出去"赚外快"筹集资金:与一些药企、高校或者医院合作,由团队来提供技术服务比如药物筛选和肿瘤类器官培养等以获得额外收入,减轻经营压力。现在,公司这方面的技术已经基本成型,他们将尽快推进临床试验,争取 2022 年年底或者 2023 年年初进行融资。

创业路上的很多困难,其实都不是只靠团队就能跨过去的,"外援"也很重要。"厦门大学的同学也给我提供了很多帮助,比如说我们公司很多研发的标本都是由同学帮忙联系所在医院提供的,如果没有标本,我们就做不了项目。"当遇到研发瓶颈时,他们也会和同学、老师一起讨论,"有时候我们站得没那么高,看得没那么远,担心我们的判断是否会不准确,所以经常需要朋友们的意见。"导师也是他们坚强的后盾,在瓶颈期时给予点拨,介绍朋友给他们提供经验和帮助……研发这条路不是一帆风顺的,创业更是要面临重重考验,好在每次大家都有乘风破浪的决心，也有贵人鼎力相助。

展望未来，找寻前进方向

曾凡伟对公司的定位是一个研发驱动的公司，通过不断的研发创新逐渐将其推向市场。短期来看，公司研发项目的重点肯定会放在肿瘤类器官上，等把这个项目推向临床应用之后会有两个方向：一个是积极开发新的医疗项目，另一个是基于肿瘤类器官来做药物研究，进行药物筛选。如果能找到比较优秀的药物，那么后者将不失为一个好的选择。在团队资金链跟不上的情况下，目前他们只好暂时规划把公司做成诊断公司。

"从整个研究领域来说，我们的技术应该算是中等偏下水平，国外在这方面已经有深入研究历程了，我们是从 2018 年才开始做这方面的研究。但仅从应用来说，我们又算是中等偏上的水平，在国内来讲我们的应用应该是比较领先的。"和国外相比，国内肿瘤类器官研究领域的整体进程相对滞后，但美国的产品不能直接在中国销售，所以团队的竞争对手还是在中国。团队目前虽然已经是靠前的水平，但仍不敢说是前三，还有很大的进步空间。

目前团队也没有拘泥于肿瘤类器官这一个项目，而是同时在做新的医疗诊断项目——电镜诊断蛋白质。"虽然肿瘤类器官技术现在我们公司是比较领先的，但五六年后肯定会越来越普遍，那时候我们要有新的技术来支撑公司的发展。"曾凡伟这样规划道。

（福建省大中专毕业生就业工作办公室供稿）

“95”后退伍女兵变身“新农人”

——福建技术师范学院颜雪芳事迹

颜雪芳，女，共青团员，1995 年 3 月出生，福建省永安市人，2013 年参军入伍，2015 年复学福建信息职业技术学院，在校期间先后任学生会记者团干事、校老兵公社副社长，前后鼓励学校六七十人参军。而后 2018 年她考入福建技术师范学院，其间因病休学一年，用一年时间修完两年本科全部课程，2020 年获大学生“互联网＋”创新创业大赛校赛银奖，2021 年获福建省大学生“互联网＋”创新创业大赛省赛银奖和省赛铜奖各一项、福建省退役军人创业比赛三等奖、福建省大学生“创业之星”称号；参与 2022 第一届三明市退役军人乡村振兴培训班，担任副班长并做演讲报告；旗下美香（永安）农业有限责任公司先后获批三明市退役军人创业示范基地、福建技术师范学院文化传媒与法律学院实训基地。“95”后的她有多重身份，既是一名退伍女兵，又是一名返乡创业的大学生，还是一名带领家乡果农增收致富的“新农人”。

怀揣军营梦，携笔从戎淬炼品性心性

2013 年高中毕业后，怀揣对军营的憧憬，颜雪芳通过层层选拔光荣地成了一名女兵。在部队，她写的军事新闻刊登在《吉林日报》、《人民武警报》、中国军网等媒体上，获“优秀士兵”“嘉奖”等多项荣誉。两年的军旅生涯使她不仅拥有了丰富的人生体验，还光荣地成为全森林部队第一个参与武警森林指挥部组织的新闻骨干培训班的女上等兵。军旅工作中那丰富多彩的新闻工作者生活，将“记者”这一职业梦想悄然播种在她的心田。

憧憬记者梦，回归校园学技能强本领

2015 年退役后，颜雪芳怀揣着记者梦，想回学校接受更专业的记者技能培训。她先是进入福建信息职业技术学院学习新闻采编与制作，大专毕业后，她又报考了福建师范大学广播电视学专业，并且考取了新闻采编记者从业资格证。

落地创业梦，返乡助力果农脱贫致富

颜雪芳的老家西洋镇，是全省闻名的“水果之乡”，芦柑、芙蓉李、水蜜桃、柿子……一年四季水果飘香。她母亲经营着 300 多亩果园，经常凌晨三四点上山采摘水果，并到集市上摆摊售卖。“如果不去摆摊，就只能把水果卖给那些收购商，价格不及摆摊的三分之一。”面对母亲及其他果农共同面临的难处，颜雪芳心疼之余，决定暂时收起记者梦想，毅然回乡，为母亲和果农谋求水果营销的新路子。

在很多人眼里，农业是特别辛苦的一个行业，没有作秀只有苦干。但颜雪芳不怕辛苦，军营的历练培养了她吃苦耐劳、永不服输的作风，她要用智慧和韧劲在农业这条路上努力闯出一片天地。2020 年 3 月，颜雪芳成立了美香（永安）农业有限责任公司，采取“线下供应市场，线上对接消费者”的销售模式。为了掌握电商知识，颜雪芳在网上购买了电商相关课

程，不断“充电”“取经”，降低货运成本，广开销路，彻底解决了果农产品卖不出去、价格卖不高的根本性问题。2021 年，她调整公司的商业模式，走“公司＋基地＋农户”的发展路子，结合现代农业种植＋特色深加工产品生产＋互联网销售以及大宗交易代办，建立生态体验式农产品品牌，并申请了“一种基于物联网的环境监测装置”实用新型专利。通过使用这个专利，她发现当地天然矿泉水的硒含量很高，用富硒水浇灌出来的水果口感甘甜、营养价值更高。颜雪芳立足原生态富硒区域优势，努力带动果农打响富硒水果品牌。目前，公司拥有 3 项实用新型专利，发表 2 篇农业专业论文，合作农户 30 多家。从 2021 年 12 月至 2022 年 2 月，短短 3 个月时间，公司就累计助农销售水果 50 万公斤，综合带动 264 人就业。

2021 年 10 月，颜雪芳在第二届福建省退役军人创业创新大赛中获得三等奖。同年 11 月，她又获得第七届“互联网＋”大学生创新创业大赛福建省铜奖，12 月获评第十届福建省大学生“创业之星”。

践行公益梦，回馈社会勇担责

作为一名退役军人，颜雪芳时时不忘履行社会责任。2019年年底新冠肺炎疫情初期，她向永安市红十字会、福建技术师范学院、西洋镇百姓等捐赠了价值5000元的防疫物资，为战"疫"尽一份自己的绵薄之力。2021年，她和果农们又将2500公斤芦柑送进了驻永部队，同官兵共叙战友情、军民鱼水情。

颜雪芳说，她会一直留在家乡为乡村振兴出力，她也希望有更多年轻人留在家乡就业创业，希望青山碧水永远留在家乡。

（福建省大中专毕业生就业工作办公室供稿）

闪亮的日子

江西

归心美育,以陶育美,以瓷育人

——景德镇陶瓷大学韩超宇事迹

韩超宇,2014年考入景德镇陶瓷大学,就读于设计艺术学院产品设计专业,2017年毕业后进修于韩国圆光大学陶艺专业,并于2017年创立“归心美育”研学品牌儿童陶艺教育;2018年在全国发起寻美中国艺术研学项目,并受到社会广泛响应;2019年成为上海胡杨大学CEO优秀毕业生。

创业意识及想法的产生

“随着‘国潮热’‘新文创’的不断兴起,人们对传统文化也越发重视,作为‘国际瓷都’,景德镇充满了机遇,关键在于我有没有能力把握住。”韩超宇说道。

大学期间,每年暑期韩超宇都会留在景德镇当志愿者,参加陶瓷公益项目,向来自全国的陶艺爱好者介绍陶瓷知识,与他们一起感受陶瓷文化。虽然做志愿者工作每天都要起早贪黑,有时还要加班到凌晨三点再骑车返回学校,但是韩超宇并没有感到辛苦,他说真正的辛苦是对前途渺茫的心累,身体上的累都不算什么。努力的付出不会白费,机遇就这么悄悄地来临了。在接待外来游客时,有位老师曾问韩超宇:“陶瓷文化内涵丰富多彩,这些传统的制作工艺能否让小朋友们也体验到呢?”这让韩超宇有了灵感,他想开一个工作室,研发面向孩子的陶瓷课程,向他们推广陶瓷文化。明确了自己的目标后,首先要解决的就是资金问题。韩超宇当时只是一个普通的大学生,上哪儿去筹集这么多钱呢?一次外出吃饭,与饭店老板闲聊的过程中,细心的韩超宇和室友发现了商机:“当时‘饿了么’和‘美团’刚入驻景德镇,外卖平台特别火爆,但学校外面的餐厅都缺少配送员。”于是,韩超宇和伙伴召集了30名陶大的学生,建立了一个平台:猴急配送。他们利用课余时间给学校外面的饭店配送外卖。

“我当时的想法很简单,配送外卖只为开工作室积累资金,等时机成熟就果断放弃这个项目,然后专心筹备工作室。”在有了这个创业的想法之后,他们还编写了创新创业项目计划书,参加了全国大学生创新创业竞赛,并取得了优异的成绩。为了更好地实现自己的想法,他们通过学校给大学生创新创业提供的平台和一些政策支持,将自己的创业想法付诸实践。这也为他们后来的事业发展壮大打下了坚实的基础。

创业初期

2017年3月,韩超宇开始筹备工作室,前期的准备工作主要包括两个方面:一是工作室的选址;二是苦练内功,积累陶艺技能,掌握陶瓷文化知识。为了练好陶瓷技艺,韩超宇和伙伴们通宵练习拉坯,没日没夜地进行练习。在冬天练习的时候,因为工作室没有空调,大家手上都长了冻疮,“我们的手肿得像包子一样。”韩超宇摇着头笑着说。

韩超宇将工作室的地址选在成本较高的三宝国际陶艺村,因为那里聚集了很多陶瓷艺术家,环境好,艺术氛围浓厚,更加符合工作室的要求。可是在这样艺术氛围浓厚的场地,租金是他们的又一难题。在创业初期，由于没有场地，于是他们寄宿在他处，漏风漏雨的屋子使他们在晚上都必须裹着羽绒服才能睡着。2018 年，韩超宇与大学室友黄龚、罗安国三人带领着一个不到 5 人的团队，走出大学校园，开始正式运营创业项目。跟很多公司一样，“归心美育”在创立之初存在过一个前期阶段，即以工作室、项目制的形式运作。当时韩超宇是以研学辅导员、陶艺老师、销售等各种身份进行参与的。“这个项目经过评估，应该不会差到哪里去，但是未来有多好，也得看我们能努力到什么程度，当然也有天时、地利、人和的作用。”韩超宇笑着回忆道，“或许也是我心中有一个教育梦吧，当时我每天像打了鸡血一样，每天叫醒我的不是闹钟，而是梦想，不抛弃不放弃的坚持。”

韩超宇与室友一起成立了一个教育品牌——“归心美育”，以陶瓷产品研发设计和传播陶瓷文化作为主要的发展方向。工作室成立初期，他们充分挖掘陶瓷的历史，将理论知识以卡通动漫、卡通视频等形式呈现在孩子面前。但他们精心设计的课程并没有得到市场的认同，大众普遍对陶瓷文化没有深刻了解，对此也并不看好。市场的低迷让他们意识到：不能仅专注于课程的设计，也要多关注市场的反馈。只要是对游学活动表达了兴趣的客户，韩超宇就会立即购买火车票前往客户所在地登门拜访，当面向他们介绍景德镇的陶瓷文化，讲解研学课程项目。虽然多次被拒之门外，但也有不少人被韩超宇的真诚所打动，与他达成了合作。他始终坚信事在人为，团队的力量大于一切。他与室友一起迎难而上，解决了一个又一个难题。正是这种“不抛弃不放弃”的精神，使这个不到五人的小团队发展成了有 20 名员工的创业公司，全国合作校区 2000 余家，服务上千组家庭，覆盖了旅行＋教育行业的两种模式，成为景德镇高端亲子研学行业以及儿童陶艺教育行业的领头羊。

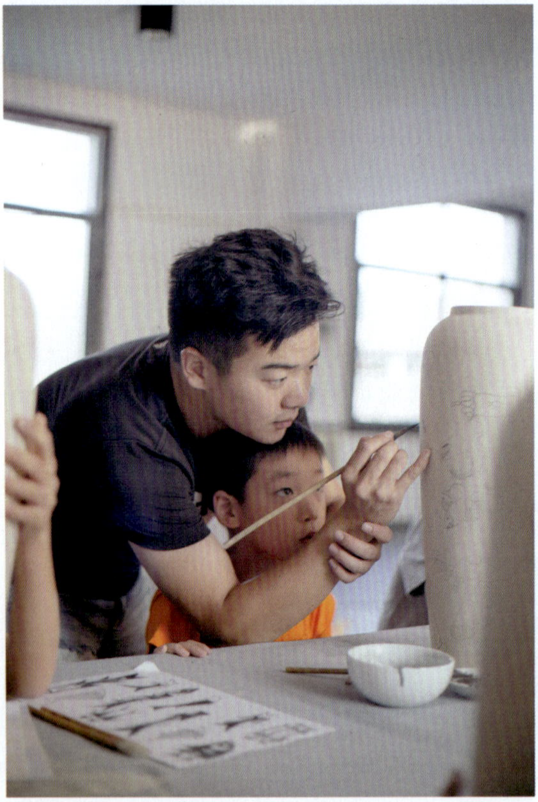

今后的目标

五年过去了，“归心美育”从一个小小的工作室发展成了一家公司，并在云南、山东、日本建立了游学合作基地，引起了教育行业和众多家庭的关注，公司所包含的业务也愈发广泛。

韩超宇也比以前更加细致、更加有耐心，明白了凡事不能急功近利，要脚踏实地完成每一件事。他与他的团队始终朝着共同的目标在努力奋斗，凝聚力强，无论何时从没想过放弃。前期的成绩让韩超宇及其团队有了底气，他们对“归心美育”未来的发展充满了信心：不忘初心，慢慢长大，让“归心美育”真正走进每一个家庭。下一个阶段，他们还是会以景德镇的陶瓷文化为出发点，继续深耕中国传统文化，把皮影、书法、剪纸等更多中国的传统文化融入研学课程。他们在敦煌、贵州的合作点也即将开启，将带领孩子们探索中国大地，讲好中国故事。

回馈社会

四年前，在“归心美育”成立的那天，韩超宇就有个梦想，愿每一个贫困山区的儿童都有一次游学经历，让更多边远地区的孩子都有看世界的机会，他们与当地的孩子共同进行艺术创作，在公益和利他精神中，大山里的孩子们眼中闪烁着快乐的光芒，而来自大城市的孩子们内心也同样充满了温暖。

（江西省教育厅高等教育处供稿）

军人本色创业，勇担社会责任，致力服务民生

——江西旅游商贸职业学院陈堃源事迹

陈堃源，男，汉族，中共党员，江西旅游商贸职业学院高职扩招2021级计算机应用技术1班学生，现任江西兵哥送莱实业有限公司董事长、全国工商联代表、江西省党代表、江西省“五型”政府建设监督员、南昌市人大代表。

陈堃源退伍后积极投入创业，积极响应国家职业教育扩招政策，考入江西旅游商贸职业学院，曾荣获全国首届“最美退役军人”“全国模范退役军人”称号。2019年3月3日，他的奋斗故事还被写入了《人民日报》“我们都是追梦人”，作为亿万中国人逐梦前行的缩影。2020年，他在第四届“中国创翼”创业创新大赛中以第一名的成绩获得全国一等奖，获得全国抗击新冠肺炎疫情民营经济先进个人；2021年，荣获第三届“江西省青年创业风云人物”，被中共江西省委、江西省人民政府评为江西省优秀创业者，受邀参加建党100周年观礼。

军人情怀，投身创业

退役之初，陈堃源蓦然置身于一片日新月异的洪流中，他既陌生又好奇，更多的是无所适从。由于没有专业技能、缺乏行业经验、缺少商业资源，他陷入了深深的迷茫、困顿和不安之中。历经多年的摸爬滚打后，他和两名战友选择了生鲜行业，在八一军旗升起的英雄城市南昌打响了自主创业的第一枪，创立了江西兵哥送莱实业有限公司，一家以“退役军人＋互联网”的民生服务型企业，一家集农产品种植、生产、输运、配送为一体的综合性服务公司。公司主营范围为农产品配送、餐饮管理承包、社区团购、兵哥品牌联盟、国家级退役军人孵化示范基地。公司在全国12个省设立了33家分(子)公司，在各地自建合作农场20余个。公司80％的员工为退役军人及军人家属，实行全面军事化管理，努力打造一支效率高、执行力强、退役不褪色的高素质兵哥团队。公司作为国家级退役军人孵化示范基地，为江西省退役军人职业教育和技能培训提供助力，他曾先后赴江西省各地市50个区县为退役军人进行技能培训、就业和创业指导咨询，提供对应服务和保障。

陈堃源创立的江西兵哥送莱实业有限公司获评中国农业企业500强、中国民营企业社会责任100强、江西省级农业产业化龙头企业、江西省级电子商务示范企业、江西省工人先锋号、江西省抗击疫情爱心奉献民营企业。

继续深造，助力创业

陈堃源心怀感恩，时刻不忘是党和部队培养了自己。他深深懂得兵哥实业的发展，离不开各级政府无微不至的扶持、无数客户毫无保留的信任，离不开那些始终站在自己身边风雨同舟的创业伙伴们，更离不开自身理论知识和管理能力的提升。2020年，在江西省高职扩招的积极政策宣传下，陈堃源毅然选择报考并成功考入江西旅游商贸职业学院计算机应用技术专业。

陈堃源入校以来，学校创新创业学院的老师便深入发掘他的创业项目，深入企业调研，了解他公司的发展情况和面临的瓶颈，并多次邀请校外创业导师对兵哥送菜项目的商业模式进行优化指导，在导师的指导下，公司裂变了很多新业态项目。以赛促创，增强学生的创新创业能力，学校先后推荐并指导兵哥送菜项目参加了第四届“中国创翼”创业创新大赛、江西省第七届大学生创业公开课和中国国际“互联网+”大学生创新创业大赛等赛事，在“中国创翼”和大学生创业公开课比赛中均荣获了总冠军的好成绩。截至目前，江西兵哥送菜实业有限公司在全国带动退役军人及军人家属就业创业1300余人，并入选了中国农业500强企业。

战士担当，回馈社会

陈堃源时刻牢记作为一名创业者的担当。自江西兵哥送菜实业有限公司自成立以来，他带领公司员工进社区、行帮教、敬老人、捐善款、扶贫弱、慰问抗洪官兵，累计参加社会公益活动180余次，捐资捐物共计450余万元，帮扶困难户100余户。

2020年，在新冠肺炎疫情暴发期间，陈堃源第一时间召开了公司党支部会议，成立疫情防控领导小组并亲自担任总指挥，号召南昌总部80多名员工、全国分公司400多名员工投入到疫情防控之中。为全面保障居民的生活物资需求，他带领公司青年突击队员们主动向前，利用线上点单、线下配送等服务方式，以专人负责、当天送达为社区群众供菜累计1260户。为让抗疫在一线的“白衣战士”可以安心奋战，青年突击队员们免费服务医护人员家属累计257户，并向南昌大学附属第二、三、四医院、江西省胸科院、江西省儿童医院、省荣军医院和西湖区桃花镇镇政府等单位捐赠大量新鲜蔬菜，并通过省军区向奋战在武汉一线的医护人员捐赠大量新鲜水果，合计金额近30余万元。在严峻复杂的新冠肺炎疫情面前，陈堃源带领公司青年突击队员们始终奋战在防疫一线。

2020年7月，鄱阳湖流域发生超历史纪录的大洪水，陈堃源带领公司党员前往防汛一线慰问武警和部队官兵，为他们送上价值近 30 万元的慰问品。同时，他还组织公司 46 名志愿者参与了抗洪抢险救援工作，与一线部队官兵并肩作战。

2022 年 3 月，南昌突发新冠肺炎疫情，公司迅速动员党员和退役军人组建了一支 30 余名的志愿服务队。陈堃源不畏艰险，在第一线主动靠前指挥队伍运送医用和后勤物资 50 多万件，跑遍了青云谱区的 186 个核酸检测点。志愿服务队累计出动 308 趟车次，服务了 32 万多名群众；每天免费供应的食品品类达 2000 多种，涵盖了肉类、果蔬类、鸡鸭禽蛋类、水产类、粮油类；每天赠送 2 万斤蔬菜、1 万斤大米、1 万斤肉类、3000 斤水果等抗疫生活物资。新建区作为重点疫情防控区，区域内实行全封闭管理，陈堃源受南昌市政府、新建区政府全面委托坚决做好疫情防控物资保供，用心用情保障新建区人民“米袋子”“菜篮子”，服务保障了 32 个社区、96 个执勤点、20000 多户家庭的生活物资，用实际行动书写了战“疫”大考中企业家的担当，凝聚起疫情防控的正能量。

陈堃源说，企业做多大，社会责任就有多大。企业家的价值不仅在于创造了多少物质财富，更重要的是创造了多大的社会价值。不忘初心方得始终，初心决定使命，使命呼唤担当，未来他会继续不忘初心，带着这份使命把兵哥送菜项目复制到全国，用创新引领创业，创业带动就业，把自己的信念与梦想绽放在这大有可为的新时代！

（江西省教育厅高等教育处供稿）

百合花开，“农”颜绽放

——井冈山大学赵延宽事迹

赵延宽，男，2017—2021 年就读于井冈山大学生命科学学院环境工程专业。2017 年秋，赵延宽加入学校的科技助农小分队，来到井冈山、莲花县等地开展科技扶贫活动。大片荒置的山地、传统的农业生产模式和低下的农业生产效率刺痛了他的心。受习近平总书记给第三届中国“互联网＋”大学生创新创业大赛青年红色筑梦之旅大学生回信的感召，赵延宽决定组织成立百年好合公益团队，立志将高校科技成果带入革命老区，助力乡村脱贫攻坚、乡村振兴，践行习近平总书记对当代青年学生发出的“扎根中国大地了解国情民情，在创新创业中增长智慧才干”的号召。

在当地政府的大力支持下，带着学校的殷切嘱托，百年好合师生团队深入井冈山开展了系统的产业资源和气候地理环境调查。针对井冈山山多地少、生态环境优良和冷凉湿润的气候特点，团队选定了适宜井冈山地区气候地理条件的药食同源百合作为发展林下经济和丘陵荒山地农业种植的主导品种。在校地合作的推动下，2017 年，百年好合师生团队与政府签订了为期五年、经费 3840 万元的百合产业发展合作协议。为高质量推进百合产业健康快速发展，百年好合团队探索出了一条整合高校、政府和企业等资源，构建“四位一体”科技兴农服务系统，实现“高校成果转化、区域经济多元化发展、助力乡村振兴”三大目标的公益服务产业发展之路。

历经五年的探索与实践，赵延宽和他的百年好合团队在井冈山建立了百合品种园和良种繁育基地，采用茎尖脱毒和种苗工厂化生产技术，有效地解决了种源退化问题，每年可为贫困户提供种植 2000 亩的百合良种；创新研发了大叶百合林下生态种植技术，极大地提高了生态林的综合经济效益，助力绿色井冈林下经济腾飞，真正实现了绿水青山就是金山银山；首创了红壤丘陵山地百合种植技术体系，避免了传统百合生产需要占用基本粮田的弊端，并且每亩节约成本 45%，提高产值 53%，让井冈山万亩红壤荒山地换新颜，实现了经济效益和生态效益的双丰收；为神山村等开发了百合农旅产业新业态，帮助村集体研发了竹香百合粉、速溶百合粉等创意旅游产品，延长了百合产品链，极大地提升了产品的附加值。

团队为科技助农服务构建了产业“四级联动”服务体系，在现场教学、技术反馈和应急防控等方面开展服务工作，实现了专家、技术人员和种植户的快速响应，保障了百合产业的顺利发展；开展了乡村人才培训，打造乡村人才库，截至目前共举办了 300 多次培训，为 120 个村培训了 136 名种植能手，实现了村村有技术员、户户懂技术的人才培养目标，为产业发展培养了强大的人才队伍。在团队成员的共同努力下，“小小的百合真正成了农民的致富之花”。

在第七届中国国际“互联网＋”大学生创新创业大赛中，赵延宽带领百年好合团队斩获青年红色筑梦之旅赛道国家级金奖。其成果在第七届中国国际“互联网＋”大学生创新创业大赛总决赛现场展出。

赵延宽公益创业故事得到了广大媒体的关注与报道。2021 年第七届中国国际“互联网+”大学生创新创业大赛全国启动仪式在井冈山举行，赵延宽作为全国 300 万名创业大学生代表同张伯礼院士、袁建芳教授共上“中国金课”，并在央视频 App 全球直播，受到央视记者采访并在当晚的《新闻联播》中播出。《人民日报》关于“七·一”习近平总书记讲话精神《请党放心，强国有我》专栏中也报道了其公益创业故事。在第七届中国国际“互联网+”大学生创新创业大赛总决赛成果布展现场，赵延宽接受了中央电视台等多家媒体记者的采访，采访视频在中央电视台新闻频道《朝闻天下》和科教频道《创业正青春》中播出。

（江西省教育厅高等教育处供稿）

把握青春,不负芳华,做新时代瓷都创业追梦人

——景德镇学院孟铃烁事迹

孟铃烁,毕业于景德镇学院陶瓷美术与设计专业,现任青匆艺集陶瓷文化中心负责人、江西省文艺学会陶瓷文化艺术研究专业委员会副主任委员、珠山区马鞍岭景漂工会委员会主席、景德镇学院创新创业学院客座导师,是艺术品高级鉴定评估师、青少年博物馆教育推广人、景德镇市“3+1+x”产业人才。“孟铃烁陶瓷文化传承创新工作室”被教育部评为首批中华优秀传统(陶瓷文化)传承基地,是景德镇陶瓷非遗保护协会理事单位。其设计的作品多次被新华网、人民资讯网、中国青年网、中国江西网、《江西日报》、《中国商报》、江西省电视台、中国陶瓷频道等20余家国内外媒体报道。

与瓷结缘,立足于古瓷标本展厅宣传陶瓷文化

2016年,孟铃烁来到景德镇开始了自己的大学生活,一次参观博物馆时他见到了景德镇出土的古陶瓷文物,自此与景德镇陶瓷结缘,并开始收集古瓷片,翻阅相关书籍与资料,这让他对陶瓷的认识与理解逐渐加深。大二时,他开始在校创业,凭借自己所学以及对陶瓷的理解,设计创作了一些作品。毕业后他全身心投入创业,和几位志同道合的同学组建了创业团队,决定开设一座古陶瓷标本展厅,在宣传景德镇陶瓷艺术与中国传统文化的同时,扩大自身影响力,借此以获取更大发展。他将自己历经千辛万苦收集而来的古瓷片分门别类地展览在标本馆内,面向海内外人士免费参观。随着时间的推移,标本展厅的知名度越来越大,他也凭借这一平台开始开展陶瓷文化交流讲座与研学游活动。

寻求发展,积极同外界接触合作

自标本展厅对外开放以来,孟铃烁逐渐认识到传播陶瓷文化本质上就是传播中华传统文化,而传播方式是重中之重,必须结合参观人群来开展项目,针对不同的人群开发不同的产品。于是他开始积极同外界接触,寻求合作与更大的平台。同年,他带领团队入驻景德镇三宝湖田书院,并成立了“青匆艺集陶瓷文化中心”,将古陶瓷标本展厅也搬迁至湖田书院内。时值6月,炎炎夏日,酷暑蒸腾,他和他的团队成员顶着炎热天气,只用了一个多月的时间就完成了展览馆从装修到布展的全部工作。随着搬迁完成后标本馆重新开放,他决定依旧按照过去的方式,免费向外界开放。这让他认识了更多对陶瓷艺术文化感兴趣的人,标本展厅的知名度更是与日俱增,甚至成为所在地三宝瓷谷的一个知名景点。

新冠突袭，为抗疫尽自己的一份力

2020 年年初，突然暴发的新冠肺炎疫情打乱了孟铃烁与团队对标本展厅新一年发展的布局。经过和团队成员连夜讨论，大家最终决定将标本展厅发展方向转为陶瓷文创的开发和设计。随着这场疫情给人们造成的影响越来越大，全国各地开始陆续进行管控封锁，对疫情的预防宣传与实时新闻也牵动着每个中国人的内心。2020 年年底，疫情的反扑使得孟铃烁的家乡成了抗疫的最前线，看着不断增加的感染人数，他决心为疫情防控贡献自己的一份力量：创作文创设计作品来普及防疫知识，助力家乡早日战胜疫情。经过一段紧锣密鼓的设计创作，他和团队做出了一套古瓷元素防疫系列漫画。从标本展厅的数万片古瓷片中遴选出五块，然后在原始画面元素中创造性地加入防疫知识，既以漫画的形式普及了防疫知识，又借助画面元素宣传了中国深厚的陶瓷文化。作品一经推出，即被各个平台与媒体多次转发，受到了社会各界的一致好评。他还将这组图案与陶瓷相结合开发出了防疫宣传杯文创产品。有感于疫情肆虐，他毅然决定捐赠数百套产品给在家乡邢台一线抗疫的志愿者们，为家乡邢台抗击疫情鼓劲加油。也因此，他被家乡授予了“全市抗疫先进个人”称号。

以古瓷片为元素，开辟文创新产品

随着疫情趋于稳定，孟铃烁的文创产品开发与设计工作终于可以正常进行了。2020 年 8 月，孟铃烁带领团队为中国台山核电站设计了中法国际伴手礼，作品一经完成即获得了合作方的一致认可。他和团队依托景德镇深厚的陶瓷文化与悠久历史，再结合团队的现代设计思维不断开发新产品。此后又推出了“连年有鱼”系列咖啡杯具套装，“见山知水”系列吊坠等取材于古瓷片图案与寓意的文创产品，在传承陶瓷文化的基础上，将现代审美与设计融入文创产品。借助互联网的大规模推广，他的产品在线上线下市场均取得了喜人的销量与良好的口碑。这期间他还创作了结合时事的古瓷“防溺水”、古瓷防疫知识四讲等系列漫画，在 2022 年冬奥会时他还为庆祝这一举国欢庆的盛事创作了“古瓷助力冬奥”漫画作品。这些作品先后被发布在各大网络平台上，受到了社会各界的好评，多次被各大媒体所转发。

不忘初心，捐赠工运馆

2021 年，时逢中国共产党成立 100 周年，在这个特殊的年份，孟铃烁将自己多年收集的有关建党历史的藏品捐赠出来，让更多的人看到并了解和体会这段历史。景德镇作为一个从古至今以陶瓷闻名的城市，尤其是新中国成立后大刀阔斧改革陶瓷生产体系，兴建陶瓷国营企业，赫赫有名的“十大瓷厂”正是这一时期的重要产物。因为见证了大量有关过去瓷业工人斗争的历史遗物与旧址，心怀崇敬的他收藏了大量的相关历史遗物。随着收集量的与日俱增，他对景德镇革命运动历史的了解也愈发深刻和清晰。而今他捐出这些藏品，正是出于这一初衷。在得知捐献消息后，珠山区总工会非常重视，特意提供展览场地来展出这些来之不易的珍贵藏品，由孟铃烁主持负责设计场馆与展览内容。经过数月紧锣密鼓的装修布置后，陈列室于 2021 年 12 月初正式对外开放，开展至今多次接待了相关领导参观，并受到观者们的一致好评。

复原“三窑九会”产品，将传统与现代融会贯通

2021 年一次外出时，孟铃烁偶然看到了一篇文章，介绍关于景德镇明清时期形成的陶瓷行业组织——三窑九会，读后他顿觉如获至宝，于是开始收集相关文字资料。随着资料的收集，他对三窑九会的了解愈来愈多。

三窑九会是明代时由旅景都昌籍瓷工所组成的商业行会性质的组织。但由于其从一开始形成就是民间自发组织，没有正式的官方历史记载，只在晚清民国时期有只言片语的描述，这给三窑九会收集恢复工作带来了很大困难。于是孟铃烁去拜访还在世的一些有数十年陶瓷行业从业经验的陶瓷老艺人，向他们请教关于三窑九会当年的产业规模和当年其所生产的产品器型尺寸等问题。他复原出了当年产品的设计图，再向这些老艺人求证是否准确，逐步完善对三窑九会的历史发展脉络和产品器型等的研究。他还将复原的器物设计图与现代审美和现代设计有机结合，在复原基础上结合现代设计思维开发出了既具历史文化底蕴又有当代陶瓷工艺生活美学设计的产品。他期望通过深入发掘三窑九会的历史，复原其生产的部分陶瓷产品，让人们了解这些普通陶瓷器皿背后的文化内涵，并由此了解三窑九会，进一步将景德镇深厚的陶瓷艺术和产品发扬光大，让景德镇突破单一的产品输出，从而在文化输出、历史输出、饮食输出等方面开辟新的市场。

“仿旧须宗雅则，肇新亦有渊源。”这是出自清代景德镇都陶官唐英的一句话，它深刻启发着孟铃烁的创业之路与文创设计灵感。念念不忘，必有回响——他的创业之路还很长。如何将景德镇陶瓷历史与艺术更好地呈现，让景德镇陶瓷艺术突破单一的产品属性，赋予其更深厚独特的文化内涵与故事性；如何在契合当下国家生态文明建设与文化遗产保护的长久战略目标与要求的同时，让古老的景德镇陶瓷艺术焕发新的耀眼光芒，这是孟铃烁始终在思考与实践的问题。

（江西省教育厅高等教育处供稿）

青春无悔砥砺创业，不忘初心反哺家乡

——江西工业贸易职业技术学院曾绍林事迹

曾绍林，1998年2月出生，江西赣州人，革命烈士家庭后代。2017年9月就读于江西工业贸易职业技术学院旅游商务系城市轨道交通运营管理专业，2017年在校就读时成立红谷滩新区营养厨房餐饮店，2019年营业额突破77万元。截至目前，项目年营业额突破百万元。在校期间，他曾先后获得国家励志奖学金、江西省“建行杯”第五届“互联网＋”创新创业大赛银奖、江西省“建行杯”第七届“互联网＋”创新创业大赛铜奖、一等奖学金，以及“三好学生”“大学生创业之星”“优秀毕业生”等荣誉称号。

铢累寸积，勤于思考

2017年曾绍林进入江西工业贸易职业技术学院城市轨道交通运营管理专业学习。贫寒的家境使得曾绍林很早就明白了生活的艰辛、父母的不易，也让他意识到，怨天尤人是没有用的，只有靠自己的双手、自己的智慧才能创造财富，改变命运。进入大学后，他一直没有停下前进的脚步和创业的梦想，加入学院创业一条街经营“营养厨房”项目：每天他起早贪黑，尽心职守。在一个学期的坚持和努力下，指导老师看到了他身上勤奋的闪光点，将接力棒交到他手上，曾绍林开始正式接手“营养厨房”项目。

负责“营养厨房”项目后，曾绍林拿出了他暑期打工的全部积蓄投入到项目当中，并积极通过老乡群、同学群不断寻找和游说，终于找到了项目“投资人”，借鉴学长学姐们成功的经营经验，经过几个月的努力，他将一个简单的店面改造成了一个有文化、有内涵的店铺，并且对商品进行了改革，更换进货商，降低成本，提高口味，新增了手抓饼等新兴食品业务，开发了针对住校老师及家属的校内送货业务，拓展了运营的渠道和内容，使得“营养厨房”的风头一时无两，营业额大增。

为了“营养厨房”长时间的运营稳定，如何结合当前风口成为“营养厨房”的当务之急。曾绍林通过自身的学习和拓宽的眼界，针对线下门店客流量小的问题，他开始学习如何结合互联网＋，运用O2O模式，开发“i营养厨房”公众号，不断创新，不仅进一步提高了店面的

盈利，也给学院师生带来了极大的便利。在 2019 年年终结算时，“营养厨房”已经从一个仅能维持运营的小店面跃升成为一家年营业额突破 77 万元的核心店铺，他也荣膺 2019 年“学院大学生创业之星”的称号。

亲身创业，艰苦卓绝

大学期间，曾绍林在创业时也在必胜客、肯德基兼职，对行业的观察和学习使他对餐饮行业有了更深的认识，同时也为创业积累了一笔宝贵的经验。虽然学习压力很大，但他却从未停下追逐梦想的脚步。创业初期，由于资金、技术等的局限性，团队成员只有 4 人，且都是第一次创业，根本谈不上能把项目做得多好，作为项目负责人的曾绍林把每一个重担都往自己肩上扛。2018 年由于错过了开学推广的好时机，宣传又未能及时跟上，导致店铺客流量少之又少。尽管每天的营业额少，到店的顾客少，但固定成本却没有少，这让曾绍林感到十分焦虑，他尝试通过各种渠道学习营销，通过线上推广和线下门店活动的宣传，提高门店餐品质量、制定适合大学生消费水平的价格和提供周到的服务渐渐地吸引了许多顾客，针对优质顾客开通会员服务，对学校退休教师和环卫工人开展“免费早餐”活动，增加了门店客流量，提高了门店的品牌影响力。随着时间的积累，“营养厨房”这个名字渐渐被大家所熟记。门一天的营业额店从 200 元提升到每天大约 6000 元，这就是对自己、对团队最好的回报。

从开始的摸索到现在的有序经营，尽管经历了重重困难，但曾绍林从未放弃努力学习、提升自己，终于在实践中寻找到了出路，在竞争中提高自己，忠于自己，服务客户。

学院领导高度重视就业创业工作，多次对项目进行指导，并且对项目提供了一系列的帮扶，包含政策咨询、免费场地、免除水电费等，助力项目快速落地与发展，从一定程度上减轻了团队的创业压力。项目目前发展很快，曾绍林不忘自己的身份、不忘感恩母校，他通过自己的努力带领团队树立榜样，帮助更多家庭经济困难的学生。截至目前，他已针对家庭贫困学生提供勤工俭学岗位 10 余个，帮助 200 余名学生解决了在校期间的经济困难问题。此外，他还打算将营养厨房的项目加以改造，从校内拓展至校外，将学院优质的项目创造出品牌，创造出更多的社会效益。

曾绍林虽然将大部分精力投入创业，但并没有落下专业课程的学习。在创业的同时，他从未忘记过自己的学生身份，也深知学习才是学生最重要的任务，没有扎实的知识储备，创业道路会更加崎岖。此外，他也不忘追求在其他方面的发展，因为新时代的大学生应该是德智体美全面发展的大学生，而不是发展失衡、顾此失彼的“瘸子”。所以在醉心创业的同时，他还担任了班级团支书一职，获得了许多荣誉，如国家励志奖学金、学院一等奖学金，以及三好学生、优秀团员称号等。

孜孜不息，用爱回馈

2018 年曾绍林利用粮校办学优势，加入到校友办工作，成为校友办下设工作站联络人员，在工作中他发现这些粮食类校友企业能够有效助力他的家乡——赣州于都，因此，他发起了不忘粮心学生志愿者团队。三年来，曾绍林带领他的团队走访调研赣州、井冈山等 21 个市县、81 个乡镇，走访校友企业 1256 次，组织 13 场校友招聘活动、71 场校友座谈会。通过链接校友资源引进企业落地革命老区建厂、建立特色产业集群、培育粮食行业高技能人才的一系列措施，真正实现了对革命老区的帮扶，助力苏区粮食产业振兴。项目目前与 13 家校友企业达成合作，输送人才 126 人，促成了 24 个成果落地。曾绍林真正做到了在创业过程中，不忘初心，砥砺前行，反哺家乡，让爱飞扬。

“青春由磨砺而出彩，人生因奋斗而升华。”曾绍林说，回顾自己的工作与创业过程，遇到了很多挫折和困难，但他一直在坚持，明白自己的责任和使命，并相信自己最终能够成功。他说他要趁着年轻为自己的人生努力奋斗一次，即使失败，多年以后也会感谢当初拼搏过的自己，而这样的回忆足以使他的余生充满骄傲。

（江西省教育厅高等教育处供稿）

闪亮的日子

山东

助力非洲青年以“技”脱贫，做“一带一路”倡议和中非命运共同体的践行者

——中国石油大学(华东)马搏事迹

马搏，男，中共党员，现为中国石油大学(华东)2017级博士研究生，曾获全国高校“百名研究生党员标兵”、第十四届中国大学生年度人物提名奖、第十三届“挑战杯”全国二等奖、2015年亚太区国际石油工程知识竞赛亚军、第四届全国石油工程知识竞赛一等奖、王涛英才奖学金、孙越崎优秀学生奖、中国石油奖学金、山东省优秀毕业生、校十大学生标兵等各类荣誉奖励40余项。

2018年马搏入围福布斯中国教育行业30位30岁以下精英榜，斩获“创青春”全国大学生创业大赛银奖；2019年马搏创业故事入选“一带一路”青年创业故事征集活动20佳；2021年，其作为团队核心参与的“创造太阳——助推‘中非命运共同体’的职业教育与培训服务平台”项目获“互联网+”高教主赛道三强排位赛第9名，并获评“最佳带动就业奖”单项奖，作为山东省唯一项目参加了大赛成果展，同时也是山东省参赛以来的最好成绩。

2017年，马搏积极响应国家创新创业号召，将石油学子的能源梦融入国家和民族事业中，作为四位联合创始人之一成立创造太阳能源服务(青岛)有限公司，积极响应“一带一路”倡议，创办海外石油教育培训机构，打造“中非职业教育培训和人文交流服务平台”，扎根非洲，讲好中国故事，受到中非政府高度关注，同年受乌干达总统穆塞韦尼接见。目前，在马搏的推动下，“创造太阳”已成为中国首家规模最大的在非第三方职业教培平台，为在非中企提供人力资源全方位服务，助力企业降本增效，推动中国职教标准融入非洲教育体系。

非洲追梦，勇做“一带一路”“90后”石油创客

“2013年，国家提出‘一带一路’倡议；2015年，习近平总书记在中非合作论坛约翰内斯堡峰会上提出要为非洲培养20万名技术工人；2016年，教育部出台‘一带一路教育行动’，鼓励国内职业院校配合企业走出去到海外开展技能培训。”马搏清晰地记得这些重要的时间节点，而这一项项重磅信息也成为他坚定2017年创业信念的重要基石。

非洲是一片极具潜力的沃土，13亿人口中30岁以下青年群体比例高达70%，随着中非合作的日趋紧密，非洲基建、能源开发对技术人才需求旺盛，但非洲本土技能工人占总人口的比例仅约为0.5%，甚至还达不到中国20世纪90年代的六分之一，大量非洲青年急需“一技之长”。马搏心底一直牢记着中非命运共同体“兄弟同心、其利断金”的论断，也让他对非洲这片热土心向往之，面对非洲石油储量丰富、职业人才需求极大、同类竞争较少的现状，马搏毅然决定把自己七年专业学习的经历用到开办非洲石油教育培训机构上，为在非企业、援非机构和非洲技能需求者提供培训服务，做一个接棒中非友好的“90”后青年创客。

时不我待，2016年年底，马搏作为联合创始人注册了创造太阳能源服务(青岛)有限公司；只争朝夕，2017年春节期间马搏就启程前往非洲实地考察，历时60天，深入乌干达、肯尼亚、坦桑尼亚3个国家调研奔波万余公里，明确了东非地区的环境适合创立公司后，马搏

坚定了扎根非洲的决心。

马搏说：“如果一件事情既能解决个人、社会和国家问题，又具有显著的社会和经济效益，那么它就是值得用一生精力去做的事业。”而在非洲“授人以渔”正是如此。

百折不挠，不忘“一带一路”“小铁人”创业初心

一个由学生运营的初创公司选址乌干达，自然而然面临着团队、运营、融资等一系列生死挑战，“几个毛头小子连中国的事情都没搞明白，还想到国外去？”“非洲安全吗？有没有政治动荡？”“你们怎么挣钱？”无数的诘问和疑虑让马搏吃了一次又一次闭门羹。但功夫不负有心人，他们的坚持和真诚为他们赢得了600万元亲友众筹资金，其中一位在南苏丹工作了13年但未曾谋面的投资人，在了解情况后也一次性投资了180万元。

钱的问题解决了，下一步就是人的问题，考虑到实际情况，针对关键岗位人员，公司采用合伙人制，针对外籍员工，公司采用定向高薪资招募技能人员和大力培训新员工的政策。就这样，他们咬牙坚持用一年的时间便打造了一支战斗力强的本土化团队。

“没有条件，创造条件也要上。”马搏经常用“铁人精神”激励自己，就凭着这股韧劲儿，公司随后的项目也逐步获得商务部、国家发展改革委员会国际合作中心的支持，先后中标世界银行、比利时援助机构等的项目，公司规模也从创业初期的估值500万元提升到8000万元，并获得2500万元社会募集资本。“创造太阳”也成为中海油“双百行动”所投资的17家公司中唯一一家注册资金超过1000万元的海外公司，公司迎来了良好的发展局面。

知行合一，描绘“中非合作”新时代美好未来

乌干达培训基地占地21亩，能同时容纳近1000人上课和200人住宿，也获得了乌干达教育部、工业训练局、劳工部颁发的培训许可以及IWCF等6项国际资质，一期学员Julius在“创造太阳”的帮助下获乌干达首届技能大赛焊接组冠军、非洲技能大赛亚军。“这个荣誉对于发达国家来说不算什么，但对于乌干达来说，这是首次，弥足珍贵。”Julius在赛后采访中兴奋地说道。

马搏团队的奋斗史也得到了乌干达政府的认可，他们荣受乌干达总统穆塞韦尼先生的接见。马搏向穆塞韦尼总统详细汇报了创业历程和东非石油技能培训中心进展工作。穆塞韦尼总统说："你们创业团队是我见过的少有的专业扎实、英语地道且富有情怀的非洲创业者。乌干达政府将给予你们最大的支持。"随即乌干达政府免除了培训项目的一切税费、电费并继续免费划拨土地。

2018 年 6 月，中央政治局常委、全国政协主席汪洋在访问乌干达期间听取了马搏的工作汇报，并鼓励他和团队争做中非合作典型，马搏和他的团队在非创业事迹也受到了中国国际电视台、《人民日报》、新华社等多家媒体的关注报道。

2019 年，"创造太阳"举行中非职业教育国际学术交流研讨会，中非教育主管部门及 56 所职教院校共同发表《坎帕拉宣言》，提出构建中非职业教育共同体。如今，"创造太阳"已成为中非职业教育联盟的重要力量，并成为连接中非百余所职业院校的"友谊之桥"。面对非洲国家政府要求在非企业雇佣 70%以上本土雇员的严格的本土化用工政策，"创造太阳"乌干达石油学院也已陆续与国内外 40 余所职业院校签约合作，为促进当地就业、培育本土化技能工人不断输出新时代中国方案。

"2022 年新年我做的最有意义的一件事情，就是我们一起举行了升旗仪式，在乌干达坎帕拉工业研究院升起了鲜艳的五星红旗。"一位国内职业院校教师在踏上非洲这片热土后发出这样的感慨道。"只要有五星红旗迎风飘扬的地方，就有中国心，就有奋斗的中国人。"马搏随后在朋友圈中这样回复。

如今，"创造太阳"正携手江苏助力中国援建乌干达"未来工程师"实战基地，"我会始终铭记中国驻乌干达大使张利忠对我们的期待，'常态防护，做好业务，讲好故事'。"未来马搏希望做成"讲好中国故事"的海外标杆，让"创造太阳"的服务像水、电、煤气一样提供给中非两国的创业者，真正为两国未来送去光明，对此，马搏信心满怀。

马搏，这位"一带一路"上不忘初心的追梦人，心中有信仰、肩上有担当、手中有方法、脚下有力量、能源报国、扎根非洲。他用实际行动把自己的石油创业梦想融入百年辉煌的青春奋斗征程中，融入中非命运共同体的青年智慧中，融入"一带一路"倡议的伟大实践中，融入中华民族伟大复兴的中国梦中！

（山东省教育发展服务中心供稿）

创业，永远在路上

——山东财经大学巩艳卿事迹

巩艳卿，男，山东菏泽人，山东财经大学管理科学与工程学院2012级信息管理与信息系统专业，休学创业并于2019年毕业，后获得美国密苏里州立大学商学院国际管理专业硕士学位；曾获得第五届“山东大学生十大创业之星”称号，现为济宁市第十八届人大代表。

巩艳卿在校期间努力培养自身创新思维和创业意识，作为学校第一个吃螃蟹的休学创业同学，他勇于进行创新创业实践，连续创业，业务内容涉及教育、互联网、文化传媒等多个领域，带领团队完成诸多项目，实现了社会效益和经济效益的双丰收，为大学生创业树立了典范。

初试身手：专业创业崭露头角

2014年，还是大二学生的巩艳卿，在与大学专业老师交流中意识到，当前是移动互联时代，研发技术是最大需求，于是他创办了济南云微软件科技有限公司，并担任联合创始人兼运营总监职位，负责公司整体运营及市场拓展业务。

巩艳卿带领团队仅用一年时间，便成功与山东电信分公司、星火国际传媒集团、金牌车服等近10家省内知名企业达成战略合作。当年企业营业收入即突破200万元。

公司开发的“嗨养车”App（金牌车服）是专门针对汽车轻微剐蹭提供维修保障的App，当遇到轻微剐蹭却不想选择通过车险处理时，“嗨养车”即可为车主提供解决方案。App上线后，运行流畅，获得客户高度评价，上线当月，用户下载量便突破1万次，一跃成为山东地区同类型App第一名，且获得山东交通广播电视台多期免费推广。

再次起航：让大学生教育不再有经济压力

很多大学生毕业都会选择考公务员、事业编、银行、研究生等，其中大多数人还会参加培训班，但如果学生手中没有足够的资金支持，需要向家长借钱或是只能选择费用较低的培训班甚至因此选择放弃，那该怎么办？

2015年巩艳卿创办济南柚子信息科技有限公司（简称柚子科技），初心就是希望通过“互联网＋金融”的手段将培训机构与银行分期业务结合起来，为教育机构提供线上招生代理，同时依托银行资金为参加培训的大学生提供“零利息”“零首付”的分期贷款服务。

2016年3月下旬公司自行开发的App“U资”上线。“U资”是服务大学生的教育信贷产品，专为大学生群体提供辅导费用的无息贷款解决方案。“U资”App推出当月，便获得近百名学生体验、试用，获得学生一致好评。同期，“U资”App签约并合作中公教育、华图教育、海天考研等国内知名培训机构50余家。公司进入Pre-A轮融资，两轮融资超500万元。“U资”App在2016年“创青春”海尔山东省大学生创业大赛中获得金奖；在2016年中航工业全国大学生创业大赛中获得铜奖。“U资”App已服务5000余名学子，业务流水近3000万元，吸纳了50余名在校生兼职推广人员。

2016年11月，原人力资源和社会保障部部长尹蔚民一行到山东财经大学创业园调研。在座谈会上，巩艳卿将柚子科技运营情况进行了汇报，尹部长给予了高度评价，同时叮嘱巩艳卿在保证公司运转良好的情况下，更要多关注贫困家庭的学生，承担起企业应尽的社会责任。

不忘初心，柚子科技为合作机构的学生设立了“梦想奖学金”，为品学兼优且家庭贫困的学员提供奖学金、实习或就业机会等，累积帮扶贫困家庭学生50余人。

又创新业：助力传统企业转型升级

2017年6月，巩艳卿以第一大股东身份注册成立了山东景昇文化传媒有限公司（简称景昇文化）、公司现有正式员工23名、实习生15名。公司针对新生代年轻人的消费需求，自有及合作微博金V账号超过200个、合作微博蓝V账号超过1000个；微信平台、合作高校微信官方账号超过300个。公司为亟待转型的传统快消食品企业提供产品转型升级的全套服务，帮助传统快消食品企业走出低谷，实现业绩起死回生。

公司服务的山东省内客户——伟龙食品有限公司，其前身为济宁国营食品厂，成立于1993年，主要生产薄饼及膨化食品等，在2000—2008年，年营业收入约10亿元，2008年后销售额连年下滑，到2017年年营业收入已跌至3亿元。

景昇文化介入后，开发出“我们的爱豆”焙烤薯片，在传播端帮助客户重点打造微博平台，“爱豆零食俱乐部”目前拥有粉丝651万，是休闲食品行业第一蓝V；策划了“爱豆喊你回家穿秋裤”“爱豆送你上大屏”等活动，多次登上微博热搜榜，活动曝光量超1亿次。该产品上市第一个月订货量即突破1000万元。仅靠该网红单品，伟龙食品有限公司2018年营业收入便达到4亿多元，增速近40%。

通过景昇文化的深度服务，截至2021年年底，伟龙食品有限公司年销售额已攀升至6亿元，且2022年第一季度增速仍保持30%以上。伟龙食品有限公司新生产线投产后，共吸纳当地工人300余名，一线工人获得了10%以上加薪。

2019年景昇文化战略合作省内4A级景区水浒好汉城，帮助济宁梁山、泰安东平湖、聊城阳谷、菏泽郓城水浒好汉城实现文创联营，共同推出“水浒小酒、水浒干粮”等一系列畅销的文创产品，当年即获得百万元增收。同时，新冠肺炎疫情期间，景昇文化还帮助水浒好汉城建立“水浒直播基地”，合作唐庙慧姐（快手）、小恩恩（快手）等，带货当地农副产品等。

截至目前，山东景昇文化传媒有限公司共合作国内知名食品企业三十余家，并将业务范围拓展至文旅、化妆品行业。

创业项目“山东景昇文化传媒有限公司”也在2018年全国财经类高校文化创意大赛中获得一等奖，在“创青春”海尔山东省大学生创业大赛中获得金奖，在“创青春”浙大双创杯全国大学生创业大赛创业实践挑战赛中获得铜奖。

创新引领：创业，永远在路上

创业是极具挑战性的事情，它综合考验一个人的耐力、体力和执行力。面对我国经济发展的新形势、新常态，需要发现社会的新需求、新痛点并创造性地提出解决方案。

巩艳卿告诉自己："创业九死一生，各个方面的压力会让你时时刻刻喘不过气来，却又让你时刻感到兴奋。以企业家精神投身社会，不忘创业初心，创新引领，达人成己，赋能企业，创业永远在路上，这才是我应该始终保持的状态。"

（山东省教育发展服务中心供稿）

在创新创业中放飞青春梦想

——鲁东大学凌钢事迹

凌钢，出生于1995年5月，鲁东大学蔚山船舶与海洋学院2018届毕业生，2015年被评为“山东省三下乡社会实践优秀青年”，在校期间开始自主创业，2020年、2021年连续获得山东省“互联网＋”大学生创新创业大赛金奖；中国国际“互联网＋”大学生创新创业大赛铜奖、银奖，现任香港鲁凌国际董事、山东洋淘国际贸易有限公司(简称洋淘)董事长、烟台市跨境电商产业联盟特聘顾问，2021年获得烟台市“优秀创业青年”称号。

创业启蒙阶段：我是鲁东大学蔚山船舶与海洋学院2018届毕业生。2015年，我有幸参加双创大赛，学校老师的精心指导和鼓励，在我心中种下了创业的种子；从2016年申请赴韩留学开始，我就成为海淘背货族的一员，赚得了人生第一桶金。2015—2019年，在这短短的几年时间里，背货族的天花板开始凸显：散兵游勇，无议价权；因海关限额铤而走险非法走私；同时货品也存在货价高、求货难、渠道乱的痛点，但我创业的初衷始终不渝。

创业成长阶段：2018年毕业后，我开始探索一条公司化、合法化、规范化的跨境电商之路，并于次年在香港注册成立鲁凌国际，整合海内外资源，当年公司的销售额就达1.1亿元。事情的发展不总是一帆风顺的，但困境之中饱含机遇，国家零关税政策和地方单量补贴政策给予了我极大的吸引力，入驻烟台综合保税港区成为我下一步战略，于是我将香港公司主体业务迁至内地，并于2019年在烟台综合保税港区创办了区内第一家外资跨境电商企业——山东洋淘国际贸易有限公司。

星光不问赶路人，时光不负有心人。截至现在，公司年销售额达到1.5亿元。其中JM面膜作为销售单品，一年可卖出500多万盒，占拼多多平台销售量的70%，苏宁易购销售量的80%；兰芝隔离由央视主持人带货，日销5000余单。

创业稳定阶段：做事就像做人一样，都要踏踏实实把每一步走好。现阶段，公司逐步形成了四大优势。一是正规守法是洋淘的基石。每件货物都有相应的采购发票，保证产品的源头有据可查。其次公司使用跨境电商1210和9610模式，实现绿色通关。经过国内外海关双重监管，实现合法清关。二是货源全球是洋淘的实力。公司是韩国釜山、首尔免税店的一级客户，并与其签订了MG大客户协议，每月采购量超人民币1000万元，具有议价能力。公司的选品超过36个国家及地区，SKU的产品超4000种，有较强的选品能力。三是智能云仓是洋淘的保障。洋淘自建了5个海外仓和8个国内仓，国内外仓储联动，配送时间缩短至3天。同时通过智能化云仓管理系统，可以保障客户隐私，提升发货效率。四是精准赋能是洋淘的灵魂。洋淘的赋能体系主要针对两类客户：一是对大客户实施行业内的B2B区内流转，同时公司还为直播机构提供上游供货服务；二是通过9610模式为海淘代购商发货，为苏宁易购、拼多多等平台商家配货；对C端客户，公司一方面通过线下体验店为消费者提供直观的产品体验，另一方面公司还将线下店与货仓联营，打造前店后仓布局保税直购体验模式，使产品可以更快更优到达消费者手中。

创业发展阶段：青春由磨砺而出彩，人生因奋斗而精彩。目前，公司直接带动就业 2000 余人，间接带动就业 13000 余人。公司作为烟台市新旧动能转化的标杆项目，被青春山东、风观齐鲁等媒体争相报道。目前，作为山东省第一个试点单位，公司依托前期店铺布局，正在与青岛海关总署洽谈前店后仓 O2O 跨境电商新模式，打造线上线下自提店，使顾客能最快两分钟以低价买走商品，实现跨境电商模式的变革，真正把免税店开到老百姓的家门口。

创业竞赛成果：创业发展的征程上，我一直与母校保持着密切的联系，以创办公司为学弟、学妹搭建创新创业平台，2020 年、2021 年项目连续获得第六届、第七届山东省“互联网＋”大学生创新创业大赛金奖、中国国际“互联网＋”大学生创新创业大赛银奖，在他们的心中种下一颗创新创业的种子。我个人不仅仅是一名创业者，更是学弟学妹们创业路上的领路人。我将用自己的实际行动，带动更多的人投身于创新创业的浪潮之中，持续发光发热，照亮学弟学妹们创新创业的道路。

每一种热爱都值得全力以赴。人一辈子总要为了一件事情拼搏一把，总要为了梦想燃烧一次。我会勇敢地站在跨境贸易的潮头上，用实际行动为青年人自主创业树立新的标杆。

（山东省教育发展服务中心供稿）

中医人的健康梦

——山东中医药大学王升光事迹

“祖国的青年一代有理想、有追求、有担当，实现中华民族伟大复兴就有源源不断的青春力量。希望你们扎根中国大地了解国情民情，在创新创业中增长智慧才干，在艰苦奋斗中锤炼意志品质，在亿万人民为实现中国梦而进行的伟大奋斗中实现人生价值，用青春书写无愧于时代、无愧于历史的华彩篇章。”

回忆起自己的创业之路，如今已是山东脉渡医药集团董事长的王升光，还经常情不自禁地讲起2017年习近平总书记给第三届中国“互联网＋”大学生创新创业大赛“青年红色筑梦之旅”的同学们的回信中的这句话。从2012年王升光成为学校第一个创业模拟公司义清堂成员，到2016年在学校大学生创业孵化基地注册济南长歌生物科技有限公司，再到成立山东脉渡医药集团，王升光时刻牢记习近平总书记对青年学生的殷切期盼，深耕中医药大健康医、教、研、产、养、服的产业链。他这一坚持，就是10年。

始于学校一隅的创新创业

2012年初，山东中医药大学在学校润园旁开辟出一块空地，命名为义清园，并成立义清堂大学生模拟创业公司，一群中药学学子成为这块土地上最早的躬耕者。他们拿着农具翻挖土地、种植中草药，走出校院，融入企业产业，了解中药材从田间地头到老百姓床头的全过程。丰富的社会实践，让他们真正看到制约中药材产业发展的种种问题，也使他们近距离地接触了乡村、基层的现状。为中医药传承创新做点什么的种子悄悄地在这群学生的心里发芽。王升光就是这群学子中最早行动的一员。随后的几年，他一边潜心研究学术，参与了省部级课题3项，发表学术论文20余篇(其中第一作者发表SCI论文2篇，影响因子达到10)；一边去全国各大基地实践，走遍了全国各大药材市场和中药企业。在专业学习和实践中，王升光逐步建立了对中药材产业发展的初步认知，并坚定了自己在中医药健康产业中创新创业的决心。

2015 年，学校筹建大学生创业孵化基地，2016 年，已是研究生的王升光成立了济南长歌生物技术有限公司，成为入驻学校大学生创业孵化基地的第一批大学生创业者。借助学校中医药学科优势和自己所在科研创新团队 1＋NS 理念，王升光在导师的带领下研发了中医药健康产品数十余种，并利用团队的科研优势，服务美年大健康旗下公司。凭借该项目，王升光于 2019 年 12 月获得了第二届全国中医药高等院校大学生创新创业大赛银奖。

融入健康产业蓝海的扬帆者

随着国家对中医药的重视，山东省建设国家医养结合示范省和康养济南等区域发展战略陆续落地，中医药发展迎来了天时地利的好时机，也为王升光和他的团队带来了新机遇。2018 年，王升光成立了山东脉渡医药集团（简称脉渡集团），切入中医药健康产业医、教、研、产、养、服全产业链领域，成为集中医医疗、教育、研究、产品、康养和技术服务的中医药大健康技术服务商。在医疗领域，目前脉渡集团开设了 5 家社区门诊，定点帮扶 10 余家乡村卫生室，累计服务病患 10 万余人次。在科技成果转移转化上，脉渡集团依托山东中医药大学中医基础理论、中药药剂学等重点学科实验室，利用团队独有的仿生酶解与富微转化两大核心技术，秉承中医药组方特色，以经典名方为基础，结合目标人群的特点，将药食同源中药、小分子活性肽、有机态微量元素等小分子营养素复合配伍，多维度精准调理，打造绿色健康新理念，完成了岐糖TM黄精复合草本饮料，岐茶TM五行茶，岐博TM、岐樽TM、岐力TM复合草本饮料等十余款中医药大健康产品转移转化，在售产品年销售总额达 1000 余万元。在中医药技术服务方面，脉渡集团帮助多家企业突破技术壁垒，完成产业升级，累计增收 5000 余万元。在中草药种植方面，脉渡集团以中药材种植赋能乡村振兴，以济南为中心辐射山东等其他地区开展中草药种植技术服务，进行金银花、瓜蒌、丹参、黄芩等“鲁十味”及道地药材种植示范园的科技助民行动，为农户每亩增收上千元，实现总增收 3000 余万元。同时开展中药材道地化、良种化、标准化、品牌化种植示范园建设，目前已经联合建设了瓜蒌、丹参、蒲公英等优势品种规模种植基地 3 处，正在建设中药材种植基地 2 处，为推动中药材规范化种植，不断擦亮“品质鲁药”金字招牌做出了贡献。脉渡集团也成功当选为山东省医疗机构中药制剂创新发展联盟理事和山东中西医结合学会医疗机构制剂专业委员会委员等。

乡村医疗卫生服务的公益人

习近平总书记对青年学生提出的“学习延安精神，坚定理想信念，锤炼意志品质，把激昂的青春梦融入伟大的中国梦”的要求，深深地激励着王升光。在校期间，王升光经常跟着学校医疗服务团队下乡义诊，深切地了解到基层群众对优质医疗服务的需求，也认识到中医药在社区服务中的优势，这不仅成为他创立脉渡中医的初心，也成为他一直坚持公益医疗服务的动力。如今，王升光在自己公司旗下 5 家社区门诊均成立了爱心医站服务点，并联系了 10 多家乡村卫生室，每周定期安排专家进社区、进乡村义诊。四年多的时间，王升光和他的团队走遍了长清区 11 个乡镇 312 个村庄，开展义诊服务 300 余次，并定点为 10 个乡村卫生室医务人员开展中医适宜技术培训，累计培训200余人次。脉渡集团还广泛开展中医药文化传播公益活动，集团开展的“脉渡公益助力健康中国行o爱心医站”专注于中医药文化宣传，开发了中医药文化科普公益课程，累计走进13所小学、20余个社区，开展中医药文化宣传活动，捐赠各类中医药书籍上万册，为中小学生和社区老年人授课5000余人次。同时，脉渡集团还着力集聚自己的硕博士团队力量，开展名老中医的学术经典、经方整理传承工作，目前，已经陆续整理了王新陆等15位名老中医的学术经验，整理各类经方和民间验方上千余个。

在脉渡集团30余名硕博团队的带动下，学校有近300余名大学生参与了脉渡集团的爱心医疗服务，脉渡集团也成为学校大学生创新创业的实践基地，成为带动学校大学生创新实践的桥头堡。

“相信相信的力量”是王升光一直坚持的信念。他常说脉渡人作为处于新时代潮流交汇点上年轻一代的中医药人，当时刻牢记习近平总书记对中医药发展提出的“传承精华、守正创新”的重要指示，用年轻一代的中医药人的思维方式让传统中医药发展搭上时代列车，激发和释放中医药的潜力和活力，遵循中医药发展规律，加快推进中医药现代化、产业化，推动中医药事业和产业高质量发展，让中医药事业焕发新的光彩，为建设健康中国、中医药乡村振兴、实现中华民族伟大复兴的中国梦贡献脉渡青春力量！

（山东省教育发展服务中心供稿）

以匠心映初心，以初心铸创新

——山东大学赫威事迹

赫威，山东大学化学与化工学院物理化学专业（电化学研究方向）2021 级在读博士生，匠之心公司企业法人、创始人兼技术总监。爽朗的外表，干练的谈吐，眼神中闪烁着坚毅果敢的目光，这是赫威给周围人留下的第一印象，也是过去数年中他走在披荆斩棘的科研和创业路上所留下的印记。回望走过的路，支撑着赫威的是他对于科研由衷的热爱，以及他对于自主创新和打破国外技术垄断的赤诚初心。

立初心——初识科研，探明方向

2015 年，赫威考取了山东大学化学与化工学院硕士研究生，师从腐蚀电化学专家马厚义教授，由此开始了他精彩的科研生涯。在导师的启发式指导下，他一方面如饥似渴地学习腐蚀电化学的基础知识，夯实自己的理论基础，另一方面不断地向师兄、师姐求教，努力掌握各种实验技能，提高自身的业务水平。他翻遍了所能找到的相关专业书籍，师兄、师姐的毕业论文也由于他的经常翻阅而变得破旧不堪。求知的激情、跳跃的思维、扎实的基本功以及对实验结果的敏锐判断力，他突出的综合研发能力逐渐展现出来，使他很快在课题组就能独当一面。而在这时，一个问题时常萦绕在他的心间：科研的方向在哪里，该如何去实现科研的意义和价值？

恰在此时，国内涂装预处理行业也正酝酿着重大变革。由于国家环保政策对涂装预处理工艺提出了更严苛的环保要求，商用涂装预处理技术中应用最广泛的第一代磷化处理技术因严重污染问题被国家限产甚至取缔，而环保型的第二代硅烷陶瓷纳米技术因长期受国外技术封锁以致市场垄断。国内的预处理行业的诸多企业遇到了前所未有的挑战。以上种种似一束光照亮了前行的路，让他萌生了以自主科技创新打破这一行业窘境的想法。在与导师进行讨论之后，他投身到了这个课题的研究之中。幸运总是与努力相伴，在系统揣摩前几届毕业同学的研究成果时，他敏锐地觉察到绿色植物提取物如植酸、丹宁等天然螯合剂分子在金属表面处理领域可能大有用武之地。经过理论模拟计算、分子空间设计、功能化嫁接与改性，这类多官能团分子显示出了优异的腐蚀缓蚀功能，且在金属表面具有层层自组装的性能，这些特性使其可以在金属表面自发形成致密的金属保护膜。此时的他并没有料到，这一火花碰撞式的灵感将成为金属表面预处理领域的一项重大原始性理论创新，并成为他未来事业发展的一块敲门砖。

铸匠心——乘风破浪，百炼成钢

科研路上需要的就是争分夺秒。经过对这一课题的不断探索，2016 年，他代表研发团队在2016年全国腐蚀电化学及测试方法学术交流会上做了《螯合剂对原位磷化有机涂层防腐性能的影响》主题学术报告，引起腐蚀电化学界的巨大反响。面对以德国、日本企业为核心的硅烷陶瓷纳米技术的封锁，2016—2017年基于螯合化自组装成膜的理念，他协同腐蚀电化学研发团队着手对螯合化自组装体系的实际应用和产业化进行了探究。在两年多的时间里，历经千余次试验和一次次失败后，以螯合化自组装技术为特色的第一代金属表面功能化处理产品终于实现了初步产业化，并授权青岛格瑞烯公司投放市场验证其应用效果。其间他担任青岛格瑞烯公司技术总监，以产学研合作的形式致力于解决第一代产品在现场作业中出现的技术问题，同时对企业遇到的诸多难题进行了交流，成功地解决了多家企业在新产品应用过程中的各种复杂问题以及行业瓶颈。以此为基础，赫威基于螯合化自组装理论提出的《环保型金属表面预处理新材料》产业化可行性商业报告备受涂装领域专家的肯定。作为在这个新领域的拓荒者和引路人，此时还是学生身份的他所承担的责任和压力是多数人难以想象的。在攻读硕士学位的同时，他还要负责解决现场作业中遇到的不可预知的复杂问题。为了提升业务水平，他不间断地向其他专业的老师和同学请教，并在实际生产中融会贯通。他山之石，可以攻玉，这一过程也让他积累了很多宝贵的经验。

2018年获得硕士学位后，赫威在山东大学化学与化工学院担任科研助理工作，此时他亦有创业想法，但却茫然不知从何下手。山东大学校就业指导中心的负责老师在获悉情况之后主动联系团队，根据实际情况在创业规划方面给予了中肯建议，之后竭诚帮助他们联系有合作意向的企业。在就业指导中心的帮助下，他首次走出校园，出任青岛东碧源环保科技有限公司技术总监，着手在企业作业一线工作。在日新月异的高速发展时代，他明白做产品不仅需要专业知识，还要具有与时俱进的精神。“谁掌握了数据，谁就掌握了主动权”，用好了大数据，也就为金属前处理行业发展探索出了发展方向。他实时跟踪收集螯合化前处理产品使用过程中的技术数据，其目标是建立产品体系数据库，促进产品性能的不断升级。随着产品的不断优化以及市场影响力的增加，国外同行企业也相继注意到了螯合化成膜剂在金属前处理行业潜在的影响力。德国凯密特尔公司、日本帕卡濑精公司先后到山东大学电化学研究所进行技术交流，提出全资高价购买全套螯合化处理技术的知识产权。但想到西方公司在前处理高端技术领域对中国的垄断以及国内对高端处理技术的巨大需求，在巨大的利益面前，他没有辜负老一辈科研工作者的期许以及大家的共同付出，果断予以拒绝。之后，他更加坚定地投入到拥有自主知识产权的高端金属前处理产品的研发当中。

守初心——匠心永恒，不忘初心

2019年，历经四年的努力，凝聚了团队心血的匠之心表面功能化技术（济南）有限公司（简称匠之心公司）成立。匠之心寓意匠心永恒，不忘初心，将所学的知识、发现的理论抒写于祖国大地。

2020年年初，匠之心公司正式运营，主要从事螯合化功能膜产品的自主研发和技术、工艺创新。螯合化处理技术的问世成功地冲破了德国、日本在此高端领域对中国的技术封锁和市场垄断，实现了中国自主研发零的突破。螯合化体系的部分产品及工艺已成功应用在以重汽、陕汽、海尔、北部战区军工装甲等为代表的汽车、家电、轨道交通行业及军工企业。

目前公司研发团队已经着眼于航空航天镁专用铝合金高端无铬钝化处理剂以及腐蚀防护在线自动监测技术的开发，旨在把匠之心公司打造成全球高端金属表面涂装处理材料及技术服务于一体的技术制造供应商。学校团委牵头成立青年创新创业联盟，加强链接校内外资源，为该项目邀请了多领域专家，举办了多轮项目论证会，并且邀请投融资机构对接洽谈，协助该项目入驻山东大学创业孵化园区。2020年，经校团委推荐，赫威率队参加“挑战杯”“互联网＋”和海内外精英创业大赛等系列创新创业赛事，在赛事训练中他们不断完善项目商业运营模式，并取得了优异成绩。

依托前期孵化、赛事训练，公司的发展模式不断完善，取得飞速发展。同时大学就业指导中心牵线专业人才和合作单位，弥补了公司在专业人才方面的不足和资源上的欠缺。目前，公司已经组建起一支拥有多位美国、韩国、日本归国材料研发专家，化学与化工学院多位技术精英骨干，军用装甲、潜艇及航天制造领域重点企业涂装技术专家在内的专业团队，完全掌握自主高端的军用、民用涂装及材料应用工艺关键技术。公司一期投资千万元，直接向对口的数十家军用、民用应用商提供高端的螯合化杂化膜材料数十吨，累计营业收入近数千万元。2022年公司已展开与吉利集团的合作，致力于研发高端汽车预处理技术，目前合作已经取得突破性进展。

2015年实验室中的一个惊奇发现，播下了一颗希望的种子，在校团委、就业指导中心培育的沃土中，经过几年的沉淀和积累，赫威秉承工匠精神，打磨前处理产品，为中国前处理行业的发展贡献了自己的力量。这颗种子在智慧与汗水的浇灌下，成长为能够研制出比肩国外资深企业产品的公司。一路走来，不断支撑着他的是勇于自我革新的精神、知难而进的品质以及勇于担当的责任感。2022年，故事仍在继续，赫威仍然在他创新创业、攻坚克难的路上脚踏实地，躬行不辍，投身科研，与国家一起勇攀高峰。他在平凡的岗位上，奉献着自己的光和热，书写着出彩的篇章，以一项项丰硕的成果不断践行着他的初心。

（山东省教育发展服务中心供稿）

闪亮的日子

河南

创业路漫漫，青年立志辟新天

——河南工业大学崔高阳事迹

古人云“纸上得来终觉浅，绝知此事要躬行”，崔高阳的创业历程完美地诠释了这句话。他求知若渴、敢于挑战，将学识与梦想连为一线；他立足实践、敢为人先，将品质与创新牢记心间；他稳扎稳打，一步一个脚印，走出了独属于自己的创业路。

点亮梦想之灯，浇灌创新之芽

2016年9月崔高阳步入河南工业大学，此时刚从高中校园走出来的崔高阳对未来一片迷茫，加之本身性格内向、不善言谈，因此在同学中显得并不出色。

一次，学校发通知要开展大学生创新大赛，崔高阳毫不犹豫地报了名，他连夜准备图纸并向学院副院长请教专业知识。

崔高阳的积极举动让周围的老师和同学都感到很意外，他腼腆地解释：“因为这是我梦想的一部分。我想把创意变成现实，提高社会生产力，让人类社会变得更加美好，让人们生活得更加幸福，实现自己的价值。”

在学院办公室，副院长一边认真看图纸，一边询问他的设计思路，他紧张得都说不出话，支支吾吾地表述自己的想法。尽管精心准备了图纸，可由于刚入学专业知识匮乏，崔高阳的制图水平还停留在高中阶段。

副院长称赞崔高阳的想法很好，同时也指出了他的制图水平还待加强。他对崔高阳说：“有问题可以随时再来找我，不要有压力和顾虑，我喜欢有想法的学生。”

副院长的鼓励给予了崔高阳莫大的勇气，埋藏在他心底的创新创业幼苗也因此生根发芽。

崔高阳说：“第一次站在创新大赛舞台上时，看着台下的观众我十分紧张，精心准备的话一句都说不出来，面对评委老师的提问大脑也是一片空白。”这次比赛的成绩虽然不理想，但却增加了崔高阳的胆量，让他在之后的求学道路上始终抱着“打破砂锅问到底”的学习态度。

在之后的大学时光里，崔高阳常常拿着各种“奇奇怪怪”的问题一次又一次地敲开老师办公室的门，有时为了寻求问题的答案，他甚至追到了教授家里。郑州大学、南昌大学、天津大学、哈尔滨工业大学的校园里都曾出现过他求学的身影，而通往大江南北的绿皮火车也描绘出了他梦想的版图。

“我非常感激大学时期的这些经历，它们不仅让我收获了知识，也让我结识了很多良师益友。”崔高阳说。

从农村走向大城市，从高中走向平台更高、更开放、更包容的大学，崔高阳遇见了很多志同道合的人。多年的求学经历使他从稚嫩逐渐走向成熟,也帮助他打下了扎实的创业基础。

勇踏创业之路,初尝创业之苦

2017 年 5 月,崔高阳顶着烈日,带着 5000 元人民币,汗流浃背地骑着自行车奔赴在他的创业之路上。因为资源有限,学校众创空间的小办公室成了他的主阵地。

在创业之初,各种难题纷至沓来。没有足够的订单,拿不出充足的资金,没有工厂愿意代加工产品……似乎每一个摆在他面前的难题都能轻易封锁住他的创业之路。

为了解决工厂代工的问题,崔高阳带着图纸跑遍了当地的加工厂,他曾连续半个月跟在注塑厂老板身后,一有机会就跟人谈合作,终于注塑厂老板勉为其难地答应了崔高阳,先试产看看效果再决定后续的合作与否。

崔高阳抓住这次来之不易的机会,与工人同工同寝,虚心向工人师傅请教。在抓生产质量的同时,又快速学习掌握了注塑机的操作技术。在崔高阳为期一周的监督生产下,加工生产出的产品达到了极高的标准。

有了第一次的成功,崔高阳再接再厉。他用自己企业的技术优势与其他工厂协同作业;他也与一些个体户合作,形成联动机制,共同完成了公司产品小批量的生产任务;他还与运输公司合作,完成了跨区装配工作。

为了筹集资金,崔高阳积极参与学校、政府及相关部门举办的创新创业大赛等一系列活动,在这些平台中结识了志同道合的人。他通过向别人展示自己的梦想,不断与别人交换意见,最终和一些有资源并且愿意帮助创业者的人达成了共识。

崔高阳抓住一切机会发展自己的团队,落实自己的项目,通过互惠合作,他的公司慢慢形成了一个有一定规模的企业。创业路上的苦不是三言两语便能说清的,而崔高阳却颇感愉悦,因为他始终相信,这些汗水一定能浇灌出美丽的花朵。

不惧失败之刃,摇撸信念之舟

有人曾问过崔高阳一个问题:"创新的路上你失败了多少次?"他答不上来。因为崔高阳从开始创业,几乎每走一步都会遇到失败,可恰恰是这种逆境培养了他愈挫愈勇的性格和坚定不移的信念,成为他创业道路上的宝贵财富。

从第一次登台演讲、第一次撰写计划书、第一次参加比赛、第一次寻找合作伙伴、第一次寻找投资人,到产品研发、产品打样、产品量产、产品售后,再到市场开发、公司财务管理,崔高阳在这些过程中遭受了不计其数的失败,每次都备受打击。他也曾想过放弃创业,找一份安稳的工作,但为了公司的发展,为了自己的梦想,崔高阳总是在每次跌入低谷后又倔强地站起来,笑着跟同事说:"成功就在眼前,只要大家努力,相信我们一定可以。"

崔高阳谈到第一次接手天津某企业百万级的项目时,他的内心是恐惧的,因为这个项目超出了自己当时的能力范围。在团队成员的鼓励下,崔高阳决定向整套设备输出领域迈出第一步。其间,由于技术不成熟出现了很多问题,项目开始赔钱,公司面临破产。在此危机下,崔高阳的头脑却更加清醒,他放下面子亲自请行业内的专家学者到现场指导,最终扭转了局面。

千千万万次尝试孕育了千千万万新的事物,倘若没有尝试,人类谈何进步与发展。在崔高阳看来，有尝试就有失败，失败只是暂时的状态，并不是最终的结果，成功的过程就是汲取失败的过程，也是淬炼信念与意志的过程。

耕耘创新之林，勇攀科技之峰

崔高阳坚信创新才是企业的发展源泉。创业之初，他便在拿到学院和政府的知识产权补助后，将全部精力投入到新技术的研发上，申请了数项发明专利，并且全部获得授权。

崔高阳的公司靠电弧测距传感器起步，而高端电弧测距传感器长期以来都依赖于进口。当时国产电弧测距传感器无法在3000℃的高温环境下工作，这个缺陷也制约了国内很多行业的发展。

崔高阳在传感器核心零部件缺失的情况下，提出用高压击穿法来完成传感器测距工作的大胆想法，可它的弊端在于一旦高压脉冲对昂贵的主机造成损坏，那将会给公司带来致命的打击。

尽管如此，崔高阳和团队成员仍然决定要试一试，为了研发新技术，他们无所畏惧。凭着这股勇于在黑暗中探索的精神，崔高阳完成了基于全新原理的高温电弧测距传感器的全部实验数据采集，为新项目的研发工作取得了关键性的胜利。

为了打破国外技术的垄断，崔高阳带领团队进行了长达18个月的艰苦探索，几乎每天晚上实验室都灯火通明，他与团队成员经历了无数个日日夜夜的奋战。

苦心人天不负，终于在2019年4月9日凌晨3点，崔高阳兴奋地打电话通知所有研发人员，高温电弧传感器研发成功了，最终测得精度为0.1μm，达到了国际领先水平。

如今再回想起那18个月的生活，崔高阳觉得颇有一番滋味：虽然吃了无数箱泡面，累得住进了医院，甚至偶尔还会感到崩溃，可是大家团结一致最终取得了好成绩，这一切就值得。

在2020年新冠肺炎疫情肆虐的一年里，崔高阳反而拿到了国外订单。他感慨道："技术封锁就那么回事，等你做好了，所谓的封锁也就解除了。"

面对疾风，他奋力向前；面对高峰，他勇于攀岩。其他团队做不到的，他刻苦钻研；其他团队不想做的，他不惧艰险。平顶山一家企业设计生产单层棉纱填装自动化设备时，由于单层棉纱的超薄性和纤维粘连性，无法实现自动化生产，长期以来一直依赖人工，无法保证其品质的稳定性，这一直是企业难以解决的问题，也是一个世界范围性的难题。

崔高阳接手这个项目后，在一线进行了长时间的跟踪考察，经过公司研发团队刻苦钻研，最终他们利用仿生学成功解决了超薄性单层棉纱装填难题，帮助客户企业站在了同行业的最前列。

崔高阳凭借敢去打破现状、主动尝试新鲜事物的精神与态度，在行业里开辟出了一片自己的天地。

坚守产品之质，保障客户之利

崔高阳始终坚持“将服务做到角落”的理念，为客户解决每一个小问题。产品一旦出现质量问题他会坚决要求公司负责到底，绝不推卸责任。他也经常为了一个小零件驱车几百公里，只为帮客户解决难题。

崔高阳常带领员工深入客户群体，详细了解客户需求，为了让客户满意，其公司产品半年内曾改进了三十余次，这种行为在行业内实属罕见。

“做别人不愿意做的事，并且努力做好，就会有价值。”这是崔高阳常说的话。一次交货完成后，由于前期客户提供的数据不准确，导致客户公司生产的设备大批量不达标，崔高阳得知情况后，主动承担责任，亲自带队到生产一线配合客户公司进行了长达 40 余天的修复数据工作。

公司的售后人员纷纷抱怨这种做法会导致公司亏损，崔高阳却严肃地纠正了公司内部人员的这种心态。崔高阳的行动让客户大受感动，决定取消与南方某厂的采购合同，转而与崔高阳的公司签订了长期供货合同。

正是这种始终把客户利益放在首位的态度让崔高阳公司的产品在市场上大受欢迎，赢得了良好的口碑，产品订单暴涨，公司发展的窘境也从本质上得到了改善。

目前，公司相继在郑州、开封、南京、宁波、深圳设立了分公司和办事处，近几年年利润可达五百余万元，逐渐形成了集设计、研发、生产于一体的高新技术企业，产品销往辽宁（兴东纸业）、河北（华兴纸业）、山东（庞疃纸业）、河南（金手指生物、贝尔康生物、纯源纸业、秋月实业）、陕西（东方纸业）、湖北（华中山鹰）、福建（联盛集团、南安斯达纸业）、广东（兴隆纸业、上隆纸业、蓝天鹅纸业、新富发纸业）、云南（宜良兄弟纸业、红星纸业、易门顺兴纸业）、四川（宏源纸业、上元纸业）等十余省，直接带动就业 59 人，其中禹州市 3 人、郑州市 1 人、尉氏县 36 人、通许县 5 人、鄢陵县 1 人、中牟县 8 人、太康县 5 人，间接带动就业达百人。

未来五年，公司将努力做大终端市场，把优质的服务带给更多企业客户，把高效优良的设备带给社会，在河南、深圳建设生产基地，实现南北方两大生产基地建设投产，提高公司人员的综合素质，使高学历人才数量增长十倍以上，搭建省级技术科研平台。

崔高阳常常说“不忘初心，方得始终”。他告诉团队，只有继续坚持创新，才能让公司发展壮大。创新是永不过时的发展理念，每开拓一个新领域，每接手一项新业务都是一次新的挑战。

在今后的创业之路上，崔高阳将带领团队继续“战斗”，聚集高端人才、加大研发创新力度，让公司具备长久的发展力。

作为新时代青年，崔高阳志存高远却也脚踏实地，相信在未来的人生旅途中，胸怀理想的他将在创新创业的道路上创造出新的辉煌。

（河南省大中专学生就业创业指导办公室供稿）

元宇宙虚拟空间的中华文化传播先行者

——河南职业技术学院任志远事迹

任志远，河南职业技术学院现代信息技术学院 2019 级数字媒体技术专业在校生。凭借着对国潮文化的热爱，入校不久，任志远即加入了数影创新创意工作室以及蔓乐盎工作坊，通过国潮原画设计＋自媒体传播中华传统文化，收获粉丝 170 余万名；参加 GYB、SIYB 创业培训和创业精英夏令营、创业专业实验班，进行双创教育系统学习，注册了郑州翊之鸽文化传媒有限公司，通过中国古风大型建筑场景付费、中国传统数字虚拟形象商品化以及元宇宙人物 IP 形象授权生产周边，收益 260 余万元，带动就业人数达 600 余人。他还带领团队项目参加第七届中国国际“互联网＋”大学生创新创业大赛，荣获省赛一等奖、国赛金奖，并为第七届中国国际“互联网＋”大学生创新创业大赛河南省职教赛道设计了吉祥物“工娃”与“匠娃”。其创业事迹得到了媒体的广泛关注，中央电视台《日出东方》报道了其创业事迹，河南电视台出品的《青春约“会”》第一期“元宇宙里的青春”问答节目也报道了其事迹。

志存高远，弘扬国潮，敢于尝试

年少时的志向，往往会成长为参天大树。任志远在入学前就热爱中国传统文化以及国潮的设计，入学后他积极参加学校的创新活动小组并加入数影创新创意工作室以及蔓乐盎工作坊，在学校“需求导向、专业引领、分类分阶、精准施教”“专业＋创业”人才培养模式的培养下，其在项目实践中学到了专业知识，创新意识也不断得到提升，并在自媒体平台收获了 20 万粉丝。

之后任志远对于新趋势、新事物的捕捉更加敏锐。民族的强盛离不开文化的强盛，国潮文化在电视媒体、网络社交平台均有传播，在虚拟空间的传播也应及时跟进。任志远深刻认识到这类传播的重要性和紧迫性，于是他励志做元宇宙虚拟空间的中华文化传播先行者，瞄准中国用户超四亿人的“我的世界”元宇宙概念平台，尝试搭建中国传统大型建筑场景并进行中国传统人物 IP 形象设计转化。看到制作完成的成品，任志远感到十分有成就感，更加坚定了要继续在虚拟世界弘扬中华传统文化的决心。

团队组建，沃土厚植，初见成效

一个心中有志向的人，绝不会轻易停下自己的脚步。目前，美、日、韩在元宇宙虚拟空间建设方面先人一步，日、韩文化属性最为鲜明，然而具有中国国风特色的元宇宙空间暂时缺席。为了在元宇宙虚拟空间更好地弘扬传统文化，任志远在老师的建议下组建了创新小组，该小组汇集了虚拟现实专业、计算机网络专业、软件开发专业等专业的同学。小组成员同样和任志远一样，是一群热爱国潮设计的学生，在大大小小项目实践的过程中，团队成员各司其职，并且参加了学校的GYB、SIYB等创业培训。

项目初期磨合阶段，团队遇到了许多困难，学校给予了团队多方政策支持和帮扶。例如，为项目发放开业补贴、帮助项目申请政府配套补贴、对接创投公司等举措帮助项目解决创业资金问题，并在提供场地、指导服务等方面给予政策支持。随着新成员的不断加入，通过团队协作，他们搭建了大大小小的建筑场景53组、中国传统人物IP形象设计10余个系列。

公司成立，重点管护，项目优化

不断学习、不断进步、不忘初心，永远在路上。任志远以及团队成员通过校级筛选参加创业精英夏令营、创业专业实验班，进行创新创业理论和技能的系统学习。在学习的过程中，任志远团队也从工作室完成了向公司化运营的转变。2021年8月20日，任志远注册了郑州翊之鸽文化传媒有限公司，入驻了学校创客空间，有了独立的办公室，并成为创客空间重点管护扶植项目之一。

创客空间创业导师团帮助任志远团队强化了对元宇宙的准确理解，梳理了创业思路：元宇宙是全员参与、共同创造的规则体系，场景搭建并不是蔓乐盎的主要发力方向，团队要做的是推动国风场景的快速建设和互联共建。为此团队将项目进行了优化，从原来的场景搭建转变成基于官方平台的类平台项目，开展创作者招募活动，提升创作者分润权益。在官方的合作下，团队开展了古风建筑、古典人物设计的公开课程，完成了商业模式的创新。

在后续的搭建场景中，任志远团队发现只靠手动搭建场景耗时耗力，在创业导师的帮助下他们找到了技术方面的新契机——目前官方发布的最新版的MC Studio中的工具包，通过完善建筑组件库和场景作品的一键导入，让耗时费力的场景建设速度提升了7.5倍，这也实现了蔓乐盎国风元宇宙世界中场景部分的快速扩张，让更多元宇宙创业团队的创业内容实现了互通互联和联合共建。

团队邀请志同道合的开发者加入中华传统文化传播的队伍里来，在课程发布后也会促进更多中国古风爱好者成为创作者，未来也将会帮助更多的古风爱好者和创作者向元宇宙形象设计师、数字虚拟建造师等新职业方向转变。该计划发布后，项目带动就业中的飞地团队成员已达600余人。项目也通过中国古风大型建筑场景付费、传统数字虚拟形象商品化以及元宇宙人物IP形象授权生产周边等盈利模式，总计收益268万元。

硕果累累，初心不改，砥砺前行

天道酬勤，只要有付出就会有收获。在学校的支持和老师的指导下，任志远团队积极参加中国国际“互联网+”大学生创新创业大赛，通过大赛不断调整蔓乐盎元宇宙的发展方向。历经多轮迭代，2021年10月，该项目成功闯进第七届中国国际“互联网+”大学生创新创业大赛国赛现场赛，最终摘得金奖。

任志远在虚拟世界传播中华传统文化也引起了媒体的广泛关注。2022年1月1日，中央电视台《日出东方》用50秒时长报道其事迹，随后近10家媒体跟进报道，引起了巨大的社会反响。

2022年3月4日，河南电视台出品的《青春约“会”》第一期“元宇宙里的青春”问答节目，在央视网、《人民日报》、《中国青年报》、大象新闻客户端、河南共青团、河南电视台等媒体播报，并与全国政协委员马萧林进行连线。在节目中任志远提出了项目目前难以解决的困难：在搭建虚拟世界时，受限于团队开发者自身对历史文化的研究与积淀不够深厚，是否能有一个智囊库帮助自己的团队进行专业的指导，从而做出更好的作品，吸引更多的创作者加入中华传统文化的传播行列中来。全国政协委员马萧林是这样回复的：“这些年我也一直在关注搭建传统文化智囊库的话题。我认为应该以社会各领域积极参与的原则，建立青年人成长导师团，为青年提供‘近距离、全方位’的引导服务。另外还可以从资金扶持、兜底保障等方面，给予青年创业者更广阔施展才华的空间，充分地激发出青年人的创新活力。”得到马萧林委员的回复后，任志远团队对在元宇宙虚拟空间传播中华传统文化的信心更加坚定了。

任志远说他很喜欢一句话：水滴石穿，不是水的力量，而是坚持的力量。奋斗青春，追梦时代。任志远始终秉持着一颗将中华传统文化在全世界传播的决心，随着元宇宙工具的发展，他们也会通过更高画质在元宇宙中弘扬中华传统文化，他的团队立志打造全球最大的具有中国国风特色的元宇宙世界，将中华传统文化之门的新钥匙牢牢掌握在自己手中。任志远在大赛中慷慨激昂地表示：“弘扬中华文化，吾辈义不容辞。”这就是他的初心和梦想。初心和梦想的力量一直指引着他前行，任志远希望未来能把项目做得更好，团队将建立中华传统文化结合科技风的元宇宙世界，用世界语言讲述中华传统文化故事。最重要的是在创新创业学习和实践的过程中不断锤炼自身。未来任志远和他的团队都会是合格的创业青年，定能为实现中华民族伟大复兴贡献自己的青春力量！

（河南省大中专学生就业创业指导办公室供稿）

以韧克艰，绘就废弃橡胶资源再生利用美丽蓝图

——郑州轻工业大学叶泳杰事迹

叶泳杰，男，郑州轻工业大学国际教育学院2021届本科毕业生，宁杰橡胶资源再生利用科技有限公司（简称宁杰橡胶科技）创始人。目前，该公司“12万吨/年废弃橡胶资源再生综合利用”一期项目已经建设完成并于2021年11月投产，年产9万吨再生胶、500万条汽车内胎、400万条汽车垫带，创造就业岗位500余个。2022年第一季度创造产值4700余万元，纳税约460万元。

持之以恒，厚积薄发

2017年9月，叶泳杰满怀着憧憬开始了大学生活。在经过一段时间的迷茫后，面对校园内的活力与机会，叶泳杰迅速调整状态，给自己定下了大学生涯的阶段性目标：在有限的时间内进行无限的学习，不断尝试，不断充实，不断提高，尽可能学会更多的知识与技能。

大学里，叶泳杰是学生会外联部部长、班级班长，还担任过低年级学弟、学妹的朋辈小导。叶泳杰在努力完成学业的同时，还不断涉猎其他实践领域，校园文化活动、创新创业比赛、社会实习实践，他像海绵一样汲取养分，锻炼自己的组织、策划、沟通与领导能力。叶泳杰认为大学生除了学习之外，更重要的是对未来的思考，要尽快确立自己的目标，并为之不懈钻研、奋斗。

承压而上，以韧克艰

叶泳杰的祖籍在浙江省天台县，爷爷1990年带着家人到宁夏发展，最初是利用废旧轮胎裁制布鞋鞋底、灰斗、水桶，用最粗浅、最原始的人工手段使废旧轮胎得到再利用。之后父亲在2007年创建了橡胶制品公司，对废旧轮胎进行进一步的粗加工——生产再生胶，初步实现了废弃橡胶资源的再生利用。

多年以来的耳濡目染，让叶泳杰从小就对废弃橡胶有着清晰的认识，并且对机械装置、机械制作有着极大的兴趣。随着年龄的增长，改造再生胶行业生产工艺流程、提高废弃橡胶资源利用率的想法越来越清晰，他利用一切机会，了解废弃橡胶资源再利用行业，学习掌握生产方式转型升级技术，学习如何建立橡胶资源再生利用综合产业链，叶泳杰一项一项地做着准备，下定决心要在毕业后回到家乡大施拳脚。

天有不测风云。2018年12月，父亲经营的工厂被一场大火吞噬，多个生产车间以及仓库焚烧殆尽，负债3000余万元。家庭的困难、生活的压力，以及一切不可逃避的责任促使着叶泳杰提前站了出来。

深思熟虑，迈步创业

科技创新是第一生产力，橡胶行业一直发展缓慢，其中最主要的原因是传统落后的生产工艺装备技术与绿色环保先进自动智能清洁化的生产要求不匹配。只进行简单的生产却忽略再生利用，就很难突破市场瓶颈。当前，我国机动车保有量逐年增加，每年废旧轮胎增长率高达 8%，废旧轮胎接替白色污染“塑料袋”成为新的污染源。我国同时还是橡胶资源短缺国家，45%的橡胶依靠进口。因此，充分利用橡胶再生资源，对解决自然资源短缺和现阶段环境污染有着重大意义。通过废旧轮胎资源化再生利用，一方面可以回收高附加值的材料，具有较高的经济效益；另一方面可以节约资源，具有非常好的环保效益，项目前景十分广阔。

2019 年年初，叶泳杰确立了资源化、减量化、无害化利用废弃橡胶进行资源再生，解决废弃橡胶“黑色污染”的主导思想。他开始筹划自己的创业方案，主动询问学校相关专业老师、辅导员老师的意见和建议，多次上门与宁夏石嘴山市平罗县工业园区管委会等相关部门沟通汇报创业项目计划，不断地修正项目执行方案和路径。

目前全国 40%以上的轮胎、内胎以及输送带等橡胶制品产自山东省。2020 年 4—5 月，叶泳杰一有时间就拿着“再生胶高温脱硫、二次裂解智能化自动化连续生产流水线”的项目计划书，赶赴山东平度招商引资。功夫不负有心人，最终他与当地一家企业达成合作意向，融资三千余万元。同年 6 月，叶泳杰开始在宁夏回族自治区石嘴山市建立“宁夏宁杰橡胶再生资源循环利用科技有限公司 12 万吨/年废弃橡胶资源再生综合利用项目”，得到了平罗县政府的大力支持，目前该项目一期已建设完成。公司注册资金五千万元，叶泳杰占股 90%，担任公司法人、执行董事。

钻研技术，再创佳绩

叶泳杰在与橡胶制品行业中的老牌企业平度子海橡胶制品有限公司的交流合作中，想到了要研发更为先进的数字化高温定型模具，降低废品率，有效减少资源浪费，同时公司将扩充生产模具，以丰富的产品型号以及国内少见的大型农用车内胎打开并稳步扎根国外市场。公司用高效的生产效率，丰富的产品种类，稳定的产品质量为发展核心，树立产品良好的品牌效应。2020年，宁夏宁杰子海橡胶制品有限公司成立，宁杰橡胶科技占股10%，该公司秉承着“高标准，严要求”的理念，着力成为一家现代化、科学化的农用车内胎制造企业。

宁杰橡胶资源再生利用科技有限公司研发的橡胶粉生产自动化集中控制生产线，打破了传统橡胶粉生产过程中废轮胎破碎采用手工的方式。该生产线采用全自动一体化设计，从原材料运输、破碎、粉碎到粉尘与烟气收集治理，均由电控室集中控制操作，达到了车间生产的一体化管理。核心生产环节脱硫工艺，采用硫化橡胶粉常压连续脱硫成套设备，在螺旋装置内密封输送状态下加热脱硫及夹套式螺旋冷却工艺完成脱硫，实现常压脱硫，降低能耗，生产过程无废水、废气排放。与传统动态脱硫法相比，可节能20%以上，减少2/3的操作人员，减少3/4的设备钢材使用，减少2/3的占地面积。

项目得到了当地政府的大力支持，各级领导多次到公司就生产经营及项目建设情况进行调研，及时解决建设难题，项目享受到了多项税费减免优惠政策。目前，母公司宁夏宁杰橡胶资源再生利用科技有限公司以及子公司宁夏宁杰子海橡胶制品有限公司均已成为宁夏回族自治区石嘴山市平罗县“规模以上企业”，拥有14项专利技术、2项研究成果。

展望未来，绘就蓝图

宁夏宁杰橡胶资源再生利用科技有限公司已经完成了一期项目的既定目标。子公司宁夏宁杰子海橡胶制品有限公司已于2021年完成了500万条汽车内胎的生产目标，全年出口营销额为557万元，国内营销额为1546万元。公司生产的特种农用车内胎出口至美国、澳大利亚、俄罗斯、新加坡、德国、巴西、土耳其、哈萨克斯坦等国家，产品质量备受好评。

创业不息，奋斗不止。现在的叶泳杰正风风火火地准备上马“12万吨/年废弃橡胶资源再生综合利用”二期项目。待到项目二期全部建设完成，将在西北地区形成一个完备的废弃橡胶资源再生利用综合产业园。叶泳杰计划乘着国家大力支持扶持创新创业的东风，借着宁夏地区良好的区位优势条件，坚持科技创新、市场创新、绿色环保的资源再利用创业初心，他的商业蓝图终将会辐射至全国乃至世界的橡胶行业。

（河南省大中专学生就业创业指导办公室供稿）

老区成就致富梦，青春创业伴茶香

——河南理工大学周庆忠事迹

周庆忠，男，中共党员，1994年10月出生，2019年7月毕业于河南理工大学，现为信阳送茶人茶业有限公司负责人。他在大学期间学习总评成绩排名居班级前四位，连续三年获得河南理工大学孙越崎优秀学生奖学金，先后斩获河南省优秀学生干部、第二届河南理工大学“最美大学生”、河南理工大学“三好学生标兵”等荣誉称号。在校期间，他积极参与创新创业活动，曾获“互联网＋”全国大学生创新创业大赛国家级三等奖、“创青春”全国大学生创业大赛国家级三等奖、河南省“创青春”大学生创业大赛省级特等奖、河南省“互联网＋”大赛一等奖；申请专利3项，其中发明专利2项、实用新型1项，注册商标11项，且所创项目皆入选了信阳市优秀大众项目库，并获得河南省教育厅、河南理工大学和信阳市近20万元资金扶持，同时还以河南省代表的身份赴深圳参加青年筑梦之旅启动仪式，在青年创新创业方面具有较好的带头表率作用。

初识，与茶叶结缘

2017年，在全面脱贫攻坚的大背景下，周庆忠回乡参与社会实践，得到领导信任和群众支持的他被选任为湖北省随州市随县车云山村党支部书记助理，开启了他在湖北和河南交界的大别山腹地的贫困调研，也由此开启了他与茶叶的故事。接受过大学教育的周庆忠，亲眼看到了大别山老区的贫困现状。大山里的茶农家住得最近的离集市都有十几公里，他们不识字，不会用手机，但却炒着一手好茶。茶叶好喝，品相却不好，导致茶叶的市场接受度极低。当地的茶农们调侃说：“这里是信阳毛尖的核心产区，我们却捧着金饭碗要饭。”每次听茶农讲述做茶叶的难处，周庆忠都听得十分揪心。每次当他离开时，茶农都握着他的手，让他感觉被扎到心上。看着茶农树皮般的手上都是老茧，他总会莫名心疼。跟着村支书调研时，他看到了老乡们的生活条件得不到改善，种茶仅能维持生计；看到了车云山村的茶不被市场认可，好茶只能贱卖；看到了村里的年轻人都出去打工，茶园里就剩下老人带着孩子；看到了村支书为了茶农的茶叶滞销而满面愁容，周庆忠觉得，他应该也必须帮助这些茶农做点事情。

想到这，他说干就干。他利用村支书助理的身份和自己年轻大学生的优势，带着相机和纸笔走进大山深处。山里很多地方是没有路的，只能顺着茶农踩出的小道一点点走，行走起来相当困难，但愈是这样，愈是坚定了他一心助茶农的决心。他用脚走遍了东、西两个车云山村，鞋都磨破了不知多少双，愣是走访了260余户茶农，近6000亩茶园。他站在茶农角度，聆听茶农心声，寻求售茶思路，为之后工作的开展夯实了基础。

初心，为茶农奋斗

自从下决心要帮老区的茶农改变“守着聚宝盆受穷”的局面后，周庆忠白天深入了解、分析实际情况，晚上学习充电强能。为了补充专业知识体系，他曾利用3个月自学了浙江大学茶学系的专业课程。2018年5月，为进一步做好随县草店镇鄂豫峰茶叶供销专业合作社，在河南省教育厅及各级政府的大力支持下，他正式成立了信阳送茶人茶业有限公司。

为了解决茶叶品相不好的问题，他吃在茶厂住在茶厂，和工人们打成一片，利用测温仪前后记录了2万余次的炒茶专业数据，利用电脑优化炒茶流程，并研究了新的制茶方法，还申请了专利，使炒出的茶更省时、更省心，品质更好。他笑着说："不把茶叶搞好，我都对不起这些工人流的汗水。"为了提高茶叶的品相，帮助合作社提高茶叶品质，他对传统茶艺进行归纳总结，给社里制定了茶叶的采摘标准，一户一户联系山上山下几百户茶农对接，严格控制采摘质量，进一步提升亩产值和茶品种类。在合作社的日子里，只要是对茶农有益的事，他都会去做。经过几年的努力，周庆忠逐渐看到了回报，而这些回报都体现在茶农的身上。单亩茶园收入比之前翻了5倍多，研发的适用于茶叶果实的多功能榨油机，首次实现了茶树的叶果两用，带领茶农实现了多渠道增收。2018—2021年，该项目带动农民累计提高收入2000多万元，茶农每亩收入由原来的1200元提高至6900多元；累计提供就业岗位2155个；茶农每户实现旅游带动收入由11600元增长至24000多元，社员农户分红由0元逐步增长至22000元；由于突出的带动作用，2020年周庆忠的项目作为信阳市唯一的大学生返乡创业企业，入选信阳市优秀大众项目库，并获得10万元创业资金扶持。

初创，让青春无悔

为了进一步提升信阳茶叶的知名度和影响力，更好地帮助村民增收，周庆忠带领团队树立了车云山这个金字招牌，帮助村支书和信阳市浉河区豫峰顶茶叶专业合作社理事长开发产品设计，前后设计不同茶叶包装十余款。2018—2019年，他长期奔波在全国各地做品牌推广，参加了几十次的展会营销，足迹遍布北京、上海等20多个大城市，多次熬夜改PPT，多次车程的奔波辗转，就是为了把大山里茶农的茶叶推销出去。在他的努力下，车云山茶叶市场认可度越来越高，周庆忠最终帮助豫峰顶、鄂豫峰、青园林、四方堂等7个合作社销售茶叶近4万斤。

新冠肺炎疫情发生后，茶叶线下销路受阻，农民销售成了老大难，合作社没有人懂电商，也没有人会直播。为了缓解困境，周庆忠主动对接茶农和合作社，承担起了直播卖茶的重任，茶农上山他上山，茶农干活他直播。往往一天下来，周庆忠都能走几万步，脚上的小白鞋也变成了"迷彩"球鞋，人也从原来白白净净变得黑瘦黑瘦。直播后他还要统计订单，最后再一个人到十几公里外去发货，这些困难他都一一克服，背后的动力来源于他想帮助这一方茶农的初心。

山里人提起周庆忠都是赞不绝口："这个孩子是真可以。以前来的几个，两天就腿疼了，收拾收拾就走人了，学生娃吃不了苦也干不了活儿。可这个孩子不一样，他的一言一行都透露出他能吃苦，也肯付出！"这朴素的评价，却是对周庆忠付出的最好肯定。

慢慢地，周庆忠帮助农民打开了电商销路，有时候直播间几分钟的抢单量就能达到几百单。在他的传授下，有的农民也开始了视频卖货，茶农们的干劲也越来越足。目前，公司旗下已有茶叶直营店1个、加盟体验店6个、加盟店70个；2018—2020年每年分别实现营业收入220万元、379万元、688万元；已签约成立"四方堂""豫峰顶"等合作社8家，其中2019年签约3家，2020年签约5家；茶园基地由车云山扩增至天云山和连云山等3个核心产区，生产线推广至3镇8村，带动河南理工大学马天放、郭宇等青年返乡创业人员共计68名。

从创业调研阶段到如今小有成效，一路走来，周庆忠深感自己不是一个人在战斗，而是得到了母校——河南理工大学的鼎力支持。正是在电气学院团委书记王帅老师的帮助下，他才会深入茶乡进行暑期调研，深刻了解茶农之苦，并定下了改变茶乡的决心；而在河南省优秀大创指导老师王鑫的指导下，他的创业项目才会在当年获得2018年"创青春"河南省大学生创业计划竞赛的特等奖；2019年，又在学校创新创业学院付生德老师的指导下，他的创业项目免费入驻河南理工大学创新创业学院进行项目孵化和实操落地，并免费获得创业培训，得到创业资金支持，并成功入选河南省教育厅引导和扶持的591大学生创业项目；此外他还要特别感谢天使投资人芈林先生对本项目的理论指导以及实际操作中给予的大力支持。2018—2021年，在河南理工大学的全力支持下，项目获得了"创青春"全国大学生创业大赛国家级铜奖、第七届中国国际"互联网+"大学生创新创业大赛国家级铜奖，以及其他省市级奖项20余项。

创业之路充满艰辛，但周庆忠从不敢懈怠，他的创业使命还肩负着大别山老区茶农们的美好生活，在乡村振兴这条大道上，他真正找到了一条属于自己的创业路。

（河南省大中专学生就业创业指导办公室供稿）

选择了远方，便只顾风雨兼程

——河南大学冯金健事迹

冯金健，男，中共党员，河南大学药学院2015级临床药学专业。他曾任河南大学药学院团委副书记兼新媒体中心主任，现任河南省河宝文化传播有限公司创始人兼CEO。河南省河宝文化传播有限公司成立于2017年12月19日，公司注册资本100万元，现有正式员工62人，线下拥有近200位创业伙伴。

目前，河南省河宝文化传播有限公司自媒体平台粉丝已超过213.7万人，自媒体矩阵已覆盖全国76所本科高校，联合高校自媒体矩阵粉丝总量达858.9万人，互动率和影响力在河南省自媒体中居于前列。百校千店项目于2018年6月正式运营，为万千商家和大学生搭建便捷优惠的供销渠道，为用户提供最热门的、特价定制的周边吃喝玩乐服务。短短一年时间，利用“爆品＋预售＋抢购”模式，目前百校千店小程序累计点击量7389万次，累计超350万人注册，超2万户商家成功入驻。

公司作为河南大学大学生创业成功案例典型，是河南省重点培育、开封市政府及开封市大创办大力扶持的大学生创业项目。与公司合作的企业有中国工商银行、蒙牛、北京新东方等三百多家品牌企业。2018年3月，公司获得天使轮融资100万元，出让股份8%；2019年与北京纽澳锐志公司达成1000万元A轮投资意向。作为河南大学本科生创业的典型，冯金健及其事迹受到了开封电视台等多家媒体的宣传报道。

随着精英教育向大众化教育的逐步发展，国家已迎来了高校扩招后大学生的就业高峰期，面对如此严峻的就业形势，学生自主创业将成为最重要的就业形式之一。冯金健果断抓住机遇并成为大学生自主创业的典范，悠悠岁月，漫漫长路，他始终坚持诉说着当代大学生的激情与担当。

冯金健在创业期间，积极参加大学生创新创业大赛，多次代表河南大学入围国赛，曾获第六届“创青春”中国青年创新创业大赛（互联网组）全国赛铜奖（河南省初创组唯一入选企业）、第五届中国“互联网＋”大学生创新创业大赛国家铜奖、2019年全国高校商业精英挑战赛“云泽杯”创新创业竞赛全国总决赛一等奖三个国家级奖项，以及2018年“创青春”河南省大学生创业大赛特等奖、第五届中国“互联网＋”大学生创新创业大赛河南省总决赛一等奖、2019年全国移动互联创新大赛河南省赛区总决赛一等奖、第六届“创青春”中国青年创新创业大赛河南分赛银奖等多个省级奖项。

在学业工作稳定进步的同时，冯金健在思想上也积极要求进步。早在大一时，冯金健就主动递交了入党申请书，随后参加了入党积极分子培训课程，并以优秀的成绩顺利结业，目前已经成长为一名合格的共产党员。热爱祖国，积极向上，自觉拥护中国共产党，积极响应共产主义青年团的号召，认真学习党的重要思想理论，他始终践行在路上。

目前，公司以自媒体平台为基础，已与阿卡索外教网、碧桂园、万达集团等多家知名品牌合作。在2022年10月杭州举办的“创青春”创新创业全国总决赛上，河宝团队受到河南团省委袁书记和周部长的鼓励和肯定，也坚定了团队创业的信心和决心。教育部优秀创新创业导师李从国老师，国家级创业咨询师王献伟老师为公司创业指导专家。河宝团队因为有了同一个梦想而凝聚于此，未来，河宝必将助力中原更加出彩。始于河大，立足河南，走向全国，他们在路上。

目前河宝百校千店项目已覆盖开封、天津、江苏、河北等全国76所高校，大学生消费人口达3000余万人次，真正实现了基于自媒体平台的流量变现。在中部地区，河宝百校千店项目率先占领空白市场，自2018年6月上线以来，已经在百校千店平台内聚集了20000多家商户，350余万用户注册，超7389万次打开小程序次数。

创业很艰辛，大学生创业尤其需要非凡的勇气和毅力，在经历了从无到有、从一到多、从始至终的蜕变后，他们以“年轻、冲撞、正流行”为理念，与梦想相拥同行，与时代同频共振，打造出志在服务广大学生，乃至为整个青年团体发声的平台。古有大禹治水三过家门而不入，现有冯金健表示不仅这两年，毕业之后的5年时间他也不会回家，准备在开封和郑州开拓市场。他希望河宝儿不光是河大，更是河南省年轻人的聚集地。公司的口号是“年轻、冲撞、正流行”，需要有想法、有创意的年轻人一起参与。

创业伴随着各种风险，会失望会难过，会质疑自己的能力，会失去时间和金钱。冯金健曾说他很羡慕晚上从图书馆学习回宿舍的人，也很羡慕男女朋友手牵手在校园里漫步，对他而言，这些普通大学生的生活都是可望而不可即的。耗时耗力耗心血，他走上与自己专业截然不同的道路，也面对过父母的反对，但是既然选择了远方，便不怕风雨兼程。冯金健的父母最后支持了他的选择，与此同时他还收获了超越同龄人的成熟，改变了自己的人生轨迹，有了面对未知的胆识和勇气，踏上了更宽更广的人生舞台。

创业的艰辛寥寥数语，背后却是冯金健为之数年的蛰伏。他利用大学时光积极实践，勇于创新，把目光放长远，不断开拓创新，全面发展自己，在服务中收获了成长和进步，在奉献中实现了自身价值。人们只惊羡于花的明艳，却不知当初芽儿奋力成长过程中的艰辛。

什么也改变不了他对理想的热爱，他将微笑着走向火热的生活。心中充满热情，谋生亦谋快乐，这就是河大青年——冯金健。

获奖情况

1. 2018 年“创青春”河南大学大学生创新创业大赛一等奖
2. 第四届中国“互联网＋”大学生创新创业大赛河南大学校赛一等奖
3. 2018 年“创青春”河南省大学生创新创业大赛特等奖
4. 第四届中国“互联网＋”大学生创新创业大赛河南省赛三等奖
5. 第五届中国“互联网＋”大学生创新创业大赛河南大学校赛一等奖
6. 全国“大众创业　万众创新”活动周开封市一等奖
7. 第三届“豫创天下”创业创新大赛开封分区赛三等奖
8. 第六届“创青春”中国青年创新创业大赛河南分赛银奖
9. 2019 年全国移动互联创新大赛河南省赛区总决赛一等奖
10. 第五届中国“互联网＋”大学生创新创业大赛河南省总决赛一等奖
11. 2019 年全国高校商业精英挑战赛“云泽杯”创新创业竞赛全国总决赛一等奖
12. 第六届“创青春”中国青年创新创业大赛(互联网组)全国赛铜奖
13. 2019 年全国移动互联创新大赛总决赛一等奖
14. 2019 年全国移动互联创新大赛总决赛最佳团队奖
15. 第五届中国“互联网＋”大学生创新创业大赛全国铜奖

(河南省大中专学生就业创业指导办公室供稿)

闪亮的日子

湖北

智慧城市与公共卫生的幕后守护者

——武汉大学吴冲事迹

吴冲，武汉大学地图制图学与地理信息工程在读博士，武汉融云科技有限责任公司创始人，武汉经纬测绘技术开发有限公司合伙人。2017年成立武汉融云科技有限责任公司，投身测绘地理信息行业和智慧城市领域创业，服务过上海、深圳、雄安新区、贵州黔东南州等地的城市数字化建设，从一人奋斗到团队发展，在新冠肺炎疫情期间更是逆势增长，公司2021年年产值超3000万元。2020年，他独立开发“新型冠状病毒疫情防控与病情监测系统”并上线健康码，是国内最先设计开发拥有健康码产品（电子通行证）的疫情防控系统的人之一，该系统被无偿应用于多地疫情防控实践中，他的事迹也被数十家主流媒体报道。

负箧曳屣，少年心事拿云

寒门子弟早当家，2015年，刚刚步入大学的吴冲在刻苦钻研专业知识的基础之上自学计算机编程。两年的自我磨砺，使他凭借过硬的技术能力和扎实的专业知识在老师的课题组里承担技术开发重任。他在企业项目中兼职历练，大二便已实现经济独立，为家庭分忧。

2017年7月，吴冲以武汉大学学生的身份来到家乡贵州省凯里市城市管理局进行调研。得知凯里市当时还没有智慧化城市管理相关应用后，吴冲便下定决心要用自己的双手与头脑为家乡设计一个智慧城市管理平台。鸿鹄立志，凌云扬帆，他随即注册了公司，投身于创业奋斗的浪潮中。

为了获得政府部门工作人员的信任，吴冲以最真切的实际行动来展现自己最过硬的本领。在智慧化城市管理信息系统建设项目敲定之前，他便加速提前完成系统开发，无偿投入到城市管理与使用中。从市场商务营销到项目技术开发，前、中、后端都由吴冲一人完成。50多次高铁的辗转春秋，1年零3个月的往复日夜，见证了吴冲人生中第一个395万元创业项目2019年落地的时刻。吴冲用这笔以奋斗汗水换来的创业果实，为父母在城里安了新家，有志青年已然撑起了一方天地。

后浪翻涌，弄潮儿向涛头

2019年，吴冲的第一个智慧城市项目落成后，崭露锋芒的他获得了200万元的天使投资，随着相继引进了多名合伙人，团队形成建制并持续稳步前进。2020—2021年，面对新冠肺炎疫情的巨大冲击，吴冲坚定不移地带领团队保持逆势前行，2021年公司年产值达到3000多万元，相较2019年增长了近10倍，团队正如一艘破浪乘风的航船，在激浪狂潮中迎风而上。

"奋斗是青春最亮丽的底色，行动是青春最有效的磨砺。"创业五载，为兼顾学业与事业，吴冲心知要比常人付出更多倍的努力，要披星戴月。他将学校学习、科研方向与社会实践紧密结合，从保送读研到推荐攻读博士，吴冲在稳定学业基础上继续推动着事业向好发展，也跟着团队在荆棘中成长进步。吴冲坚持将专业知识和科研成果转换为市场业务的驱动力，在市场中善于发现科研的创新方向，在老师与同学眼中，他是当之无愧的实践"产学研"结合的典范。

"有责任有担当，青春才会闪光"，七载珞珈光阴，奋斗硕果累累。吴冲曾入选武汉大学2019年度十大珞珈风云学子（十大杰出青年），荣获武汉大学2020年硕士研究生国家奖学金，获评武汉大学抗击新型冠状病毒肺炎疫情学生标兵（全校仅10人），两次获得湖北省大学生"互联网+"创新创业大赛铜奖，以青春汗水迸发出青春能量。

同心抗疫，愿以此身报国

2020年2月初，新冠肺炎疫情防控压力严峻，吴冲看在眼里，急在心里，他暗下决心誓要与疫情抗争到底，这也是他首次涉足公共卫生应急管理领域，但他毅然前行。他立说立行，仅用三天时间便独立完成了"新型冠状病毒疫情防控与病情监测系统"的开发，这个系统包含重点群体监测、社区防控、车辆防控、物资监控、公众互动五大功能模块。系统开发完成即刻，吴冲便无偿提供给贵州省多个城市投入使用，而且该系统是贵州省最先应用的疫情防控系统之一，为贵州省疫情防控工作助能增力，被当地领导评价为贵州省最先进的防控系统。

2020年2月12日，吴冲开发的健康码在"新型冠状病毒疫情防控与病情监测系统"中正式上线投入使用，仅比在全国最早上线"健康码"的杭州晚了一天，他也是国内最先设计开发拥有健康码产品（电子通行证）的疫情防控系统的人之一，他用一个又一个实际行动向时代展示了作为中国青年、珞珈学子的时代担当。

宝剑锋从磨砺出，梅花香自苦寒来。吴冲的抗疫事迹被教育部官网、《光明日报》、新华网、中新网、中国青年网、央广网、武汉大学新闻网等数十家主流媒体摘编报道。他将青春汗水播撒在祖国大地上，如初升朝阳积聚能量，将光和热洒满大地。珞珈青年以吴冲为榜样，胸怀国之大者，担当使命任务，在新时代新天地中施展抱负、建功立业，争当伟大理想的追梦人，争做伟大事业的主力军，让青春在祖国和人民最需要的地方绽放绚丽之花！

（湖北省高等学校毕业生就业指导服务中心供稿）

低头实干的追梦人

——中南财经政法大学李金龙事迹

李金龙，中共党员，中南财经政法大学2021级硕士研究生，“全国大学生创业英雄百强”“中国大学生自强之星”“团中央大学生双创先锋”“全国KAB创业俱乐部主席20佳”“2018湖北省自强之星标兵”“2020湖北省向上向善好青年”“武汉市洪山区创新创业好人”“中南好青年”，中国电信奖学金获得者，入围“全国向上向善好青年”候选人，2018、2019、2020连续三届联合国亚太青年领导力与创新创业论坛青年代表，首届东盟与中日韩数字产业青年峰会中方代表团代表（中方仅4人）。武汉华清捷利科技发展有限公司CEO、武汉爱鲸科技有限公司总经理、武汉研鹿教育科技有限公司创始人、武汉天算商务服务有限公司创始人、武汉吟枫尚文化传媒有限公司创始人。其创业事迹先后被人民网、搜狐网、《中国青年报》、中国教育频道、《湖北日报》、《楚天都市报》等多家媒体报道，项目被联合国助理秘书长、联合国开发计划署亚太局局长徐浩良高度认可，项目曾获得第三届“建行杯”全国财经院校创新创业大赛特等奖、第五届中国“互联网＋”大学生创新创业大赛湖北省金奖、团中央微创业华中区金奖等70多项荣誉。他还拥有1项外观设计专利、7项实用新型专利。

右眼失明18载，艰苦创业意自强

“穷人家的孩子早当家”，李金龙来自甘肃陇西一个小山村，六岁时的他不慎被剪刀戳伤了眼睛……历经两次手术，家里负债累累，到现在他的右眼依然看不清书上的字，在太阳下总是闭着，甚至被同学戏称为“独眼龙”。

但他的人生字典里却写满了坚强。

李金龙的父亲是镇上的兽医，他从小就跟着父亲学会了给牲畜看病打针，父亲不在家时，谁家的小猪生了病，李金龙背上药箱就能“出诊”。在镇上读中学时，他帮父亲联系厂家订药、送货，十几岁时就成为家里的顶梁柱。2016年他考入中南财经政法大学，为了节省路费，他独自乘坐20个小时的火车来到武汉。望着凌晨两点的江城，李金龙暗下决心：“大学期间要努力自强，减轻父亲肩上的担子。”

带着自立自强的信念，李金龙入校就开始做家教、做驾校代理、卖电话卡、卖新生用品、代理推广App……积累经验后，他召集几个志同道合的同学一起开始创业，在创业的艰苦道路上彻底蜕变和成长。李金龙现任武汉华清捷利科技发展有限公司CEO、武汉爱鲸科技有限公司总经理、武汉吟枫尚文化传媒有限公司创始人、武汉天算商务服务有限公司创始人兼总经理、武汉研鹿教育科技有限公司创始人，其创业事迹先后被人民网、搜狐网、《中国青年报》、中国教育频道、《湖北日报》、《长江日报》、《楚天都市报》等多家媒体报道，项目被联合国助理秘书长、联合国开发计划署亚太局局长徐浩良高度认可。

除了创业之外，这个年轻人也未耽误学业。大学期间李金龙曾获得国家奖学金，并成功考取中南财经政法大学的硕士研究生。创业之路让李金龙更清楚地认识到企业对社会发展的作用与责任，他将这份责任也光荣地赋予自己。在校内，他积极加入中国共产党，发挥共产党员的模范带头作用，响应国家“双创号召”，带动身边的60余人参与到创业实践之中，他也因此获评2019年“中国大学生自强之星”。同时，他立足自身经验，积极向国内外青年传递和推介中国智慧、中国文化，先后作为2018、2019、2020连续三届联合国亚太青年领导力与创新创业论坛、2019马来西亚首届东盟与中日韩数字产业青年峰会（中方仅4人）、“一带一路”青年故事会等多个活动的中方青年代表进行传播交流。他还通过凉山州公益基金会等渠道给四川凉山、甘肃等地的孩子进行励志事迹宣讲。

李金龙说：“看着自己的创业项目为更多青年提供创新创业思路和就业岗位，我觉得自己付出的苦与泪都是值得的。”

服务社会勇担当，创业成果谱新章

筑就长青基业，离不开担当精神。大时代呼唤大担当，有多大的担当才能干多大的事业。李金龙感恩于创业道路上老师的引导、同学的帮助、社会各界人士的肯定，立志做好党员“标杆”，回馈师生、服务社会。

他在学校先后担任KAB创业俱乐部主席、大学生创业实践中心执行副主任等职务，为在校大学生提供创业服务；同时李金龙还是学校“创业基础”“创业风险识别与规避”等课程的助教，累计为学校1.3万名学生提供了创业经验分享和创业指导。创业五年间，他先后主导11个项目，深耕校园业态、节能环保、在线教育等领域，获评“全国大学生创业英雄百强”“团中央大学生双创先锋”。

李金龙的第一个项目“1948校友创业咖啡”主要提供校友对接及创业孵化；项目还与中国移动共建外呼中心，累计为570余名同学提供勤工助学岗位，资助经费200余万元。

李金龙团队开发的国内首款保研小程序——嗨保研，首创C2C在线咨询模式，平台总用户一度超40万人，社群用户20万余人，累计为10000多名学子成功匹配目标院校，之后还尝试了考研、高考等业务板块。

李金龙团队构建的“华清洁利绿色智慧校园”以具有自动剪碎压缩、自动识别等功能的智能分类回收机为中心，打通如洗衣机、自助售货机、公交卡充值等商业场景，用回收积分可进行商品和服务的兑换，形成“自筹资”和“流量转化激活”的闭环模式，以有偿激励方式提升大众环保意识，已累计投入设备8000余台，目前已经在全国40余所高校铺设了智能设备，业务遍及全国13所城市。

在2020年新冠肺炎疫情暴发后，李金龙积极组织公司员工为广西理工大学等多所高校募集口罩等物资，在大学生返校季为所有服务高校进行免费设备消杀工作，并为巴东县乡村振兴和疫情防控指挥部捐赠电脑等，积极承担社会责任。2022年5月，其又向中南财经政法大学预科班的20名少数民族同学每人提供了1000元的生活资助。

正是争分夺秒的拼搏与努力，一步步汇聚成李金龙成长的印迹。李金龙不仅通过自己的努力改善了家人的生活，而且努力践行党员义务，服务群众，勇担社会责任。他通过“传帮带”的方式，向更多的青年传递自己的奋斗信念：“你只需要低头努力，剩下的交给时间。”

李金龙作为一名新时代大学生党员，保持对崇高信仰的忠诚，发扬百折不挠的奋斗精神，鼓足创新求变的胆识勇气，肩负舍我其谁的责任担当，用自己奋斗的青春助力中国梦。梦想不息，奋斗不止！

（湖北省高等学校毕业生就业指导服务中心供稿）

为宠物赋能，创出新天地

——湖北经济学院贺声钰事迹

贺声钰，湖北经济学院工商管理学院市场营销专业 2018 届毕业生；毕业当年创办武汉弘信艺嘉文化传播有限公司，专注做宠物服务。2020 年，他入选武汉市“3551”人才培养计划，荣获上海市汇创青春总决赛一等奖，他指导的“声钰文化”项目，入选国家级大学生创新创业训练计划（创业实践类）；2021 年，入选广州市“青蓝人才”培养计划；同年，荣获第二届上海市浦东新区退役军人创业创新大赛（传统产业及生活服务业）一等奖，荣获武汉市第一届英雄杯新兴产业创新创业赛道一等奖；2022 年获得湖北省人力资源和社会保障厅和湖北电视台联合颁发的“创业青年星”荣誉称号，并获得多家官媒的报道。

以市场为导向，以专业做服务

贺声钰本科就读的是市场营销专业，该专业需要熟练分析市场机会、选择目标市场、确定市场营销策略和市场营销活动管理。为了更深刻地理解这门学科，抱着将理论付诸实践的期望，他在湖北经济学院创业导师的带领下，参访了多家企业的市场营销部门取经问道；积极参与专业对口实习工作，掌握了一定的实践技能。在行业研究的过程中，他将实践经验融入理论研究中，分析了多类行业发展的底层逻辑、发展现状以及未来发展前景等。在分析宠物行业时，除了宠物受大众喜爱之外，更多的是宠物伤人、扰民事件频发却得不到妥善处理的新闻，让人触目惊心。这一行业现象给养宠人士、城市养犬管理者、受害者都带来了极大的困扰。

这让贺声钰联想到了自己学习驯犬时的经历，生性再猛再烈的犬经过专业训练之后，都能高度服从命令，绝对不会出现恶性伤人的情况。宠物犬如果也经过适应城市生活的专业训练，宠物伤人、扰民事件就能减少甚至不再发生。如今中国养犬规模庞大且呈逐年增长趋势，宠物犬伤人、扰民事态如此严重，贺声钰想：何不利用自己的驯犬技能帮助社会解决这一养犬难题呢？

意识到这个行业痛点和巨大商机之后，贺声钰与其他退伍军人合伙投资，让退伍军警犬训导员组成驯犬师团队，既有自带驯犬技能的优势又解决了退伍军人的就业问题。

借助政府的大学生创业扶持资金，贺声钰成立了一家宠物培训机构。对于企业来说，市场是营销活动的出发点和归宿，他结合自己的市场营销专业知识，为创业项目制定了合适的促销策略、渠道策略和定价策略。但一家合格的企业仅具备这些策略显然不够，公司以多媒体矩阵营销方法促进宠物犬的销售，这也是他们的主要营利方式。同时，公司面向高校招聘了一批大学生，既增强了学生的社会实践技能，又帮助了大学生提前适应社会。

创新业务模式，增强市场竞争力

公司创新业务模式，以宠物定制培训、宠物电商慕课、宠物嘉年华为轴心，以宠物食品和宠物训练玩具为两翼，五者之间形成营利闭环，为公司良好发展奠定了基础。公司不仅创新了商业模式，还注重技术创新。截至目前，公司拥有7项软件著作权，具有独特优势，能不断改进产品与服务，增强用户的体验感、获得感。

公司线上以社群交互为中心，线下以宠物嘉年华为中心，通过矩阵营销模式，实现了将86.7%的到店顾客转化为线上粉丝的效果。公司利用线下门店的基础设施和线上的流量中台增加了流量，基于大流量和大数据打造自己的宠物经济生态，促进了公司的良好发展。

2018—2021年，贺声钰公司的营业收入年均增长106%，其中流量变现超过了70%，2022年直营店营业收入将突破8000万元，实现了较好的经济效益。

厚积薄发，行稳致远

公司竞争优势凸显，主要体现在：以社群交互为突破点，通过线下门店和宠物嘉年华，打造了属于自己的绝佳的流量入口和私域流量，并拥有能够持续获取新用户的能力；实行数据化经营，线上录制宠物训练慕课，打造自己的品牌；与军警部门合作，使得产学研充分结合；在营销方面进行差异化定价，粉丝矩阵营销，促进客户不断增长。

2021年创业形势严峻，但公司逆势增长，从1个城市扩展到上海市、深圳市、杭州市、广州市等城市。目前公司拥有直营店8家，合作店30家，建有微信公众号百灵 beryl 和百灵 beryl 购物小程序，有宠物社群40余个，微信、抖音粉丝达20余万人。

2021年公司营业收入1400余万元，实现了良好的经济效益。公司项目受到湖北省公安厅、湖北省人力资源和社会保障厅、武汉市人力资源和社会保障局等单位和专家的认可与支持。

不忘初心，砥砺前行

贺声钰不忘初心，牢记使命，带领公司在取得良好经济效益的同时，还取得了一些社会效益。公司创造就业岗位89个，吸纳大学毕业生40余人、退伍军人40余人。为减少流浪犬对社会和环境的影响，公司已救助80余只流浪犬，并将流浪犬训练成为家庭伴侣犬，通过社区和社会公益组织赠予有条件饲养的家庭，为他们送去陪伴和守护，从而造福社会。

贺声钰表示，自己的创业导师说过：创业是一次全面的个人成长和个人能力的自我培育，所有的环节是在一个完整的、充满竞争和不确定性的行业和市场环境中进行的，会面临无数的难题和陷阱。但如果经历了、克服了、提升了，那么这种成长方式就无可替代。

这种不断面对挑战的生活方式也是贺声钰当初想要创业的原因之一。创业就是如此，在解决问题的过程中成长，不仅收获了经验，还实现了自我价值。在未来，他希望有更多想创业敢创业的青年投入到自己热爱的行业中，为社会做出更大的贡献。

（湖北省高等学校毕业生就业指导服务中心供稿）

一位舞者的创业情、逐梦路

——江汉大学林涛事迹

林涛，江汉大学音乐学院舞蹈系2018届毕业生，现任武汉市黄陂区政协委员、黄陂区年轻一代常务副会长、湖北省家具协会副会长、武汉市大学生创业十佳、武汉市大学生创业先锋，曾多次在“创青春”创业大赛、武汉市“互联网+”大赛、武汉市属高校创业大赛中取得佳绩，荣获国家级、省级荣誉20余项。《中国青年》杂志、湖北电视台、《武汉晚报》、《楚天金报》等新闻媒体都以他为“青年创业榜样”争相报道。他从大学期间自主创业至今，成立了武汉林家鸿业家具科技有限公司，公司拥有自主知识产权30余项，是国家级高新技术企业，年营业额5000余万元，在黄陂区自有5000平方米家具工厂，提供就业岗位60多个。林涛一直坚持公益活动，累计为公益事业捐赠近200万元，其中2020年新冠肺炎疫情期间为社会捐赠价值60余万元的抗疫物资。

灵感迸发初创业

新生报到第一天，寝室里一片狼藉，经常在家下地干农活的林涛主动承担起了寝室整理内务的活儿。然而好景不长，新发的课本又让书桌变得凌乱不已。如何利用有效空间，提升寝室颜值成为林涛思考的问题。林涛上网查找了相关资料后决定“倒腾”寝室书桌。他“斥巨资”用自己半年的生活费在网上购买了45张“床上书桌”，靠着摆地摊、上门推销挣了点小钱。“倒腾”书桌很快招来了别人的“红眼”。林涛发现有同学卖的书桌比自己还便宜，而且还送货上门。林涛开始利用网络渠道，在学校贴吧、论坛、QQ和微信上宣传自己的产品，并附赠鼠标垫、夜灯等小礼物，虽然卖完了剩下的书桌，但附赠的小礼物增加了成本，他预想中的“第一桶金”并没有如期而至。

埋头钻研搞设计

2013年11月，学校承办的武汉市市属高校大学生创业大赛的宣传海报吸引了林涛，现场比赛的观摩坚定了他创业的想法。“倒腾”书桌的经历让他明白了改善产品的适用性，打造更符合实际需求的产品才是赢得消费者的关键。他开始利用课余时间对顾客进行回访，仔细收集产品的改进建议。同时，林涛还组建了创业团队，带领团队夜以继日对顾客和产品进行有针对性的修改和设计。最终他们将奇思妙想变成产品的一个个创新点，打造出了一款符合高校学生寝室的“床上神器”。

历经艰辛终成功

样品出来了，寻找生产商成了令人头疼的难题。受制于学生身份、订单数量、资金匮乏等因素，林涛先后被数家厂商拒绝。林涛利用假期深入湖北、湖南、河北、江苏等地40余家家具生产企业，功夫不负有心人，汉阳区一家家具厂最终被林涛的执着信念和项目前景所打动，第一批 500 张寝室床上书桌也成功签约投产。凭借着良好的用户体验和价廉物美赢得了学生的青睐，500 张书桌很快脱销，林涛真正赚到了人生的“第一桶金”。

创业开拓新征程

初生牛犊不怕虎。初涉商业领域的林涛不仅想把自己的“小产业”做大做强，也想让自己的创业团队有“安居”的地方。2014 年，林涛成立了“林家创意家具”工作室。随着产业的做大，一隅之地的工作室已经无法满足团队需求。2015 年 1 月，武汉林家创意家具有限公司正式登记注册，林涛开启了创业新征程。

林涛坚信“互联网＋”将是未来创业的主要方向。他凭借自己在市场开发方面的天然敏感，开始广泛利用线上渠道销售，这也是“林家创意”最终走出武汉，吸引全国三十多个高校代理商的重要因素。

2014 年，林涛代表学校参加创业赶集会做产品展示，并且作为 2014 年全球创业周武汉分站创业大讲堂代表团队与导师一起向大家汇报交流。同年，林涛代表学校参加青桐年汇·华中黑马创交会，担任第 10 棒火炬接力手。这次创交会让“林家创意”踏上了新的起点。

创意家具初始成

创业路上顺风顺水的林涛，时常会想起远在家乡的父母一直以来给自己的精神支持。父母告诉林涛，来到陌生的城市吃苦打拼不容易，来到有地域差异的城市还得入乡随俗。这让林涛“脑洞大开”：自己能入乡随俗，自己的产品是不是也该“入乡随俗”呢？林涛觉得是时候打造有文化意蕴核心的创意产品了。经过讨论和研究，林涛决定将黄鹤楼、蛇山、战鼓、编钟等一系列具有独特“楚文化”名片的设计理念植入到家具产品当中。林涛坚信“楚文化”产品设计既能满足学生对寝室空间整合的需求，又有助于将荆楚文化传播开来，“楚文化"产品将是自己企业蓬勃发展的不竭动力。

投身公益暖人心

不忘本源，反哺思恩。事业日益壮大的林涛并没有沉浸在自我陶醉的幻想里。或许是农村出身的原因，林涛对"日行一善"有着自己的坚持。

2014 年，林涛成立了"林家公益团队"和"博思特"教育工作室。

2014 年 12 月，由林涛发起的"林家创意平安夜苹果公益义卖"和"平安夜公益 Party"为贫困儿童募集到 5000 多元，将其悉数资助给了蔡甸区同心小学的贫困儿童。此外，他借助"博思特"教育工作室，为蔡甸区同心小学、新农小学、江夏区成功中学提供免费的暑假兴趣班师资力量和培训。2016 年 6 月，林涛和公司团队奔赴贵州义务支教，设立奖学金用于帮助家庭贫困的优异学子。林涛还以学校社团活动为载体，利用创业获得的资金赞助学校社团开展各类活动达 10 余次，受到师生一致好评。林涛不断用行动告诫自己，不要忘本，要始终有一颗感恩的心，这才是成功的真正意义所在。

"坚强的人只能救赎自己，伟大的人才能拯救他人。"电影《肖申克的救赎》里的这句经典台词被林涛视为自己创业的座右铭，并一直激励着他闯出属于自己的创业人生。

（湖北省高等学校毕业生就业指导服务中心供稿）

将身许国炼本领，创业报国传赤心

——湖北大学姜鑫事迹

姜鑫，湖北大学体育学院2018级学生，天安门国旗护卫队退役士兵。他2016年考入湖北大学，同年参军入伍，先后服役于中国人民武装警察部队、中国人民解放军三军仪仗队，光荣执行天安门广场国旗升降和警卫任务900余次以及国家其他大型仪仗司礼任务十余次；曾作为国旗讲解员和荣誉室接待员，接待国内外多个军政领导和地方单位，曾获“优秀学员”“优秀士兵”“优秀共青团员”等荣誉称号。退伍复学后，他牵头组建湖北大学国旗班，并联系战友一同组织了武汉高校国旗班交流会，创建“赤子特训营”营地教育品牌，目前有80余家合作单位，同时打造“百校百队中小学生国旗班建设计划”，已帮助20余所学校建立了正规国旗班，宣讲爱国主义。新冠肺炎疫情期间，姜鑫为武汉捐献防疫物资及款项共计10余万元，充分彰显了大学生的爱国情怀和责任担当。

投身军旅，献身仪仗

2016年，姜鑫成功考取湖北大学体育学院。拿到大学录取通知书、即将步入大学校园的他，正好遇到家乡征兵，自小对军队有着无限向往的姜鑫，此时正面临人生当中第一次重要的选择。在家人的反对下，姜鑫还是毅然决然地选择了保留学籍、参军入伍，开始践行他投身军旅、献身国防的从军梦。

经过新兵连3个月的艰苦训练，姜鑫的身体和心理得到了极好的淬炼。一次偶然的机会，他了解到天安门国旗护卫队要从新兵连挑选队员，身体素质和外貌形象出众的他也萌生了成为一名国旗护卫队成员的想法，于是他和战友一道报名接受挑选。经过层层筛选，姜鑫最终从15000多名新兵中脱颖而出，被武警天安门国旗护卫队遴选为预备队员。

入选预备队员之后，姜鑫暗下决心一定要尽快进入正式队员行列。又经历了为期6个月的艰苦训练后，姜鑫凭借出色的训练成绩和综合素质，于同批新兵中第一个进入方队名单，成为一名光荣的天安门国旗护卫队仪仗兵、中华人民共和国升降旗方队成员。同时，姜鑫还主动承担国旗宣讲员和荣誉室接待员等工作，为前来中队参观或指导工作的党政军领导讲解国旗相关知识。

在服役的两年时间里，姜鑫光荣执行了天安门广场国旗的升降和警卫任务900余次，并多次参与国家大型仪仗司礼任务，参加了中央电视台《挑战不可能》节目拍摄、特朗普访华警卫任务、“一带一路”高峰论坛礼宾任务、全国“两会”警卫任务、人民英雄纪念碑“9·30”献花任务、庆祝内蒙古自治区成立70周年活动任务等。因表现优异，他被评为“优秀士兵”。

返校创业，赤心引航

两年的军旅生活中，他与国旗朝夕相伴。怀着对国旗的无比尊崇和对祖国的全心热爱，退役之后回到大学校园的姜鑫，仍然保持着军队时每日早起的生活习惯，并在各个场合积极宣讲国旗知识，试图将升旗仪式与大学生爱国主义教育相结合。为此，他牵头组建了湖北大学国旗班，并同与他一起从国旗班退役返汉的战友组织了武汉高校国旗班交流会。在指导和帮助中建三局、武汉市自然资源和规划局等 10 余家单位组建国旗班的过程中，创业的想法渐渐地在姜鑫心中萌生。

2019 年，一次偶然的机会让姜鑫接触到营地教育行业。然而，创业是一条艰难而又漫长的道路。起初，他们是无经验、无资金、无员工的“三无团队”，到后来成立武汉正步仪生文化传播公司和“赤子特训营”，成百上千地招收学员，姜鑫的创业行动逐渐获得了社会的关注和学员家长的肯定。

积蓄力量，不断成长

边学习、边实践、边改善，为了使赤子特训营拥有竞争优势，姜鑫团队做了三个方面的努力。第一，全面提升课程和服务。增加课程的多样性，让广大学员及家长可以根据自身需求选择适合孩子的营地产品。提高课程的纵深度，即让每一种课程都能够有进阶课程，结合荣誉机制，让每一位参加活动的学员确确实实能够收获改变和成长，让孩子蜕变，让家长放心。第二，培养强大且扎实的工作团队。目前公司有全职总教练 7 名，长期兼职教练 40 余名，包含大学生和退役军人。公司巧妙整合大学资源及社会退役军人群体，获得就业创业岗位，每一名新的工作人员都会经历“学习培训—定期考核—综合评级”，最终，也可以选择成为外部合伙人，获得创业的舞台。第三，树立可靠强大的营地品牌。目前“赤子特训营”在武汉同类型企业中规模已经是佼佼者，他们与新东方、杰豹教育、保利物业等 80 余家单位合作，基本覆盖了武汉市区。另外，他们还发展了“百校百队中小学生国旗班建设计划”，专门为武汉市中小学建立正规国旗班，宣讲爱国主义，目前已经指导武汉大学第一附属小学、中华路小学等20余所学校建立了正规国旗班。

追梦赤子，勇于担当

因为热爱，所以坚持；因为坚持，所以钟爱。姜鑫将公司命名为“武汉正步仪生文化传播公司”，谐音“正步一生”，这既是为了纪念姜鑫及其战友二人几年的仪仗兵生涯，也是践行“一日是仪仗兵，终身传承仪仗兵精神”。“献身仪仗，为国争光”，爱国之情早已融入姜鑫的血液之中。

2020年新冠肺炎疫情暴发以来，全国的线下产业都受到了影响。赤子特训营也不例外，仅2020年因无法开班产生的退费便高达500余万元。尽管自身的发展举步维艰，但作为企业的社会责任感却不能丢失。姜鑫一直说“国家面临巨大挑战的时候，每一个公民都应当积极承担一份社会责任。”2020年武汉封城期间，在得知母校准备建设康复驿站后，姜鑫及其团队积极奔走，为湖北大学康复驿站募捐了近10万元的抗疫物资。

新冠肺炎疫情仍在持续，武汉正步仪生文化传播公司及其赤子特训营也仍在茁壮成长。2021年公司营业收入破千万元，利润稳定在40%左右。目前，公司有全职人员12名，其中6名退伍军人，职工月平均工资均在7000元以上，每年提供兼职和实习岗位200余个。2022年，公司正努力向湖北省外发展业务，在浙江杭州、安徽合肥等地设立了营地，并计划于2023年在以上两个城市设立分公司，届时将会为退伍军人和大学毕业生提供更多就业岗位。

圆规之所以能画圆，是因为心不动脚在动。作为一名当代青年，姜鑫坚信只要常怀赤子之心，围绕爱国主义教育这一主题不变，自己一定能在创业报国的路上走得更远。

（湖北省高等学校毕业生就业指导服务中心供稿）

闪亮的日子

湖南

"白帽黑客"的青春宣言:时有所需,必有所为

——湖南科技大学王骕事迹

王骕,男,汉族,1999年7月出生,共青团员,湖南科技大学计算机科学与技术专业2022届本科毕业生,南京治煜信息科技有限公司首席技术官、执行董事,湘潭御风网络、上海煜日网络创始人;担任江苏省网络空间安全学会理事、湖南省青年科技工作者协会成员、湘潭市青联委员、湘潭市青年创业协会及青年企业家商会理事;曾获中国青少年科技创新奖,是全国优秀共青团员、全国大学生创业英雄百强、湖南省双创新人物、金领奖"青年创业领袖"、中国大学生自强之星,获中国大学生年度人物入围奖、中国"互联网+"大学生创新创业大赛铜奖、"创青春"全国大学生创新创业竞赛铜奖等荣誉。

坚守科技报国理想,扎实锤炼过硬本领

近年来中国企业检测到的信息安全事件猛增,网络犯罪每年造成的经济损失高达5000亿美元。黑客攻防是一个江湖,王骕希望通过自己的努力来实现科技报国的情怀和担当。因为热爱,初中时的王骕就开始"沉迷"于计算机编程,初二开始自学C语言和C++。学校附近商店的书籍读完后,他便从网上下载计算机学习资料,一点点揣摩,一页页学习,获取最新知识,强化知识基础。短短一年多时间,他便掌握了许多大学阶段的计算机专业知识。数本满满当当的笔记,记录了他对热爱领域的执着与探索。2013年,年仅14岁的王骕崭露头角,在百度软件工程吧第一届程序设计比赛中斩获冠军。15岁时,他和伙伴开始组建自己的网络安全团队,团队在多个知名企业安全应急响应中心排名前十,在网络安全领域站稳了脚跟。

因为热爱,王骕不断锤炼本领,积极参加各类竞赛,曾荣获"创青春"全国大学生创新创业竞赛铜奖、中国"互联网+"大学生创新创业大赛铜奖、全国大学生信息安全与技术对抗竞赛二等奖、"深创杯"国际大学生创新创业大赛全国第二名、湖南省"互联网+"创新创业大赛金奖,被评为中国大学生自强之星、全国"大学生创业英雄百强"、湖南省"双创新人物"、金领奖"青年创业领袖"等国家级奖励15项,省部级奖励24项。

王骕拥有多项发明专利,有软件著作权10余项,待出版书籍2本,参与制定IOT安全省市级技术标准3项,担任多个公司的首席安全顾问,分享技术博客访问量超30万次,受邀在众多技术会议上进行分享;担任电气与电子工程师协会、中国计算机学会及中国密码学会会员,江苏省网络空间安全学会理事、国际极客会议湖南负责人,多次组织大型技术论坛和交流会议,邀请上市公司实验室负责人、司法鉴定事务所、创业者和研究人员作分享,为推进国家网络安全和普及网络安全知识贡献自己的专业力量。

捍卫国家网络安全,保护人民生命财产安全

网络信息安全的背后是网络攻防这个没有硝烟的战场,是入侵者与守卫者的交锋,是黑客与安全专家的较量。作为"白帽黑客",王骕勇敢担当,冲锋在前,运用自己的网络安全专业技能,积极捍卫国家安全,守护人民生命和财产安全。近年来,王骕与公安部某研究

所、信通院等部门合作，参与10余项打击网络犯罪重点项目，利用所学通过从大量主机、海量日志中分析网络攻击途径、调查犯罪分子、撰写技术报告与立案材料，协助破案。2018年他参与破获湖南省某市最大的视频监控专网入侵案件；2018—2020年参与针对境外电信诈骗、赌博以及传销组织的打击，捣毁近亿元资金盘。某虚拟币大型诈骗案件、某境外网络赌博团伙于湖南组织的“杀猪盘”事件、上海电信某分公司雪亮工程入侵事件等的破获工作中，都有他的身影。

在学校的支持下，王骕和团队创建了湖南科技大学网络安全应急响应组（KDCERT），致力于维护高校互联网安全，保护学子隐私。

王骕还积极带领团队为百度、新浪、网易等众多知名企业提交安全漏洞，保护上亿条用户数据免遭侵害，与多家企业签订渗透测试许可和条例。他还担任上海市康米尔特集团首席安全顾问、上海市利威国际贸易有限公司首席安全顾问等职务，并作为代表受邀参加当时全国知名的白帽子黑客峰会进行项目展示。

投身创新创业实践，矢志不渝服务社会

2015年，王骕创立Wind Punish网络安全团队；2016年与朋友合作成立长春繁星科技；2018年创立湘潭御风网络，并出任总经理。创业初期，王骕和团队遇到了许多困难和挑战，也曾因为年轻而被质疑，但他们化压力为动力，一起做项目，一起加班，累了就睡在创新基地办公室，思维不断碰撞出火花，项目也不断完善。公司的天使轮、Pre-A轮项目共获得数千万元的投资，与百度大数据产业基地达成行业共建及投融资战略协议，提名中国互联网安全“年度安全团队”，与华为、英特尔等企业共同获得中国极客大奖“2018年最佳物联网企业”，项目入选Kcon黑客大会兵器谱，并成为湖南省知名的科创企业。

2020年，王骕创立南京治煜信息科技有限公司。公司获得300万元的天使轮投资，王骕也破格入选南京市高层次人才创业计划。创业以来，王骕创立的企业已累计为地区贡献超100万元的税收，创造就业岗位50余个。2021年，王骕所创公司与东南大学、湖南科技大学签署长期合作协议，共建研究生培养实践基地，为广大学子提供实习实践岗位。

王骕热爱公益,是服务社会的暖心使者。在校期间,他积极参加学校和湘潭市组织的志愿服务活动。2018年他远赴印度尼西亚巴厘岛支教,创业后,带领公司同事组建公益爱心团队,通过线上线下相结合的方式积极开展公益活动。

"青春由磨砺而出彩,人生因奋斗而升华。"作为一个"白帽"黑客,王骕始终坚信"时有所需,必有所为"。王骕是千千万万奋斗者中的一员,他努力成为网络时代的先行者、国家安全的捍卫者、人民幸福的守护者,在科技报国的青春筑梦路上勇敢行进,贡献力量。

(湖南省大中专学校学生信息咨询与就业指导中心供稿)

兴农报国作表率，不忘初心助“三农”

——湖南农业大学黄粤林事迹

黄粤林，男，1997 年 4 月出生，湖南省常德市人，中共党员，湖南农业大学 2016 级农业资源与环境专业本科生，2020 级湖南农业大学农业资源与环境专业硕士研究生。2020 年获评“湖南省创新创业优秀毕业生”，2021 年获评“湖南省首届最美大学生”“湖南省优秀大学生党员”，并入围第 16 届中国年度大学生人物；于 2020 年、2021 年分别成立了湖南省兴农仁高生物工程技术有限公司和湖南省斯克农业科技发展有限公司，现担任这两家公司的总经理。公司现有员工 21 人，2021 年度营业收入 3183 万元。

坚定“学农”理想信念，学以致用创新创业

马克思十七岁时就把“为人类幸福而工作”作为自己的人生梦想，而黄粤林的梦想则是“兴农报国，振兴三农”。农民的愿望是提质增产增收，黄粤林的愿望是把他们的愿望变成现实。

虽然黄粤林是一个从农村走出来的孩子，农民生活的不容易黄粤林从小就看在眼里，记在心里，但黄粤林最开始的志向并不在农业。黄粤林的爷爷曾是一名抗美援朝的营长，因此从小受爷爷熏陶的黄粤林立志要成为一名职业军人，保家卫国。然而 2016 年高考失利让黄粤林与理想的军校失之交臂，这令黄粤林悲痛万分，甚至萌生了辍学的想法。但有一天他突然顿悟：“保家卫国是为国家做贡献，我去国家有需要的地方扎扎实实干事不也同样是为国家做贡献吗？我是农民的儿子，正值党和国家号召‘乡村振兴’，我学农一样可为国家做贡献。”因此黄粤林毅然决然地把湖南农业大学作为第一志愿，成了一名农业资源与环境专业的学生。刚入校园，黄粤林就明确了自己的奋斗目标：用科学的方法帮助农民增收。他坚定了学农爱农、强农兴农的责任意识，把精进理论知识、提升专业素养、苦练实践本领作为实现理想的第一要务。

在导师的引导下，黄粤林专心研究可以提质增产的新型肥料；同时，黄粤林走出校园，推广研发的新产品。创业初期，推广产品、出差谈合作都需要花销，资金缺乏就成了黄粤林最大的难题。但要强的黄粤林从未向父母要过一分钱，创业资金就只能靠自己筹集。怎么筹集呢？省，从生活费里省。很长一段时间，黄粤林规定自己每天花销不能超过 5 元，填饱肚子全靠吃包子、馒头。尽管如此，资金还是不够，他就自己去赚。寒暑假、节假日，黄粤林会做各种各样的兼职，他曾在快递分拣站打了半年工，每晚 6 点半到次日清晨 7 点，通宵达旦一晚 120 元。“扛不住也要扛，既然我选择了，就要坚定地走下去。”

创业五年来，黄粤林遭受了无数次的拒绝和冷嘲热讽，但他始终没有放弃。一次又一次地尝试后，他终于打开了局面，慢慢地铺开了自己的事业蓝图。为了提升个人能力，黄粤林参与了 2 项国家重点科研课题研究，负责 2 项省级创业项目课题，获得国家级奖项 4 项、省市级奖项 10 项。

提升“强农”专业本领，不忘初心服务“三农”

农民身负繁重的工作，纵使汗水洒满大地，回报仍旧十分有限；加之在农业生产中盲目施肥用药，不但增加了农资成本，更为严重的是导致土地板结、盐碱化及农业面源污染等一系列问题。因此黄粤林选择了农业资源与环境专业，希望尽自己最大的努力学以致用，利用科学合理的技术与方法来帮助农民，使他们的生活变得更好。因此黄粤林结合自身专业特色，创建了湖南省斯克农业科技发展有限公司与湖南省兴农仁高生物工程技术有限公司，拥有7项国家发明专利授权，主攻新型肥料、病虫害生物防控技术及废弃物资源化利用技术；对土壤进行改良优化，提供精准高效的施肥方案，使作物品质更优、产量更高，达到绿色、生态、有机的种植效果；同时帮助农民解决农产品销售的问题。黄粤林不仅从根本上杜绝食品安全问题的发生，还帮助农民销售农产品，让农民获得更加可观的收入，以此来促进“三农”经济发展。

为实现这个目标，黄粤林一进入大学就着手规划自己的创业道路。从大一创建“兴农仁”创新创业团队，到大三创业项目获省级立项，再到大四项目被湘潭市委市政府引进，成立了黄粤林人生中第一家公司，落户于湖南省乡村振兴创业园，黄粤林深知先进的科学技术是实现目标的核心关键，因此本科毕业后他继续于湖南农业大学资源环境学院农业资源与环境专业进行研究生学习深造，并于研一期间又成立了第二家公司。土地污染和肥水管理不当一直都是阻碍我国农业持续发展的严峻问题，当黄粤林得知湖南湘西、益阳、常德、郴州、衡阳等部分贫困地区的土地存在此类情况后，他当即带领团队多次前往并开展科学施肥与种植管理等知识宣讲，切实解决当地农民的土地污染和肥水管理问题。

2018年，听说一亩阳光玫瑰葡萄经济效益能达到10多万元，浏阳永安的唐总承包了30亩地，开始种植阳光玫瑰葡萄，但他不懂技术，导致葡萄产量低质量差，没有盈利反而亏损，有人向他推荐了黄粤林……黄粤林来到现场查看，发现葡萄藤叶又黄又薄，土壤板结比较严重，经过细致的检验、分析，黄粤林很快就找到了挂果不好的原因——缺少有机肥、微量元素营养，之后黄粤林帮助唐总修改了施肥方案，最终唐总愿意提供15亩地做试验，尝试使用一款新型叶面肥。据唐总回忆，当时他就是抱着试一试的心态，没想到效果出奇的好，不但葡萄品质得到了提升，而且每亩产量也增加了1000斤左右。

勇挑“兴农”责任重担，科技助力乡村振兴

习近平总书记说过：“新时代，农村是充满希望的田野，是干事创业的广阔舞台。”目前，黄粤林带领公司已在全国 23 个省份建立了项目示范基地，并进行成功展示，示范作物多达 50 余种。其技术成果广泛适用于粮食作物、果、蔬、茶、中草药、烟草等作物的种植应用，并以湖南为根据地向全国辐射，北至新疆、黑龙江，南抵广东、海南，确保农民农业生产能完全实现“高产量、高品质、高效益”的目标，同时也为广大农民为生产出营养健康、安全生态的农产品提供可靠的技术保障，服务面积超过 100000 亩，实现了农户每亩平均增收约 4000 元，有的农户效益甚至翻番了。2020 年其项目已在海南省发改委立项，并获授信 8.35 亿元搭建 50000 亩海南热带水果经济作物现代化种植示范基地。在湖南郴州种出来的大米具有东北稻花香的品质和口感，批发价达到了 15 元/斤；安徽亳州市政府也对他在其省份的优质富硒小麦合作基地表示高度赞扬和大力支持，连续多次召开新闻发布会，由主管农业的市长牵头组织当地 200 多名农技服务站工作人员开展考察与学习活动，同时学习强国等多家主流媒体也对黄粤林的事迹进行了报道。湖南长沙望城的圣女果，每斤售价可达 35 元左右，年亩产值可达 60 万元以上；河北唐山的草莓超过丹东 99 草莓的品质，每斤能卖 58 元，亩产产值达 60 万元；辽宁营口的黄瓜从 2 元/斤提升到 8 元/斤，产量从每亩 12000 斤提升至 40000 多斤，亩产值达 30 万元左右；安徽亳州的韭菜达到有机食品标准，安徽省农业厅组织专家进行品质检测，最后给出的评价是“非常好”，同时其销售价格也由 3 元/斤提升至 10 元/斤，亩产值增加 3 倍以上……

黄粤林经常出现在田间地头调查研究，与农民深入交谈，和团队一起为农民解决肥水管理问题并提出精准高效的施肥方案，用实际行动响应国家“乡村振兴”的号召，为农民谋利，让百姓放心。2020 年黄粤林身作表率，在家乡常德澧县澧澹乡率先种植了高品质有机

富硒阳光玫瑰葡萄，预计每亩产值可超过15万元，种植面积虽然不大，仅有30亩左右，但黄粤林希望以此为示范样板，在创造有机健康美味的葡萄原则下，带动周边的村民一同产业兴农，增收致富。

黄粤林一方面继续在农业领域进行深造，将理论知识和生产实践相结合，不断学习前沿技术，提高综合能力，致力于以科技兴农；另一方面黄粤林将投身“三农”，积极响应党和国家的号召，扎根于农业，为落实湖南省委“三高四新”发展战略，全面推进乡村振兴，实现中华民族伟大复兴贡献湘农学子的青春力量，跑出当代青年的最好成绩！

（湖南省大中专学校学生信息咨询与就业指导中心供稿）

做有使命感的“95”后创客

——湖南师范大学胡含兵事迹

对于许多年轻人来说，毕业正是职业生涯的起点。本科、硕士均毕业于湖南师范大学的 24 岁的胡含兵研究生刚毕业时便给母校湖南师范大学捐赠了 100 万元，创下硕士一毕业就捐赠母校的纪录，而他也成为湖南师范大学史上最年轻的捐赠者。学海无涯，在取得这样的成绩之后，他也没有停止学习的步伐，于 2021 年继续攻读湖南师范大学博士学位，目前博士在读。

“95”后的胡含兵是湖南师范大学 2016 级电子与通信工程硕士国防生。2018 年硕士研究生期间便创办湖南大科城黑马文化产业发展有限公司，深耕小语种替代英语高考细分教育领域。四年的时间，他从零做起，2022 年便将公司营业额做到了 3000 多万元。

2021 年 10 月，中央新影发现之旅频道播出《招贤引智筑梦长沙，营商环境优无止境》专题片，经湖南师范大学推荐、市委组织部考核，作为岳麓区大科城青年学生创业代表，胡含兵接受了央视的专题采访。

2022 年 3 月团省委开展 2022 年湖南省“向上向善好青年”主题活动，通过评比及公示，胡含兵荣获 2022 年湖南省“向上向善好青年”荣誉称号。

近五年来，胡含兵精准扶贫资助湖南省内各地州市 200 多名学生，共计资助学费 150 多万元。毕业以来，他担任湖南省世界语协会副秘书长，湖南省大中专学校学生信息咨询与就业指导中心、湖南师范大学、长沙学院、湖南财政经济学院、湖南外国语职业技术学院创新创业导师。

在大佬云集的教培赛道，胡含兵能取得如此成绩，无疑是创业路上的一匹黑马。面对取得的骄人成绩，胡含兵说：“一切源于自己是个爱折腾的人。”

大学兼职家教，为解决学生问题发现新市场

2012 年，胡含兵考入湖南师范大学，成为物信院电子专业的学生。他在大学期间做家教时发现，不理想的英语成绩成为许多学生高考升学的绊脚石。当时，他就开始思考怎样才能帮助学生改变这一困境。他联想到，在自己老家江苏省有小语种替代英语参加高考的政策，“若做小语种的培训是不是就能帮助学生们改变外语成绩，考上理想的大学呢？”

或许从那时起，创业的基因就开始融入胡含兵的血液。胡含兵了解到高考外语科目考生有 6 门语言可以选择，其中日语与中文地缘性最为接近，属相同语系，可行性相对较高。为了验证这一事情的可行性，胡含兵亲身去实践与体验。学习电子信息专业的他，没有任何日语基础，但在大学同学的培训下，用了 8 个月时间就达到了日语二级水平。经过这一实践，更坚定了他对高考日语创业项目的信心。

与此同时，胡含兵查阅湖南省相关政策资料发现，在湖南这个领域几乎是一片空白。

不过，对于项目如何落地执行，胡含兵心中仍是云雾迷蒙。于是，他四处打听关于高考日语的相关情况，终于在朋友那里获知娄底市第五中学有相关培训的消息。得知这一消息的胡含兵同当时一起做兼职的学生，连夜坐高铁赶去娄底市第五中学调研。当时他们连学校大门都进不去，最后还是通过与门口小卖部的老板交流，获得学校老师的电话，才得以进入学校了解相关情况。他们详细询问了学生学习这门语言的感受，了解到做这一项目所配备的教材、老师以及商业模式等情况。这次调研，也让胡含兵心中的迷雾吹散了不少。

经过长达 8 个月的深入市场调研和融资筹备，2017 年 11 月，胡含兵带着黑马日语这一项目入驻湖南省创业孵化基地和湖南师范大学创业孵化基地，开始了他的创业之旅。

不到 3 年时间，连续两次向母校捐赠 100 万元

某种程度上，胡含兵比较幸运地站在了行业的风口。

深入市场一线调研的胡含兵，深知用户思维服务是企业创业的生命线。他着重打造教研团队，研发具有独立知识产权的黑马教材，高度重视用户体验思维。基于胡含兵的锐意进取和管理服务上的不断创新，黑马日语迅速成长为创业孵化基地的明星项目，签约 50 多所学校，帮助超 6000 名学员通过语言学习，改变了他们的命运。

"益阳六中的一个学生，家庭比较贫困，成绩始终在三本线左右，很是迷茫无助。通过黑马日语语言学习，后来他成功考入自己心仪的湖南师范大学。"为他人原本灰暗迷茫的生活照进一束来自广阔天地的光，胡含兵说这是他创业路上最大的幸福。

胡含兵收获莫大幸福感的同时，也收获了他人生的第一桶金。在 2019 年研究生刚毕业时，他便给母校捐款了 100 万元，设立黑马科教基金用于奖励青年科研的标兵和个人，他希望这笔基金能激励更多老师做好科学研究，激励更多学子认真学习。

然而，在创业路上一路开挂的胡含兵，怎么也没想到自己会在 2020 年陷入危机。2020 年不幸遇上新冠肺炎疫情，团队资金流一度断裂，雪上加霜的是合伙人出走，团队成员陆续撤离，一夜之间整个公司只剩下他一个人。当时的他每天都处于异常焦虑的状态，要到凌晨 2 点才能睡着。即便寸步难行，胡含兵还是从未想过放弃，一心想着如何把公司运营下去。"我觉得我还年轻，最差的结果无非是从头再来。"内心无比坚定的胡含兵最后通过刷信用卡和借款，用 3 个月时间重新将公司进行整理，重新建立团队，度过了危机。

挺过危机后的黑马日语，像涅槃的凤凰一样重新焕发出生机，进入到勃发阶段。公司年产值超 3000 万元，教研团队超 30 人，团队成员超 250 人，成为分公司遍及南京、内蒙古、江西、深圳、福建、安徽等六省市的新锐教育集团。

不忘初心，以善行江湖

胡含兵在湖南师范大学度过了整整七年青春，七年间少不了领导、老师、同学们的关怀。母校见证了他从一个"草根"蜕变成"敢为又有所为的创客"。在这里，他收获了扎实的理论知识、志同道合的伙伴、古道热肠的老师。黑马日语的今天，离不开母校的关怀与激励，校团委的各级领导对项目的耐心指正、外国语学院与各级领导对共建实习基地的大力支持、母校教授专家对黑马日语教学教研的不辞劳苦与奔走指导，都是黑马日语发展至今不可或缺的因素。

2021年胡含兵又给湖南师范大学校团委捐赠了100万元黑马大学生创业基金，用于奖励大学生优质创业项目团队，鼓励大学生创新创业。“我们就是被校团委孵化出来的项目，当年若没有母校的栽培孵化，或许就不会有今日的黑马日语。”滴水之恩当涌泉相报，因而有所成就后及时感恩回馈母校，在胡含兵看来是理所应当的。

开展青训营孵化新项目，做创业者的谋士

创业的人基因里都带着不安分，就连短暂的工作间歇，胡含兵都会想着去做些有意义的事情。

即使百忙之中，胡含兵也会经常回到学校去做创业讲座，开展黑马青训营，投入大量时间帮助学弟、学妹成长。“黑马青训营，是以市场为核心培养实践的。我想通过言传身教，唤醒学弟、学妹的觉知能力，打破他们的思维局限和认知局限，帮助他们认识到自己的潜力和可能性，并从中实现自身的目标和追求。”

胡含兵认为：“要在认清自己之后坚持而专注做自己想要做的事。这样就一定会成功。”而关于创业，他给予的建议是：“选择比努力重要，市场比产品重要。掌握好市场的属性并把市场研究透，做好市场规划，再去好好研发产品。中国不缺产品，缺的是将产品推销出去的人。”

回首自己的创业路，胡含兵总结说，自己最大的优点是爱折腾，属于“折不断”的类型。他说，创业给他带来了不一样的成就感和价值感，他享受并沉溺其中。即便是之前的公司都没有了，他还是会选择从头再来。

现在，胡含兵正走向自己更加清晰的未来。在湖南师范大学攻读博士学位的他，同时在进行二次创业，孵化更多的新项目。“目前我在孵化一些职业培训技能以及科创类项目，慢慢孵化这些新项目使其成长壮大。”在创业中破茧而出的胡含兵，未来期待着见证更多新项目的出现，为社会创造更多的价值。

听完胡含兵的创业故事，不由得想起张磊在《价值》一书中的话，“这个世界上只有一条护城河，这个护城河就是你能不能不断地、疯狂地创造长期价值。”“95”后的胡含兵就是凭借“折腾”找到了自己的护城河。

（湖南省大中专学校学生信息咨询与就业指导中心供稿）

胸怀交通报国梦想，奋战科技创新前沿

——湖南大学邱明红事迹

邱明红，湖南大学土木工程学院 2016 级博士研究生，师从我国著名桥梁专家邵旭东教授，主要从事高性能桥梁结构体系与超高性能混凝土结构设计理论研究，在装配化高性能桥梁新结构研发与工程应用、超高性能混凝土构件计算理论与技术标准等方面取得了系列研究成果。目前，他已发表 SCI/EI 论文 29 篇(其中第一/通讯作者的 SCI/EI 论文 16 篇)，在审 SCI/EI 论文 4 篇；申请发明专利 11 项；作为核心起草人参编标准 3 部，其中交通运输部行业标准(湖南省内单位首次主编交通部公路工程行业标准，排第 2)，中国土木工程学会团体标准(排第 4)和中国工程建设标准化协会团体标准各 1 部；获第七届中国国际“互联网+”大学生创新创业大赛主赛道金奖(同届赛事湖南省及全国土木行业均唯一)、宝钢优秀学生奖、中国公路学会科学技术奖三等奖(第 2 完成人)、中国公路建设行业协会科学技术奖三等奖(第 2 完成人)等奖励。主要成果被 5 部规范标准采纳，入选交通运输重大科技创新成果库，并成功应用于国内 20 余座标志性超高性能混凝土桥梁。

勇立潮头，开拓创新

创新正当其时，圆梦适得其势。当前，中国桥梁建设成就举世瞩目，随着交通强国、海洋强国和“一带一路”等新时代战略的驱动，桥梁结构在安全、经济、耐久和环保等方面仍面临诸多挑战。桥梁病害多、寿命短、能耗大、维护费用高是当前桥梁行业的基本现状，发展具有高施工性能、高使用性能、高耐久性能的高性能桥梁结构是重要发展趋势，也是行业重大需求。习近平总书记在 2022 年 4 月 26 日的中央财经委会议中指出：基础设施是经济社会发展的重要支撑，要全面加强基础设施建设。党和国家对交通等基础设施的高度重视，对桥梁行业提出了更高的要求：迫切需要解决低碳、高可靠的可持续桥梁技术的“卡脖子”问题。

桥梁行业痛点的根源在于传统材料的固有缺陷，消除行业痛点的基础是材料突破。邵旭东教授团队以高性能材料——超高性能混凝土为突破口，通过超高性能混凝土新材料与新结构协同创新，形成多项高性能桥梁核心技术，从源头上解决了结构易开裂、耐久性不足等桥梁共性难题，实现了标准数量、专利数量、原创技术三个全国第一，处于国际领先水平。作为邵旭东教授指导的博士研究生，邱明红深知高性能桥梁技术对提升我国桥梁技术水平和保障基础设施建设的重大意义，他胸怀祖国，开拓创新，无私奉献，全身心投入到高性能桥梁技术的开发与应用工作中。

大跨度预应力混凝土箱梁桥已成为主跨 200 米范围内的主流桥型，但这类桥梁结构存在两个世界性难题：主跨过度下挠和梁体易开裂，长期困扰工程界，影响桥梁的安全性和耐久性。2016 年，清远市交通运输局委托邱明红所在的邵旭东教授团队研发一种超高性能混凝土箱梁结构，以期解决混凝土箱梁主跨过度下挠和梁体易开裂的世界性难题。邱明红对此展开新型箱梁结构体系的研发工作。通过广泛查阅国内外文献资料、反复计算分析、开展模型试验和现场实测验证。经历多次修改完善，邱明红发明了一种设置密集横隔板的新型超高性能混凝土箱梁体系，成功应用到广东英德北江四桥，建成了世界上单孔跨径最大的超高性能混凝土箱梁桥，有效地解决了大跨箱梁桥主跨过度下挠和梁体易开裂的世界性难题，并成功获得国家发明专利。经过多年潜心求索，笃志躬行，邱明红在高性能桥梁结构的研究、设计、生产方面已造诣颇丰：发表了 29 篇论文，申请了 11 项发明专利，作为副主编编写了超高性能混凝土领域内的首部行业标准，获得了中国公路学会科学技术奖等多项奖励，成果入选交通运输重大科技创新成果库。

敢闯会创，拔丁抽楔

“好的技术不能只停留在实验室里，如何让技术更好地服务国家，推动科技成果转化，是我们的主要目标。”邱明红说。2021 年，为了将他们国际领先的高性能桥梁技术落地生产以便更好地服务祖国现代化建设，邱明红作为项目创始人，与湖南大学的几位博士、硕士生组建了“中桥高科”团队，开始了他们的创新创业征程。

亦于心之所善兮，虽九死其犹未悔。为了更好地让社会了解自己的项目，邱明红领衔组队参加汇聚全国高校目光的第七届中国国际“互联网＋”大学生创新创业大赛。全国有 228 万个项目、956 万人参赛，高教主赛道是一个竞争最激烈的赛道，想要从国赛中拿到金奖，很难！“难，也要拼一把！”邱明红带领“中桥高科”团队铆足了劲儿、迎难而上：校赛阶段，邱明红充分调动团队成员的积极性，发挥他们的特长，仅用一周时间就拿出商业计划书；省赛阶段，赛事进入白热化，不进则退，邱明红组织团队成员重新梳理项目逻辑，进一步凝练项目的技术先进性和完善项目商业落地路径；国赛阶段，在冲刺的关键时刻，因长周期的赛事消耗了队员们大量的时间与精力，通过国赛网评后，部分成员出现了“躺银”的消极思想，邱明红身先士卒，和团队成员们一起加班吃盒饭、一起熬夜改材料、一起爬山讨论商业模式，重燃新一轮斗志。大赛期间，他们修改了 100 余版路演 PPT、50 余版商业计划书以及路演讲稿，最终凭借扎实的理论研究、丰富的实践案例、优秀的临场发挥脱颖而出，实现了校赛第一、省赛第一、国赛夺金的好成绩。

“希望能够以此次大赛为契机，让大家更好地了解到这项技术。”邱明红提到。对于邱明红来说，最开心的也并不只是这一枚金牌，还有通过整个团队的合作与努力，让超高性能混凝土技术更快走向市场，让更多桥梁用上新材料，赶上“时髦”的高性能桥梁技术。湖南张花高速公路跨线桥就是这样一座“赶时髦”的大桥，因采用了“中桥高科”团队的高性能桥梁技术而创下一项世界纪录：世界上首座采用顶推施工的钢-UHPC 组合梁桥。这也是邱明红独立负责的第一个项目，他对它格外用心。从合同商务谈判到方案设计、计算，再到现场施工，邱明红付出了很多时间与精力：一个月内与设计院开会十余次，2020 年年初新冠肺炎疫情防控期间不间断提供线上技术服务，一天超过 10 个小时……“张花高速公路跨线桥在国际上首次实现了组合梁全断面顶推施工，填补了行业空白，难度极大。当初做这个项目的时候，他每天都在承受巨大的压力，直到组合梁顶推到高速对岸时，并达到设计线型后，紧绷的弦才稍稍松下来。现在想想，做这个项目的过程是艰辛的，但一想到我们的技术确实能够让大桥更经济、更安全、更耐久，我的内心又非常满足。而这其实也是我创业的初心与动力，努力让我们国际领先的高性能桥梁技术服务我国重大基础设施建设，并从中收获成功的喜悦和幸福感。”回忆起自己独立负责的第一个项目，邱明红深感不易又觉得自豪。最终，张花高速公路跨线桥在 2021 年 8 月份完成施工，相比原方案，上部结构初始造价节省了 12%，并且为高速公路跨线桥提供了一种对交通零干扰的新型快速化建设方案。

不负初心，与时偕行

创新创业是一个艰难的过程，对于有科研任务的博士生来讲，创新创业之路更加艰难。作为一名工科博士研究生，邱明红在技术上是非常专业的。作为创业者，他重新定义自我、努力向管理者的角色转变。在完成日常学习任务的前提下，他把其余时间都投入到团队运营、合同谈判、项目管理等方面，努力成长为一名技术与管理复合型人才。经过邱明红和团队成员的不断努力，他们的成长速度有目共睹，他们在团队构建和技术创新方面的成绩得到了投资者的广泛认可，在省级、国家级创新创业大赛中斩获佳绩。

2021 年 8 月，邱明红带领团队夺得湖南省第七届“互联网＋”大学生创新创业大赛高教主赛道师生共创组全省第一名。

2021 年 10 月，邱明红带领团队夺得第七届中国国际“互联网＋”大学生创新创业大赛高教主赛道全国总决赛金奖，为湖南省在该届赛事的唯一金奖。

2021 年 12 月，邱明红带领团队在湖南省 2022 届大学生创新创业项目路演活动中获得 12 家投资机构的投资意向。

目前，他们的高性能桥梁技术获得了 12 位中国工程院院士认可，应用于沪苏通长江大桥、杭瑞洞庭湖大桥等 100 余座大型桥梁，其优良的性能和广阔的市场前景引起了中国建筑、中交集团等企业和投资者的广泛关注，引来主流媒体的竞相报道。

2021 年 12 月，湖南教育电视台记者对邱明红及其团队的双创事迹做了采访和报道。

2022 年 2 月，新湖南把高性能桥梁技术誉为“桥梁智慧”，对邱明红及其团队进行了专门报道。除此之外，央视、南方＋、《潇湘晨报》等新闻媒体也先后对高性能桥梁技术和邱明红的双创事迹进行了宣传与报道。

在学校和社会各界的支持下，高性能桥梁技术已开始产业化。“未来，我们会充分发挥团队在土木工程领域的优势，做大做强高性能桥梁技术，致力于成为高性能桥梁技术的领航者。”对于未来的发展，邱明红及其团队有清晰的规划，“我们将通过高性能桥梁技术，引领桥梁科技变革，助力交通强国建设，为实现中华民族的伟大复兴而不懈奋斗！”邱明红志在发挥专业特长，用实际行动诠释“自强自立”与“大胆创新”，为祖国的基础设施建设贡献青春力量！

（湖南省大中专学校学生信息咨询与就业指导中心供稿）

用“匠心”促创新，寝室冲凉冲出来的创业达人

——长沙民政职业技术学院杨西炜事迹

杨西炜，男，中共党员，1999 年出生于湖南株洲，2020 年毕业于长沙民政职业技术学院，曾获中国大学生年度人物提名奖，获评湖南“向上向善”好青年、湖南省百佳优秀大学生党员，荣获第五届中国“互联网+”大学生创新创业大赛全国金奖，第三届中华职业教育创新创业大赛全国冠军，第十二届“挑战杯”中国大学生创业计划竞赛全国铜奖。

前　言

匠心是职校学子骨子里的精神血脉，它激励着一代代职教人在创新创业的道路上，用职业道德坚守创业初心，用职业技能担当创新使命。

寝室冲凉痛点萌发创新亮点

在大学，杨西炜选择了自主创业的道路，结合他所学的专业技能知识以及学校、教育部门的创新创业政策扶持，让他有勇气通过自己的努力去证明高职学子也是有梦想、有担当的青年。

杨西炜选择的创业方面是别人眼中的“脏累活”，他聚焦于城市楼宇的中央热水、中央空调节能改造，以及响应国家“乡村振兴”号召专注于农村生活污水治理。在所有人眼中这并不是一个年轻人该去干的事情。而在所有的年轻人眼中，总认为金融和白领才是每一个大学生该去追求的工作。可是，在长沙民政职业技术学院的三年，始终有一句话影响着他的价值观，那就是“上为国家分忧，下为群众解愁”的宗旨，正是这句话，让他更加坚定，我们国家从来都不缺高大上的企业家，而缺真真正正能为国家、为人民多做点实事的创业者。

在大学时期，杨西炜开启了他第一段创业经历。每一个大学生都在寝室洗澡时遇到过热水供应不足、出水压力不够、蓄水温度不高等问题，洗澡冲凉一个简简单单的生活常态，却成为许许多多同学们的生活痛点。他自己也深有体会，在大一的时候，他就经常会遇到寝室洗澡没热水或者热水很小的窘境。于是他思考能不能结合自己所学的电子信息工程技术，将其应用到学校寝室的热水解决同学们洗澡遇到的问题。在找到创新方向后，他得到了学校的大力支持，正式带领团队开始了产品研发。

从大一起，杨西炜就没有周末和放假的概念，只要有空闲的时间，就是拼命地研发。从项目立项到产品研发，从硬件设计到软件开发，杨西炜带领团队全身心投入到技术创新中，先后申请了 10 余项国家专利和软件著作权，3 项国家级产品认证。2018 年推出了一代中央热水能源管理平台，在解决中央热水稳定性的基础上还提升了设备30%左右的节能率，产品很快获得了市场的高度关注。2019年他带领团队成立了湖南青创丝路科技有限公司，获得天使轮融资200万元。产品先后在浙江大学、同济大学、山东农业大学等全国30余所高校，近500家学校、酒店单位进行了应用。

2019年杨西炜带领项目团队先后荣获了第五届中国"互联网+"大学生创新创业的全国金奖，创造了湖南省高职院校在"互联网+"大赛国赛中的首金，并作为湖南省唯一代表团受到了国务院副总理孙春兰的亲切接见，获央视、湖南卫视、《人民日报》等媒体专题报道。团队荣获了第三届中华职业教育创新创业的全国冠军，创造了湖南省高职院校的最好成绩，获得了全国人大常委会副委员长郝明金的亲自颁奖。

创新激发创造，创造带动创业

时间来到了2020年，突如其来的新冠肺炎疫情让他们团队措手不及。2020年他们面临着两大问题，第一是疫情，第二是毕业。关于大学生创业有一句老话："毕业季即解散季。"很多创业团队会因为毕业时面临高质量就业、入学深造、出国留学等问题，导致团队核心成员流失，从而进一步瓦解整个创业项目。可2020年新冠肺炎疫情暴发了，当时杨西炜立即焦虑了起来。

疫情影响带来的酒店停业、学校停学使中央热水项目直接停滞。杨西炜结合新冠肺炎疫情和厕所革命趋势，为解决高校复学返校的公厕学生扎堆排队造成疫情感染的痛点问题，他带领团队研发出了"监厕灵"校园智慧厕所系统，打造出了一个能高效保障校园公厕疫情防范安全的智慧厕所。该厕所不仅能及时检测如厕人数，通过手机反馈给学生，避免同学如厕扎堆造成交叉感染的风险，更能实时监测厕所的空气质量等卫生环境情况，及时高效地让卫生工作人员去清理厕所，避免重复低效率的打扫。并且结合疫情形势，团队还推出体温检测和自动冲洗功能，另外特地在场所安装免费爱心口罩机，尽最大力度保障同学们的安全和学校复学防疫工作的开展，助力疫情防控和厕所革命，迈出了全国校园科技厕所革命的第一步。

新产品新市场的及时开拓，让原本就很脆弱的大学生创业项目度过了2020年的新冠肺炎疫情。随着复工复产的推进，在2020年6月中央热水的市场份额就开始不断回升，并且智慧厕所项目也获得了大量的社会关注和应用，成功入选为中国厕所产业技术联盟32家企业之一，成为智慧厕所的唯一代表企业。2020年杨西炜的公司更是被评为2020中国中小企业十佳新锐品牌和中国城市环境卫生协会会员单位。企业的发展又迈上了新的台阶。

创业实现价值，以匠心坚守初心

2021年杨西炜积极响应国家"乡村振兴"战略号召，结合以往技术优势与江苏一家专注于农村户厕生活污水治理的登高环保科技有限公司开启了全新技术合作。国家为了全面促进乡村振兴战略实施，提升农民的幸福感，采用全额财政补贴免费为农户的厕所改造新材料化粪池。但是目前改厕过程中仍存在大量问题和不足，尤其在农村生活污水治理后二次利用等技术上。于是，杨西炜和登高环保的邓总上山下乡进行调研，足迹遍布湖南省37

个县近200个乡镇。他看到很多农村空巢老人依旧使用着传统的深坑旱厕，两块木板一个坑，臭气熏天、蚊虫环绕，内心十分难受。杨西炜很感谢国家能关注到农户的如厕问题，他下定决心一定要提供最优质的产品和服务，用最低的价格为每一位农户提供干净、卫生、安全、舒适的农村户厕，让上厕所这件小事成为他人生追求的大事。

于是杨西炜带领团队利用智慧中央热水、智慧厕所技术的积累，让新型化粪池可以通过水循环利用原理，将处理干净的污水通过回水循环装置重复冲厕使用，解决了农村厕所冲水不足的痛点；利用多年平台开发的经历，通过搭建农村户厕网格化管理平台，来解决农村户厕管理太分散，从而解决网格化一体管理的痛点；利用多年产品工艺设计的经历，将新型的玻璃钢三格化粪池创新为六格化粪池，利用折流、跌水等工艺，使化粪池污水处理更加高效和彻底。

目前该产品已在湖南株洲、湘西、娄底、常德等多个地市州县应用，获得了湖南省农业农村厅、湖南省乡村振兴局的官方肯定，市场应用前景巨大。

现在杨西炜形成了以物联网技术为核心，未来智慧城市和智慧农村发展为场景，专注于热水、厕所这些贴近民生的项目为基点，通过智慧中央热水和智慧厕所为城市智慧化公共设施改造提供技术支撑，依托智慧化农村生活污水治理设施，为农村乡村振兴战略提供技术创新引领，真真正正用职教学子不怕苦、不怕累的精神，为国家经济社会发展、技术创新进步、乡村振兴实施、民政民生福祉贡献新时代青年职教学子的创新创业力量。

（湖南省大中专学校学生信息咨询与就业指导中心供稿）

闪亮的日子

广东

努力让世界进入万物生长的"生物时代"

——中山大学张志乾事迹

张志乾，男，中山大学2014级中山医学院临床医学八年制学生；2016年参加国际基因工程机器大赛(iGEM)，获得金奖、最佳治疗奖、最佳元件设计奖；2021年创立北京态创生物科技有限公司(简称态创生物)；2021年入选福布斯中国"30位30岁以下精英"榜单；2022年北京态创生物科技有限公司与中山大学共建工程生物技术联合研究中心，进一步深化合成生物领域产学研合作。公司致力于实现合成生物材料高活性、高效率、大规模的量产，以及合成生物学在医药、工业材料等领域的商业化落地。

"目前研发的合成生物技术将改变传统生产方式，我希望用突破性和创新性的技术去改变传统行业，这是一件非常令人兴奋的事。"张志乾说。

拾获合成生物学的"敲门砖"

张志乾的父母是千禧年初的一代创业者，但从小浸润在创业氛围中的张志乾没有选择继承家业，而是报读了临床医学专业。原本与其他医学生一样，张志乾将按部就班在中山大学中山医学院完成本硕博连读，毕业后成为一名医生。但张志乾在本科入学后就开始人生的探索之旅，给自己提出了一个重要的命题：未来是要在未知的领域开创新的道路，还是在已知的领域做出新的贡献？

在探索的过程中，虽然并未明晰最终方向，但张志乾形成了自己职业生涯的基本规划——将"科研与应用"结合，去改变亟待解决的现实问题。因此，大学前两年，除了进行业已充实的医学知识学习外，他还到物理学院等相关院系的课堂上学习多方面的基础学科知识，在相对论、量子力学的世界中遨游。大三期间，张志乾在一次偶然的机会下了解到合成生物学。合成生物学被称为"第三次生物技术革命"，被赋予重塑生命、颠覆传统工业生产方式的期待。但当时合成生物学的概念并没有成型，甚至还没有一个官方定义。即便是今天，合成生物学也还处于发展初期，绝大多数相关机构或企业仍处于研发阶段，商业化落地基本为零。

为了实现"产业化"的目标，张志乾有了新的打算，他要更多地接触和参与到这个行业的学习和研究中，完成技术积累。隔行如隔山，为了更加深入地了解合成生物学这个领域，同时完成自己的学业，张志乾踏上了起早贪黑、日夜兼程的艰辛道路。从最开始觉得这是一件"有意思的事"，到深入了解后发现这是一件"有意义的事"，他不断完善和巩固自己在合成生物学领域的各种知识储备。

打开合成生物学的大门

2016年，中山大学中山医学院为有兴趣参加iGEM大赛的团队配备专业指导老师，在学院的鼎力支持下，张志乾与团队成员共同迈向了iGEM的大门。iGEM全称国际基因工程机器大赛，由麻省理工学院(MIT)于2003年创立，是合成生物学领域的国际顶级科技赛事，具有广泛的国际影响力，相关研究成果常年发表于 *Nature*、*Science*、*Scientific American*、*Economists* 等顶尖学术期刊。

张志乾所在的 SYSU-MEDICINE 团队在来自全球 42 个国家 299 支参赛队伍中脱颖而出，被评为治疗领域参赛队伍中全球第一名，并获最佳治疗项目奖及组成型载体构建领域中的全球最高奖——最佳新组成型生物模块奖，同时还被提名为全球最佳数学建模奖（全球前六），并获得总决赛金奖。

首次出征就取得如此耀眼的成绩，为中国学生在 iGEM 舞台上留下了浓墨重彩的一幕，也使张志乾与 iGEM 从此结缘，随后数年他都担任中山医学院在 iGEM 参赛队伍的教练，更在 2019—2020 年受邀担任 iGEM 大赛评委。在此期间，他进一步认识到合成生物学在医药、工业材料等领域展现出的非凡潜力，以及这个行业目前存在的技术瓶颈——大部分公司或机构仅仅停留在技术研发、菌株打造、平台搭建上，未能真正实现这项技术的商业化落地和大规模量产。

认准合成生物学的道路

目前世界上的生产工艺仍以化学合成为主，不仅涉及废水、废气排放等环境污染问题和大量的碳排放，其高额成本和低产出率也是亟待解决的难题。而合成生物学和微生物发酵等技术，可利用更少的资源和生产原料合成更多人类需要的物质，破解了传统护肤、食品、医药行业遇到的诸多难题。合成生物学（Synthetic biology）是 21 世纪的新兴行业，它是指利用基因组测序技术、生物工程技术、计算机模拟技术等，在分子水平上对已有物质进行工程化的设计和改造，构建出满足人类需求的生物成分。

不少人对合成生物学这个新兴行业仍抱有迟疑的态度，但张志乾依然渴望用自己的力量去为社会做点实事。他坚信，合成生物学在未来将改变世界，让万物生长，进入“生物时代”。张志乾拥有长远性的眼光和前瞻性的战略部署，2017 年，还在读书的他就在校外租了一个小实验室，心怀对“生物时代”的信仰，从零开始搭建实验室和组建研发团队，脚踏实地一步步前行。为了学习相关技术，他还在 2017—2018 年前往耶鲁大学医学院进行访学研究，并先后在华南干细胞研究中心、中山眼科中心、耶鲁大学 Cardiovascular Center 从事研究与学习。

“认准正确的方向，坚持去做好事情。”张志乾坚信技术研发是一个公司的命脉，尽管他已经取得了不小的成就，但他仍埋头研发和改进技术，不断改良生产工艺，提高生产效率，致力于实现合成生物材料高活性、高效率、大规模的量产。

孕育合成生物学的成果

从学习到参赛再到组建公司，张志乾前后经历了多年的积累。在实验室里突破了技术难点后，团队便围绕成本和实际生产问题不断改进和调适，2020 年年底，张志乾的团队搭建出兼具量产和普适性的 Tidetron Altra 平台型菌株库，实现某些菌株的强化，增强其增殖能力，提高繁衍密度，比以往传统菌株培育模式产生的目的蛋白表达量更大，能快速实现规模化量产各类绿色、优质的原料产品。

2021年他创立的态创生物开始正式运营，仅在几个月内就组建起专业的团队，建成了年产达两万吨的智能发酵车间，在全球合成生物学领域内率先实现量产，真正实现了商业应用，完成了从研发到多种物质量产的商业路径，并开始为合作客户供货。2021年，他先后带领团队进行4轮融资(现至A+轮)，累计融资金额达1.5亿美元，同时实现了公司正向盈利，还在2021年上榜福布斯中国科学和医疗健康领域的“30位30岁以下精英”榜单。

目前，态创生物的现代化实验室占地面积近千平方米，配备了一支优秀的研发工程师团队，拥有形象设计版权4项、发明专利5项，用于疾病的治疗乃至新冠疫苗的研发，以及解决全球变暖和资源再生的难题，还在食品保健、生物材料、生物医药以及美容美肤等诸多领域取得了令人瞩目的成就，拥有多肽、赤藓糖醇等明星产品，并与国内外多个知名品牌建立了合作关系。

2021年12月23日，“江南大学·态创生物合成生物技术联合研究中心”授牌仪式在广州举办。2022年3月22日，“中山大学-态创生物工程生物技术联合研究中心”在中山大学国家大学科技园揭牌成立。中山大学和态创生物将依托联合研究中心，进一步深化合成生物领域产学研合作，提升科技成果转化能力。

态创生物凭借高效开放共享的 Tidetron Altra 平台型菌株库与年产过万吨的生产实力，在短短一年内，融资就超过1亿美元，成为行业黑马。从数据上来看，态创生物的飞速发展确实让人眼前一亮，但对张志乾来说，这只是一个开始。比起“赚钱上市”，张志乾在他沉稳务实的性格驱使下，坚守“发展技术、解决问题”的赤子之心，一步一个脚印。

“如果忘记初心与使命，为了融资而融资，很多事情就难以坚持下去。”这是张志乾时常跟身边那些不理解他为何考虑放弃多个融资机会的人所说的话。他很清楚，现在不过是合成生物学行业的开始，也是他事业的开始。在电子、通讯等领域，“卡脖子”问题屡见不鲜，在生物、化工等产业，同样也可能出现“卡脖子”的问题。目前，我国生物领域与国际先进水平仍存在差距，自主创新能力有待进一步提高，而合成生物学的出现恰恰为我国生物科技产业提供了一个“弯道超车”的绝佳机会。未来，张志乾将不忘初心，携手合成生物学共同启航，充分发挥优势，解决瓶颈问题，带领态创生物创造能让万物生长的“生物时代”。

（广东省高等学校毕业生就业指导中心供稿）

开启人工智能新时代，重夺全球制鞋话事权

——华南农业大学林子森事迹

2016年年初，华南农业大学计算机专业本科生林子森开始研究3D打印技术，偶然间得到3D打印鞋子的灵感，便运用自己的知识与能力，将3D制鞋变成现实。2017年他注册了迈创智能科技有限公司(简称迈创)，公司快速发展壮大，越来越多的人选择加入其中。团队专注于鞋业的调研与生产创新，通过建模、渲染、协同网络、云计算、3D打印等领域的创新，改变了传统制鞋业的生产模式，将产品开发、制造、销售等环节在线化、数据化、智能化，创建了国内首套制鞋CAD设计系统与高逼真度虚拟样鞋平台，同时打造联结各方的智能数据协同生态，为设计及制造企业赋能。截至目前，迈创已经和斯凯奇、CK、耐克等100多个国内外品牌开展合作，存量鞋款数据超300万个，平台完成数据量逾20万次，服务全球15个国家，覆盖95%的人群，年产值6000万元且保持近10倍的增速发展。迈创于2017年已入选硅谷BlackBox中国十佳项目，公司在2018年获得顺为资本和线性资本数千万元融资；2019年作为国内首位在校生获红杉资本和CMC资本亿元融资，2020年获得教育部“中华英才奖”，2021年被评为广州十大独角兽新秀企业。

从卖3D打印机到勇闯硅谷训练营

高中时林子森便热衷于玩机器人，一入大学，他本想组建一个机器人社团，机缘巧合下接触到3D打印机。2015年9月，林子森成立了迈创智能团队，瞄准新兴的3D打印市场，“最早是尝试通过DIY来卖打印机套机”。

七八台打印机投入市场后，市场反馈并不理想。林子森发现3D打印机量化生产需要大量的资金投入，加上3D打印机销售市场渐趋饱和，单纯卖机器对于学生团队来说并无优势，公司发展一度停滞。

“转机”出现在2016年3月。美国硅谷的国际创业者孵化机构Blackbox和华南设计创新院合作，试图在中国寻找一批学生对接国际资源。迈创团队从300多支团队中脱颖而出，成为了赴美硅谷训练营的10支团队之一。这是该项目第一年来中国挑“种子”团队，年轻的林子森团队即被“相中”。

为期7天的硅谷之旅

“在训练营，我们会有一个比较科学的时间规划表，同时安排了一些相关导师的讲课。”林子森一一细数硅谷见到的大咖。比如Blackbox孵化基地和Techventure的创始人、CEO——FadiBIshara，他曾经辅导和帮助了数百支创业团队，而且在科技行业有超过20年的专业经验。还有斯坦福大学“商业创业研究中心”创业课程奠基人AlexTauber、硅谷

Bullpen Capital 投资机构合伙人兼执行主席 Duncan Davidson 等资深创投人。

7 天里，林子森收获了国际创客不一样的教育与实践方式。“我学习了怎么跟人打交道，怎么把我的产品推销出去……”他举了个例子，训练营中有一个如何在 150 秒打动投资人的训练，“针对不同的产品或项目，有个类似模块化的思路，简单说就是问自己 4 个问题：‘你是谁？’‘你是做什么的？’‘为什么我要买你的产品？’‘市场有多大？’说清楚这几个问题，基本回答就比较完整了。而在措辞上，是否描述得出彩则在于前期调研的情况。”

开启智鞋时代，聚焦项目新材料和新工艺

在硅谷训练营里，林子森认识了现在公司发展的两个重要人物：国际品牌 Michael Antonio 鞋业有限公司中国区总经理周知恒和清华大学材料高分子硕士周康（化名）。

“周知恒第一次向我提出用 3D 打印技术制鞋设想的时候，我就觉得很新颖，一下子就打开了思路。”林子森说。

赴美之前，林子森团队主要在做解决打印机手势建模的创客教育与研究。从硅谷回来后，林子森团队开始对鞋业进行了为期两个月的调研，因为“懂得产业链，才能厘清鞋业到底需要哪些技术方案”。其间，团队跟鞋业工厂、模具厂商、供应商一起探讨技术方案。

随后，周知恒与周康都加入公司，成为公司合伙人。2016 年 11 月，左手国际资源注入，右手清华材料加持，迈创智能科技有限公司的商业模式正式转型。“从那时起我就打开了思路，专攻 3D 打印制鞋技术。”林子森说。

目前，依靠积累的技术基础，林子森团队对 3D 打印机进行更新换代。林子森说，3D 打印原理并非团队独创，团队和项目的核心在于新材料应用和新工艺上的改进。“新材料是适合于打印样鞋的特殊材料，在结构工艺上有所改善，因此成本更低。”

传统制鞋需要经过制楦、打版、开模、针车等数十道工序，整个过程需要三个多月的时间，价格在 5000 元以上。如果前期开发拿不到订单，所有努力就可能白费。林子森等人通过自主研发、优化算法设计的 3D 打印机，打印出样鞋只需要 7 天，价格也会减半。“成本很低，当我们第一次拿着产品和投资人商谈的时候，他们都觉得太不可思议了。”

随着公司的发展壮大，迈创创新性地采用 3D 建模、渲染、协同网络、云计算、3D 打印等横跨多个领域的技术，提出了一站式解决方案，改变了制鞋业传统劳动密集型的开发生产模式，将产品开发—制造—销售等环节在线化、数据化、智能化，同时打造联结各方的智能数据协同生态，为设计及制造企业赋能，极大提升了传统制鞋业全产业链的效率与反应速度；同时实现了设计师、品牌商、面料和底料供应商之间的多角色跨物理空间协同，在大幅降低开发成本的同时，将开发周期缩短至原来的 1/3。

迈创智鞋乘风破浪，出类拔萃频频斩获嘉奖

2016 年 12 月，迈创团队在由中央电视台财经频道主办的《创业英雄汇》广东肇庆站海选中脱颖而出，成功入围肇庆站总决赛。2017 年，林子森说：“今年 3 月 31 日，我们作为华南地区第一支大学生创业队伍，登上了央视舞台。”面对创业导师以及数十名专业天使投资人，团队负责人林子森从容不迫地通过了项目路演、导师考核、投资谈判三关角逐考核，以

"引入 3D 打印技术加速传统制鞋行业转型"的项目赢得了掌声。

2019 年 10 月，迈创团队参加以"敢为人先放飞青春梦，勇立潮头建功新时代"为主题的第五届中国"互联网＋"大学生创新创业大赛，与 109 万个团队进行多轮角逐，竞争尤为激烈。林子森所在团队"迈创智鞋"项目颠覆了传统制鞋观念，提出了虚拟样鞋的概念，极大降低了制鞋成本与流程时间；利用 AI 数字化设计（CAD）、高逼真渲染技术（CG）等前沿技术，赋能设计生产环节，致力于将传统制鞋行业改造成为一个基于数据和算法的智能商业生态。凭借自身的突出优势，迈创在历时 6 个月的初赛、复赛、全国总决赛中激烈突围，获得成长组第三名，全国前 30 强，斩获"互联网＋"中国大学生创新创业大赛金奖。

林子森认为，年轻人只要怀揣梦想脚踏实地，人生就有各种可能。对于公司未来的发展，他认为应该跟随时代发展，适应时代要求，在制鞋材料与制鞋过程中创新，将制鞋的成本尽量降低，做到既适应顾客需求又能给顾客良好的体验；将制鞋工程与新时代的高科技相结合，迎合新时代顾客的审美与爱好；实现迈创的使命——从制鞋行业入手，让中国在全球重夺轻工业话事权。

（广东省高等学校毕业生就业指导中心供稿）

人体第二套基因组智能诊断的开拓者

——华南理工大学李少川事迹

李少川，男，1985 年 11 月出生，华南理工大学生物科学与工程学院生物信息学专业 2019 级博士研究生，现任瑞因生物 CTO、瑞因迈拓 CEO、瑞因生命科学研究院副院长。2008 年在校期间，他开始从事人体生物宏基因组技术开发和临床研究。他还作为“人体第二套基因组”原研项目开拓者，代表中方主要参与欧盟 MetaHIT 项目，研究成果发表在 2010 年 *Nature* 封面；博士期间创办瑞因迈拓公司，成为数字化感染智能诊断行业的先行者。

“希望技术转化应用能够真正帮助到临床，瞄准感染性疾病诊断赛道，让感染诊断更精准、更便捷。”这是瑞因迈拓创始人兼首席执行官李少川及其团队瞄准感染性疾病诊断的初衷，他始终对病原微生物事业充满了热爱。

从华园扬帆，开启生命解密新征程

多年以前，本科生搞科研而且是顶尖科研，没有人会相信，但华南理工大学秉持“学术无起点”的理念，从 2005 年开始就把一年级本科生送到国内顶尖科研机构进行暑假实习，体验最前沿的科研氛围。

瑞因迈拓创始人兼首席执行官李少川就是其中的一位。他在本科未毕业时就参与了深圳华大基因研究院（现深圳华大生命科学研究院）发起的“炎黄一号”项目——绘制第一张亚洲人基因组图谱；而后再次参与完成了全球首个“人体第二套基因组”参考数据集构建工作——“人体肠道宏基因组计划”（MetaHIT）。

“为了能在国际上抢先占领学术高地，团队早上按中国时间工作、下午和欧洲合作伙伴讨论、晚上与美国同行交流，工作强度很大，一个星期只睡了 12 个小时，然而付出终会有收获。”回忆起那段工作经历，李少川至今难忘。该项目于 2010 年 3 月在国际顶尖科学期刊 *Nature* 上以封面故事的方式发表。

从 2008 年开始从事人体生物宏基因组技术开发和临床研究，李少川已发表 SCI 论文 8 篇，累计引用次数超过 6000 次。李少川作为第一发明人或主要发明人申请专利 2 项，软件著作权 4 项。

2014 年前后，中国进入基因测序行业的大格局年。Illumina 推出了 HiSeq X Ten 高通量低成本测序，使个人基因组时代变成可能；基于二代测序的无创产前基因检测（NIPT）产品获得 NMPA 的三类医疗器械证。

李少川从瑞典回国后，看好中国基因测序行业的应用前景，决定加入这股行业浪潮，并且探索和耕植于“人体第二套基因组”——微生物组技术临床应用。李少川表示：“从技术到产品再到市场化应用，我们的希望是临床医生和患者可以更早的享用到像 mNGS 这样的新技术、好技术所带来的应用创新。”

探索人体病原感染诊断新世界

2008 年，李少川创立瑞因迈拓科技公司，很快成长为行业领先的感染病辅助诊断整体解决方案的技术合作伙伴，全球首创宏基因组测序分析方法，率先转化感染性疾病辅助诊断临床应用。团队开发的“病原微生物一体化检测平台”和“感染病智能辅助诊断专家系统”为实现医院本地化感染诊疗提供整体解决方案。公司已与南方医院共建“感染性疾病分子诊断平台”，实现了首个院内本地化、多平台、多组学的感染病辅助诊断临床应用。

依托自主开发的 mNGS 技术，瑞因迈拓三年来立足华南、辐射全国，开展临床 mNGS 检测服务，累计已达数万例。mNGS 检测技术具有高效的病原体分析能力，输入“宏基因组”，输出“病原体列表”。瑞因迈拓 mNGS 实验中心配备主流 NGS 系统，近 20 种临床样本的宏基因组进行高通量测序，依托智能分析软件系统，将所得核酸序列与自主开发的数据库微生物基因组进行比对分析，从而实现微生物种属鉴定。瑞因迈拓 mNGS 检测提供了 3 种方案供临床灵活选择，24 小时左右出具检测报告（样本到实验室后）助力临床诊断。

目前，瑞因迈拓已完成了早期商业模式的探索，实现区域覆盖和临床专科覆盖。李少川表示：“我们希望建立一个可复制的商业模式。同时，我们也顺应国家的政策导向，探索新技术应用，助力医院在感染病诊疗领域的数字化升级、精准医疗布局和分级诊疗机制的建设，让老百姓都能够享受到较高水平、统一标准的感染性疾病诊疗服务。”

创新技术转化，传递生命大爱

从 2003 年的 SARS 病毒到 2019 年年底的新冠肺炎病毒，未知病原体导致的重大传染病疫情层出不穷，严重危害个体生命健康以及社会公共卫生安全，阻碍经济发展。面对这些未知病原微生物，常规的临床检测无法快速、准确锁定真凶，极易导致疫情大规模扩散和抗生素滥用。仅以指导抗生素的精准使用为例，感染病诊断市场就达到了千亿级。经过

6年的行业发展，以宏基因组技术为代表的微生物组检测技术在感染病原微生物检测领域崭露头角，mNGS概念也在临床中逐渐被认知，但在行业中仍面对着从技术到应用的鸿沟。

mNGS技术是一项先进的检测技术，但从成熟技术到成熟产品仍需要建立一套具有临床适应性和针对性的标准化体系。病原诊断目前尚无统一公认的阈值，各实验室都有自己的检测标准，因此，建立mNGS技术应用于感染性疾病病原检测的标准非常重要。李少川提到："如果没有统一的标准，就不可能实现技术的临床转化应用，只能停留在科研探索阶段，所以，我们首先要实现技术标准化的过程，包括技术应用标准化、数据的标准化、医疗信息传输标准化等。"

瑞因迈拓正在努力促成业界对mNGS技术标准化的共识。2020年至今，临床先后推出多份重量级的mNGS临床应用指南，指南无一例外地从样本类型、临床感染类型、病原谱特征对mNGS的规范化应用做了诠释。李少川认为，mNGS技术临床应用仍需要回归临床症候，并制定模块化标准的应用体系。

在技术转化落地和项目合作方面，瑞因迈拓和国内多家医院共建"感染性疾病分子诊断平台"，实现院内本地化、多平台、多组学的感染病辅助诊断临床应用，并建立区域检测中心和亚专科感染辅助诊断。

"我们希望把样本回归到医院，并提出了'床旁到床旁'的概念。"李少川进一步诠释，"从检测到临床诊断都需要医生的参与，即使是实验室检测也需要感染科医生的指导，还要求有检验医师、生物信息专家的共同参与，一起对检测报告进行临床解读。所以，我们才首先提出并推行'床旁到床旁'的闭环式服务，希望提供一个不脱离于临床的检测服务。"

综合多种指标和数据信息，首创以宏基因组为基础的多组学感染诊断，破除mNGS局限性，瑞因迈拓率先提出了以数据驱动感染检测和辅助诊断方法，开发出"病原微生物一体化检测平台"和"感染病智能辅助诊断专家系统"，辅助医院建立多平台的感染病原检测能力，为实现医院本地化感染精准诊疗提供整体解决方案。

李少川表示："我们没有把瑞因迈拓定位成一家基因检测公司，我们希望深耕感染性疾病辅助诊断领域，与医院共同探索和建立更好用、更易懂的感染辅助诊断工具，使之可以成为医生诊断感染性疾病的有效且好用的工具。"

心中有阳光，脚下有力量。李少川和他的团队始终坚守"突破成就精彩，Innovation is in our DNA"的企业核心价值观，不断推动在感染性疾病辅助诊断领域临床应用技术转化的落地，并通过打造完善的感染病原检测平台和专家系统助力临床，共筑公共安全新防线，以瑞因力量改善人类健康！

（广东省高等学校毕业生就业指导中心供稿）

以青年之担当，助力乡村振兴

——广东海洋大学黄蕊婷事迹

2021 年 10 月 12—15 日，第七届中国国际“互联网＋”大学生创新创业大赛全国总决赛在南昌大学前湖校区举行，广东海洋大学“珍珠产业 4.0——引领世界珠宝行业进入新时代”项目获青年红色筑梦之旅赛道创意组全国金奖，实现了在该项赛事上的历史性突破。

心系“三农”的大学生创新创业者

“珍珠产业 4.0——引领世界珠宝行业进入新时代”项目负责人黄蕊婷来自广东清远，于 2017 年考入广东海洋大学。读书期间，她就表现出了卓越的创新创业能力和强烈的扶农助农热情，以各项创新创业赛事为基础，组建了中山大学、暨南大学、广东海洋大学、广东外语外贸大学等高校在内，涵盖水产养殖、市场营销、国际经济与贸易、法律等多个专业的大学生团队，积极号召各地青年大学生以青春担当助力乡村振兴。她本人更是入选第五届“青创 100”广东大学生创新创业引领计划，成长为广东省青年红色创业的佼佼者。

近年来广东海洋大学积极组织学生参与各式各样的创新创业大赛，如中国国际“互联网＋”大赛、“创青春”、“挑战杯”、“华炬杯”等大赛，以赛促教，以赛促学，不断培养学生团队的创新创业能力。行程紧密的各类创新创业大赛和团队伙伴对创新创业的高涨热情为黄蕊婷实现创业梦想提供了良好的契机。黄蕊婷团队以大赛为契机，促进团队全面发展，培养团队的创新创业意识，将青年的热血与朝气蓬勃彰显在各类创新创业比赛之中。

在学校创新创业教育工作持续开展下，随着创新理念的不断深入和创新创业导师的积极引导，涌现了众多有创新思维、敢于打破常规的学生，他们不断参加各类创新创业大赛，在一次次磨合中愈战愈强。其中，黄蕊婷和她的团队着眼于乡村振兴，聚焦技术突破，一次次突破、成长，最终以中国国际“互联网＋”创新创业大赛青年红色筑梦之旅赛道创意组全国金奖的成绩完美收官。

分析现实矛盾，马不停蹄开展社会实践

“90”后大学生黄蕊婷始终关注乡村，心系“三农”。她通过组建大学生创新创业团队，不断探索助力乡村振兴的新模式，立志为美丽乡村贡献新时代大学生的力量。作为项目主要负责人，黄蕊婷在成立大仁高科工作室后，为了解和学习企业顶层设计、模式升级，获取珍珠行业前沿信息和一线生产资料，在不足一年的时间里，其足迹遍布了我国20余个城市，参访企业30余家，辗转10余个珍珠养殖基地，跨越10000余公里，带领团队完善商业模式和技术创新，完成一个项目从0到1的过程。

组建专业团队，推动珍珠产业高质量发展

大仁高科创新创业团队正式组建以来，在学校和谢绍河、闫玉科等导师的指导和帮助下，黄蕊婷在广东海洋大学水产学院、机械与动力工程学院、经济学院以及食品科技学院等号召有志于服务乡村振兴的创新创业人才，开始了珍珠养殖技术的产学研推广工作。

为解决我国珍珠产业发展问题，前有“中国现代珍珠之父”熊大仁、“世界淡水有核珍珠的研创者”谢绍河，通过创新研发珍珠养殖技术，将我国珍珠产量提高至全球珍珠总量的90%以上，开创了中国淡水珍珠新纪元；现有以黄蕊婷为主要负责人的熊大仁珍珠技术推广团队大仁高科，以珍珠技术硬实力和珍珠文化软实力引领珍珠产业高质量发展。

以技术回报社会，助力乡村振兴

2021年，大仁高科成功立项国家级大学生创业实践项目。同年9月，刚刚毕业的黄蕊婷意识到团队已经形成了一定的技术沉淀，也有了帮扶模式并成功推广的经验，于是她开始着手成立广东大仁高科股份有限公司。大仁高科团队的努力与广东海洋大学创新创业教育工作所秉承的“培养学生，造福社会，服务人民”的理念相契合，也是广东海洋大学在创新创业教育工作中实现社会高价值回报的卓越成绩体现。

黄蕊婷说：“未来，大仁高科将依靠团队的人才优势、技术优势，助力实现‘珠业强、珠村美、珠农富’，以青年担当贡献乡村振兴。”这也意味着，这一支从广东海洋大学走出来的团队，还将会在乡村振兴中走得更远。

主要项目成果

1. 2022年成立“杭州郁珠科技有限公司”，出任执行董事兼总经理；
2. 立项2021年国家级大学生创业实践项目“广东大仁高科股份有限公司”；

3. 立项 2020 年广东海洋大学本科生创新团队“现代农业创新团队”；

4. 主持 2020 年广东海洋大学大学生创业训练项目“新时代生态农业股份有限公司”，已结题；

5. 2020 年入选第五届“青创 100”广东大学生创新创业训练计划。

主要获奖情况

1. 2021 年获第七届中国国际“互联网+”大学生创新创业大赛全国总决赛金奖；

2. 2021 年获第七届中国国际“互联网+”大学生创新创业大赛广东分赛总决赛金奖 1 项、铜奖 1 项；

3. 2020 年获第六届中国国际“互联网+”大学生创新创业大赛广东分赛总决赛铜奖 3 项；

4. 2021 年获广东“众创杯”创新创业大赛之大众创业创富赛总决赛银奖；

5. 2021 年获第八届广州青年创新创业大赛“最具市场潜力奖”；

6. 2020 年获广东海洋大学第十二届“挑战杯”创业大赛金奖；

7. 2020 年获“建行杯”第二届广东省退役军人创业大赛“精准扶贫组”三等奖；

8. 2019 年获广东省“新时代——立志·修身·博学·报国”主题教育活动一等奖；

9. 2020 年获湛江市优秀共青团员荣誉称号；

10. 2021 年获广东海洋大学优秀毕业生荣誉称号；

11. 2021 年获广东海洋大学十佳大学生荣誉称号；

12. 2021 年获广东海洋大学“实习实践类”榜样之星荣誉称号；

13. 2021 年获广东海洋大学三好学生标兵荣誉称号；

14. 2020 年获国家奖学金、广东海洋大学优秀学生一等奖学金。

（广东省高等学校毕业生就业指导中心供稿）

行动凝聚力量，创业放飞梦想

——五邑大学杨永永事迹

杨永永，曾连续两年获得广东省“互联网＋”大学生创新创业大赛银奖，现任中山市竞先电器有限公司、中山市茁美电器有限公司董事长。2012 年，他踏进了五邑大学的校门，学校开设的职业生涯规划课程和创业教育开启了他的逐梦之旅，他逐渐找到了自己的目标和未来的前进方向。创业路上，他脚踏实地，稳扎稳打，同时，不断创新突破，从大一开始的零启动资金，逐步完成原始的资本积累，到现在公司每年两个亿的销售额，他成功实现了创业梦想。

“千淘万漉虽辛苦，吹尽狂沙始到金。”每个人的成功都不是轻而易举就实现的，而是经过不懈努力奋斗的结果。杨永永，五邑大学经济管理学院优秀创业校友，从小就有着“闯一闯，干大事”的念头，看着亲戚创业致富的珠玉在前，创业的种子在他心里也开始生根发芽。2012 年，进入大学校园的他，在经济管理学院浓厚的创新创业氛围下，逐渐找到了自己的发展目标和前进方向，并稳扎稳打成功实现了创业梦想。

初心萌发，立志创业

早在新生入学教育时，听着优秀校友的创业事迹，杨永永便坚定了创业初心，开始进行初步的自我探索与分析。大一开学在入秋的 9 月，天气渐冷，当师兄、师姐在推销水桶、晾衣架、饮水机等生活用品的时候，他细心观察，进行环境分析，发现宿舍里同学们都是坐着“冷”板凳，他就和 3 名舍友一起凑钱在阿里巴巴批发了 600 件暖坐垫回来，摆摊、上门推销，基本上每到一个宿舍都会推销出几件，第一批货瞬间卖光，后面他们陆陆续续进货，共计获得利润 2000 多元。初尝创业喜悦的他并没有停下脚步，而是做好规划与准备，继续寻找新的机会，确定自己未来的发展方向。学校开设了“创业学”“创新创业”“跨境电商实训”“企业经营管理认知实训”等实践课程，让他积累了丰富的专业知识和技能，这为他今后的创业之路奠定了扎实的理论基础。

杨永永算是最早一批网购的人，高一时，看到网上一款烧水壶月销量 3 万多单，当时他就想：卖家哪怕 1 单只赚 1 元，一个月利润都有 3 万多元了，何况那时还是 2008 年，3 万元的利润太有吸引力了。在综合分析之后，他更加明确了奋斗目标，即以后要走电商这条发展道路。

学习奋进，知识创业

工欲善其事，必先利其器，要想达成目标，必须积累足够的经验与能力，创造创业的基本条件。大学期间，杨永永积极申请参与学校的大学生创新创业训练计划项目，接受专业指导老师的“一对一”辅导，不断完善自己的创业思路和项目构想。在学校多元化资源的支持下，他进一步增强了自主创业的信心和决心。大一寒假，在老师的帮助下，他参加了东莞市电子商务协会举办的一个电商训练营活动，在这里，他了解到电商的运营及管理方式。随后，他抓住机会，将大量的精力投入到实习中，甚至在大年三十前一天，他仍在公司加班，努力积累专业技能和实践能力，让自己有充分的实力去迎接未来的挑战。

由于实习表现突出，杨永永在大一暑假结束前便得到了导师的认可，成功拿到一款品牌鞋子的分销商资格。大二开始，他边学习边创业，学业事业两头忙，过程虽然辛苦但很值得，在他作为卖家所经历的第一个“双十一”里，他代理的品牌销量在同行中名列前茅。同时，他的奋斗故事也深深感染了身边的同学，他积极带动身边的同学一起创业，其中有 6 名同学在大学期间就做到了经济独立。大二、大三期间，杨永永从个体户到注册成立公司，再到年销售额达 300 万元，这一路给了他更大的信心和勇气，也鼓励他在创业路上越走越远。

勇于创新，潜心创业

进入大四，目标明确、路径清晰的杨永永不甘于继续当分销商，他不断挑战自我，使创业规划更加具备可操作性。他联合一个有家电制造经验的初中同学，在具有“小家电产业带”的中山市东凤镇开办家电工厂，探索全产业链发展模式。凭借着两年的电商销售经验，他把终端市场推广定位在网络销售，经过大四一年的摸索，他熟悉了家电网络销售的模式和方法，掌握了电商平台的运作、营销和管理策略。

大学毕业后，杨永永的事业迎来了暴发期，从 600 万元年销售额到 2018 年的年销售额破亿元，从大学自己一个人开淘宝店，到现在管理 300 多名员工，他实现了自己的创业梦，完成了人生的华丽逆袭。

心存感恩，创业不止

如今的杨永永是广受在校师弟师妹们推崇的“优秀创业校友”，也站在了学校的讲台上为在校学子分享其个人的创业经验与思考，就像当年聆听优秀校友的创业事迹一样，他不厌其烦地鼓励师弟师妹们珍惜难得的学习机会，在校期间做好长期规划，注重专业学习和技能提升，并用坚实行动和不懈坚持践行人生目标。

时至今日，杨永永公司员工总人数为288人，为社会提供了200多个就业岗位。此外，杨永永还格外重视家乡、贫困地区和大学生就业。为带动家乡乡亲就业，他特别在老家广东茂名设立工厂“茂名市康顺电器有限公司”，用于生产厨房小家电的配套元器件。在带动贫困地区人口就业方面，他也是给予了格外关注，公司来自贫困地区（贵州、云南、四川等地的山区）的员工人数占员工总人数的比例接近25%。新冠肺炎疫情期间，他并未像很多中小企业一样减员，而是大力支持政府“六稳”“六保”的政策，在稳步实现企业人才规划的同时，践行企业家的社会责任和使命担当。他格外重视本科应届毕业生的发展，制定科学的培养晋升机制和相对较高的薪酬，目前公司的大学生平均月薪均超过12000元。

雄关漫道真如铁，而今迈步从头越。杨永永以一颗极强的事业心，在大学期间善于发现机遇，也能紧紧抓住机遇，用坚决的行动践行了人生目标。他的电商创业之路是跟我国电子商务跨越式发展阶段同向同行的，他用青春梦构筑起自己的创业梦，把创业梦融入了伟大的中国梦！

（广东省高等学校毕业生就业指导中心供稿）

立德树人奋进担当，双创人生托举希望

——广东省外语艺术职业学院许德贤事迹

许德贤，广东省外语艺术职业学院2019届美术教育专业毕业生，“虹彩艺术·诗配画”品牌创始人，担任广东省教育厅“强师工程”特聘讲师、广东省教育厅中小学教师发展中心美术教育委员会专家委员、腾讯教育诗画美术课程研发总负责人；曾获广东省教育厅高职院校教师教学能力大赛省赛一等奖及国赛遴选三等奖、第四届中国“互联网+”大学生创新创业大赛国赛银奖、第三届“挑战杯——彩虹人生”广东职业院校创新创效创业大赛特等奖，并获中国报道、《南方日报》等媒体报道。

志之所趋，无远弗届，穷山距海，不能限也。

习近平总书记对青年人的寄语，总在我耳边不断回响，时刻鼓舞着我敢为人先，切记空谈误国，谨记实干兴邦，脚踏实地，做一名对社会有价值、有贡献的新时期青年。农村出生的我从小受父母“以爱为旗”的做人原则的影响，在艰难的创业路上永远对世界充满爱意。从艺道路上，在父母的鼓励下，我保持一颗感恩的心努力进取，一步步走近梦想。年幼时代，父亲购买大量美术书籍和习画VCD光碟，满足了我的好奇心。在高考放榜后，我满怀希望进入大学校园，开启我的创业之旅。一路上，我历经了资金拮据、队员离开、公司濒临破产、露宿街头的诸多艰苦历程，所幸我时刻沐浴在强盛祖国的利好政策之下，在成长的道路上一次次得到政府的补贴支持和母校的鼓励。经历求学、创业、就业，与3名贫困生同窗创办了“虹彩艺术·诗配画”品牌。大学创业期间，我选择休学创业，联动身边63名同学，历经8年时间，潜心打造“诗配画”创新美术课程，通过教育创业实现自我脱贫，更为诸多学子提供了就业岗位。我的故事也激励着学弟、学妹奋进担当，托举希望。

三起三落创业路，天道酬勤结硕果

我的梦想是拥有一份自己的教育事业，坚守岗位，力争为学生锤炼品格、学习知识、建立创新思维奉献自己的力量。在美术高考校考时，我获得了5所美术院校的单考过线通知书，因而少年得志，自我膨胀。在高三暑假，因想减轻父母负担赚取生活费，我独自来到广州找兼职。我的心中充满对未来的无限向往和期待，也有对未知远方的惶恐，但更多的是可以大干一场的雄心壮志。但当我满怀信心找兼职时，结果却不如人意。三天的时间里，我遭遇了七次兼职面试失败，这对我简直是巨大而沉重的打击，也使我开始放慢脚步，审视自己。

夜幕降临，我独自徘徊在人潮汹涌、灯火璀璨的街头，在繁华又偌大的都市，我内心深感迷茫。接下来，我用了两周的时间去反思、去规划，经过思考和反省，而后重新振作，得出总结——大学时光应该理性规划，通过创业实现人生理想。

开学后，我开始科学系统地做好职业规划和创业计划，在正式创业之前，先后在家乡进行了两次小型的创业实践，创办了“虹彩艺术·诗配画”品牌。我利用寒暑假在实践中积累创业经验。第一次创业实践，我一人身兼数职，教导50名学生，短短一个暑假，收益可观，让我看到了创业的可行性。第二次创业，在实践中我发现了地域文化对创业的局限性，于是决定第三次创业实践要在广州进行。随后，我便组建了一支创业团队，申请了学校的孵化基地，开始了在广州的第一次创业。创业初期，资金一度匮乏，只能四处兼职——画墙绘、跑龙套、授课讲座等，用兼职赚来的钱帮助企业平安度过最艰难的创业初期。

在小有所得后，年轻气盛的我决定进行校外创业，但因为自己资金使用不当，三个月后公司就倒闭了，我这才后知后觉地意识到每一分钱都要花在刀刃上。经历第一次失败后，我产生了让别人来投资的想法，后来因业绩计划与投资人意见不合导致成员流失，第二次创业也以失败告终。再一次的失败，让我懂得了创业也是与时间赛跑的历程。于是大三那一年，为了有更多时间创业，我选择休学。通过众筹，我又开始了新的创业历程，不曾想中途因为法律意识不足造成纠纷，最终导致在短短一年时间里经历了三次创业无果。

如此波折的一年，我并没有因此被击倒，因为我深知创业不是因为看到希望才努力，而是因为努力了才有希望。我决定返校继续寻求母校的帮助，在老师的建议下，开始系统地学习创业知识，在全民创新创业的政策时代背景下，我们参加了创业比赛。老师们在创赛路上亦师亦友的陪伴，是我们创业稳步发展的基石，他们在无数个日日夜夜里，与我们共同研究创业项目，探讨商业模式，研发产品技术。历经多次参赛，在2018年中国“互联网+”大学生创新创业大赛中，我们从60万个比赛项目中脱颖而出，获得了国赛银奖。饮水思源，这都得益于学校平台与辛勤的老师们的帮助，数不清的晨曦暮霭，教师们奔忙在两点一线上，为学生的专业学习，为学生的职业训练，为学生的创业就业而操劳。这是中国教师的力量，联动着师生之间的恩情，老师们立德树人、爱岗敬业、无私奉献的品德成就了千万学子的硕果青春。而我也立志为创业教育和艺术教育事业奉献自己的青春。

共同抗疫守岗位，转型升级渡难关

2019年，我申请复学后顺利毕业，实现了真正无缝接轨社会创业。拿着政府补贴和参加创业比赛获得的15万元奖金，我再次投身创业。可惜天有不测之风云，2020年，新冠肺炎疫情导致停工半年，公司资金流不足，负债累累。新一轮的考验促使我们再次积极寻求创新与转型，利用线上教学，深度探索互联网领域。

这一次转型探索，也让我深刻体会到思维决定格局，格局决定出路。于是我带领着团队的所有员工和合伙人，统一战线，决定边学习提升学历，边坚守创业阵线，白天直播工作、晚上备考插本，用了三个月时间，合伙人们不仅集体插本成功，企业也坚守到了最后，如今坚强地成为教育行业的一股力量。

新冠肺炎疫情期间，在母校领导和老师们的信任和带领下，我很荣幸地参加了高职院校教师能力大赛，与老师们研究如何在没有线下学生互动的情况下，结合互联网教学平台功能，转型升级成为高素质、专业化、创新型的教师。这期间学校领导与各部门负责人、学院领导全程指导跟进赛事，上下一心，令人动容，我也深深体会到母校这个大家庭的温暖。

从一开始面对镜头时眼神飘忽的直播，到熟练应对各种线上教学突发事件，期间的乌龙趣事和励志故事连连不断。我也从中更加深刻懂得了教无定法，贵在得法，授人以鱼不如授人以渔，令我对今后的教育事业有了更多的思考。最终我们团队苦尽甘来，获得了省赛一等奖。我也见证了教师们以学生为中心，共同进步、师生同台、相互促进的教学方式，用榜样的力量引领外艺学子探索好学、爱岗敬业，共同抗疫。

未来可期中国梦，诗和远方寄希望

2022 年，终于守得云开见月明，项目在新冠肺炎疫情的大熔炉中重获新生，并不断发展壮大，现共有全国合作门店 81 家。携手教育集团，和互联网巨头腾讯教育签约，作为“诗画美术”课堂研发团队，同时还积极参与公益，承办广东省教育厅美育浸润行动活动中广外艺实践基地美术教学课程与师训模块，通过校企合作送教下乡、培养教师，企业成为团省委“青创 100”优秀企业，曾获中国报道、《南方日报》等 300 家媒体报道。

从白手起家到通过教育创业实现人生的蜕变，中间历经险阻坎坷，但我永远坚信办法总是比困难多。未来，我将努力把企业梦想与中国梦紧密联合，努力树立行业标杆，引领教育、产教融合、共建品牌，带领学生进入一线岗位实践，从学生自主创业转向师生共创，为学生进行岗前培训，通过社会力量、校友力量共同构建校企合作蓝图，为学生就业创业提供有力保障，促使学生学有所成、学有所用，让每一个学生都能拥有对诗和远方的憧憬。我也时常自我警醒，勿忘初心，奋进担当，立德树人，托举千万艺术学子新希望，为闪亮的日子而努力进取！

（广东省高等学校毕业生就业指导中心供稿）

闪亮的日子

广西

用创业照亮前行的路

——桂林电子科技大学姚兴事迹

姚兴，陕西宝鸡人，1998 年 8 月出生，2021 年 6 月毕业于桂林电子科技大学商学院信息管理与信息系统专业，曾任武汉黄鹤光电科技有限公司董事、法人代表，现任陕西天叶汇成文化传播有限公司董事、法人代表。在校期间，他曾任学院学生会主席等职务，获全国三维数字化创新设计大赛三等奖、中国国际“互联网＋”大学生创新创业大赛区级金奖等十余项省部级以上奖项。

以赛促创，开启创业征程

时间回到 2018 年年初，这时的姚兴已经步入大学生活一个学期，其间成绩保持在专业前列，同时积极为师生服务，在次年当选学院学生会主席。随着“大众创业　万众创新”的时代号召，他进行过很多尝试，于 2018 年联合成立桂林澄方科技有限公司，公司旨在为大学生创业项目孵化及小微企业发展提供商业企划、技术支持等服务，并创建了 Aedi Team 大学生创新创业团队，从各项大学生创业大赛开始起步。在随后几年中，Aedi Team 依托母校学科优势及团队成员的共同努力，取得了各项赛事省部级以上奖项 40 余项，团队及成员发表论文 20 余篇，获得国家实用新型专利、外观设计专利及软件著作权 20 余项，团队成员 10 余人获得研究生推免资格，团队规模也突破了 350 余人，大学期间的经历，也让姚兴萌生了投身创业的想法。

奔赴“光谷”，逐梦启航

近年来的数字化技术发展，让大屏环幕投影技术在纪念馆、展览馆等场景的应用开始多了起来，而环幕投影的技术特点更是和密室逃脱、剧本杀等对沉浸式环境要求极高的新兴行业需求高度契合。这让姚兴发现以往的参赛项目之一投影设备及画面融合方案有了商业化的可能。在与学校光电学科及市场财务专业的专家教授反复论证后，他决定以此作为自己的创业方向。

2021 年 2 月，姚兴前往武汉进行实地考察。武汉又被称为“中国光谷”，光电产业高度发达，相关产业链上下游大量集中在武汉及周边城市。在走访了多家设备供应商后，姚兴决定在武汉开始自己的创业之路。2021 年 3 月，他和合伙人成立了武汉黄鹤光电科技有限公司，注册资金 100 万元。这一年，也被称为剧本杀元年，市场进入高速增长期，为剧本杀馆提供沉浸式环幕投影整装方案成为公司业务的重要部分。2021 年一整年的时间，他的足迹遍布了北京、杭州、上海、苏州、成都、西安等 16 个城市。其间，他也遇到了不少困难，客户渠道问题便是摆在他面前的第一道难题。据不完全统计，2021 年全国共有超过 4 万家剧本杀店在业，而如何在短时间内联系到各个店铺的老板关系到订单的签单数量，后来他和兼职招聘的电话员通过网络平台电话逐一联系，挨个推广，取得了不错的成效。同时，在方案论证时他还遇到诸如每个店铺的房间面积形状不一致、设备调试和安装同步难、产品周转资金不足等问题，母校桂林电子科技大学光电及信息技术学科方向的老师和专家为他解决了很多技术上的难题，武汉市政府的创业补贴及无息贷款也让他在资金上减少了后顾之忧。截至 2021 年年底，创业半年公司流水便达到 96 万元，营业收入达 45 万元，带动就业 6 人。

回归八百里秦川，重新扬帆

公司的业务步入正轨并没有让姚兴感到放松，他明显感觉到剧本杀行业严重内卷的弊端开始显现，加之新冠肺炎疫情的影响，线下娱乐行业受到较大冲击，各个店家的降价引流让越来越多的店铺开始倒闭，进而影响到剧本杀店铺的投影设备整装数量。在深思熟虑后，他决定急流勇退，另谋行业。

而下一站姚兴回到了生他养他的八百里秦川关中平原——宝鸡，青铜器之乡的美誉、2700 年的建城史给这座城市打上了深厚的文化烙印，这也成了他下一个创业方向。2021 年年底，他返乡成立陕西天叶汇成文化传播有限公司，注册资金 200 万元，致力于关中地区泥塑、皮影等传统文化活动策划及线上平台展，后逐步覆盖到广告策划、版权代理、市场咨询、知识产权等服务，目前每月平均营业收入 2～4 万元，带动就业 4 人。对于姚兴来说，新的挑战才刚刚开始，做好家乡的文化传承，以及提供更快捷方便的文化服务是他深耕这个行业的最大动力。

记得一位前辈说过："创业是一边嚼着碎玻璃，一边凝视深渊，即便这样，也依然享受创业时候的快乐。"既然选择了注定不会顺畅的创业路，创业者就要做好和命运斗争的准备，用自己的努力和拼搏来改变一切。同时，我们也要感谢时代，是时代的大环境造就了每一个创业者。创业者的负重将变成光，最终照亮前行的路。

（广西壮族自治区高等学校毕业生就业创业指导中心供稿）

从“互联网+”大赛到企业CEO的蜕变

——北海艺术设计学院姚远事迹

姚远，北海艺术设计学院（下文简称北艺）2018届视觉传达设计专业毕业生，南宁重锤科技有限公司（简称重锤科技）法人、CEO、TANCHJIM品牌创始人。

早在2014年，刚刚踏入大学校门不久的姚远便在课余创办了自己的美术培训学校，而这次创业初试不仅令姚远赚得了人生的第一桶金，也让他积累了重要的创业经验。

兴趣爱好广泛的姚远在中学时代就是个耳机发烧友，曾获得飞利浦官方“金耳朵”专业听音师称号，另外还是国际知名品牌“铁三角”广西区的总代理。

步入大学后，伴随着知识的丰富和见闻的增长，尤其在接受了学校的双创教育后，将兴趣爱好孵化成创业项目的想法便在姚远的心头萦绕开来。他设计研发出了高保真音响系统及音频设备“海贝HiFi”，并在他自己的淘宝店铺（HibaAudio海贝音频）同步发售。

同年，姚远的“海贝HiFi”引起了学校的注意。在学校专业教师的悉心指导下，姚远和他的同学们认真细化完善项目“B2C+O2O平台海贝HiFi音频设计与研发”，该项目入围了2016年广西壮族自治区大学生创新创业训练计划项目（简称重锤科技）。

作为年轻热血的创业者，姚远的创业野心不止于此。凭借着超凡的智慧胆识和人格魅力，2016年姚远集结了一群志同道合的创业伙伴。不久，这群敢想、敢干、敢拼、敢闯的年轻人在南宁共同创立了重锤科技有限公司。

重锤科技的创业成员们个个都是精兵强将，他们中不仅有勇于探索的青年先锋，而且有经验丰富的行业精英，在梦想的照耀下，他们彼此碰撞出了更多思想的火花。

2017年，重锤科技创立了旗下耳机品牌TANCHJIM。TANCHJIM将音乐与艺术结合，以专业耳机声学工程开发作为基奠，坚持将优良的设计与出色的性能相结合，开发属于年轻人的音频产品。TANCHJIM视产品为有生命的艺术品，将美学与声学的动人之处用最自然的方式传达给每一位用户。TANCHJIM的第一款耳机“darkside”一经上市就广受好评。

2018年，姚远和他的团队乘胜追击，在充分考虑年轻消费群体对于产品外观个性化需求的基础上，经过2000次产品调音和9000副亚洲人耳数据采集后推出了爆款耳机“氧气”。拥有独立知识产权的“氧气”两年半就销售出28000余副。

TANCHJIM品牌目前已成为国内发烧级耳机先锋品牌，公司累计获得30余项专利、商标和作品著作权，旗下产品蝉联全球数码音频VGP大奖，还荣获了全球时尚科创上格奖、林风眠创作奖等。这标志着中国制造的耳机在专家评价和消费者评价等维度，具有了与索尼、森海塞尔等品牌竞争的话语权。

时光荏苒，2018年的夏天，虽然姚远已经大学毕业离开了学校，但学校高度重视培养学生创新实践能力，仍然持续关注着他的创业活动并给予了他大力支持。学校领导主动牵头，全面统筹，协同推进，不仅组织双创教师跟踪指导，还多次邀请区内外的行业专家传经送宝，对姚远的创业项目进行打磨和优化。

功夫不负有心人，2021年10月12—15日，由教育部等12个部委和江西省人民政府共同主办的第七届中国国际“互联网＋”大学生创新创业大赛总决赛在南昌大学举行。姚远的创业项目“重锤科技——全球将人工智能算法应用在声学软件领域的开创者”斩获银奖。2018—2021年，姚远的创业项目在中国国际“互联网＋”大学生创新创业大赛中连续四年累计斩获国赛银奖1项、国赛铜奖1项，区赛金奖1项以及区赛银奖2项。

栉风沐雨砥砺行，春华秋实满庭芳。经历了多年卧薪尝胆地研发，如今的重锤科技在全球首创性开发了AAFF人工智能计算分频模拟系统，打破了耳机产品研发依赖人工计算、研发效率低、研发成本高的现状。公司旗下品牌TANCHJIM三年面市10余款产品，覆盖中高端耳机市场。公司在国内授权经销商40余家，在国外有总代理7家。2020年12月，TANCHJIM还受邀成为京东音频战略合作品牌。

姚远的创业之路萌芽于北艺，生根在广西，短短的六年时间里，商业之树触及全国，乃至更广阔的海外。姚远表示，人的一生，理应在不懈追求与创新中度过，创业的成功需要的不仅仅是灵活的头脑对市场进行分析，更需要的是创业者的决断与自信。有了“互联网＋”大学生创新创业大赛的带动，有了创新和探索，才有了今天全新的姚远。

问渠那得清如许，为有源头活水来。相信在创新创业精神的引领下，姚远和他的企业都将迎来更加美好的明天。

（广西壮族自治区高等学校毕业生就业创业指导中心供稿）

返乡创业助振兴，带动就业共致富

——桂林旅游学院黄杰事迹

黄杰，男，2018 年 6 月毕业于桂林旅游学院商学院国际商务专业。在大学期间，他曾多次尝试创业：2014 年开设淘宝店，主营服饰；2015 年开设速食餐饮店，主营简餐外卖。毕业后，他创办了广西鱼鹰体育文化发展有限公司和广西鱼鹰棒垒球俱乐部，成为桂林首家棒垒球游学俱乐部。

返乡创业助力乡村振兴

危机中求时机，敢为人先创新局。新冠肺炎疫情常态化下的 2020 年对于很多公司来说都是生死存亡的一年。黄杰创办的广西鱼鹰体育文化发展有限公司受到疫情影响，无法承接堡垒球赛事和国际游学项目，公司即将面临破产。黄杰也处在人生的十字路口，是去找一份安稳工作，还是坚持转型发展，或是另辟创业道路？在充分结合市场需求、国家政策、技术了解及家人、老师的鼓励支持下，黄杰怀着一颗赤诚之心毅然返乡创业。

经过调查走访，黄杰发现家乡广西的秀珍菇产量一直稳居全国第一，种植人数更是在 2020 年高达 370 万人。在这一背景下，黄杰便开始着手准备更深一步的调研，他希望能够在其中找到一片新的蓝海。2020 年 6 月，黄杰深入灵川县三街镇黄蜂村，创立了桂林鑫杰生物科技有限公司。虽然这是一家初创型公司，但经过黄杰的一步步发展，它慢慢影响着桂林地区秀珍菇种植产业的发展。

对于每个正处于创业初期的年轻人来说，坚持是一种不可多得的信念，尤其是对于在疫情打压之下的创业青年，技术、资金等都对黄杰施加了巨大的压力，但是他仍然没有放弃，因为他明白，在这种时期就理应由年轻一代站出来，带领乡村振兴走上发展的道路。

响应号召科学发展农业

“三农”工作是党和国家工作的重中之重，国家持续支持和大力发展“三农”。黄杰在农业农村部网站上看到了《农业农村部对十三届全国人大二次会议第 6222 号建议的答复|关于修订完善食用菌菌种管理办法的建议（农办议〔2020〕33 号）》的公布，这进一步促使了他想要在秀珍菇种植产业上优化、深入研究。他来到桂林电子科技大学，走访了该大学的研究室，终于看到了秀珍菇种植产业技术创新的希望。同时黄杰的创业团队在 2021 年 6 月的“互联网＋”大学生创新创业比赛中获得自治区银奖，让更多的老师和社会关注到桂林旅游学院优秀学子的创业振兴之梦。

黄杰秉持着致力于培育高品质秀珍菇的追求，始终在秀珍菇的种植产量上不断摸索。经过近两年艰苦卓绝的打拼，公司开辟了一片小天地，申请了 2 项发明专利、6 项软件著作权，从菌种选择到采摘装袋等步骤制订了一整套出菇体系，使得秀珍菇的生产流程更加科学高效。现公司自营、推广秀珍菇种植总面积 23 亩，占桂北秀珍菇种植面积的六分之一，公司共有 13 个厂房，一年两季产量 100 万包，在 2021 年年底公司实现了 1000 多万元的收益。

在乡村振兴这条道路上，黄杰慢慢地走到了道路的最前沿，成了桂北秀珍菇种植的领军者。

带动就业携手共同致富

在黄杰的带动下，桂林市的许多村民都加入了秀珍菇种植，他为老乡们提供就业岗位，教授他们种植技术，倡导每户在自家农田种植，共同研究观察秀珍菇的种植历程，使得该地区的秀珍菇生产效率显著提高，质量、产量等均有50%的提高，并成功带动73名贫困户脱贫，农户的月收入从每月1200元增长到了每月1800元，他得到了当地乡亲的认可。

母校桂林旅游学院听闻了黄杰的先进事迹后，主动找到黄杰提出共建乡村振兴实践活动。让更多的青年学子投身于乡村振兴建设，本就是黄杰的初心，他欣然同意。就此桂林旅游学院一批有志青年积极加入团队，不仅壮大了队伍，同时新鲜血液的注入也使得这一振兴项目具有更多意想不到的创新以及蓬勃发展的势头，为桂林市乡村振兴奉献力量。

2021年年底，黄杰在巴马创办了广西巴马腾卓生物科技有限公司，2022年年初投产运营，实现网络化系统管理生产食用菌。公司年产1000万棒食用菌，年产值预计可达5000万元，创造提供工作岗位200余个。新的未来正在慢慢走来，黄杰一直跑在队伍的最前面，带领着大家伙儿努力建设家乡、振兴乡村。

（广西壮族自治区高等学校毕业生就业创业指导中心供稿）

从“90”后高职生到企业CEO

——柳州职业技术学院肖杰夫事迹

别说刚出校门的大学生，就是在生意场上摸爬滚打几十年的“前浪”，也大多还在生存和求生存的道路上狂奔。而他，刚创业4年，就早早实现了财务自由，26岁就拥有了6家公司。他，策划的“信荣服装——牛仔服装环保水洗工艺革新领先者”微创业项目，荣获2020年第六届中国国际“互联网+”大学生创新创业大赛总决赛银奖、2021年中国大学生微创业大赛铜奖、2020年广西青年创业创新大赛商工组创业类一等奖。他，还是广西青联第十一届委员会委员、玉林市政协委员、玉林市青年企业家协会会员、广西玉林信荣服装有限公司董事长。

听了他的故事，你不得不感叹有些人就是天赋异禀，天生就具有直达金字塔顶端的实力。他说：“可能是我对人特别好吧，所以在想做任何事情的时候，总是有很多兄弟朋友和长辈的帮助和支持。”其人格魅力所散发的强大磁场，使与他交往的人乐意施以援手。

即使有众人的帮助，也会遭遇人生低谷。“有时一夜之间人不见了，设备、厂房也不见了，因为老板跑路或新冠肺炎疫情等各种因素，至今公司还有一千多万元的外债没办法收回来。”说到创业中资金链断裂的艰难，他显得云淡风轻。尽管爷爷、父亲做的是布匹和服装生意，但他这个“富二代”却像个邻家大男孩，并未因富而骄。

他就是柳州职业技术学院（以下简称柳职）优秀创业人物——广西玉林信荣服装有限公司（以下简称“信荣”）董事长肖杰夫。

在柳职打下创业基础

从柳职校园至创业成功，肖杰夫一直秉承“踏踏实实做人，认认真真做事”的柳职精神，用心做好分内事。曾任大学生KAB创业俱乐部（以下简称“KAB”）销售部部长的他，得到了 KAB 导师许明教授的悉心指导，学习创新创业企业构思、资源整合、优势挖掘、风险掌控、商业计划等步骤和流程，结合家族企业实践和经济发展趋势，创造性地分析出牛仔水洗的市场变化，为企业的形成与完善打下了坚实的基础。这令从小就对生意感兴趣的他更加坚定了要做一名企业家的信心，高中、大学时他就特别留意周围的人，观察看谁更适合成为自己的生意合伙人，进入 KAB 后，他更是处处想找机会"试水"自己的组织能力和领导能力。

许明教授说，肖杰夫腼腆羞涩，其实也乐观开朗，有教养、懂规矩，不轻易承诺，承诺了就会很认真地去做，比一般的孩子更成熟、更理智。都说"穷人的孩子早当家"，但在肖杰夫身上，其吃苦耐劳的拼劲一点也不输给穷人家的孩子。他的辅导员黄海林评价他的时候，是这样说的："肖杰夫待人真诚、懂礼貌，热情开朗，他从来不会因为自己家境殷实而骄矜。"

在危机中找对了风口

2015 年 6 月，肖杰夫接手家人认为是"夕阳产业"的牛仔裤企业，家人转战其他行业，肖杰夫无奈用将设备贩卖后得到的 200 万元资金创建了牛仔裤系列产品远销东南亚和非洲的广西玉林信荣服装有限公司。2016 年，中央环保巡视组到玉林严查排污，发现玉林市南流江污染严重，污染源被锁定在养殖场和水洗行业。当时福绵区没有一家牛仔裤生产企业能达到污水零排放，60 余家企业被勒令停产，原本机声隆隆的厂房瞬间一片寂静。可肖杰夫认为危机危机，危中有机，并认为"这是企业转型升级的好机会"。

为实现既要金山银山，又要绿水青山的愿景，政府在远离市郊的一片荒地建起了中滔环保产业园，将所有牛仔裤企业全部纳入该园区中统一管理。杂草丛生的荒地能生出金子来吗？正当牛仔裤老板们对着荒无人烟的一大片草地将信将疑时，肖杰夫却早已谋定而后动，他积极响应政府号召第一个进园。他用 23 万元一亩的价格盘下了两块地（如今已升至 40 万元/亩），为此，他获得了政府颁发的一次性奖励 20 万元，同时还获得政府的设备补助 165 万元；因为信荣年产值达两千万元，又被政府评为"规上企业"而获奖 25 万元。肖杰夫轻描淡写地笑着说："我自己都有点佩服我当时的眼光。"入园后，肖杰夫按照先发展后规划的思路做好排污工作，他比别人多花了 200 万元在两亩多土地上建起了污水集中处理池。污水先经过处理再进行排放。彼时很多同行因为停产，都还在园外犹豫徘徊。入园的企业仅十余家，这给肖杰夫无形中制造了一个相对较好的变现环境。那时每天都有十几万元的货上门要求水洗，“即使水洗一条牛仔裤加价一元钱，都挡不住源源不断的货源”。就在大多数牛仔裤老板还没有“醒”来的一到两个半月时间，信荣就创造了近千万元的利润。这成了肖杰夫人生中赚到的第一桶金。经历过生死考验的水洗企业，不仅没有死掉，反而迎来了更好的发展前景。如今，信荣拥有 4 条生产线，牛仔裤年产量达 3000 万条，年产值 7155 万元。

在磨砺中做有社会责任感的企业家

2018 年的一天，20 多个人来到信荣想在信荣谋生，由于人手已够，公司一时半会安排不下这么多人，肖杰夫便想了个折中的办法：让他们在厂里培训 15 天，培训结束即能在同行业中找到工作机会。新冠肺炎疫情期间，500 名信荣员工无一裁员，其中 300 多户贫困户在信荣就业解决了温饱问题。

信荣旗下还有金旺水洗厂、建筑材料公司、农业公司、布匹公司及投资公司等多家企业。2019 年，信荣纳税 109 万元，肖杰夫获评“玉林市企业家协会优秀会员”；公司被玉林工信委评为“规上企业”。“做有社会责任感的企业”是肖杰夫的理想。他因为乐于捐资助学、修桥补路、帮贫助困、新冠肺炎疫情期间赠送口罩等防疫物资等这些社会公益活动，被评为“爱心公益单位”“爱心单位”。

肖杰夫还心系母校，关心母校发展，他一直保持着与母校、老师及同学间的联系。肖杰夫被校玉林校友服务工作站聘为站长。该服务工作站以“联络校友、服务母校、回报社会”为宗旨，凝聚校友情感，搭建资源共享平台。下一步，肖杰夫将与环境与食品工程学院教师石少明合作，改良牛仔裤水洗配方，降低废水对环境的污染，达到清洁生产的目的；还将与艺术学院的马践大师合作，将少数民族的扎染技艺移植到产品上。2020 年 8 月 28 日柳州职业技术学院的甘金明校长带队一行七人前往玉林福绵区，与肖杰夫的企业广西玉林市信荣服装有限公司签订校企合作协议，并为全国首个牛仔学院、武汉纺织大学全国唯一纺织行业牛仔服装先进制造重点实验室产学研合作基地、柳州职业技术学院产学研合作基地及创业示范项目、肖杰夫牛仔水洗整理工作室举行揭牌仪式。

经过这些年的磨炼，肖杰夫最深的感悟是：“创业需要脚踏实地，没有人能够一步登天，同样，创业也需要一步一个脚印去探索，去尝试，去努力。世界上没有一蹴而就的事情，无论是多么简单的事或物，都是不同因素汇聚而成的厚积薄发。创业也是如此，如果你的梦想是一夜暴富或一劳永逸，那么请你不要选择创业，因为创业从来都不是一件简单、短暂的事情，相反，这是一个长期且艰巨的过程。‘不敢冒险的人既无骡子又无马，过分冒险的人既丢骡子又丢马。’故而，请各位在决定创业之初便坚定初心，既要有‘初生牛犊不怕虎’的勇敢与无畏，也要有‘谨小慎微’的意识与行动。”

（广西壮族自治区高等学校毕业生就业创业指导中心供稿）

传承民族非遗文化，助力乡村振兴

——柳州城市职业学院林俊事迹

林俊，柳州城市职业学院2018届建筑设计专业毕业生，广西百疆文化遗产保护有限公司法定代表人。

林俊出生于侗族的一个木构世家，从小的耳濡目染让他对侗族文化遗产有着浓厚的兴趣。然而随着时代的发展，当地劳务输出、经济生活方式转变等因素，导致当地侗族文化逐渐退出大众的视野，传统手艺逐渐流失。幼年时期，林俊心中便萌生了保护文化遗产的念头，他暗自下定决心：要让更多的人看到侗族非物质文化遗产的魅力，让濒临失传的非遗走进大众视野。

2015年9月，林俊考取了柳州城市职业学院建筑设计专业，一次偶然的机会他接触到学校非物质文化遗产传统技艺研究学会，当时他就想："非物质文化遗产传统技艺研究学会不就是保护非物质文化遗产的吗？我能不能加入这个协会，实现自己幼时的梦想？"于是，他找到了当时协会的负责人刘洪波老师进行咨询，刘老师详细介绍了协会的研究内容，并表示侗族非物质文化遗产也是协会主要研究保护的内容，非常欢迎林俊加入团队。2018年年末，林俊开始了自己的"非遗"生涯。加入学会后，林俊主要负责对三江侗族自治县的侗乡大数据进行收集。在多次下乡收集数据后，林俊发现当前对非物质文化遗产的保护存在很多问题，在一次研讨会中他向老师提出：目前很多非遗文化数据的采集要到偏僻的乡村，这些乡村交通不发达，对数据的挖掘不够；以往数据采集人员也不是专业人员，导致数据不精准，不能支撑相关产业的运作，数据的挖掘不够深入，往往只留在表面；原始的数据大多只有图纸，并未数字化，导致数据规范性差且无法长期保存；缺乏互联网化、平台化的大数据仓库，各项目无法直接拥有数据，效率低下，导致很多工作只能反复调研，浪费人力物力。基于此大家萌生了一个念头，我们为什么不创建一家公司，利用无人机航测、三维激光扫描、BIM数字建模等先进的数字化手段对侗族文遗基础数据进行采集，经过整理归类转化后输入标准化数据库，然后再利用数据进行产业化服务的输出，在输出的过程中由市场再反哺回数据库呢？说干就干，在大量的前期调研和技术学习后，2018年，一家以少数民族文化遗产的传承、创新与发展为核心的文化产业公司——广西百疆文化遗产保护有限公司成立了。

广西百疆文化遗产保护有限公司致力于收集、整合、优化侗族文化遗产基础数据，构建专业的数据平台，服务地方相关产业的发展，并为相关产业的发展储备人才。作为国内首家侗族文化遗产大数据内容服务提供商，公司立志还原最真实的侗寨，助力乡村振兴，引领侗族文化走向世界。公司以"发展文遗产业，带动南疆经济"为企业宗旨，以侗族文化遗产大数据平台为基础，发展相关产业为主，用公司的品牌服务及创意为客户提供满意的数据与技术支持，创造良好的商业和社会价值，帮扶侗寨村落，为振兴广西少数民族地区贡献力量。

广西百疆文化遗产保护有限公司采用大规模、多形态、高性能采集技术收集、整合、优化、升级侗族文化遗产资源，多元赋能，跨界融合，秉承文化遗产保护与创新理念，助力侗族文遗产业可持续发展，专注侗族文遗产业化项目落地转换。公司的产业化模式由文遗数字化、文遗乡村规划、文遗课程化、文遗产品化、文遗文旅化 5 大板块构成。公司面向东盟，以侗族地区文化遗产和传统技艺为主要研究和保护重点，长期坚持对这一区域的历史建筑、文物建筑、传统村落进行测量测绘、文献研究、数字化工程和保护方案制定等工作；采用最先进的无人机航测与正射影像技术、三维激光古建筑扫描等设备和技术数字化手段对广西侗族文化遗产进行田野考察、传承人采访和跟踪，搜集了大量文献、图片、视频、村落地理位置、古建筑外观、建筑结构尺寸、材质、节点展示、安装顺序、榫卯结构等资料，为研究和传承侗族文化遗产提供基础性数据，建成第一代模块化标准化数据平台，并进行多元化的服务产业输出。

1. 数据平台建设

公司开发具有自主知识产权的移动互联 App 传统村落文化遗产数据采集和管理系统，传统村落数字化主要包括对传统村落的数字化采集、存储、管理、展陈和传播等几个工作环节，将传统村落代表性项目由散落的碎片化实体信息转存为音频、视频、图片和文档等多种格式的跨媒体资料，为传统村落的申报、保护、传承、研究提供服务。

公司已经开发了具有自主知识产权的基于移动互联网技术的“侗族木构建筑营造技艺大数据平台”，平台创新性的以手机 App 为数据采集器，改变了传统的田野调查和数据登记方式，大数据的高效便捷为传统村落的保护和发展创造了新的机遇和空间，“侗族木构建筑营造技艺大数据平台”目前已经为三江县 395 座历史建筑建档，为木构匠人(技艺传承人) 70 人建档，成为广西国家级非遗项目大数据建设的典范。

基于大数据平台，公司目前已经开始采集柳州侗族传统村落的大数据，并通过平台挖掘、孵化、培育、运营，为输出各种与传统村落相关的服务与产业化应用奠定了坚实的基础。App 平台还能有效帮助非遗传承人推向市场，建立市场渠道。

2. 乡村规划及古建筑保护

目前，数侗文化已经对三江侗族自治县的高友村、高定村、高秀村、马胖村及程阳八寨等 132 个传统村落、569 座古建筑进行了无人机航测，且建立了全三维信息模型，提供给相关机构进行乡村旅游规划和美丽乡村建设方案设计。公司已经通过三维激光扫描仪对程阳桥、马胖鼓楼、岜团桥等全国重点文物保护单位进行了扫描和数字化建档，为古建筑保护与维修提供基础信息数据。

3. 研学课程与教具开发

公司利用大数据平台的数据与旅游研学公司开发了两门研学课程和两条研学路线，三年来服务了近17500名中小学生。同时公司还研发了两款教具供孩子们上课时使用，还可以进行动手操作。大数据平台的数据还可以用于教学资源库的建设，为资源库中的建筑建模、制图、动画制作等教学资源提供原始精准的数据。

4. 文创产品研发

公司团队成员开发了多款具有侗族和苗族传统村落特征的产品，申请外观专利和实用新型专利20多项，产品获得全国工艺美术展银奖和铜奖，有多家企业上门要求与之合作生产，进行传统村落IP的产业化运作。

5. 文遗影视拍摄

基于大数据平台建设形成的丰富传统村落数据资源，公司拍摄了传统村落文化遗产纪录片，设计制作了传统村落动画片，开发了基于移动互联平台的流媒体作品和交互性教育产品，激发青年一代对传统村落文化遗产的兴趣，宣传文化遗产价值，弘扬中华民族传统文化。

目前，公司已经制作完成的侗族木构建筑专题纪录片有英文版“侗族木构建筑营造技艺”(7分钟)、为柳州电视台制作的6集18分钟专题片“侗族木构建筑营造技艺”以及教学动画片“鼓楼的营造”“风雨桥的营造”等。公司还协助建筑系成立的摄影摄像社团里的学生也成了这些纪录片拍摄的生力军，并使他们在其中得到了锻炼。

广西百疆文化遗产保护有限公司以保护非物质文化遗产为宗旨，多元化发展，近年来，下乡采集基础数据288次，采集132个村屯的三维地形，利用BIM技术创建了569座历史建筑的数字模型，为183位代表性传承人建立了数字档案。公司2019年总合同量为156.4万元，2020年总合同量为525.35万元，2021年总合同量为730.94万元。公司在对侗族文化遗产进行创意开发和产业化的同时，也积极履行企业社会责任，无偿为手工匠人申报各级别的非遗传承人，并聘请传承人做研学指导师和高校外聘实训导师，增加他们的收入，助力乡村振兴。

（广西壮族自治区高等学校毕业生就业创业指导中心供稿）

闪亮的日子

四川

成电筑梦想，创业哺家乡

——电子科技大学伊斯热伊力江·阿布都艾尼事迹

伊斯热伊力江·阿布都艾尼，男，维吾尔族，新疆喀什人，电子科技大学（下文简称成电）计算机学院网络空间安全专业本科生，2018年在学校众创空间成立了"慕巴工作室"，在计算机学院曾金全老师的指导下，自主完成多个项目，他的工作室多次被评为校级优秀创新团队，相关的多个项目获校级优秀"大创"孵化项目结题，成功孵化了成都企软数字科技有限公司。

作为一名土生土长的新疆人，伊斯热伊力江·阿布都艾尼时刻不忘反哺家乡，2021年回新疆创业，创立了新疆企软数字科技有限公司，努力为乌鲁木齐乃至全疆用户提供优质的信息技术服务，带动了相关产业链（餐饮业、干果、商超）的发展，使顾客能得到快捷、优质的服务，并为当地群众创造了更多灵活就业的岗位。

筑梦成电园，练就真本领

2017年，怀揣着对大学生活的向往，伊斯热伊力江·阿布都艾尼从新疆来到了电子科技大学，就读于计算机学院网络空间安全专业。大一期间，伊斯热伊力江·阿布都艾尼参加了学校的暑期支教活动，看着贫困山区的孩子们渴求知识的目光，他想到他的家乡也还有很多这样的小伙伴，于是他悄悄下定决心，立志今后要在成电好好学习电子信息技术，为建设家乡贡献出一份自己的力量，只有故乡强，才有未来兴。

成电浓厚的理工科氛围为伊斯热伊力江·阿布都艾尼创业思想的萌芽提供了良好的土壤，2018年伊斯热伊力江·阿布都艾尼在众创空间成立了"慕巴工作室"，专注于多端互联网产品的开发实践，工作室聚集了三十余名与他志同道合的同学，大家集思广益，共同探索利用计算机知识解决生活中的难题。与此同时，伊斯热伊力江·阿布都艾尼也主动联系了计算机学院的曾金全副教授进行专业问题的思路指导与问题反馈，将团队的主观能动性开发到极致，自主完成了多个项目。"慕巴工作室"多次被评为校级优秀创新团队，相关的多个项目获校级优秀"大创"孵化项目结题。

立足新需求，践行实应用

"需求一定是基于问题的"，这是伊斯热伊力江·阿布都艾尼的口头禅。大二期间，伊斯热伊力江·阿布都艾尼发现校内信息存在整合较为零散的问题，例如当新生到校报到时需要花费大量的时间来探索庞大的校园，从而会产生较多时间成本。于是他萌生了一个想法：能否创建一个掌上的电子导游平台，使得来成电的新生和到校访问的领导及老师们能通过手机提前了解电子科技大学的全貌，同时领略其悠久的历史和深厚的文化底蕴。

伊斯热伊力江·阿布都艾尼基于这个创作动机和情怀牵头打造了“成电导览”线上导游平台，它作为一款专注于服务新生和游客的校园导览微信小程序，实现了校园介绍、校园地图、校园攻略、新生入口等功能。小程序开发过程中获得了学校相关部门的大力支持，包括搜集准确的校园介绍信息和寻找专业人员进行录制语音讲解等。

“成电导览”在新冠肺炎疫情时期发挥了全新的作用。由于新冠肺炎疫情的影响，同学们无法按时返校，东湖跑道边春意萌动的小花，图书馆后鹭栖湖里褪去一身幼毛的黑天鹅，在校时每天无数次经过的品学楼和立人楼也随着时间的推移，在师生们的回忆里染上思念的温暖色彩，“成电导览”能够让师生身在家乡也能时刻看到校园的美景，让想念落地。

在学校领导和老师的大力帮助下，伊斯热伊力江·阿布都艾尼带领团队搭建的“成电导览”获得了2020年教育部主办的中国高校微信小程序开发大赛西南赛区二等奖的好成绩，为线上参观成电的“云上游客”提供了游览校园风景、了解成电故事、品味成电历史、感受成电人文情怀的渠道。“成电导览”提供图片展示和语音讲解功能，让其在漫步校园的同时，能够聆听成电之声，深入了解成电的文化蕴涵，给他们留下一个深刻的成电印象。

“有时候我看着成电导览里我们自己画的小天鹅，所有创业中遇到的烦恼都会一笑而过。”伊斯热伊力江·阿布都艾尼每次谈到这个创意，眼角就会闪现激动的泪花。

创业阻且艰，上下坚求索

经历了两年对技术坚持不懈的打磨，2019年1月伊斯热伊力江·阿布都艾尼创立了成都慕巴科技有限公司，后改名为成都企软数字科技有限公司。伊斯热伊力江·阿布都艾尼在招兵买马时便在团队面前立下过坚定不移的企业目标：在移动互联网时代，尤其是国家“互联网＋”5.0战略背景下，企业的目标是创建一家以多端互联网产品开发为主导，集技术推广、技术转让、技术咨询、技术服务于一体，致力于为政府和企业提供从需求分析、规划设计、建设实施、运营维护到传播推广的“互联网＋”全栈服务技术型创业公司。成都企软数字科技有限公司吸纳了多名电子信息类的高校毕业生，形成了年轻的创业团队，创造了不少的就业机会，并基于对BAT等头部互联网企业拳头产品的深度应用，以连接、融合、务实、创新等为核心理念，构建了以信息技术为支撑的SaaS平台独立业务线，公司业务范围囊括了IT系统开发、智能建站、小程序、公众号、企业微信、智慧政务、智慧党建、智慧校园、新媒体建设、一站式运维等。

“我创业的根本目的是要用技术建设家乡，服务人民。”伊斯热伊力江·阿布都艾尼手机备忘录里始终记着这句话。2021 年 11 月伊斯热伊力江·阿布都艾尼创立了新疆企软数字科技有限公司（简称企软数字），主营食品销售和第二类增值电信业务，致力于新疆的电子商务便民化，并在当地创造了较多的新型就业岗位。目前公司在职员工有 30 余名，他们共同打造新疆线上商城板块，响应 2021 年国家在新疆的支持创业的政策，积极整合资源，促进资源合理配置。

随着移动互联、云计算、大数据等新一代技术的广泛应用和价值的不断延伸，伊斯热伊力江·阿布都艾尼继续发挥企软数字的战略优势，升级服务体系，通过连接人、连接数字内容、连接服务，促进互联网、大数据等对传统模式的助力、改造、融合、创新，助力新技术在政务民生、特色产业等领域落地、发声，助力政府、企业从信息化向智能化、数字化升级，助力“数字中国”建设，增进民生福祉。截至目前，企软数字已为近百家企事业单位提供“互联网＋”全栈解决方案，拥有或正在申请商标、软件著作权、版权等 20 余项知识产权。

为积极响应《成都“创业天府”行动计划（2015—2025 年）》，伊斯热伊力江·阿布都艾尼倾力打造自主的 SaaS 平台软件生态，为政府和企业搭建多端信息服务与管理系统，其中包括“环保咨询小程序”、“人工智能监控预警 App”、“×××品牌官网”、“护您医路”线上便民门诊微信小程序等。

“我认为求伯君是一个伟大的中国互联网企业家，当年他打造 WPS 的时候，微软花大价钱希望将其收购，他硬是没同意，因为他觉得只有中国自己搭建软件基础设施，才能在新时代的互联网资源争夺战中取得一席之地。经济基础决定上层建筑，求伯君是我的偶像，有朝一日我也想像他一样为铺设祖国的电子信息高速公路做出一份贡献。”伊斯热伊力江·阿布都艾尼平时说话不多，但每当被问起初心和使命的时候就会滔滔不绝，自豪又兴奋。

（四川省高校学生信息咨询与就业指导中心供稿）

脱贫攻坚的践行者

——四川农业大学阿力日哈事迹

阿力日哈，彝族，中共党员，凉山彝族自治州金阳县人，2021 年毕业于四川农业大学，现为金阳城荣花椒销售有限责任公司法人代表。

长期以来阿力日哈依托学校学科优势和金阳县花椒产业，先后带团队定期深入金阳县扶贫一线，开展青花椒种植及选育技术培训工作，检查当地青花椒幼苗选育情况，并根据实地选育情况研发新的青花椒幼苗，目前已经为当地培育优质青花椒 4 类，提供新苗 10700 株，开展科技培训 20 余次，实地考察 50 次，开拓花椒实验基地 147 亩，用心用情助推凉山乡村脱贫攻坚，用行动诠释着川农人的“三农”情怀。

阿力日哈曾主持国家级创新训练项目 1 项，主持和参与校级科研兴趣小组各 1 项，公开发表论文 4 篇，申请新型实用专利 2 项，参与“挑战杯”全国科技创新大赛并获一等奖。在学校的扶持和帮助下，他通过凉山州金阳县椒农的精准扶贫创业项目“麻味蜀乡——把控生产源形成销售制高点”获得第八届“创青春”中国青年创新创业大赛全国冠军（乡村振兴组）、四川省第三届“天府杯”创新创业大赛冠军（乡村振兴组）。他还曾获得“团中央全国返乡创业英雄 10 强”“中国大学生自强之星”“四川农业大学年度人物”“四川农业大学创新创业典型”等荣誉称号。

从“穷沟沟”到“金山村”

金阳县曾是国家级贫困县，尽管家家户户都种花椒，但是存在花椒产量低、质量参差不齐、销路困难等问题。2019 年，阿力日哈创办四川省昂和花椒开发有限责任公司，有效融资 500 万元，主要针对花椒优良品种栽培及销售进行推广。在学校叶萌老师的指导下，他带领团队多次前往金阳县开展青花椒田间管理技术培训，切实提高了金阳县村民的花椒种植技术。培训过程中，叶教授用通俗易懂的语言从花椒种植的历史和现状、社会效益、种植方法、病虫害综合防治等重点方面作了详细的讲解。公司成立后，阿力日哈带领团队在 1 个月内拜访了成都 1280 家火锅店，与 100 余家餐饮单位签订了长期合作合同，代销农村滞销花椒 10 万余斤，帮助 109 户椒农解决了花椒滞销问题，与阿里巴巴、抖音、供销 e 家、花椒网、川农 e 购等知名平台及企业达成合作。

2020 年，阿力日哈建立了 300 亩花椒产业园，年产 25 吨优质花椒，解决了家乡凉山的 369 户椒农花椒滞销的问题，助力椒农增收 213 万元。并在这一年，他帮助金阳县摘下了贫困县的帽子，彻底撕掉了贫困的标签。为进一步解决花椒滞销和产量问题，他在学校叶萌老师的指导下，带领团队开发花椒的附加值，研发了花椒洗发水、花椒沐浴露和花椒杀虫剂等新型实用专利。他还开拓了零售店（阿里巴巴店），销量突破 51356 单，店铺经营得到了阿里巴巴的认可，获得了阿里巴巴诚信牌匾。

2021 年，阿力日哈成立城荣花椒销售有限责任公司，注册资金 500 万元，进一步开展花椒的初加工和深加工方面的业务。公司与深圳市炭舍餐饮管理有限公司(50 家连锁店，固定年需求量 12 万斤)、美蛙鱼头连锁店(32 家，固定年需求量 3.2 万斤)、惠椒网、田之格、美家宜公司达成合作，年固定需求量突破 40 万斤，解决了 369 户椒农的花椒滞销问题，助力椒农增收 720 万元，户均年增收 5772 元。

2019 年以来，公司逐步建立了“科研团队＋公司＋合作社＋农户＋互联网”的产学研一体化商业模式，成功实现了花椒销量的成倍增长，实现了花椒销出去、村民富起来的目标，“穷沟沟”变成了“金山村”。

从“麻味”到“幸福味”

2019 年以来，阿力日哈在学校和指导老师的帮助下，带领团队累计开展了 50 次实地考察，20 余次技术培训，研发了 9 项优良品种，增加产量 30%～40%，5 项品种直接投入规模化种植；带领团队积极研发花椒附加值，研发出花椒杀虫剂等 10 项新型实用专利，与 200 家餐饮店、30 多家批发商达成长期合作协议，年固定需求量突破 40 万斤。他还建立了 300 亩花椒产业园，成立了花椒联盟会，吸纳大学生就业 15 人，带动 712 人扎根于家乡种植花椒，增加了 677 亩花椒种植地，让贫瘠的土地生长出“富裕”的种子，助力家乡从脱贫攻坚走向了乡村振兴。

在长期的乡村创业实践中，阿力日哈有效推动了金阳县花椒产业的发展，帮助金阳人民实现了增收增产，为巩固脱贫攻坚提供了自主“造血力”，助力了新时代彝区的乡村振兴。未来，他还将进一步助推金阳县从脱贫攻坚向乡村振兴的有效转变，力争使金阳县实现从国家级贫困县向国家级产业示范县的突破。

（四川省高校学生信息咨询与就业指导中心供稿）

新时代创业先锋模范大学生

——成都职业技术学院李金龙事迹

李金龙,男,中共党员,汉族,出生于2000年2月。2018—2020年服役于中国人民解放军空军航空兵某部队,现就读于成都职业技术学院软件学院计算机网络专业,担任计算机网络203-2班团支部书记一职。在校期间,他曾荣获教育部第七届中国国际“互联网+”大赛国赛金奖、“建行杯”第七届四川省国际“互联网+”大赛产业赛道金奖、中华职教社大学生创业大赛四川省金奖、全国退役军人创业大赛成都市赛区一等奖,获得国家励志奖学金、四川省综合素质A级证书,被评为校级优秀学生干部、校级团委优秀干事等。他的事迹先后被《人民日报》、新华社等媒体宣传报道。

退役不褪色,创业再起航

2018年9月,18岁的李金龙刚收到大学录取通知书,为了积极响应国家号召,他毅然决然选择了参军入伍,服役于中国人民解放军空军航空兵某部队,担任飞参师一职,从事飞行数据安全保障工作。服役期间他多次跟随单位参加了中央军委、空军、战区空军等的重大军事任务,保卫国家领土安全,坚决立足本职岗位,并荣获单位旅级嘉奖一次及新时代四有军人奖章。

2020年李金龙从部队退伍复学,他说:“在部队我的使命是保家卫国,在学校除了好好学习,我还想做些别的有意义的事情。”学校里随处可见的创新创业宣传海报、创业街的热闹非凡、创业英雄长廊上学长学姐们的创新创业故事、专创融合必修课上讲的创新创业知识,给了他灵感,也使得创新创业的种子在他心中萌芽。

与此同时，李金龙又认识了同样抱着创新创业想法的老乡刘畅。刘畅虽然是女生，但是想法却很多，胆子也很大，同样是果农家庭出身的她，深知病虫害对果树的影响，而现在大多数果农仍然还在采用效率低下的人工喷水雾的方式进行虫害消杀，于是李金龙便想做一款机械化的植保机器。她的想法得到了李金龙的支持，两人一拍即合。

但第一盆“冷水”很快就浇了下来。上网一查，他们才发现市面上早就有了机械作业的植保方式，即植保无人机水雾作业、脉冲弥雾机。不过他们并没有灰心，两人不但查资料，而且实地做调研，发现植保水雾无人机仅适用于平坦地区作物的植保，而针对丘陵、高地的果树，水雾作业方式就出现了穿透力弱、施药方向固定、水雾颗粒过大等缺点，脉冲弥雾机又存在点火难、噪音大、易堵塞等缺点，其高温和震动还会影响无人机安全。

“如果能突破以上问题，研发一款更加智能高效的机器，肯定会更有成就感。”李金龙说。“乡村振兴，国家大力支持农业机械化、智能化。我国又是农业大国，植保市场还是一片蓝海。这些无不激励着我们坚定信心，把想法变成现实。”于是，他们开始立项非脉冲弥雾机的研发。

理想很丰满，现实却很骨感。李金龙是计算机专业，刘畅是空乘专业，可以说他们的专业对后续非脉冲弥雾机项目的研发有着巨大的障碍。“幸运的是，项目得到了创业学院的肯定，为我们指派了专门的指导老师；协调了擅长集成电路设计与应用、材料工程的唐杰、钟子龙等同学加入团队，补充技术力量；邀请了技能大师和植保专家作为顾问……”

团队组成后，他们迅速投入到研发行动中。针对脉冲弥雾机要持续性点火才能达到循环燃烧目的的缺点，他们设计了一次性点火持续燃烧的非脉冲弥雾机，完成了第一代产品。但第一代非脉冲弥雾机只能手持，烟雾流量也较小，于是他们改进设计，研发了可无人机搭载、烟管口径更大的第二代非脉冲迷雾机。

国家技能大赛金奖获得者何锐、廖从萍经不住李金龙三番五次地邀请，全身心加入团队中，同时创业学院又进一步协调了向虹洲、刘鑫庭、廖浩杰、罗豪、李海龙等具有控制程序编写、模型设计、无线通信—智能控制、市场营销、配药等技能和特长的学生加入团队。团队的技术、管理能力日趋完善，非脉冲弥雾机迎来突破性升级。创新三大核心技术的第三代非脉冲弥雾机一经推出便广受好评。

对于突破性升级后的第三代非脉冲弥雾机，团队首先在第二代的基础上通过在控制盒上自主研发智能系统，实现了弥雾机一键启动、智能传感、智能温控等功能；其次在喷烟管中创造性运用了内空无氧加热技术，把加热物、火焰、空气三者进行分离，从而实现无氧加热，在保证药效不被氧化的同时，提高热能利用效率，比脉冲式弥雾机节约一半的燃料；最后，在防碳化堵塞技术上，采用毫秒级温度算法控制，保障加热度低于碳化值从而减少碳化物的形成，同时内空直管结构也更易于保养产品和清理碳化物。此外，第三代非脉冲弥雾机还大胆采用分体式设计，相较一体式脉冲弥雾机，更能平衡无人机的左右载重，减少坠机事故的发生。

在海南海口、云南西双版纳、成都温江等地进行产品验证和权威检测中，非脉冲弥雾机的优势得到进一步显现，相较于植保无人机喷洒的200～300微米的水雾颗粒，其喷洒的烟雾颗粒只有15微米，颗粒更小，穿透力更强。同时，植保无人机的水雾只能垂直滴落于叶面，而非脉冲弥雾机烟雾可以实现环绕悬浮，以静电吸附的方式直接作用于叶面和叶背，实现全方位消杀。

在第七届中国国际“互联网+”大学生创新创业大赛中，李金龙担任非脉冲弥雾机团队的项目技术负责人一职，在老师的指导下，针对传统弥雾机的痛点问题，进行技术开发创新，研发出了一种新型的智能非脉冲弥雾机，该弥雾机产生的烟雾颗粒可达到15微米，可以悬浮在树叶的背面和叶面，从而达到消杀果树害虫的目的。该产品已经应用到市场上，得到了市场的认可。该项目有自己的核心技术和专利，也有较为成熟的市场，作为大赛创意组项目，通过校赛、省赛初赛、决赛和排位赛、国赛初赛等层层关卡脱颖而出，最终凭借实力斩获国赛金奖，实现了四川省职业院校参加“互联网+”大学生创新创业大赛金奖零的突破。

作为一名新时代青年大学生，李金龙时刻发挥四有军人有灵魂、有血性、有本事、有品德的优良作风，并不断将这种优秀的品质带入到青年学生团队当中，起到了较好的先锋模范带头作用。并且他在生活中克勤克俭，严格要求自己；在学习上，以“书山有路勤为径，学海无涯苦作舟”的精神，不断增强新的科学文化知识，不断提高自我的政治理论修养，努力在建设中国特色社会主义事业过程中建功立业；用实际行动不断践行“请党放心，强国有我”的铮铮誓言。

（四川省高校学生信息咨询与就业指导中心供稿）

小葡萄中的大梦想

——成都农业科技职业学院张长洪事迹

张长洪是成都农业科技职业学院2021届农业经济管理专业毕业生，入学前，他是深圳的一名打工人。2013年怀着对家乡的思念，他毅然从深圳回到家乡创业。目前，他身披多重光环：彭州市新型职业农民、彭州市农业职业经理人、彭州市返乡创业青年典范。虽然他经历了无数次失败和挫折，但他没有放弃，迎难而上，不断探索和创新，创建了“张长洪的泉水葡萄”，以“四十年·两代人·一串葡萄”为理念，即四十年的健康农业种植经验，经过两代人的技术传承，培育出有情怀的一串葡萄。2016年，他成立彭州市金色田园果蔬种植家庭农场。农场取得了实用新型专利2项、GAP良好农业规范认证、有机转换认证等。他先后被评为“高级农业职业经理人”“首届彭州工匠”“成都市优秀杰出人才”“最美家园建设者”“乡村振兴领头雁”“成都农业科技职业学院2021届优秀毕业生”“四川省2021届优秀毕业生”“彭州市乡村振兴先进农业经营主体”等；荣获“成都农业科技职业学院一等奖学金”、彭州市“创新谋发展，奋斗赢未来”创新创业路演二等奖、彭州市“2019年创新创业论坛暨项目路演二等奖”等殊荣，相继受到《成都日报》、四川电视台乡村频道、彭州电视台、品鉴彭州、彭州市农业农村局、乡村振兴领头雁计划的采访报道，其中“桂花镇的故事——农人专注特色产业，探索可持续发展之路”被《中国日报》转发。

秋分时节，当凉风吹来桂花的清香，山丘间竹林摇曳，潺潺的土溪河水蜿蜒流淌，田间农人洋溢着丰收的喜悦。

在这山丘流水之间，彭州市返乡创业农民工张长洪用勤劳浇灌着他心爱的土地，将汗水挥洒在这片他热爱的家乡，以点滴的行动奔向幸福的小康之路。

回乡，承业

看着最后一箱刚采摘的葡萄装上车，张长洪来不及休息，就又忙碌起了对葡萄树的管理，开水沟、施秋肥、剪秋梢……

“尽管那里有繁华的街道、闪烁的霓虹灯、穿梭的人群，但每当华灯初上点燃万家灯火的时候，想到家里的父母和孩子，我的心里总有些许失落。”

由于难以割舍对家乡和亲人的思念，2013年，在深圳打工的张长洪毅然决然回到了家乡——彭州市桂花镇。他从年迈的父亲手里接过了祖传家业——葡萄种植。

回乡后，满怀激情的张长洪便一头扎进葡萄种植中，可是付出了汗水有时却并不代表就一定有收获。葡萄成熟后，转眼一个多月的销售期过去了，张长洪傻眼了：明明种植的葡萄品种都是市面上畅销的好品种，但是为什么得不到消费者的青睐呢？由于他使用的是传统种植方式，葡萄淋雨后容易生虫、发病，造成品相较差，无奈之下，他不得不将这些葡萄进行低价销售。

奋斗，破局

机会往往是留给有准备的人的。

失败之后，张长洪没有气馁，他积极通过书本阅读、网络查询、当面请教等方式学习葡萄种植技术。当地农业农村局组织技术培训时，他便踊跃报名参加了培训。通过这次培训，他不仅开阔了视野，学到了葡萄种植的专业知识，也认识了当地很多葡萄种植大户和能手。

后来，张长洪加入彭州市农业职业经理人协会。在那里，他认识了志同道合的伙伴并进行了技术交流和资源共享，获取了许多葡萄种植的技术和信息，也慢慢掌握了市场的发展趋势。2016 年，张长洪流转了 50 余亩土地，建起了一个以葡萄种植为主的家庭农场，取名为彭州市金色田园果蔬种植家庭农场。

起航，逐梦

一颗农心筑起美丽中国梦。

经过两年的经营，张长洪发现传统的销售模式会大大增加销售难度，但是自己对于新兴的电商销售模式又不是很了解。正当他一筹莫展之时，一次农业职业经理人培训使他了解到成都农业科技职业学院可面向农业职业经理人进行单独招生，通过录取后，可以在校进行大专学习，并取得毕业证。出于对知识的渴望，他报考了成都农业科技职业学院学徒班，最后被录取。

经过三年的学习，张长洪学到了农村电商、农产品销售、农业经营管理等专业知识，同时也认识了很多水果种植的老师，在水果种植和经营的过程中，遇到问题可以随时向他们咨询，探寻解决问题的办法。

几年来，张长洪始终秉承“四十年 · 两代人 · 一串葡萄”的理念，不断探索和创新。他的家庭农场为当地村民提供就业岗位 100 余个，帮助部分村民实现增收 3000 元以上。

在政府部门指导下，由彭州农业职业经理人协会牵头，张长洪和镇上的其他农业经营主体及种植大户抱团发展，于2020年7月成立了彭州农心筑梦果蔬种植专业合作社和区域公共品牌“农心筑梦”。

2020年12月，在彭州市供销合作社联合社和彭州市农村合作经济组织联合会的支持下，为服务“三农”，张长洪构建了“彭州农业物联网”，搭建了线上供销系统——“纵通农产品”电商平台。

“纵通农产品”电商平台，以微信小程序为窗口，并链接农业的生产与销售，为各企业提供线上交易与服务，形成资源互通、互惠共享，是集技术、信息、营销等服务于一体的新型农业网络服务平台，唱响了“供销联合、资源共享”的主旋律，服务各类经营组织，推动彭州经济发展。

“我们要通过电商平台、家庭农场、农民合作社、农业公司的联合，形成整体对外宣传品牌，提升彭州农业形象及影响力，促进农产品的销售，带领大家一起奔小康。”谈到下一步的努力方向，张长洪暗暗攥紧了拳头。

（四川省高校学生信息咨询与就业指导中心供稿）

退伍不褪色，雪域里的乡村振兴“尖兵”

——成都工业职业技术学院高弘生事迹

高弘生依旧还清晰记得，一年前，在送草料路上的惊险一幕。“当时我带队，拉着一大卡车的草料去那曲，漫天大雪加上高海拔地区长时间的颠簸，一不留神，我差点将车子直接开向悬崖……”“好险！现在想来都还后怕，不过，对于创业这件事，我从不后悔。”

雪域的霜磨炼锐利的剑

今年27岁的高弘生，是四川成都人。2016年暑假，收到成都工业职业技术学院录取通知书的高弘生，因为从小对军营生活的向往，毅然决定保留学籍、参军入伍，投身国防建设，成为中国人民解放军西藏某部队的一名新兵。

没想到，雪域高原的恶劣气候就给刚入伍的高弘生来了一个下马威。“昼夜温差太大了，第一次站岗，我的军服上就结了一层冰。”“晚上巡逻，穿得再厚身上也会冻出一层薄霜。”除了恶劣的气候条件，高弘生的军营生活也是从零开始，一样的代号、一样的标准，日复一日的训练与学习，磨砺了高弘生不怕困难、敢于斗争的坚韧性格，也让他逐渐从一名大学生转变为了一名合格的军人。

“雪域的霜，磨炼了我手中的剑。它时刻提醒着我不忘党和前辈的嘱托，保家卫国，捍卫疆土，为人民服务。”从军两年，高弘生把“为人民服务”这句话深深烙进了自己的骨血里。

吉曲的水，沸腾炽热的血

雅鲁藏布江的藏语叫吉曲，是拉萨的母亲河，养育了无数藏族儿女，也滋润着高弘生的军营生活。回到学校的高弘生，常常还会想起吉曲水的甘甜和初见布达拉宫时的震撼，想起在雪域军营和战友一起训练的日子，想念拉萨同胞家中的酥油茶和牛羊肉，尤其是牛羊肉那醉人灵魂的味道，让高弘生久久不能忘怀。

牛羊肉香，但牦牛和山羊却不好养。在拉萨当兵两年的高弘生，对雪域高原恶劣的自然环境深有体会，海拔高、气温低、环境复杂、昼夜温差大，导致牧草生长季节性强，在牧草短缺的季节里，牧民只能依靠饲料喂养牦牛和山羊，以致牛羊饲养成本增高，加重牧民的经济负担。

如何帮助牧民降低牛羊喂养成本？能不能开发出一种品质好、成本低的饲料？这些成了一直萦绕在高弘生心里的头等大事。

政策的风，吹动创业的心

“党的十九大报告指出，农业农村农民问题是关系国计民生的根本性问题，必须始终把解决好‘三农’问题作为全党工作的重中之重，实施乡村振兴战略。”“产业兴，百业兴，产业兴旺是乡村振兴的基础。”在学校思政课上，高弘生第一次听到老师讲国家乡村振兴战略的时候，就琢磨了起来。

“开发出一种品质好、成本低的饲料，降低牛羊饲养成本，让藏区的牛羊饲养产业兴旺起来，这就是乡村振兴。降低了饲养成本，帮助牧民增加收入，就是为牧民服务，为人民服务。”想到这里，高弘生暗下创业决心。

于是高弘生激动地将自己的想法告诉给了亲戚朋友，但出乎意料，他的这个想法被大家一致否定了。

“你要去哪里寻找这种饲料，你有这个技术？”“你知道投入有多大吗？搞不好就会血本无归！”“你脑子发热了吧！拉萨那么冷的风都没把你吹醒？”“不考虑创业风口，不看国家政策，莽莽撞撞就能把事情搞成？”创业不只是说说那么简单，亲朋的担心不无道理。但当过兵的高弘生，骨子里透着一股坚韧的劲儿，一股不放弃、不服输的劲儿，他心想：“这事我干定了！”

了解到高弘生想法的辅导员于翔老师也在这时告诉他，国家鼓励退役军人自主创业，“对自谋职业的退役士兵：从事开发荒山、荒地、荒滩、荒水的，从有收入年度开始，3 年内免征农业税。对从事农业机耕、排灌、病虫害防治、植保、农牧保险和相关技术培训业务以及家禽、牧畜、水生动物的繁殖和疾病防治业务的，按现行营业税规定免征营业税。”这些政策无疑是一剂强心针，更加坚定了高弘生的创业决心。

饲料的价，化开牧民的笑

于是，高弘生说服家人，并在家人的支持下创办了西藏宝弘农牧科技有限责任公司，开展饲料加工销售和农牧产品收购销售业务。公司虽然成立了，但毫无经验的高弘生却是两眼一抹黑，完全不知从何入手。什么样的饲料真正适合藏区牲畜的需要？如何才能找到潜在合作企业？怎样才能获得对方的信任？签署合作协议有哪些注意事项？为了解决这些问题，高弘生一头扑进牧区，走访牧民了解需求，咨询专业人士恶补牧草和饲料加工知识，更是在 3 个月的时间里，拜访了上百家公司、企业，寻求业务合作。“那段时间，我基本每天都在车上度过，常常一开车就是七八个小时，累了饿了就停下来吃个饼喝口水。但最怕的还是遇到大雪天气，在高原开车容易熄火，还特别危险。”

功夫不负有心人。经过努力，公司与农业产业化国家重点龙头企业——固原宝发农牧有限责任公司确定了合作关系，共同出资建起 10 万吨纯植物蛋白饲料加工厂，新建纯植物蛋白饲料生产线 2 条、生物饲料生产线 1 条。

同时，公司还依托西部地区优质牧草资源，通过订单种植、保护价收购等合作方式，进一步扩大生产规模。目前，公司已在那曲、林芝、班戈、岗巴成立了四个分公司，拥有优质苜蓿种植基地 35000 亩，羊草（碱草）种植基地 40000 亩，高寒甜燕麦草种植基地 25000 亩。

"他们家饲料品质好、便宜，我们的羊吃了这种饲料，平均每头羊可增重 10～20 千克，卖价1500～1600 元，每头羊能多卖 300～400 元。"牧民扎西开心地说道。

"我们公司生产的饲料，相较于其他公司品质好，口碑也好，不仅把咱们农牧民家的牛羊养得更肥、更壮，也增加了他们的经济收入，我大概算了一下，牧民人均每年能增收 8000～15000 元。"高弘生如是说。

对于未来规划，高弘生信心满满，立志要拜访完雪域所有的牧民同胞，与同胞一起，手拉着手，心连着心，针对性地为牧民同胞提供所需产品，带动牧民致富，共奔美好未来。

"回看来时路，创业成功的例子只是少数。所以我很幸运，是军营生活磨炼了我的心性，强健了我的体魄，锻造了我的意志，助我在创业路上披荆斩棘、乘风破浪。更加幸运的是，我能坚守'为人民服务'的初心，变身乡村振兴的'尖兵'，带领牧民共同致富。"

从铁血军营到雪域牧场，从人民子弟兵到牧民致富带头人，高弘生用坚守带领藏区牧民在共同致富、乡村振兴的道路上越走越宽，用铿锵行动演绎了最美军魂。

（四川省高校学生信息咨询与就业指导中心供稿）

闪亮的日子

重庆

以梦为马，不负韶华

——重庆大学张炳飞事迹

张炳飞，男，共青团员，重庆大学电气工程学院2018级本科生，第十三届重庆市青少年科技创新“市长奖提名奖”获得者、重庆市级“优秀志愿者”、重庆大学“创新创业之星”。牵头组建重庆大学“蔚鼎科技”创新创业团队，解决多元材料复合构件高质量连接难题，实审国家发明专利4项、PCT国际专利1项；获第十七届“挑战杯”全国大学生课外学术科技作品竞赛特等奖；累进创新专项奖（重庆唯一），第七届中国国际“互联网+”大学生创新创业大赛全国金奖等，已与国家电网、深圳格瑞瓦特等企业合作，获得意向投资近千万元。

立志攻坚，打破垄断

2018年9月，读大一时，张炳飞便进入重庆大学国家重点实验室。他查阅大量文献资料，发现脉冲放电连接技术的应用前景极其广阔。而由于我国对该项技术的研究起步较晚、发展缓慢，还不够成熟，当时这项技术一直被国外垄断。

从此，张炳飞组建团队，立志攻克脉冲放电连接技术这一“卡脖子”问题。但攻坚伊始，团队面临没有参考资料、没有经验、没有可循路径的挑战。三年间，他们历经了千余次失败，终于突破多项关键技术，成功研制出具有完全自主知识产权的脉冲放电连接设备，实现了多元材料的可靠连接。此项技术的成功，为助力我国实现“碳达峰”“碳中和”战略目标做出了应有贡献。

在国家级“大学生创新创业训练计划项目”支持下，张炳飞创建的团队与国家电网等多家企业进行技术合作，将产生经济效益超千万元，直接或间接带动就业人数愈万余人。

“蔚鼎”市场，推动研发

科技创新，永无止境。

张炳飞带领团队坚持技术迭代升级，在国家级众创空间等平台的支持下，创新提出基于参数感知的智能控制策略。通过设计AI视觉识别、电气参数采集系统实现多元材料复合构件全自动化生产，设计设备可直接接入全自动化生产线。他提出混合结构的触发源的概念，进一步提高放电能量，扩大了设备适用范围。他的相关研究成果，已实审4项国家发明专利、1项PCT国际专利，并得到多位院士、教授的一致肯定。

在教育部国家级大学生创业实践项目的支持下，张炳飞牵头成立"蔚鼎科技"。在教育部国家级大学生创业实践项目、重庆市"优创优帮"、大学生创业扶持计划等项目的支持下，他携团队调研重庆市高新技术产业研究院、比亚迪（重庆）等数十家企业，围绕脉冲放电连接技术，开展技术推广、市场调研与技术合作，进行了大量的科学试验。

试验结果表明，该技术连接产品接触电阻、拉伸强度等各项关键技术指标均高于国家标准，可有效降低充电桩、锂电池自燃风险。探索落地项目金额超过600万元，已直接或间接带动就业1000余人。

此后，张炳飞以"突破垄断，实现脉冲放电连接技术自主化和产业化"为使命，又创立了重庆瞬捷蔚鼎有限责任公司，并担任总经理，牵头开发生产可商用脉冲放电连接成套设备。公司签约入驻窝壳海峡两岸企业孵化器（现有成熟企业400余家，单位园区最高产值20亿元），步入发展的快车道。

多方合作，擘画未来

"大家永远不要看低自己的能力，只要不断夯实基础，锻炼科研嗅觉，重于实践，不怕困难挫折，就一定能成功。"

走出实验室，张炳飞担任重庆市沙坪坝区"青年讲师团"讲师，将自己从事脉冲放电连接技术的经历，分享给研究生和本科生们，激励他们献身科研，勇于创新，多出成果。

三年多来，张炳飞指导的多个项目斩获"互联网＋"大赛重庆市选拔赛金奖等创新创业竞赛奖项。他持续推动与古瑞瓦特（全球光伏逆变器排名前十，累计出货逆变器容量超过40 GW）等企业的洽谈合作，总金额超千万元。该设备应用至锂电池Pack加工过程中，可提升工作效率80%，降低电池自燃风险，极大提升安全性。

此项目获得第十七届"挑战杯"大学生课外学术科技作品竞赛重庆赛区唯一特等奖、第七届中国国际"互联网＋"大学生创新创业大赛金奖等多个奖项。项目同时获得西部高校唯一的累进创新奖。参赛过程中，张炳飞团队还获得了深圳古瑞瓦特公司的采购意向，同时获得瀚川智能（首批科创板上市公司）、东方电机（全球发电设备、清洁能源产品和服务主要供应商）等公司的投资意向。

张炳飞立志创业的先进事迹，先后被新华网、《重庆日报》等媒体多次报道。

（重庆市大学中专毕业生就业指导服务中心供稿）

不负青春不负心

——西南大学侯永青事迹

侯永青，男，汉族，西南大学心理学部基础心理学2020级博士，心光科技（重庆）有限公司创始人兼总经理；于2013年创办兰州向阳花软件科技有限公司，当年净利润超50万元，2016年负责"赞赏旅行——个性化旅游＋众筹"创业项目，赢利超80万元；2021年入选重庆市第五期优创优帮大学生创业扶持计划，入围第七届中国国际"互联网＋"大学生创新创业大赛产业赛道重庆赛区决赛和国赛总决赛，获得国家、省市及院校创业奖项10余项。

学以致用，知行合一

抑郁症、强迫症、焦虑症、躁郁症、恐惧症等心理疾病，一直以来都是医学和心理学上的世界性难题，久攻未破。自2010年起至今，侯永青已在心理健康领域学习、研究和工作10余年了。在此期间，他通过不断学习、研究、探讨、践行和创新，将个人所想、所能、所有全部致力于研究开发应用于早期精神疾病预防、干预产品上。

侯永青打破精神疾病诊断治疗中的固有窠臼和弊端，从患者个人角度考虑，提供更具人文关怀、更切合患者个体特异性的治疗干预手段和更具生态性、弹性、经济性的治疗措施。侯永青怀揣着这样的梦想和信念，响应《"健康中国2030"规划纲要》国家重大政策部署，直面中国目前严峻的心理健康防治防护体系系统化的缺陷和漏洞与中国居民日益增长的对心理健康的关注和保护的需求之间的矛盾。侯永青带领团队以"心中烛火，人间暖阳"为立意与心意，于2021年正式创办"心光科技"这一企业，以自身所学，团队所长，学以致用，知行合一，回馈社会，为中国心理健康服务体系建设贡献一己之力。

不甘平庸，立志创业

回顾他的就业创业经历时，侯永青分享了他一路走来的心路历程。在大学期间，他努力学习专业知识，最终以年级综合绩点第一的成绩被保送攻读硕士研究生；同时在校期间他积极热衷参加学校组织的创业比赛，多次荣获各类奖项。最初，侯永青参加创业大赛的出发点是创业比赛有利于个人成长，他期望在大赛中个人能力得到提升，个人知识技能得到提高，同时增长创业经验。在多次比赛中，侯永青的能力与风采得到了众多评委的认可，奖项和荣誉也接踵而至，但侯永青并未止步于此，他开始深入思考个人能力、生涯发展是否就是就业创业最终的落脚点？

2013年，获学校大学生创业基金支持，侯永青创办了兰州向阳花软件科技有限公司，主要开展心理软件开发、在线心理咨询、心理高端仪器研发和推广，创业第一年公司净利润就超50万元。牛刀小试，侯永青想要进行更多、更新的尝试。2016年，他负责"赞赏旅行——个性化旅游＋众筹"创业项目，通过创新商业模式，为青年用户提供个性化和可选择的旅游线路产品和旅游咨询服务，同时为用户提供旅游费用筹集服务，该项目获利超 80 万元。然而，这些商业项目的成功并没有给侯永青带来预料中的成就感与满足感，他感到在追寻个人成功、个人发展的道路上他产生了迟疑和困惑，他在商业盈利的背后缺乏源动力，总感觉少了点什么。

学而多思，付诸实践

2018 年，侯永青正式进入四川省广元市精神卫生中心工作，以心理治疗师的身份在第一线接触病患，接诊治疗，同时以负责人身份主持中心的临床科学研究。在科室，他每天面对精神疾病患者及其家属，深刻感受到病患的痛苦及其背后的整个家庭的挣扎与无助，看到因长期承受病痛折磨的家庭背负着巨大医疗负担，目睹药物治疗、生物电治疗无效果的患者失意灰心，丧失重燃生活的信心。诸此种种，都仿佛使他也产生了切肤之痛。这些现实的问题，激发了侯永青创新创造的激情，他暗下决心，要努力去改变这种现状。

正当此时，国家卫生健康委、中央政法委等 10 部门于 2018 年 11 月 16 日印发了《全国社会心理服务体系建设试点工作方案》，这一试点方案如醍醐灌顶般为侯永青开启了精神疾病新型防治干预手段开发与应用的新征途。

循证医学同样需要坚实的理论作为支撑，精神疾病的新型防治干预手段的开发与应用更是如此，侯永青感到应该更深入地进行研究学习，更谨慎地做科研论证，方能为他想要开启的事业提供坚实的基础。通过惊人的毅力与努力，他于 2020 年正式成为一名博士生，专研方向为精神疾病的发病机制及治疗方法、PRS 早期识别与干预。在深入开展科学研究的同时，他也从未停下付诸实践的脚步。

2021 年，“心情助手——智能自助式抑郁测评与干预服务”创业项目正式启动。不久，侯永青在第七届中国国际“互联网＋”大学生创新创业大赛产业赛道国赛决赛中崭露头角，获得多个投资方的青睐，并最终获盛趣数疗意向投资 80 万元。

谈及未来的发展，侯永青说：“我要用所学的专业知识，用跨学科的技术和成果，为患者解除苦痛，为更多的家庭带来慰藉，以实际行动为实施‘健康中国 2030’战略做出应有的贡献，尽到自己的绵薄之力。”

（重庆市大学中专毕业生就业指导服务中心供稿）

逐梦青年的“理享”人生

——重庆理工大学刘亳事迹

刘亳，男，2019 年毕业于重庆理工大学化学化工学院，硕士研究生学历，曾获中国产学研合作创新成果二等奖、首批“重庆英才·创新创业示范团队”称号；申请国家发明专利 19 项、实用新型专利 7 项，授权国家发明专利 4 项、实用新型专利 5 项；发表学术论文 5 篇，获得省部级奖项 11 项、校级奖项 13 项；2019 年以来，相继成立重庆理享生态修复研究院有限公司（以下简称理享研究院）、重庆市继生态环境科技有限公司；公司入选重庆市科技型企业，获得市区级、横向等多个科技项目的支持。

圆儿时梦，擘画未来

早在高中时期，刘亳就非常喜欢生物这门课程，遇到路边的蜥蜴，他都会蹲下身子观察半天。在显微观察实验中，当他第一次见到活的微生物时，他像是打开了新世界的大门。老师告诉他：“微生物作为自然界中的分解者，对环境治理和生态修复起到了关键作用。”于是，刘亳带着这份好奇，在高考填志愿时，第一志愿便填报了重庆理工大学生物工程专业。

2013 年，刘亳以优异的成绩考入重庆理工大学。在课堂上和实验室里，他了解到了更多的微生物应用知识。大二时，他通过学校学生科研立项，正式进入实验室，从此迈进了科学研究的大门。

实验室的科研工作异常枯燥，但刘亳咬牙坚持了下来。一天天过去了，在很多同学热衷于玩游戏时，他却申请了多项专利，并斩获了多个创业大赛的奖项。2018 年，他牵头注册成立了重庆市继生态环境科技有限公司，并以此为基础，于 2020 年以自然人独资的形式成立了重庆理享生态修复研究院有限公司，并担任公司总经理，持有公司 100%的股份。

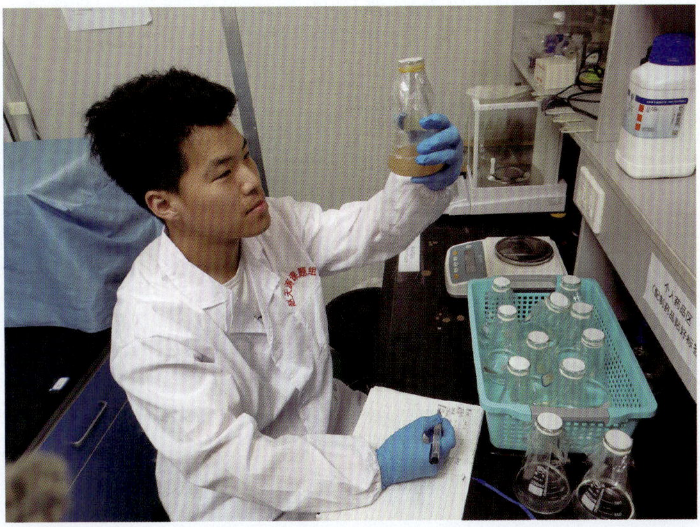

在同龄人还在为未来感到迷茫时，刘亳已经是一家公司的 CEO 和一家公司的研发经理了。

机缘巧合，乘势而上

2019 年，刘亳选择留校攻读硕士研究生，从事与微生物、环保科学相关的深入研究。

当考研录取结果公布后，同学们都在规划毕业旅行线路时，刘亳却选择去上海参加第 20 届慕尼黑中国环博会/上海环博会。15 个国家展团和上千家展商集中展示了世界领军污水处理、泵管阀、固体废弃物处理、资源回收利用、大气污染治理、场地修复、环境监测、环境服务业等环境污染治理领域的优秀企业、前沿技术与优质解决方案。此次展会，进一步坚定了他将环境保护作为终身事业的决心。同年，他还参加了重庆市、江苏、甘肃等地的工程实践。

读研期间，刘亳通过学校举办的创业大赛，了解到了国内外环保市场的现状，在导师的指导下一步一步完善了创业计划书，招募到了自己的创业伙伴。

孜孜以求，建功立业

刘亳坚信：技术才是行业发展的第一动力。

为了更好地投身科研，刘亳规划着自己的人生，走在了许多同龄人的前面。他说：“这跟我的母校——重庆理工大学对我的培养密不可分。”

在重庆理工大学，每年学生都可以申请“科研立项”“创新团队”等项目开展有价值的研究，对于有市场前景的项目，学校会给予一定的经费支持。若科研团队有了成果，学校便将专利产权和收益权全部让渡给团队，为学生创业提供第一桶金。此外，学校携手重庆市政府及其他单位打造了一系列众创空间和企业孵化器，为学生科研成果转化提供平台。2021 年，在政府、学校和优惠政策的扶持下，他成立的理享研究院得到了巴南区重点科技项目支持。

近几年，孜孜以求、勇于开拓的刘毫因成绩优异被重庆理工大学授予“优秀研究生”“优秀研究生干部”“社会服务先进个人”称号，并 2 次获得学校一等奖学金。他积极参与重庆市多个重点研发项目，并申请了多项国家专利。理享研究院获评“巴南区十佳科创团队”，获得“重庆市科技型企业”“巴南区最具人气”创业项目等殊荣。此外，他还荣获“中国产学研合作创新成果奖”二等奖，在中国国际“互联网＋”大学生创新创业大赛、“挑战杯”中国大学生创业计划竞赛、重庆市科慧研究生创新创业大赛和“大创慧谷”杯大学生创新创业大赛中斩获多个奖项。

“衷心感谢重庆理工大学给了我学习和实现梦想的机会，并给予我无私的关爱和帮助。今后，我要把握更多的机遇，在创业之路上越走越宽，不断取得新的成绩，为国家生物研究和环保事业的发展做出应有的贡献！”刘毫坚定地说。

（重庆市大学中专毕业生就业指导服务中心供稿）

山城高校的"弄潮儿"

——重庆电子工程职业学院李晨事迹

李晨,男,重庆市北碚区人,现就读于重庆电子工程职业学院,智能制造与汽车学院智能控制技术专业大二学生;先后通过英语 A 级、高级电工证、英语四级等的考试;获校级奖学金,被评为优秀学生干部、优秀学情汇报员、优秀学生会干事等,并成为入党积极分子。2021 年 8 月 18 日,他注册成立重庆西丹机电设备工程有限公司,截至 2022 年 4 月,公司营业额达 385 万元,签订销售合同 610 万元,创造就业机会 150 个。

不甘平庸,立志创业

在山城重庆长大的李晨,出生于仪表世家,爷爷 20 世纪 70 年代在四川仪表总厂工作,父亲 90 年代也从事仪表生产。爷爷及父亲对压力表、压力变送器、温度显示仪表、称重显示控制仪表等各种仪表进行校验,是李晨在儿时经常见到的场景。每年寒暑假期间,他经常跟父亲去工作现场,体验仪器仪表调试工作,这让他切身感受到仪表校对、调试必须具备精益求精、兢兢业业的工匠精神。耳濡目染之下,他在心中播下了立志努力学习,将来要科技创新的种子。

2019 年 9 月,李晨以优异的成绩考入重庆电子工程职业学院。入校第一天,他偶然间走进学校众创空间,仰望标牌上一个个自主创业的人物与故事,内心澎湃而驻足不前。他们的创业故事,彻底唤醒了李晨创业的梦想。

门捷列夫说过:"科学的种子,是为人民的收获而生长的。"在专业课程学习过程中,李晨注重理论知识与实践应用相结合,参与老师工作室的科研项目,夯实专业理论知识、注重控制芯片的编程开发、提升智能控制系统的设计方法,创新性地研发了智能化产品。

国家大力支持大学生创新创业,通过学校开设的创新创业教育课程,李晨了解了创业需要准备的条件,了解到重庆市对大学生自主创业的利好政策。他决定自主创业的想法得到了家人的支持和鼓励,2021 年 8 月 18 日,李晨注册成立了重庆西丹机电设备工程有限公司。

近些年,随着全球性能源短缺问题的日益严峻,国家大力开发清洁能源,其占总能源的 24.5%,而锂电池作为新能源开发的重点项目,2020 年产业规模超过了 1800 亿元。锂电池产业的繁荣发展,带来了 110 亿吨以上的废水排放量,当锂电池生产废水直接排放或者不达标排放时,会使受纳水体处于缺氧或厌氧状态,导致水体中微生物的降解能力大大降低,进而使得水生生物大量死亡,水质恶化,容易形成治理困难的黑臭水体,造成水环境污染的恶性循环。锂电池废水处理的市场空间为 80 亿元,面对锂电池废水处理这样庞大的市场,李晨想抓住时代机遇,创造奇迹与辉煌。

迎合市场，组团研发

现在人们不断更换新手机，可手机的废旧锂电池却不知如何处理，倘若每人有一块废电池，随意丢弃后就会堆积如山，严重污染环境。为了解决这个难题，李晨寻找到一群志同道合的朋友，组建了自己的创业团队，针对锂电池的废水处理市场展开调研。

在查阅资料和进行市场调研过程中，李晨详细了解了目前锂电池常用的 MVR 技术。机缘巧合下，李晨参观和调研了安徽省金龙机械有限公司，在现场技术交流时，该公司指出 MVR 技术在控制流程中存在采购管控高、智能化集成化较低、实时监测效率低等问题，他们正在寻找合作伙伴以解决这些问题。李晨当即决定与对方合作，并约定利用 4 个月的时间从事研发。考察回来，李晨带回了对方提出的厚厚的技术说明需求，团队针对技术关键问题，多方咨询领域内顶尖专家。公司研发团队开始攻坚克难，李晨夜以继日地工作，累了就趴在办公桌上打个盹，饿了就啃口馒头，硬是带领研发团队研发出了针对锂电池废水处理的 MVR 工艺智能控制系统。安徽金龙机械有限公司将与李晨团队的合作项目用在四川裕宁新能源材料公司的锂电池废水处理系统中，使废水排放达到国家标准，MVR 技术运行效率提高了 20%，元明粉回收率增长了 25%，比原处理方法节约成本 10%。

李晨基于此次项目开发，秉承“智能创新技术，开拓绿色未来”的企业理念，在重庆市北碚区东阳镇自建厂房，确定了企业的经营方向，即针对锂电池废水处理的 MVR 工艺智能控制系统进行开发应用。系统有传感器阵列采集、参数值对比、控制处理中心全流程自动化精准控制三个方面，整个控制系统包括三个部分：监控层、控制层、现场全流程，控制系统通过 PLC 与变频器相结合的控制方式，对机械式蒸汽压缩机、进料泵、出料泵、强制循环泵、离心机等实现自动控制，同时可对硫酸盐溶液的浓缩、蒸发、结晶过程中的液位、温度及流量等工艺参数进行数学建模和监测控制，整个流程具有一键启动、自动保护功能，达到了提高效率、降低成本和科技智能化的目标，实现了科技创新助力环保的目标。目前该智能控制系统已投入到多家锂电池生产商，销售范围覆盖全国各省，实现了锂电池废水达标排放，将废水中的元明粉回收再利用的目的，取得了很好的市场效益，获得了锂电池生产商的一致好评。

不畏风雨，执着前行

2022年，尽管深受新冠肺炎疫情的影响，但在李晨和团队不懈努力下，西丹机电设备工程有限公司依旧取得了较好的业绩。截至2022年4月，公司已签订销售合同610万元，营业额达385万元，公司年销售利润率有望突破25%，未来三年主营业务收入预计可达6000万元以上。公司目前正与多个一流高校合作，重视技术研发，已获得5项实用新型专利和1项软件著作权，已申请受理2项发明专利和2项实用新型专利。公司直接带动就业50余人，其中本科以上学历15人，公司具有一定的技术自主研发能力，就业人员专业对口率达90%以上，间接带动就业约150人，解决了上下游产业链合作企业员工的就业问题。

目前，李晨对公司的经营决策定位为“筑品质、拓市场、稳价格、降成本、利推广”。公司旨在注重自主创新技术研发，提升产品品质，使产品具有核心竞争力，通过自有工厂降低成本，提升产品质量。面对当前复杂的疫情环境，公司拓展线上销售渠道，通过淘宝平台、微信公众号、知乎等自媒体矩阵进行产品广泛推广。

多年来，李晨深知创业艰辛，他有过退却，也有过困惑，但这些困难在他坚定的创业决心面前，显得微不足道。

“不积跬步，无以至千里；不积小流，无以成江海。”行走在创业这条路上，李晨坚信：只要稳扎稳打，开拓进取，永不止步，涓涓细流就终会汇成江海，公司一定会开拓出一方新的天地。

（重庆市大学中专毕业生就业指导服务中心供稿）

道可“参王”是这样炼成的

——重庆工业职业技术学院胡相洪事迹

胡相洪，男，汉族，2000 年 11 月出生，2021 年毕业于重庆工业职业技术学院设计学院；在校期间，组建“道可”学生团队，带领队友开展调研，参与社会实践；毕业后返乡，创建“重庆道可农业开发有限公司”，为家乡药材种植户解决党参种植生产、采收、销售中的难题，用“品牌强农”思路引领药农走上致富路，使重庆道地药材——奉节党参，成为城市新名片。

胡娃子的梦想

胡相洪的家乡位于重庆市三峡腹地奉节县长安乡西槽村。这里地处大巴山余脉末端，属高山地区亚热带季风气候，昼夜温差大、光照足，特别适合种植川党参。至今，长安乡已有上百年种植党参的历史。每年七八月间，党参在雄浑的大山里次第花开，生出一片片温柔旖旎的风光。

2018 年 9 月，胡相洪离开家乡来到期盼已久的大都市，开始了向往已久的大学生活。然而，当对大都市的新鲜感逐渐消退时，思乡的愁绪总是萦绕在他的心头。他时常回忆起童年在大山里生活的时光——每到收获的季节，村民的农家小院里都铺满了川党参，连空气中都带着甜丝丝的气息。浓浓的乡愁，点燃了胡相洪的“参情梦”。从此，他利用节假日和周末积极了解国家和奉节县的相关政策，学习党参的相关知识。

胡相洪奔赴重庆各大中药材市场，经过一番深入详细的调研，他发现“小党参，也可以有大作为”。但让他不得不面对的是奉节党参由于粗放种植、产业链短、缺乏品牌效应等原因，导致党参收益低，药材种植户收入无保障的困境。

2019 年 7 月，胡相洪与志同道合的同学组建了道可团队，并利用暑假赴重庆市奉节县中药材产业协会参与社会实践。在调研中收集和了解到药农们的实际困难，他立志毕业后定要为家乡的党参产业的发展开辟出一片天地。

不羡"白领"的他毅然返乡

到大城市里生活当一名"白领"，每天朝九晚五，是很多大学生的梦想。然而，胡相洪却一心想去农村，帮助家乡的药农们摆脱困境，实现增收致富。

"种党参市场前景广阔，但怎样才能种好，却大有学问，需要好好研究才能吃透。"胡相洪对党参种植有着浓厚的兴趣，他翻阅了大量医学书籍，汲取与党参有关的知识。为摸清奉节党参的市场价格，2020 年 1 月，他索性来到重庆金玛实业有限公司做兼职，负责土特产销售。为扩大奉节党参的影响力，同年 7 月，他再次回到奉节县中药材产业协会参与社会实践，并助力协会成功申报"奉节党参"国家地理商标。

为熟悉公司化运作，2020 年 11 月，胡相洪赴奉节县盛名兴生态农业发展有限公司顶岗实习，负责党参分级包装。经过三年来的不断探索，2021 年 4 月，面临毕业的胡相洪决定返乡创业。不久，他注册成立了重庆道可农业开发有限公司（简称道可公司），负责统筹管理公司事务。公司成立后，他的母校——重庆工业职业技术学院给予了他鼎力支持，将道可团队升级为乡村振兴技术研发创新团队，并在奉节县西槽村建立了乡村振兴实践基地，校领导带领 132 名不同专业的优秀师生走入奉节县，共同助力重庆道可农业开发有限公司的发展。

在市场上分得一杯"羹"

在母校和社会各界的帮助下，胡相洪立足"提升品质、创新品类、打造品牌"，引领公司发展，用三品策略助力奉节党参品牌富农。

公司联合当地农科所印制了《奉节县党参种植技术手册》，邀请了专家开展培训 8 场次，引导农户进行标准化组织生产。不久，公司即签约了 500 户药农，建立了 1200 亩的种植基地，为300余人创造了工作机会。在公司和专家指导下，药材种植户平均亩产党参提高30公斤。工艺上，道可公司传承“三搓三揉”古法制参技术，最大限度地保障了党参的品质。包装上，公司摒弃了市面上常见的大袋包装，采用50克一袋的小规格多袋分装，并将产品精细分为特级、一级、二级三类。

与此同时，胡相洪还独创了补气茶包，将党参须制作成茶包方便消费者食用。他利用自身专业优势，以药农形象和千年夔州的文化历史为元素，设计了公司LOGO和VI，形成了道可公司视觉识别系统，使奉节党参在市场上第一次有了议价权。此后，他带领重庆道可公司全体员工，开发线上线下多种销售模式，保证党参不愁销路。2021年，公司签约的500户药农亩均增收1500元，年均增收17500元。看到希望的药农们喜出望外，奔走相告。一年后，种植户拓展到1200户，全乡种植面积拓展至7000亩，年产优质党参3000吨。

胡相洪的努力受到了当地政府的关注，党参种植被纳入奉节县发展规划，公司成功入驻832家扶贫电商平台。村支书和药农们纷纷发来感谢信，胡相洪被聘为奉节县中药材产业协会副会长。村民们形象地称其为“参王”。

道可公司品牌富农的故事，被媒体竞相报道。2021年，一心想把党参产业做大做强的胡相洪带着创业经历走向赛场，获得第七届中国国际“互联网＋”大学生创新创业大赛铜奖、第五届“渝创渝新”中华职业教育创新创业大赛国赛三等奖、奉节县创新创业大赛一等奖，并获得“夔州创业明星”荣誉称号。

“农村是个大舞台。今后，我想用好用活‘互联网＋’，把传统种植业和本土生态资源、文化资源高效融合，用自己的智慧和实干精神推动乡村振兴，带动村民致富，为家乡的发展添彩。”胡相洪说。

（重庆市大学中专毕业生就业指导服务中心供稿）

闪亮的日子

贵州

每一刻都是最佳时机

——贵州财经大学马丽事迹

我叫马丽，是2013级贵州财经大学外语学院商务英语专业的学生，也是行动教育咨询有限责任公司（简称行动教育）的创始人之一。行动教育是我在大三下学期和两个志同道合的同学一起创办的教育咨询有限责任公司，主要目标是针对贵州边远城镇中小学生各学科的辅导，目的是提高贵州贫困地区的教学效果，使地区教育具有多元化、丰富化的元素。

创业，对于我本人来说不是一个需要犹豫和需要所谓的最佳时机的决定。我认为创业没有最佳时机，所有的日子都是创业的最佳时机。

我现在还依稀记得大一时的羞涩和懵懂。大学的校园是那么美，空气中充满自由的味道，我提着行李在学长、学姐的热心指导下，去寻找大学四年的"窝"。记忆中那是段非常长的路程，以至于之后我经常迷路。大一我是在熟悉环境和与同学相知的日子中度过，喜欢挑战的性格让我大二就"踏出"校门，在一位创业老师的引荐下，赴北京中国动能教育基地，向号称中国"动能教育之父"的老师学习并取得优异成绩。学习回来后我在贵州一家培训机构做大学生英语口语培训讲师，不错的收入让我每个月能往家寄2000元。大二这段日子我过得比较充实，校内努力学习，校外努力兼职，假期出行旅游，快乐而美好。

大三上学期，我与贵安新区两个志同道合的小伙伴创办了行动教育培训班。作为组织的负责人，我必须在有限的时间内组合资源。首先，招聘老师。我在贵州各大高校进行了大大小小不下百场教师面试，面试人数达1200人左右，最终挑选了100名优秀教师并有序分配到贵州各个区县，包括安顺、六枝、遵义、铜仁、毕节、都匀等多个教学点。其次，组织教师培训，时长2周。培训内容包括教学技能、销售技能、综合能力等各方面，并结合成绩向每个教学点配备一名综合能力较强的负责人，发放启动资金。再者，组织各个教学点进行为期2周的面向区县中小学生的自主招生。每个教学点都招收了不低于100人的培训对象，个别教学点甚至突破了300人。一个教学期结束，扣除了发放的教师工资、奖金等成本支出后，一个假期净利润达到了20万元左右。

但这些都不是最重要的，重要的是我很享受带领一个团队"打仗"的过程，以及和学生相处的每一刻。我所带的六枝教学点，招聘的老师们都非常优秀，其中一位化学老师是四川大学研才生，他上课幽默风趣，教学效率很高，学生都非常喜欢他。还有一位高中物理老师，是西安交通大学高才生，无聊枯燥的物理课堂被他颠覆成生动有趣的奇遇记，很多原本学习不好的学生在短短一个半月里就取得很大进步，很多学生慕名前来报名。其中，我有一个被称为"恶霸"的初三学生，父亲是当地成功的房产商，同时经营多家大型酒店，但父母离异，父亲工作忙碌对其疏于管教，这个孩子在校打老师，在家忤逆不驯，谈恋爱，抽烟喝酒，离家出走，即使这样爷爷、奶奶仍对他极其宠爱。离中考只有一个月的时候，他的父亲把孩子交给我，让我担任他的专职英语家庭教师，并同步安排各科一对一辅导。那时的我在学校有课，只有周末有时间，于是每个星期五下课我就直奔火车站乘坐贵阳到六枝的火车，有时遇上下大雨火车晚点，我不得不在火车站待到凌晨出发，次日到达。刚开始这个学生防御心理非常强，不愿意跟我说话，也不看我一眼。后来，我提前两小时到，这两个小时就是我们沟通的开始，慢慢地，他开始抬头看我，主动跟我分享他的日常，而我也逐渐了解到他的淘气只是为了吸引父亲出现。其实，这是个缺爱的孩子，与丰裕的物质相比，这个孩子心中更需要的是父母的关爱和陪伴。

一个月里有 8 天是我对他专职的英语辅导，他从刚开始的畏惧学习到最后积极参与，中考离他只有一个月，一个月里只有 8 天是在学习英语，这个聪明的孩子跟我学会了在特别时期用特别的方法，制作了一张基于艾宾浩斯遗忘曲线的任务表来记忆单词，知识点量非常大。刚开始非常难，我每天和他进行记忆比赛，体会他的感受，开始时我故意输给他，之后，我是真的输给了他。他后来反馈说，原来认真学习有这么大的乐趣。最终中考成绩下来，他的英语从原来的 30 分左右提高至 80 分，中考总分 453，进步的速度让人惊喜。

最令我欣慰的是，他改掉了很多不良习惯，沟通让他学会理解父亲的不易。后来，他父亲专程给我打电话说他在高一这段时间进步也非常大，很自律，从普通班考到重点班，这次考试还取得重点班的前三名。我个人非常喜欢辅导这类学生，虽然难度大，可看到学生改变，变得优秀，这便是我做教育的使命。

很多人问我：“创业难吗？你有资本创业吗？你不怕失败吗？”当大多数人在学校享受岁月静好的时候，我在外奔波劳累；当大多数人在学校睡着懒觉的时候，我在熬夜备课；当大多数人在学校谈恋爱的时候，我独自一人在火车站等车；当大多数人和朋友聚会的时候，我在外面顶着烈日招生。实话是身体很累，但心不累，因为这是我的选择，我享受这一切。

在大千世界，每个人的选择不同，境遇不同，我尊重每一份职业，因为人人平等。每一刻，都是最佳时机，我只是行动了。

我一直很喜欢一个很温暖的小故事。一个小男孩趴在窗台上看远处的风景，当看到远处大人们在田野埋葬他心爱的小狗时，他悲伤不已。他的爷爷看到了，连忙牵着他来到另外一个窗台，给他打开窗户，他看到了一整片美丽的花园，阳光普照、草翠花明、蝴蝶飞舞，小男孩的心情顿时变得乐观开朗起来。爷爷摸着孩子的头，和蔼地说：“孩子，你开错窗户了。”我们的生命中无时无刻都存在着两扇窗户，有晴天就会有暴雨，有乌云密布就会有鸟语花香，有悲伤就会有欢乐。真正聪明的人并不是不知道阴影的存在，而是知道有阴影的存在以后，聪明地选择打开了那一扇有阳光的窗户。

作为创业者，我为什么非得打开劳苦奔波，风险大，害怕失败的那扇窗户呢？其实，就算失败了，又有什么大不了，这只会让我的人生懂得更多。当我听到身边的人吐槽自己的工作境遇不太称心如意时，我就会想，无论结局怎样，年轻的我们总要趁着青春，努力去争取，把主动权掌握在自己的手里。所以，就算以后我可能还会参与不同的竞争，如果我进不了事业单位，我不会沮丧打开那扇工作稳定、社会地位高的窗户；如果我当不了一名老师，我不会因此就不敢去承担起教书的工作。

创业的成长让我在心情不好的时候，常常问自己有什么，而不是我失去了什么；当我要求得过多时，我会告诫自己不要因此造成心理的压力；当我感到力不从心，烦恼的心情油然而生时，我会平静下来，然后再思考。随着创业时经历的不断成长，我越来越明白其实没有必要要求每件事都要达到十分，世界上没有十全十美的事情存在，悲伤虽然占了五分，可是还给我们留了五分的快乐。

在创业进程中，每当我的学生遇到心理问题时，我都会给他们做心理辅导，打开他们的心扉。而同时在共同成长的进程中，很多时候我反而觉得在他们的身上我也学到了很多。

人生苦短，为什么非得打开那扇不如意的窗户呢？因此，我们要努力地去选择、去奋斗，每一刻都是最佳时机。

在这里，我想对我的学弟学妹们说，青春正当时，你们要么有好看的学历，要么有出色的能力，最好两者兼具。那个时候的你可能会发现，高考能给我们的东西远远不足以支撑未来，只有大学四年踏踏实实地完成自己给自己的许诺，用努力让自己拥有不由分说的实力，才有面对未来的真实底气。毕竟，“比昨天的自己更好一点”是一件多么让人上瘾的事情啊！

（贵州省普通高等学校毕业生就业工作办公室供稿）

逐梦飞扬·成就梦想

——贵州商学院范梦军事迹

本人范梦军,男,汉族,贵州水城县人,1994 年 2 月 5 日出生,2021 年毕业于贵州商学院经济与金融学院投资学专业,现担任华东酒业集团股份有限公司 CEO 兼贵州协诚企业运营管理有限责任公司(简称协诚)董事长。

奥斯特洛夫斯基说:“生活赋予我们一种巨大的和无限高贵的礼品,这就是青春:充满着力量,充满着期待、志愿,充满求知和斗争的志向,充满着希望、信心的青春。”时光总是在不知不觉中溜走,转眼间,我踏进创业生涯已有四年,虽然匆匆,但也收获了人生的宝贵财富。回顾往日的点点滴滴,我感受颇深。

开启创业之路,赚取创业第一桶金

截至目前,我从负债约 30 万元的穷学生到月销售额上千万元的公司联合创始人,一路走来坎坎坷坷,遇到过许多困难。但生命不息、奋斗不止,创业没有成功,只有阶段性胜利。我骨子里不屈服、不认命、不甘于平庸。经历两次高考的我,于 2017 年考入贵州商学院。学习是学生的第一要务,自入学开始,恩师杨军和唐恬时常教导我们,对待学习必须踏实认真并且付诸时间和努力,这使我深知一分耕耘一分收获的道理,始终保持一种奋斗向上的心态,努力学习理论知识,积极参加学校活动,提升自身理论水平和实践技能。入学以后,我逐渐发现较多大学生毕业之后,就业率低、工资低,心中便萌生了创业的想法。因此,在校期间,我除了学习专业基础知识,每天还额外学习管理和营销知识。2017 年 9 月,我拿着父母给予我的 3000 元生活费走上了创业之路。当发现大学生勤工俭学主要以兼职为主时,我认为这是较容易的创业起步机会,于是我成立了职介所,每天穿梭于写字楼和各大商场里,寻找商家活动和需要兼职的公司。之后的日子,除了上课,我的工作便是为同学找工作。一分耕耘,一分收获,2018 年 10 月,“仁和数据”提出了数百人的兼职需求,接到工作后,我发动身边的同学和我一起寻找合适的对象。经过一个多月的共同努力,我们完成了合作,最终获得了丰厚的报酬。前期的经历帮助我积累了大量的学生资源和招生经验,2018 年 12 月我又承包了“盛源驾校”的招生经营权,最终获得纯利润 40 余万元。

事业持续发展后因疫情遭遇挫折

创业路上始终充满了挑战,只有持之以恒才能逐梦飞扬,成就梦想。2019 年我投资创办了贵州百晟教育咨询有限公司并加盟了论答 al 教育,同年创办了贵州拓行人力资源有限公司和隔壁班酒吧。每天我都在忙碌地学习和工作着。对待学业我也丝毫不放松,早上六点半我就起床学习相关专业课程。同年,公司月收入达百万元,处于快速发展阶段,半年时间内，机构开了三家教育培训分支机构，在校培训学生达300余人。可惜好景不长，2020年突如其来的新冠肺炎疫情打乱了一切布局，全国陷入一片恐慌，大部分城市封城，学校封校，工厂停工停产。此时，作为学生的我面对员工工资与房租焦虑不安，每天只能通过线上办公，公司几乎处于瘫痪状态，公司收益也出现断崖式下降，月亏损额高达30余万元。这导致我极度焦虑，每天晚上辗转反侧，难以入眠。因此，2020年5月，我决定将教育公司和酒吧低价转让，总亏损达70余万元，负债30万元，我的创业梦想就此破灭。

不惧挫折，积蓄力量再出发

创业是一种乐趣，也是一条探索真知的道路。“天行健，君子以自强不息。”我依然不甘心，从未停止创业的脚步。于是我决定先静下心完成学业，寻找机遇，再次出发。我全面努力学习创业领域的专业基础理论知识，及时消化总结，从而找到自己的创业方向，在探索阶段，尝试走一条用知识和人才去创业的道路。2021年1月，我完成了一份15000字的企业运营管理公司的商业计划书。经过再三思考与充分准备，2021年3月，我再次带领团队融资200万元，创办了贵州协诚企业运营管理有限责任公司，希望可以聚四方英才，为乡村振兴和中小企业发展提供更多的人才支持和管理运营咨询服务，从而帮助更多企业走向成功。同年4月我入股华东酒业集团股份有限公司，先后代运营了贵州景宏驾驶培训学校有限责任公司、贵阳凯诚汽车驾驶培训有限公司、以角小缸酒酒业有限公司，并担任华东酒业集团CEO、协诚董事长。到目前为止，公司实现了稳定发展，迎来了第一个快速发展期，月销售额达1000万元。

“有志者，事竟成，破釜沉舟，百二秦关终属楚；苦心人天不负，卧薪尝胆，三千越甲可吞吴。”成功并不都是凭借聪明才智，努力和态度也是取得成功的关键。一路走来，那些经历、那些荣誉都在不断地促进我成长。无论何时，任何成绩都不是成功，而是对成长的肯定，是勤恳耕耘后开出的花朵。只有立足于今天才能在今后的学习、工作和生活中，不断完善自己，提高自己。同时，我告诫自己不骄不躁，始终以乐观向上的态度朝着目标奋斗下去，努力成就未来。“勤能补拙是良训，一份辛苦一分才”，给自己一段时间，默默耕耘，等待一次春暖花开。沿途充满了挑战，只有持之以恒，才能逐梦飞扬，成就梦想！

（贵州省普通高等学校毕业生就业工作办公室供稿）

“90”后大学生美女猪倌：乡村振兴致富带头人

——贵州工商职业学院杨光珍事迹

晴风吹柳絮，新火起厨烟。清明已过立夏将至，正午时分，一个身着简朴工装、身形纤瘦的身影正忙碌地张罗着黑猪仔们的吃食，听着黑猪仔们抢食时发出的“吧唧吧唧”声，她欣慰地嘴角上扬，微微地笑了。这位从骨子里透露出勤劳、感染着身边每一位同伴的女猪倌，就是“90”后苗族女大学生、乡村振兴巾帼基地带头人——杨光珍，她用青春在贵州省麻江县的大山深处谱写了“90”后大学生带领乡里乡邻养猪致富的不平凡故事。

逐梦家乡脱贫，点燃创业初心

1996年出生在麻江县大山深处的苗族姑娘杨光珍，由于小时候曾目睹爷爷饱受病痛折磨，她在儿时的理想是长大后要当一名救死扶伤的医护人员。历经十余年寒窗苦读，2015年，杨光珍顺利考入贵州工商职业学院，就读临床护理系，一只脚踏入了理想的大门。在读期间，杨光珍进入医院临床实习，实习期间她成长很快，医院同事对她很是认可和尊重，让她感受到自己开始适应了城市的生活。在她的努力下经济收入也逐渐增加，她很满意自己的工作状态。但是，每当休假回家时，她的心里总是沉甸甸的，因为2017年的麻江县还未脱贫，是贵州省重点贫困县，她发现老家的家人以及乡亲们仍然过着极度贫困的生活，她认为自己不能一个人好，不能眼睁睁看着家乡人还生活在疾苦中，她要带着家乡人一起好。作为走出大山的大学生，她认为自己有责任为家乡贡献一份力量，于是她的志向逐渐有了改变，她想通过自己的双手带领乡亲们脱贫致富的念头越来越浓烈。偶然一天她了解到家乡拓雅山庄养殖的特色黑毛猪和其他猪种不同，黑毛猪体型健壮、毛色油亮、口感醇正、肉质劲道、绿色健康、营养价值高，是本地的优良品种。而这么好的环境和绿色的生态养殖技术在贵州大山深处却鲜有人知，这让她心里涌现出一个念头，打造一个贵州地方特色生态畜禽养殖麻江黑毛猪市场，立志将麻江县的黑毛猪推广到全国各地，让人们都能尝到绿色健康的食品。

2018 年毕业后，杨光珍背起行囊，挥别母校，告别家人，放弃儿时的“白衣天使”梦，毅然决然回到黔东南州麻江县，来到拓雅山庄应聘上岗，从一名养猪学徒、杂工开始学起，“打猪草、扫猪舍、喂猪食儿”，什么工作离猪最近，她就积极做什么，“吃苦耐劳、刻苦好学”八个字在杨光珍身上得到了充分的诠释。她利用专业知识进一步理解养殖技术，尤其是在黑猪繁殖技术上很有心得。这位“90”后大学生的创业扶贫志向及行动感动了拓雅山庄负责人，无偿将技术倾囊相授，以鼓励这位“90”后大学生扶贫人，让杨光珍的创业扶贫路得到更多爱心扶持。

不畏艰难坎坷，坚守创业理想

杨光珍敢想、敢说、敢做，从不掩饰创业扶贫的想法，在众多爱心人士的扶持和帮助下，她和其他 8 位大学生于 2019 年 7 月创办了贵州三珍牧业有限公司（简称三珍牧业）、贵州三珍有机农场。创办公司开启长征第一步，创业资金、社会阅历、企业管理等都成为创业长征路上的“雪山”“草地”和“敌人炮火阻截”，压力之大，让许多亲朋好友不看好、不理解，纷纷劝导她返回医院就业。

“没有人可以让你输，除非你不想赢。”杨光珍总是这样激励自己及共同创业的伙伴。

没有资金，他们白天拉建筑材料动手盖猪舍，晚上共同研习养殖技术；他们白天锄地、挑粪、施肥，种植喂养黑猪所需的中草料，晚上就集中人力调配“青饲料”，提前张罗黑猪的吃食；他们白天辛苦劳作，晚上还需要整理公司发展的资料，用尽每一分力气、绞尽每一丝脑力,践行着创业扶贫梦。

没有营销经验,他们就用互联网思维开展线上营销,分工协作用自媒体模式逐渐推广黑猪产品,并通过拍摄黑猪养殖过程的短视频,让生态养殖不再"神秘",做到可看、可听、可品尝;没有企业管理经验,他们就向母校、企业管理前辈虚心求教,边学边实践,做到活学活用,逐渐探索出贵州三珍牧业有限公司的管理模式,并与当地乡村振兴部门取得联系,将公司发展与地方扶贫经济紧密结合,逐渐成为当地创业扶贫的"生力军"。

深耕脱贫致富,树立创业典范

以杨光珍为代表的创业扶贫团队感动了身边的亲朋好友,凝聚了更多有志青年加入团队,赢得了麻江县妇联、残联、乡村振兴部门等政府机构和地方商会、巾帼创业者协会等社会组织的大力支持,既帮助他们进一步缓解公司资金运转压力,又给予他们政策、销路的帮扶,让公司取得阶段性的发展成效:

(一)绿色生态循环养殖模式初具规模。一方面,自产自用的食叶草、高钙菜、苎麻、蛋白草等饲养草料规模化生产,充分满足黑猪养殖所需青饲料。同时,养殖黑猪产生的粪便通过生物发酵床转换成有机肥料进行草料施肥,形成循环养殖系统;另一方面,随着绿色生态循环养殖技术的逐渐成熟,养殖规模、黑猪销量逐步适应性扩大,做到规模化、高品质的有效平衡,吸引了广深地区、西南地区的新一、二线城市的中大型肉类代销、分销公司的合作。

(二)立体化体验式农场雏形已成。随着绿色生态养殖技术的成熟和市场生态农产品的需求衍生,三珍牧业的农产品从原有的黑猪养殖衍生到土鸡土鸭、果蔬及农产品深加工产品的探索。同时,结合人民生活水平不断提高,三珍牧业的产品也逐步衍生到生态体验式农业、预约定制农产品等,促进三珍牧业从单一的生态猪养殖逐步转型为建设立体化新型农场,也逐步得到政府、社会的关注和支持。

(三)乡村振兴巾帼基地初见成效。时逢《中共中央　国务院关于全面推进乡村振兴加快农业农村现代化的意见》《国务院关于支持贵州在新时代西部大开发上闯新路的意见》等政策的发布,杨光珍带领的贵州三珍牧业有限公司作为土生土长的绿色生态农业公司,抢抓发展机遇,在创业扶贫路上取得阶段性成效。他们通过探索将职教人才引进服务于新型生态农业的创办、管理、技术、运营全过程,逐渐实现生产、再加工、冷链、直销、体验式消费等全维农业经济模式,年成品猪出栏头数从100头发展至1000头,年产值达到200万元,实现公司内部20余人稳定就业,带动周边农户40余人参与牧草收割、生猪宰杀、包装转运等就近稳定生产创收,促进每年临时用工2000人次的劳动力创收。基于杨光珍带领的三珍牧业创业扶贫的成效,公司先后被授予麻江县残疾人乡村振兴产业基地、阳光助残转股分红示范点、黔东南州乡村振兴巾帼基地。

杨光珍作为一位"90"后志向创业扶贫的大学生女猪倌,将自己的青春"埋在"贵州麻江大山中,谱写了平凡大学生不平凡的青春模样,先后当选麻江县工商联合会第十届会员、麻江县第十届政协委员等。杨光珍一直用实际行动书写着当代青年扶贫人的感人故事,用自己的故事感染着更多的有志青年投身扶贫事业。正如她在微信朋友圈中写道:这些成就一定都是始于热爱、终于前程,即便是平凡之路,也会陌上花开。

创业荣誉

1. 2020 年 11 月 2—8 日，在贵州核桃坝培训基地参加中组部、农业农村部联合创办的农村实用人才带头人培训班学习，获评优秀学员称号。

2. 2020 年 12 月，参加麻江县工商联组织非公经济人士理想与信念教育培训（南京农业大学培训班）。

3. 2020 年 12 月，被任命为麻江县贤昌镇贤昌商会第二届第一次会员大会秘书长。

4. 2021 年 4 月，被任命为麻江县新的社会阶层人士联谊会第一次会员大会理事。

5. 2021 年 8 月，成为麻江县工商业联合会（商会）第十届会员。

6. 2021 年 9 月，当选为麻江县青年致富带头人理事。

7. 2021 年 11 月，当选为麻江县第十届政协委员。

8. 2021 年 12 月，成为黔东南州巾帼创业者协会第二届会员（贵州三珍牧业有限公司为副会长单位）。

（贵州省普通高等学校毕业生就业工作办公室供稿）

努力让梦想成为现实，奋斗让现实超越梦想

——铜仁幼儿师范高等专科学校李娜事迹

李娜，女，1997年出生于贵州省毕节市纳雍县，2018年7月毕业于铜仁幼儿师范高等专科学校（简称铜仁幼专）学前教育学院特殊教育专业，现为铜仁萤火虫教育咨询有限公司法人。作为铜仁幼专的毕业生，她的经历充分诠释了“献身教育、回报山乡”的精神。

勤于学业，精练技能

在校期间李娜勤恳认真，积极努力地学习每一位老师所教授的内容，受到老师和同学的一致认可，成为老师心中的“好学生”，同学身边的好榜样，并获得“国家励志奖学金”“校三好学生”“校一等奖学金”“优秀护旗手”等多项荣誉。

李娜充分利用时间和机会刻苦钻研。21岁的她为了学习技能，背井离乡来到武汉的一所康复机构，在承受着巨大的经济压力和心理压力的情况下，她自费考取了VB-MAPP评估师、高级感统训练师、高级言语训练师、ABA高级行为干预师等有关证书，还利用工作业余时间组建团队进行康复案例的分析和经验的总结，只为能够提升专业技能，更好地去帮助更多的特殊儿童。

为“爱”返乡，艰苦创业

作为铜仁幼专特殊教育专业的学子，“爱护帮助特殊儿童”早已成为李娜的本能，她也一直想着要为家乡的特殊儿童做些什么，但一直没找到机会。直到在一次接待中，她遇见了来自贵州寻求帮助的家长，看着孩子的父母为了孩子不远千里来到武汉，只为能够找到一所好的康复机构给孩子进行康复治疗的时候，她突然明白，她要回家，要把这些年勤学苦练的知识和技能用来帮助家乡的特殊儿童。

2020年1月，带着对家乡特殊儿童的爱，李娜联合了3名志同道合的女同学正式返乡，回到了曾经培育她的地方——铜仁市，开启了她们的创业之旅。由于创业资金有限，几个女生花了三天时间，跑遍了整个铜仁市的大街小巷，最终选定了铜仁市碧江区水果市场区域的一家价格和场地都适合的民房，爱的种子也正式种到了这个每月3500元租金的民房里。同时，为了省下民房改造的费用，一群从未接触装修的小女生亲自上阵，大到墙面的粉刷、地面的找平、推拉门的安装、铺地胶，小到门前的小树装饰、办公桌上的手工摆件无一不是她们自己动手，只为能够节省开支，把钱花在特殊儿童康复器材的采购上。终于，2020年6月18日，萤火虫儿童潜能开发中心正式开业，李娜的创业之旅也正式起航。

脚踏实地，再攀高峰

刚开业的两个月，由于萤火虫儿童潜能开发中心只有一个孩子，中心面临着储备资金即将见底，教师工资和房租难以为继的困境。于是她们的大学辅导员带着她们跑遍了铜仁所有福利院和康复机构，邀请特殊儿童和家长来到机构免费试课，让家长和孩子亲身感受他们的专业服务和康复技术。在大家的共同努力下，康复中心的特殊儿童从 1 个变为 4 个，再由 4 个变为十几个。无论有多少个特殊儿童，她们都要确保每一位特殊儿童都能够得到有效帮助。她们始终坚持着“一对一”康复服务的原则，评估每一名特殊儿童的症状、分析每一名特殊儿童的情况、研究制定专属的独特康复计划。带着这样的服务态度，李娜等人的康复中心越做越好，康复场地面积由原来的 200 多平方米扩大至 700 多平方米；组建了由 3 名博士、4 名硕士组成的指导专家团队；招聘了专业教师 9 人充实教师队伍；成为铜仁学院、铜仁幼儿师范高等专科学校签订的教学科研实践基地；开设了个训课、感统课、游戏课、社会实践课、小组课等相关的特设课程。机构场地的完善，专家团队的建立，师资队伍的充实壮大，特色课程的研发，大大提高了机构的市场竞争力，2022 年 4 月中心正在康复的孩子已经有 44 人，同时还为 150 余名孩子提供了咨询服务。

不忘初心，砥砺前行

李娜她们用了三年的时间不断积累，又用两年的时间将想法变成现实，她们用五年的时间实现了从量变到质变。李娜也从一名经验不足的新老师成长为了一名身兼数职的创始人。在这个过程中，她们体验着创业的艰辛，同时也见证了孩子们的康复成长，见证了一个个因为构音等问题而不会说话的孩子第一次开口叫爸爸、妈妈的激动时刻，见证了一个个家长拉着她的手激动地说着“这句爸爸妈妈等太久了”的感人时刻。这些都让李娜等人坚信她们所做的一切都是值得的。因为，她们不仅在努力实现自我价值，也在给特殊儿童的家庭带去一份光明，为社会的发展出一份力。就像鲁迅先生所说的“有一分热，发一分光，就令萤火一般，也可以在黑暗里发一点光，不必等候炬火”。相信李娜她们这道光将会照耀得更远、更广。

（贵州省普通高等学校毕业生就业工作办公室供稿）

闪亮的日子

云南

初心不改，带家乡产品飞出大山

——云南财经大学严亚鲲事迹

严亚鲲，男，云南财经大学 2017 级电子商务专业学生，脱贫攻坚致富带头人、国家高级茶艺师，曾荣获昆明市春城大学生创新创业行动第八期项目资助、“互联网＋”大学生创新创业大赛国家级铜奖、全国财经类院校创新创业大赛国家级铜奖等。

在校期间，他曾荣获国家奖学金、学业优秀奖学金、校内综合一等奖学金、研究与创新奖学金；获评红云红河创新奖自主创业之星，发表 4 篇省刊论文，荣获国家专利 5 项；多次参与精准扶贫调研工作，先后荣获“义务帮扶马关县坡脚镇脱贫攻坚工作先进个人”“临沧市云县脱贫攻坚示范企业致富带头人”等荣誉称号；现担任云南仨兔文化传媒有限公司董事长、云南财经大学创新创业孵化园入驻项目负责人等职务。

绿芽落地生根，深植童心

出生于临沧市云县大朝山西镇的严亚鲲是一名普通的“00”后创业者。提起他的创业之路，还要从他家乡的特殊地理位置说起。云县大朝山西镇大朝山村王家地组，海拔 1500 米，是一个三面环山，山上都是树，两面临水，澜沧江与勐麻河交汇在脚边的小山村。杂树林、茶树、民居、竹子、核桃是这里一直不变的风景，农民们以采茶、采蘑菇、种少许水稻和苞谷为生。这里有一两百年的古茶树，也有 20 世纪 50～60 年代种植的大茶树，在过去的几十年里，这里的农户始终以采茶为生，茶叶采摘俨然成了每家每户基本的收入来源。

因交通不便和气候不利等因素，村民有时候采摘的鲜茶叶因一时无法加工和运出，即使品质上乘也卖不出好价钱。严亚鲲从小目睹母亲在采摘茶新叶时节，仅靠一辆小货车在弯曲的山村公路上来回收购鲜茶叶，就是为了让不少农户既能完成每天的鲜茶叶采摘又能把鲜茶叶卖出去，解决了茶农虽有千年古茶树但无销路的愁苦。细心的严亚鲲发现，从临翔区邦东乡、云县大寨镇、茶房乡收购的鲜茶叶，一方面由于运输途中不易保存，一方面由于雨天等天气原因，母亲虽为广大农户解决了卖茶难的问题，但自己却赚不到多少钱，难以长期坚持下去。从小在茶农家庭长大的严亚鲲对这种情况感到尤为痛心，他暗下决心，一定要改变家乡茶产业发展的现状，让村民在茶叶上得到最大的经济收益。深受家庭和茶山的影响，让“高原宝藏”——古树茶走出大山就成了严亚鲲孩童时许下的初心和梦想。一路心系家乡情，严亚鲲带着茶香逐梦前行。

初心鞭策梦想，挑起茶乡脱贫振兴之担

严亚鲲决定帮助母亲筹资建厂，自产自销，减少鲜茶叶运输压力，也能为家乡的茶农们真正谋到福利，有茶大家一起做，有钱大家一起赚。抱着这样的决心，他于 2014 年创建了云

县大朝山七香茗茶叶收购点,开始茶叶初加工,同时开始协商租茶地,宣传无农药、无化肥、无公害茶叶基地建设,并先后租赁茶地 78 亩,流转土地 30 亩,每年季节性用工 30 多人,用工首选本组人,特别是贫困户家庭,让他们也能参与家乡的产业建设。

2017 年 1 月,严亚鲲正式成立临沧市云县七香茗茶厂,开始自行加工生产茶叶,以改变普洱茶产业环境为目标,规范茶叶种植、采摘、制作流程,带动大朝山西镇农户近 70 户创业,其中建档立卡户 29 户通过创业致富。功夫不负有心人,临沧市云县七香茗茶厂新厂于 2018 年年初正式投产运营。同年,他开始筹备云南仨兔文化传媒有限公司,二者相辅相成,前店后厂。公司发展到今天,已经成为一个集茶山管理和精加工的源头企业,拥有基地 400 多亩。

脚踏实地学本领,仰望星空寄乡情

2017 年严亚鲲考入云南财经大学电子商务专业,在充满希望的大学里,他有幸遇到了良师益友杨子生教授及其扶贫调研团队。怀着一腔热血,他投入到国家级、省部级、州市级和县市级等多项课题研究工作中,完成走村入户等各种调查,认真宣传党和国家有关农村工作和扶贫开发的重大方针政策,深入贫困户家中了解他们的温饱情况。他还参与了数据库整理与相关事务协调等课题工作,在调研了全国多地的扶贫产业优秀案例后,严亚鲲在学习的过程中收获了许多关于国家精准扶贫与乡村振兴的经验,也总结出自己对于产业扶贫的一套方案。回校后他联合组织了该校部分师生到临沧调研,并成立了云南仨兔文化传媒有限公司,全力整合家乡古茶树资源,依托七香茗、百年茶园等茶叶初加工企业,打造了产、供、销一条龙经营模式,用创新思路和方法带领乡亲们走上新型的“因茶致富”之路,使家乡的古树茶走出大山,飞入城市寻常百姓家。此后他着手成立了朝山子衿项目组,带动家乡茶产业振兴。项目组采取茶农双创学院+茶叶协会+茶农试验田三位一体的发展模式。

首先,他开办茶农双创学院。在学院里茶农不仅可以学习到规范化古树茶的采摘管理技术,还可以参与新兴的茶农主播培训,根据不同茶农的形象风格为其设计不同的主播形象,累计培训 36 人次,其中 10 人已经开始直播带货。

其次，他联合地方政府牵头临沧市茶叶管护协会，联合打造全新营销模式。在联合地方企业共同生产的同时，流转和经营茶山资源，协会截至2020年5月共整合27家初制所，年均收购茶叶原料200吨，生产普洱生茶5万饼以上。

最后，他建立了茶农试验田，茶农以茶山或者人力入股协会，建立茶农试验田。在原有100亩茶山的基础上进行资源整合，拓展至400亩茶山，作为试验基地古茶树的精细化种植和规范化管理。

紧随国家步伐，有效衔接乡村振兴

严亚鲲亲身深入贫困户家中，了解贫困乡亲们的家庭情况、分析其致贫原因、做好建档立卡户动态考核等工作。严亚鲲也因此在“实践检验真理”的过程中积攒了足够的经验。凭借这些年的努力与学习经验，严亚鲲有了一个大胆的想法：他要用古树茶做成茶礼、茶手办、茶展甚至古树茶基因库……“将家乡古树茶带出大山，将繁荣带回家乡”就是他最大的梦想。

2019年，严亚鲲还在临沧云县大朝山西镇创建了茶叶管护协会，倡导无农药、无化肥、无公害茶山管理模式。为起到带头作用，云南仨兔文化传媒有限公司和七香茗茶叶初制所短期租赁茶地78亩，流转土地30亩。全镇茶叶基本实现了不打农药、不施化肥的原生态无公害管理方式，云南仨兔文化传媒有限公司和七香茗茶叶初制所每年季节性用工100余人，为当地群众特别是贫困户人口增加了一定的经济收入。

目前严亚鲲已经带动大朝山西镇103户农户走上了致富之路，其中建档立卡户51户，户年均增收2万元。同年公司获得临沧市云县人民政府表彰，被评为“脱贫攻坚示范企业”，法定代表人严亚鲲也被评为“致富带头人”。

潜心绘蓝图，少年重上路

“在经济振兴时代，一切皆有可能。”严亚鲲深有感触地说。过去大朝山茶叶产品虽然品质好，却始终难以走出大山。现在，在严亚鲲等年轻人的带动下，越来越多的当地茶农学会了茶叶深加工技术，能顺利地把茶叶销售到全国各地。“能够帮助乡亲是一件让我很开心的事情。”严亚鲲说。

“将新理念带进家乡，年轻人出去打工的就少了，返乡创业的人就多了。”时代新青年严亚鲲初心不改，情系家乡，为家乡的发展努力奋斗着。他将继续带领大朝山村民在通往幸福的小康路上一路飞奔，因为脱贫不是终点，而更加美好的生活依然需要我们继续奋斗。乡亲们“走出大山”，新一代的“新农人”正走向新生活。创业的过程很艰辛，但是通过自己的努力，让乡亲们发展茶产业后生活越来越富裕，严亚鲲感觉很踏实、很幸福。

如今，严亚鲲和他的团队又在规划着新的让村民致富奔小康的蓝图：建设生态文化茶场，打造乡村茶旅文化，建立古树茶基因库，留住茶文化的根，让茶叶和文化创意结合在一起，通过多种文化交流和合作方式让临沧茶走向全国，走出中国。

（云南省大中专毕业生就业指导服务中心供稿）

美丽的"多肉"丰富了我的人生

——云南农业大学吴桐事迹

吴桐，男，云南农业大学2019级园林园艺学院园艺本科专业在读学生，昆明市艾欧尼娅园艺科技有限责任公司法定代表人。

2013年还在读高中的吴桐一接触到多肉植物，便被其独特的美学构造深深地吸引，不由得感叹造物者的神奇。那段时间他着了迷地开始购买养护多肉，并开始自学相关知识，从一开始傻傻分不清品种到后来的如数家珍，那时的他也没有想到几年后的自己会把这个爱好变成奉献一生去追寻的梦。

枯燥的高中生活让每一个人都想要逃离，吴桐也不例外，学习成绩一直不好的他在高考的压力之下感到焦虑迷茫，就总会去做一些与学习无关的事情排解压力。迷恋上多肉的他总能从这些植物四季变化之中得到心灵的慰藉，那段见证它们成长的岁月也在吴桐那尚未成熟的世界观里埋下了种子，让他萌生了想要从事相关工作的想法，于是吴桐把高考目标定在了云南农业大学园艺专业。不过，就像多肉色彩变换一样，人总是要经过烈日严寒的考验才能绽放出自己的美丽。吴桐第一次高考并没有取得理想的成绩，成绩不是很好的他还是固执地选择了复读，然而上天就像要和他开玩笑一样，第二次高考吴桐依旧没能如愿，这让他产生了强烈的挫败感。那段昏暗的日子让吴桐感到无比的落寞，依旧是这些多肉无声地陪伴在吴桐的身边，让他看到了生命的勇敢与不屈。那个夏天，吴桐几乎每天都在后院忙碌着，胡思乱想着未来。三年时间，他自学成了一个行走的多肉图鉴，掌握了多肉专业种植技术，积累了多肉养护经验，通过社交软件也交到了不少多肉圈子的朋友，他也会在圈子内晒出自己的多肉，因为养护得好且品种新颖，也有不少朋友向他购买养护的多肉。吴桐开始觉得自己变成了一名专业的多肉从业者，常想也许就这样过一生也挺不错的。可是随着圈子内朋友越来越多，他愈发地感受到自身知识的贫乏，毕竟这个行业掀起热潮的时间太短，还没有形成一套独立的知识理论体系，几乎没有现成的资料以供查询，这让身为爱好者的他感到非常遗憾。也不知道当时的少年哪里来的勇气，坚定地认为自己可以通过努力填补这份空白，最后吴桐再次选择了复读，而他也通过第三次高考如愿以偿地来到了云南农业大学就读园艺本科专业。

2017年入学前有过无数的幻想，而现实却再次给吴桐泼了一盆冷水，满怀憧憬的他来到校园内，可除了那看了多遍的植物学外，没有一门课程能让他打起精神。而老师们也没有涉猎过多肉这个行业，没有办法给予他想要的帮助。入学的激情没过多久就被现实磨平了，课上的他常昏昏欲睡，吴桐开始怀疑自己这两年的复读是否有意义。幸运的是，吴桐在学校遇到了一些拥有共同爱好的同学，后来他们成立了云南农业大学多肉协会，他们每天在一起研究着这些植物。吴桐也在迷茫与忙碌中度过了两年大学时光，虽然没有在课堂上学到自己想学的多肉知识，但他又多了两年的实践经验，积累了一些客户。他开始将精力放在了莲花掌属多肉杂交选育新品种与扩繁研究上。由于学校研究场地的限制，吴桐产生了去校外自己做多肉基地的想法。他用自己这两年积累的资金在校外建设了2亩大棚，本着实践是检验真理的唯一标准的想法，他决定休学创办公司。而在之后他深刻体会到了社会这门课远没有学校里的课程来得温柔。

创办公司与基地很快花光了吴桐所有的资金，而他自己所引以为傲的专业知识与技术在实际生产中也显得局限和片面。问题接踵而至让他深刻地意识到了创业没有想象中的那么容易。有无数的问题需要他解决，首先是经济上的压力，饿肚子加上失眠，有时候夜里他会崩溃大哭，醒过来还要为生计发愁，害怕别人看自己的眼光，曾经那个阳光的他渐渐地断绝了社交，从开始什么都不会到后来强迫自己什么都要学会。吴桐开始去做一些自己以前没有做过的事情，开始自己改进设施，改进种植技术，规划园区，做销售，做售后，太多心酸也许是每一个创业者的必经之路，个中滋味也让他浮躁的心发生了改变，他开始对明天充满了恐惧，感受到了自己的弱小。而一直支撑着他的还是那份对多肉的热爱和那个不愿意妥协的自己，虽然问题总是接二连三地出现，但每天让他最开心的还是在苗圃里的忙碌时光，特别是看到自己选育的新品种在多肉圈子内获得认可的时候，那种感觉，他现在想来也还是觉得无比甜蜜。一年的沉静让他积累了不少的经验，也总结出了一套全新的繁殖技术体系，引种了一些珍贵种苗进行扩繁，还自主选育出了一些新品种，销售渠道也慢慢打开。就在他以为一切快要步入正轨的时候，2019 年一场十年不遇的霜冻给吴桐的苗圃带来了毁灭性的打击，一夜之间，看着自己多年的努力付之东流，吴桐快崩溃了。整整一周他都浑浑噩噩，一边整理残局，一边自省，那一周他也不知道是怎么熬过来的，几乎 80% 的种苗全都冻死了，唯一给他安慰的是他发现了当时苗圃中最珍贵的一个品种对温度耐受性比较高。也许是天无绝人之路，依靠这个品种吴桐盈利了 20 余万元，还从其中选育出了 4 个新品种，也是依靠这 20 万元让吴桐的公司渡过了难关。当时的他不断反思，这真的是天灾吗？他自诩专业，可那时他才真正感到了自己的夜郎自大，也许作为一个种植技术人员，他都是不合格的，他觉得自己所欠缺的能力实在太多。当想明白这些问题后剩下的就是自信与坚持了。每个人的成长都是相似的，酸甜苦辣也无法一言以蔽之，接二连三的打击让他痛苦也让他成长，这一点吴桐相信是每一个创业者的必经之路。从他以全新角度去观察事物开始，就注定了前路的困难是不会停下来的，而他也在不断地经历中坚信困难总会被解决。

两年时间在充实的工作中过得很快，从一开始的筚路蓝缕到现在公司的正常运转，每年创收两三百万元，吴桐所选育扩繁定名推广的品种也接近30种，占到了整个多肉市场新品种的30%，园区设施也开始走向规模化，公司的生产技术也慢慢走到了国内前沿。这时很多心酸吴桐也能够坦然去面对了。现在想来创业过程中成长最多的是心态，他磨平了浮躁，驱除了恐惧，经历了基地拆迁、团队重组、基地重建等一系列的变故，虽然也让吴桐心力交瘁，但比之过去他多了一份淡然，对待困难能够坦然去面对、去解决、去反思。

2021年正在进行团队重组与基地搬迁的吴桐又面临一项选择，是否还要回到学校？从一开始的2亩苗圃到现在的20亩园区，忙碌是吴桐的代名词，但这两年的经历告诉吴桐，他还有必须要去做的事情，还需要用自己所坚信的方式去学习、去成长。改变了一开始的认知，吴桐开始理解一些曾经在那个年纪所不理解的东西，他开始重新审视自己的不足，所以在充满变故的那年里，他还是决定回到学校去完成自己最初的梦。

再过几个月吴桐接触多肉这个行业就十年了，吴桐希望自己余生的每一个十年都能奉献多肉新品种给这个领域，为这个领域做出贡献，也希望能通过自己的学习创新建立一套该领域的新理论体系与商业模式来填补这个领域的空白。

（云南省大中专毕业生就业服务中心供稿）

茶　妃

——普洱学院李海莲事迹

“大家好，我是茶妃，茶妃就是我，我是李海莲。”我来自云南省临沧市凤庆县，2014 年我从一个以茶出名的地方来到了另一个以茶出名的城市读书，成为普洱学院数学与统计学院的一名大一新生，我的专业是数学与应用数学。初入大学时，我最初的理想是当一名人民教师，但这丝毫不影响我爱茶、学习茶。我喜欢普洱，一个被提名“天然氧吧”的城市，它拥有着“天赐普洱，世界茶园”的美誉；我更喜欢普洱茶，她让我充满激情，斗志昂扬；我更爱普洱学院，一个见证我闪亮的青春的地方。

勤工俭学，带着爱好从校园出发

大一时期，我利用课余时间勤工俭学，经常去茶店做兼职。我的工作内容很简单，打扫卫生、泡茶、招待客人等。不知道为什么，我很喜欢茶店的氛围，对茶叶一直都有着浓厚的兴趣。平时喜欢听老板和顾客聊一些茶叶的知识，也喜欢自己去钻研一些与茶叶有关的知识。就这样，我慢慢地积累了不少的茶叶知识。这段兼职的经历不仅修养了我的身心，也为我后来的习茶之路奠定了一定的基础。

经过一年的时间，我边兼职边学习，存下了第一桶金 5000 元。我带着存款开启了创业之路，开了我的第一家小店。

茶店开业以后，我边学习边做茶，没课的时候去茶店发货，由于茶叶品质好，吸引了大批的回头客。慢慢地，客源稳定了下来，茶店也步入了正轨，所得收入在交完学费以后还能满足自己的日常开销，这让我感到很满足，也推动着我继续前行。当然，我并没有为此而耽误自己的学业，大学四年，我的成绩虽然不是出类拔萃，但也从未拖过后腿。

大四的时候，我开了第二家茶店。毕业以后，我一边准备事业单位考试，一边做茶。

坚定信念，继续创新

在选择自己未来发展的道路上，我也有过很多的纠结和坎坷，事业单位考试成绩并不差，父母也希望我能有一个稳定的工作，但经过再三考虑，我不顾父母的反对毅然决然地选择了茶叶。我知道，这条路可能不会那么好走，未来也会有很多意想不到的事情发生，但是我相信，我有多努力就能够有多幸运，能做自己喜欢的事还能养活自己，这是让我觉得很幸福的事。

通过几年的学习，我真切地明白，茶叶的品质必须是首要前提。我开始自己去跑茶山，收茶叶，学习制茶，由于我从小就在凤庆红茶城长大，深受茶文化的熏陶，在学习茶叶的时候，能够比较快地接受和理解，当然这也离不开我的恩师和伙伴的帮助。

在对茶叶基础知识有了一定了解之后，我开始注册了自己的商标“云喃茶妃”，慢慢开始打造自己的产品[小户赛][昔归]等。从原料采摘到加工制作再到产品包装，推出新产品，我都亲力亲为，虽然很辛苦，但想到能够为大家带来更多的优质好茶，能继续做自己喜欢的事情，我就干劲十足。

随着短视频的发展，抖音、快手、火山小视频等慢慢进入大家的生活中。为了销售茶叶，我也开始试着拍一些视频。刚开始，视频拍摄效果并不理想，我剪辑视频的能力、质量都不是很好，粉丝数和点赞量都很少，但我依旧没有放弃，因为我相信越努力就越幸运。终于，功夫不负有心人，在发了一条我艰苦创业经历的视频后，点赞量达到了 26 万次，单条视频浏览量超过 940 万次，总浏览量超 1 亿次，粉丝数量也增长到了 18 万。短视频的潮流为我带来了一批客户，让我看到了新的希望，这让我更加相信，汗水加坚持总会有回报。

外界的认可让奋斗的决心更加坚定

经过几年的努力，2019 年我很荣幸被评为普洱市创业就业典范，并接受普洱市电视台的采访，在普洱市宣传普洱茶文化，具有了一定的影响力。

政府的支持极大地鼓励了我，也促进了我事业的发展。为了更好地发展，2019 年我去了各大茶山学习交流，为了使顾客更加信赖我的产品，我开始入驻淘宝，线上线下同时销售，使我的产品更加规范化、专业化，流程合理，因此也有了更多的发展渠道。

从一人的单打独斗到一群人的努力向前

随着短视频的发展，直播带货的潮流也慢慢兴起，我们便在火山平台开了一个直播间，慢慢学习，坚持发视频。刚开始直播的时候，我们不是很专业，但没有放弃过。我也经常去学习别的主播是怎样直播、怎样带货的，到 2019 年年末，我们的直播有了一定的效果，随着顾客群体的多样化，我们的直播也越来越专业化。

2020 年年初，新冠肺炎疫情暴发，在不能出门的情况下，直播的潮流越发汹涌，我们的团队从一开始的一个人慢慢壮大，到现在的8个人，她们都是一群和我一样同样热爱茶叶的小姐姐，她们同样是大学生，和当初的我一样努力。我慢慢地意识到，茶妃不再是我一个人，它是一个团队，我很幸运在做茶的道路上能遇到一群志同道合的伙伴，我会带着她们一起成长。

随着团队的壮大和大家的共同努力，2020年3月，我们扩大了店铺，相对更大的空间也为我们的直播提供了更好的环境，我们也成功地从个体户转变为公司，注册了普洱茶妃商贸有限公司，自有的产品也越来越多。从直播到打包发货，再到产品售后，我们越来越专业，在保证茶叶质量的前提下，还保证了产品的性价比。

知恩，知上，知担当

2020年5月6日，我与一群创业的校友们自发向母校捐赠口罩一万个，为母校的疫情防控工作贡献自己的力量，也为母校送去祝福。在学校急需抗疫物资的关键时期，我们更应该倾尽全力帮助母校。

在我的创业道路上，我要感谢每一位帮助过我的人，是他们的帮助使我成长，从最开始的一个人到现在的一群人，是她们在推动着我前进，让我有更大的信心去发展自己的事业。

走出校园，闪亮的日子依旧继续

毕业离开学校已有三年多时间，这些时光里，我依旧在学习，在努力，走出校园的我上进且热烈。

2020年，我们参加了“县长带货”，创业开始走出自己的小圈子，眼界也开始慢慢开阔。

2021年，经历新冠肺炎疫情的洗礼，我们做茶的热情依旧不减，在官方的邀请下参加了“老乌山开采节”，帮助茶农拓展销路。

日子在继续，创业的步伐不会就此停下，我愿做一个闪闪发光的人，感恩那些点亮我的人，同时也做一个点亮他人的人。

2022年，我有幸收到老师的邀请回到学校分享自己的创业经历。时隔多年再次返校，我内心无比激动和紧张，当初那种想要创业的初心和感动再次袭来。看着学校里青涩的学弟学妹们，我仿佛看到了当初自己的身影。因此，我更加坚定了自己的信念，更加觉得做好自己的同时也应该尽自己所能去帮助有需要的人。

努力吧！奋斗吧！时间永远不会辜负愿意去好好对待它的人。

（云南省大中专毕业生就业服务中心供稿）

自强不息，助力家乡人民脱贫致富

——昆明理工大学津桥学院温玉林事迹

温玉林，昆明理工大学津桥学院 2017 级电信院计科 172 班学生，共青团员，家住青海省海东市互助土族自治县，曾是建档立卡户学生。

温玉林虽曾为建档立卡户学生，但能尽己之力助力家乡抗击新冠肺炎疫情，心怀感恩，助力家乡人民脱贫致富，自强不息砥砺前行创出精彩人生。

尽己之力，助力家乡抗击新冠肺炎疫情

当万里江河已披上了迎接新年的盛装，一场疫情灾难突然降临武汉，瞬间辐射到全国城乡，多少人因亲人感染上病毒而伤心流泪，多少人眼神中闪烁着万分惊恐的目光。疫情就是命令，防控就是责任。大批科学家、白衣天使、解放军战士、人民警察奔赴武汉，奔向了没有硝烟降服疫魔的战场。众志成城抗疫情，举国上下搞预防。一场抗击疫情，保护人民生命安全的人民战争已经打响。多少人在抗击疫情的一线艰苦奋战，多少人又在预防前沿昼夜奔忙。他们用奉献诠释人间大爱，他们用生命书写人生的辉煌，昆明理工大学津桥学院 2017 级电信院计科 172 班学生温玉林也毫不犹豫地站了出来，做了第一个社区探亲劝回点的大学生志愿者，轮流倒班在农村堵卡一线工作十五日，搜集防疫手抄报，给村民讲解疫情文章，原创防疫文章下发各村微信群。他努力创业，在 2019 年度学费缓交 2500 元的前提下，第一想到的是用自己积存的学费为大家购买口罩，作为入党积极分子的他鼓励和带动村民参与捐款和慰问一线防疫值班人员，承办爱心之社。在开学之际，他担心农村的孩子没有网络流量上网课，主动搜集了四年级到九年级的课程资料以及学习笔记将其打印成册，第一时间送到村委会统计分发给没有网络和家中父母不识字的孩子进行学习。

在疫情防控一线，温玉林既是“劝返员”，又是“募捐员”，还是资料“收集员”，更是疫情防控的“宣传员”，他用实际行动助力家乡疫情防控，与其他疫情防控一线的工作人员一道筑起了五十乡的安全防线，保护了全乡镇人民的生命健康。

心怀感恩，助力家乡人民脱贫致富

2020 年是脱贫攻坚的收官之年。2019 年寒假，温玉林一回到家就着手谋划家乡人民的脱贫问题。他深入到各乡镇观看农户的情况，正值三月初挖蕨麻的时节，看到农户家里的蕨麻卖不上高价，心里很是着急，便主动联系乡镇机关帮忙宣传，线下做销售，线上做宣传，通过五十乡的韩主任和马主任的详细介绍，通过一层一层的乐村淘乡镇门店认识了互助县乐村淘电子商务服务中心的老总张成虎，他和互助县乐村淘电子商务服务中心进行交流，开发模板，新增了“小 p 带你吃互助”“土族阿姑”，以及其他筹备的醉美互助旗下的分账

号，云南各大经销商老板商议售卖他们互助县的优质农特优产品，从而带动当地经济发展。他始终坚持全心全意为农民服务的宗旨，以成本价收购，以成本价售卖，获得了一定的销量。短短20天，他和张总在互助县电子商务服务中心一起工作学习，他更加坚定了互助县乐村淘电子商务服务中心全心全意为农民服务，实现消费扶贫直播助农的宗旨，他也坚信在将来，他们互助县的农特优产品将推广向全世界，更多的人将了解他们互助土族自治县，推动他们互助土族自治县农特优产品，为农民增收。

在脱贫攻坚一线，温玉林不忘初心，牢记使命，心怀感恩，利用专业知识，助力家乡电商扶贫工作。他被互助县五十镇评选为"吃水不忘挖井人、致富不忘党的恩"先进典型，并获得"有为好青年"荣誉称号。

自强不息，创出精彩人生

温玉林深知"身体是革命的本钱"，只有拥有好的身体素质才能为他人做更多的事。慢跑和桌球是他喜欢的项目。他说："我很享受慢跑的过程，可以完全置身其中，忘记所有的烦恼和不愉快。即使再忙，我也会抽出时间来锻炼，毕竟身体是革命的本钱，身体好了，我才更加自信。"

温玉林深知"纸上得来终觉浅，绝知此事要躬行"的道理，因此他积极参加社会实践。2018年，他参加了昆明大健康国际论坛的志愿者工作，认识了昆明市市委书记陈连元先生、中国人才科学研究院院士韩济生老先生、天津中医药大学校长周伯礼先生、克罗地亚司马安先生、中国国务院惠鲁生女士等，和他们短短三天的接触使他坚定了为人民服务、为人民办事的心思，从此他的社会实践工作就没有停止过。2018年，为响应国家"打赢蓝天保卫战，建设美丽中国"的号召，他多次参与环保知识竞赛和环保宣传志愿工作，积极参与二手书的回收，据统计在2019年他回收二手书籍30000余本，共计重量达到1500千克，全校二手书使用率达到68%。

漫漫人生路，许多人在前进的路上只顾着利益和速度，却忘却了最初的梦想，忘记了初心。但温玉林一直在助农的路上前行，2020年4月接触了私域流量经济的他注册了第一家公司——昆明企润农业科技有限公司来帮助农户开展农业信息的宣传，农产品的上行品牌，让更多的家乡特产无中间差价走向消费者手中。截至2022年4月，温玉林先后入股五家公司，分别为昆明立创网络科技有限公司，占股98%，昆明企润农业科技有限公司，占股99%，昆明云创企迈科技有限公司，占股12%，云南想叮当商务服务有限公司，占股17%，深圳九六启点科技有限公司，占股5%，帮助学生解决就业问题，获得了社会和学校的认可。

在创业实践中，温玉林自强不息，胸怀家国天下。作为建档立卡户子女的他认为"抱怨毫无用处，自己不脱贫是一种耻辱，全世界都在变化，家乡没有变化那也是一种耻辱。"在他的青春故事中，虽有汗水流过的痕迹，却也闪烁着灿烂的光芒。

通过努力，温玉林在2020年荣获云南省第十五届优秀大学生、2019年度云南省百名自强之星、中国自强大学生等荣誉称号。他初心依旧，笑迎未来，摸爬滚打四年后回头发现人生是如此精彩，才明白初心最值得坚持。在毕业季，他说："在大学，我把我的学习一直当作首要任务。大学需要更多的钻研精神和自学能力，我能够较好地适应这种改变，接受课上老师讲授的内容后利用课余时间自主学习，有较高的学习效率，能够高效地完成各科学习任务。我始终以提高自身的综合素质为目标，以自我的全面发展为努力方向，树立正确的人生观、价值观和世界观。我时刻牢记习近平总书记讲话精神，不忘初心、牢记使命，我始终牢记功成不必在我，功成必定有我。”

回首过去，一片辉煌

2017 年通过周坤先生的讲座对自媒体有了大致了解。

2017 年通过微信第一次迈开了创业的步伐，开始潜心学习公众号的吸粉变现。到现在为止，公司旗下拥有 8 个文案公众号、4 个商业号，用户累计达 10 万多个。

2018 年开始运营第一个公众订阅号“西宁您好”，并在一年里吸粉 6000 多名，后卖给青海省互助电子商务服务有限公司更名为青海省电子商务服务中心，运营累计消费扶贫金额 20 万元。

2019 年通过支付宝商家认证成立文舒策划工作室，运营文案策划及会议流程指导等多个项目。

2020 年通过授权青海省互助电子商务乐村淘项目，开始进军扶贫专项直播带货等活动，开始大面积推广农特优产品，获得直播软件优质粉丝 10000 多名。

2020 年 5 月 20 日正式成立昆明立创网络科技有限公司，注册资本 50 万元，并落户昆明市呈贡区置信银河科技园 C 栋 2508 室，开始了正式创业之路，累计推广小程序 300 余个，搭建微商城 40 余家，累计服务商家 500 余户，累计收入金额突破 300 万元。

2020 年 5 月 21 日成立昆明企润农业科技有限公司，重点针对农户销售农产品，累计销售昭通苹果 6 万单，总交易额突破 150 万元。

2021 年起，和腾讯、支付宝、武汉利楚科、武汉仙尊科技等大企业合作，陆续完成微信轻松付项目的对接，腾讯玄武实验室的高校团餐支付设备的研发和落地，支付宝 K12 刷脸系统的架构与落地，以及支付宝 K13 高校版本的测试工作，成功落地叮当新零售、立创商学院等优质项目，积极参与高校智慧云卡通消费系统的对接。

（云南省大中专毕业生就业服务中心供稿）

心存感激，做个好人，做个强者

——楚雄师范学院李杰事迹

李杰，男，云南省保山市隆阳区人，2017 年入读楚雄师范学院数学与计算机科学学院数字媒体技术专业。2018 年 3 月与合伙人共同在保山市成立隆阳区创合文化传媒工作室；2019 年 10 月成立创点文化传媒工作室，2020 年 12 月成立楚雄壹诚记传媒科技有限公司；2021 年 11 月，接任北京云师教育科技有限公司楚雄分校校长，同年 12 月，成立云南抖维传媒科技有限公司，同时，作为所有工作室、公司、项目创始人兼总经理。他所带领的楚雄壹诚记传媒科技有限公司于 2020 年入驻楚雄国家高新技术开发区双创中心，作为孵化企业进行孵化，获得 2018 年 5 月楚雄州“互联网＋”大学生创新创业大赛二等奖、2019 年云南省创新创业大赛铜奖、2021 年楚雄州创新创业大赛一等奖，并入驻楚雄师范学院创业园，带领学生自主创业，先后打造了文印、摄影摄像、妆造、主持、人力资源、服装、跑腿、租赁、代购、二手交易、社群平台运营等多个项目，并获得了可观的收益，达到了不错的效果。

“有志者，事竟成，破釜沉舟，百二秦关终属楚。要干就干出点名堂，要么做第一，要么做唯一。”带着这样的初衷，2020 年楚雄壹诚记传媒科技有限公司在楚雄国家高新技术开发区双创中心正式注册孵化。

大学是平台，学习定未来

同一个省，同一条高速线，从保山来到楚雄，这是李杰人生当中第一次出远门。由于家境贫寒，父母常年在外省打工，从留守儿童到留守青年，这个从偏远山区出来的穷小子只身一人来到了他的大学。从来到楚雄师范学院起，李杰便开始践行他选择这座城市的初衷——大学是一个平台，这里有无数的可能和机会，利用好这个平台，在这座充满发展活力与机遇的城市开启自己的事业，他相信自己在云南滇中这片土地上一定会有一段精彩的旅程。那时候的他是一名数字媒体技术专业的大一新生，对于创业还很懵懂，在一次由学校团委及创业就业部门组织的楚雄市青年企业家经验交流会上，在楚雄师范学院历届优秀创业人物杨丽峰同学等人的分享之下，他被深深地影响。“苦心人，天不负，卧薪尝胆，三千越甲可吞吴”，他抓准一个方向，在学校大学生创业园区平台的助力下，抱着对自己的专业前景的向往，在无数次对“数字媒体技术”这个词条进行百度搜索之后，他决心把专业变成事业去做。于是，他开始了学习之旅，利用好一切可用的时间去沉淀，积累经验，找各种平台接一些小项目，不断夯实自身能力，锤炼本领。因为他坚信只有厚积薄发才能一鸣惊人。“孩儿立志出乡关，学不成名誓不还，埋骨何须桑梓地，人生何处不青山。”每每想到这句话的时候，他总有使不完的劲，总有源源不竭的动力，一种热血沸腾的感觉涌上心头，他总觉得他们这一代年轻人应该为这个社会做点什么。他说现在回想起来，也许这就是他创业之路的开始。

心存感恩，做好人也要做强者

2018年，正值自媒体发展高峰阶段，短视频平台被推上了风口，数字媒体技术专业便找到了真正的用武之地。李杰想用自己所学的技能，为社会做一些贡献，以科技创新为主导、短视频平台为主流、人才培养为基础，从数字媒体技术出发，实现自我的意义和价值。

一腔热血的李杰，满怀热情地开启了他的"数媒人"创业之路。遇到了一帮志同道合的伙伴，组建了一支团队，可创业的艰辛是他一开始万万没有想到的，学业的压力、时间的安排、能力的不足、经验的匮乏、团队成员的不理解、家人的反对等众多问题像重重大山一样接踵而至。他对他的团队永远说着一句话，"心存感恩，做个好人，做个强者"，于他而言，感恩一定是放在第一位的，因为在各种问题来临之时，他的身边总有许许多多支持和帮助他的良师益友，有学院领导的支持理解，有专业老师的知识传授和技术指导，有辅导员老师的心理疏导和热情帮助，有学校创新创业部门搭建的创业平台，还有不断参与社会实践得到锻炼提升的机会以及自己努力付出后的收获，正是有了这些帮助，才成就了这个一门心思只想学好专业并想干一番大事的他，也正是因为这些帮助，才在很大程度上促使他的"数媒"创业之路迅速走上正轨，并且小有成就。

相信梦想的力量，坚持终究有回报

在学会了做一个好人的前提下，坚持才是硬道理，在政策的支持下，在指导老师的鼓励下，在学校的支持下，在团队的努力下，大学四年，四年如一日，一千四百多天的日思夜想，上百次的商业计划推敲和改进，不停检索行业信息，不断钻研专业技术技能，都成为李杰创业路上珍贵的足迹。"利用好一切可利用的资源，把自我价值发挥到极限，不要尽力而为，只求全力以赴"，本着学好专业，用好专业，励志在数字媒体技术领域奉献自己的力量的态度；本着宣传彝州文明城市，发扬全国文明校园优秀文化的初心；越来越多的师弟、师妹加入到了创业的队伍中，用实际行动证明了"95"后的青年创业者所能发挥的无限潜力。截至2022年，经过五年的不懈努力，团队孵化项目超过10个，为上百家中小企业提供短视频拍摄宣传服务及内容，打造培训超过150场，为学校提供学生实践实训平台，直接或间接带动楚雄师范学院多专业、多学院的部分大学生实现就业和创业。其间，他带领团队成员参与制作并联合出品了多部网络电影，包括《盼逆》《归途奇遇》《小巷拳击手》等；为宣传楚雄特色以及带动楚雄数字媒体经济发展，团队把电影剧组带入了楚雄，拍摄了网络电影《年少不轻狂》，获得楚雄市宣传部门高度重视；在楚雄市团委的号召下，组建了公司团支部，并担任第一支部书记；为助力彝州脱贫攻坚，乡村振兴，与云南大彝天成影业联合了云、贵、川的多位百万级网红博主为楚雄市南华县红心土豆进行线上直播带货，且取得了两个小时卖出80吨的成绩。

饮水思源，不忘来程

正如李杰所说的"心存感恩，做个好人，做个强者"，在创业的过程中，他始终没有忘记母校师生以及各级相关单位给予的帮助和支持，始终把感恩放在第一位。作为一名大学生创业者，他深深感到，如果没有政府的好政策，没有学校的平台和支持，没有社会各级组织的关心和帮助，他的梦想不会变成现实，他更不会有今天的一切。

在能力范围内，李杰总是介绍符合用人单位条件的大学生进行兼职实践，吸纳有能力的同学加入自己的项目运营，带动大学生创新创业以及就业。与此同时，在这种拼搏奋斗、不怕艰苦精神的引导之下，很多的在校生也开始了自主创业。

博采众长，不断总结前人之经验，展青年人创业之风采，我辈正年富力强，血气方刚，正处在厚积薄发之大好时机。创业的道路永远没有尽头，李杰坚信，思路决定出路，学习决定未来，打好基础，梦想在行动就在，创业虽很苦，但坚持很酷！只要坚持，终究会有回报。

（云南省大中专毕业生就业服务中心供稿）

闪亮的日子

陕西

学院派创业的理想与坚持

——西安交通大学韩飞事迹

韩飞，2018 年毕业于西安交通大学（下文简称交大）人居环境学院，蜂巢智慧创始人兼 CEO，2017 年获得联合国环境规划署"绿苗计划"奖，2018 年创立东莞蜂巢智慧智能科技有限公司。公司是以数据科技为核心的智能物联网解决方案和大数据服务提供商，业务聚焦于人居环境、智慧环卫、污水管护等业务，致力于成为数字人居环境的领导者。

"大学生走创业的路潜力无限，但因为缺乏经验，同样也最容易失败，如果能够成功，感谢自己的努力，更得感谢这个时代所给的机遇。"东莞蜂巢智慧智能科技有限公司的创始人兼 CEO 韩飞这样总结他的创业之路。

2014 年，17 岁的韩飞从新疆乌鲁木齐考入西安交通大学（下文简称交大），本来想进入物理系当一名科学家的他，误打误撞进入了地球环境科学系，开始了他对于环境科学的学习之路。他的父亲从小告诉他，他是一名纯正的"疆三代"，爷爷参加过解放战争中的葫芦岛战役和华北战役，退伍回到老家安徽六安，后响应国家号召来到新疆支边，奶奶也从苏州来到新疆支边。当时新疆的条件非常艰苦，爷爷参加过战争，身体不好，很早就去世了，奶奶一个人把家里支撑起来，非常不容易，她时常教导孩子们要踏实做人，勤奋努力，用知识改变命运。父亲的话让他树立起对爷爷、奶奶的敬佩，埋下了一颗艰苦创业的种子。

来到大学的韩飞热爱各项社会活动，西安交通大学丰富的社团基础和学习条件，给了他这个机会。他参加了吉他社、天文学社等社团，周末时间还辅修法律第二学位，这不但丰富了他的大学生活，增长了他的视野和知识，而且从中认识了他日后重要的创业伙伴。蜂巢智慧的创业团队是由韩飞一手组建起来的，有来自环境、经济、软件、电气等不同专业的西安交通大学的学生，这些专业甚至分布在不同校区。很多同学问他是如何快速组建起这样不同专业、能力互补、又互相信任的创业团队的，答案正是韩飞在大学期间的"学"与"玩"中自然而然汇聚起来的。

2015 年年初，韩飞在学生处做兼职助理时负责组建了自媒体原创平台——"叨叨"，一个展示年轻人风采、讲述青春故事，反映青年人态度的原创平台，致力于在广大学生中传递榜样力量。

这是韩飞的第一次创业实践，韩飞到各个爱心社团寻找合适的人才，组建了包括内容策划、人物采访、人物拍摄、编辑校对、自媒体发布等各方面的团队，在努力实践中"叨叨"团队也逐渐变得强大。优质的团队把控着"叨叨"每一篇自媒体原创文章的质量，公众号的单篇阅读量也从几百快速上升到五千以上，在校园里掀起一阵波澜。在校生可以从一个轻松愉快的角度了解到榜样的"发展史"，原来榜样的优秀并不是那么遥不可及，也是通过努力和奋斗一点点积累出来的。

在国家"双创"热潮的大背景下，西安交通大学也涌现出很多校友创业榜样，如 360 公司创始人周鸿祎、樊登读书会创始人樊登、喜马拉雅创始人余建军、飞饭网创始人王志鹏、西少爷肉夹馍的袁泽陆等。韩飞在“叨叨”的工作中，有机会见到这些优秀的创业榜样，聆听他们的创业故事，这些榜样逐渐影响着他。2016年年底，他决定离开“叨叨”，毅然决然走上了创业之路。

这一年，韩飞所在的人居环境学院发布了北京绿色未来基金会捐助的“绿苗计划”，是联合国环境规划署为鼓励青年学生投身环境保护和可持续发展事业的学生科研训练项目。韩飞在上《人居环境概论》专业课时，对城市管理的很多问题进行过深入思考，例如交通、公共空间、园林绿化、垃圾管理等，尤其是城市垃圾管理方面存在巨大的优化空间。随着城市的发展，人口密度和消费力都在逐渐增长，产生的垃圾也越来越多。长远来看，地球资源一直被消耗，垃圾重新再利用势在必行，因此韩飞以此为研究项目报名了“绿苗计划”。

在逐步深入的研究中，韩飞发现垃圾管理中垃圾清运有很大的效率提升空间，垃圾管理中垃圾清运的成本占到总体成本的60%～80%，而且存在资源分配不均的情况。垃圾分类也是必然趋势，一旦进入垃圾分类，不同的垃圾需要不同车辆清运，就需要更高的垃圾管理水平。例如一篇调研报告中讲到城市购买的垃圾车清运能力能达到每天15000吨，城市产生的垃圾为每天9000多吨，但这15000吨的清运能力还是解决不了9000吨垃圾的实际产量，这就是没有科学分配清运资源的原因。传统的方法是通过固定的数学模型估计城市垃圾的产生量和分布情况，在初期就一次性配置好清运资源和清运路线。但数学模型没法估计到每天每时的动态垃圾产量，实际落地效果较差，避免不了垃圾车辆收不满或装不下的情况。因此，韩飞从这一点入手，考虑在每个垃圾收集点放置一个能够实时探测垃圾产生量的物联网传感器。这样既能解决垃圾满溢影响环境的问题，又能通过实时收集的数据，建立起城市垃圾产量动态模型，确定垃圾车的区域分配和每日路线。甚至可以分析更合适的垃圾桶布设位置及数量，不断地优化垃圾收集的效率，垃圾管理基础设施的资源使用效率，为城市管理者提供决策和建议。韩飞带着这一方案迅速找到了系主任李旭祥教授，这一方案得到了李旭祥教授的认同，并拜访了西安市碑林区城管局局长，该方案也得到了城管局的认同。韩飞带着更详细的方案参加了“绿苗计划”，顺利获得“绿苗计划”固体废弃物资源管理领域的全国唯一奖项。

在多方调研下，韩飞认为这一方案是有商业价值的，他带着方案找到西安交通大学创业孵化的载体“创客汇”，袒露了想要创业的意愿，学校就创中心的老师告诉他创业需要搭建产品原型、书写商业计划书、寻找初创资金等一系列内容，最重要的是要搭建一个真正志同道合、愿意共同努力实现创业理想的团队。韩飞迅速找到和他专业、能力互补的大学好友，一拍即合，利用他个人在大学积累的储蓄和“绿苗计划”奖金开始启动创业。

2017年，韩飞团队在“创客汇”的一场讲座上结识了大疆无人机董事长李泽湘教授，应李泽湘教授邀请，韩飞在暑假带着他的团队前往东莞松山湖国际机器人基地，在这里取得了李泽湘教授的种子轮投资，并创建了东莞蜂巢智慧智能科技有限公司(简称东莞蜂巢)，品牌确定为“蜂巢智慧”。2018年6月韩飞本科毕业，带着他的合伙人团队和两名全职员工，选择了城市废旧纺织物回收场景作为第一个尝试的业务场景，创立东莞蜂巢全资子公司西安飞蜂智能科技有限公司，进行更加专业的产品研发。初期的产品研发极为困难，垃圾投放点环境差，如何让研发的产品成本有优势，还能长期精准测量垃圾量，并且功耗极低，达到自供电续航5年的要求，韩飞没日没夜带着研发团队研发，自己也上手焊接电路板，经常睡在公司盯着产品测试。

2019 年年初，第一条产品线落地，韩飞又一个人跑市场，从电话销售到全国拜访客户，几乎每个销售模式都尝试了一遍，销售量终于从几套设备上升到几千套设备。2019 年年底，韩飞和西安交通大学校友隆基股份的实控人李振国先生仅仅洽谈了 2 个小时，就又拿下近千万元的天使轮投资。

2020 年年初，准备雄心勃勃大干一场的韩飞遭遇当头一棒，新冠肺炎疫情让废旧纺织物回收行业陷入瘫痪，刚招聘好销售人员，又没有了销售客户。在这关键时刻，韩飞立刻重新调研，大胆判断农村厕所革命管护是社会需要的方向，而且在 2020 年市场会开始暴发，农村厕所从旱厕改成水厕后需要清运回收，但分布又分散，急需提升清运效率。有了前期的研发基础，韩飞带着团队一边研发产品，一边拓展市场，终于研发出了农村厕所革命管护云平台，打开了农村市场。

随着国家乡村振兴战略的提出，韩飞判断包含厕所革命、垃圾管理、污水治理、村容村貌的人居环境监测需求会逐步显现，因此公司确定了数字人居环境领导者的公司愿景，借着在厕所革命、垃圾管理监测的产品实践，韩飞带着他的公司又提前布局，与西安交通大学人居环境学院战略合作，打造人居环境数字化监测大平台。2021 年年初，为了坚决执行公司战略，韩飞提前扩充团队，完善销售和产品两端的团队力量，并拿到隆基股份实控人李振国的 Pre-A 轮投资。2021 年年底，国务院办公厅印发《农村人居环境整治提升五年行动方案》，蜂巢智慧的发展方向也再次被印证是正确的。

如今的蜂巢智慧，已经拥有 100 多名员工，在中国内地拥有全覆盖的业务网络，在港澳台地区以及海外国家/地区拥有 42 个合作伙伴，产品和解决方案应用在全国 32 个省份和 9 个国家，如河南南乐县厕改管护平台项目受到农业农村部认可，并在全国大学生"互联网＋"大赛中获得金奖。"实现乡村振兴，提高农民生活幸福感和获得感，助力解决国家民生问题，需要青年创业者发挥技术优势、勇于担当责任，用心、用脑、用情地做出力所能及的贡献。"蜂巢智慧团队的西安交通大学创业者们这样说。2020 年 11 月，中共中央政治局委员，国务院副总理孙春兰在广东考察调研创新创业教育工作时，听取蜂巢智慧关于农村厕改的人居环境智慧管理系统介绍汇报，充分肯定了公司的发展理念。

"新冠肺炎疫情这两年多的时间，蜂巢团队吃了不少苦，受了不少打击，有很多艰难时刻，但我们坚持住了为社会创造价值的初衷，提升了团队的实践能力，我也完成了从学生创业者到企业管理者的蜕变，精勤求学、敦笃励志、果毅力行、忠恕任事的交大校训也一直激

励着我。”韩飞如是说。

未来十年，结合公司在农村市场的发展和废弃物收储运技术的优势，蜂巢智慧将继续探索生物质能源的发展方向。韩飞说：“如果能将农村大量分散的生物质，通过我们积累的收储运技术进行收储，并处理转化为类似于甲醇的绿色能源商品，整个系统的成本得到控制，商品的售价等于或低于传统的甲醇，是可以大规模应用的，并且符合国家‘碳中和、碳达峰’的方向。”

前路未知，但奋斗者最幸福，韩飞带领着他的蜂巢团队不断向未来前进，从学校走出去的他，似乎永远带着那么一点“书生气”，坚持为社会创造价值的初心，哪怕山再高，路再远，再艰难困苦也不怕。

（陕西省高等学校毕业生就业服务中心供稿）

守正传承，纸艺华章

——西北大学贺强事迹

贺强，陕西省延安市黄龙县人，生于 2000 年 8 月，非物质文化遗产传承人、中国剪纸协会会员、中国民间文艺家协会会员、陕西省剪纸协会副主席兼秘书长、三秦文化研究会陕西剪纸艺术委员会副主席兼秘书长、陕西刺绣协会副主席、陕西民间文艺家协会会员、延安市剪纸协会副主席、“一带一路”文化发展协会艺术顾问、2016 年全国最具影响力青年艺术家，2017 年代表陕西赴日本参加第二届全国剪纸大赛，并荣获“全国十佳剪纸能手”“全国十大神剪”称号，曾经多次登上中央、省、市、县电视栏目，多次参加全国剪纸大赛并获得奖项，是南京大学特聘剪纸研究员、崇德书院艺术顾问、中华人民共和国第十四届全国运动会特邀非遗传承人。

学习与继承：“纸”争朝夕，剪出斑驳岁月

至今贺强研习剪纸已近九年，形成了独特的风格，并得到了全国多位大师的认可。他一直徜徉于美丽的剪纸世界，也因为喜爱，所以深入研究，挖掘整理了河西流域的民间剪纸，创作了大量反映河西民俗文化的剪纸艺术作品。当然，这期间他也付出了很多的汗水和泪水，但各种艰辛他毫不在意，回忆往事，感慨颇多。即使在学习任务繁重的情况下，他也一步步艰难前行，从未虚度光阴，每天除了上学就是下乡采风，拜访老艺人，为保护、研究河西民俗文化而不懈努力。渐渐地贺强变成了朋友圈的孤家寡人，但是贺强说，看着整理出的剪纸花样、刺绣底纹以及收集的数量繁多的老绣片、剪纸等，心中又觉得十分欣慰。

继承与创新：匠心沉淀，根植民间文化

创作扎根河西文化，艺术真谛在民间，贺强创作的作品中大量运用河西民间文化元素。河西地区钟灵毓秀，人杰地灵，文化底蕴深厚，古老的民俗风情和丰富的民间艺术是贺强剪纸创作不竭的动力。“媒婆小脚跑得欢，幸福姻缘靠您连”“蛾扑菊，鱼钻莲，事事如意吊枝圆”“鱼卧水，龙登云，虎出深山鸟探林”“如意结宝，越过越好”“蟾蜍吹笙笙，辈辈有孙孙”“蝴蝶杯，满蛾飞”，这些民谣小调都是原汁原味的河西文化。要挖掘民间文化，就必须深入民间，于是，贺强利用课余时间，走遍了河西大地的村村落落，寻找拜访民间老艺人，真诚地向他们学习，那些民间剪纸高手们熟练掌握着传统剪纸技法，艺术家们作品题材广泛，想象力丰富，造型夸张风趣，手法简洁利落，意蕴悠远绵长，如同国画中的大写意，寄托着美好的愿望和远景，也彰显了古老的民族文化内涵，让贺强大开眼界，也让他对剪纸创作有了新的认识，进一步坚定了走下去的决心。

创新与发展：一剪一刻，倾注创意灵魂

目前，贺强已成立了手工艺工作室，他希望在潜心研究剪纸艺术的同时，也使剪纸技艺薪火相传。贺强还和剪纸艺术家们积极开展“剪纸技艺进校园”活动，为这项技艺的有序传承播下种子。他还研究、挖掘、整理河西民俗剪纸老花样和刺绣底纹及老绣品纹样，并进行收藏工作，现已收藏整理各种绣品和刺绣纹样百余件，这为剪纸创作和鉴赏提供了有力保障，贺强的这项有意义的工作也受到全国民艺专家、学者的高度评价和赞誉。

现代剪纸多为山水画等作品映刻创作出来的，从传统剪纸方面来看，现代剪纸并不能称作是剪纸，因为剪纸是有自己的文化与创作语言的艺术作品。作为传承人的贺强来说他会结合着创作语言，保留传统技法、工艺程序去制作剪纸作品，结合文化背景去创作新的作品，建立互联网平台，结合“互联网＋文创产品”将剪纸带入现代人们的生活中，带动更多的人去接触剪纸，了解剪纸文化。

今天，我们可以在传承和遗存的纸文明形态中看到，剪纸是最具民族普遍性和生活使用广泛性的传统，也是历史文化积淀悠久、深厚的文化传统。传统剪纸的用途多为宗教活动，剪纸的历史是跟中国封建史相辅相成的，这也是它跟传统历史文化、民俗文化习惯不可分割的原因。以剪纸为基础，可以研究民间美术的发展与传承，进而专注非物质文化遗产的研究和发展。

贺强自幼喜爱民间美术，他从八岁起自学剪纸、面塑、农民画等多种民间手工艺术，现已申请为“梁山剪纸”的代表性传承人。2012 年他拜入著名民间艺术大师杨梅英门下学习泥塑、面塑、农民画，2015 年参加了黄龙县非物质文化遗产优秀项目展示，2016 年参加了黄龙县春节文化系列活动，对此《延安快报》《延安青年报》都进行了宣传，他也获“三秦杯”全国剪纸大赛铜奖，获“潼关杯”全国剪纸大赛铜奖，代表陕西省赴日本参加第二届全国剪纸大赛并荣获“全国十佳剪纸能手”称号，在清风陕州廉政全国剪纸大赛中获得优秀奖，在宿迁全国剪纸大赛中获得银奖、铜奖，2018 年登上延安直通春晚节目，还参加了第二届世界文化博览会。

（陕西省高等学校毕业生就业服务中心供稿）

在实践中锻造热血青年，在奋斗中成就出彩人生

——陕西科技大学阿布都沙拉木·艾比布拉事迹

阿布都沙拉木·艾比布拉，男，新疆维吾尔族人，陕西科技大学经济与管理学院工商管理专业2021届毕业生。他创办的新疆沙拉木商贸有限公司，产品远销美国、加拿大、土耳其等十余个国家，带动当地农户增收900多万元，带动800户农户脱贫致富，解决300余人就业，事迹受到央广网的专题报道。

学习理论，充实自己

在校期间，阿布都沙拉木·艾比布拉受到学校周边批发市场销售新疆特产的启发，萌生了创业的想法。2017年，响应国家“双创”号召，他休学回到家乡吐鲁番创业。2018年，他的创业项目在“创青春”全国大学生创业大赛中获得国家级铜奖，2019年在第五届“互联网+”创新创业大赛中获得国家级银奖。现如今，在当地政府和学校的支持下他的创业项目逐渐步入正轨，从国内批发市场、大型连锁超市做到了中东市场、北美市场、中南亚市场，目前，正在努力开拓欧洲市场。

提到自己创业前期的学习经历，阿布都沙拉木·艾比布拉指出党和政府是他成长路上坚强的后盾，是学校为他解读国家政策、分析机遇、协助他制定发展规划。一方面学校对他严格要求，采取各种举措来关心支持他的全面发展，为他配备了拥有丰富教学和企业战略管理咨询经验的创业和学业导师。辅导员、专业教师通过电话、网络，甚至不远数千里上门为他提供学业和公司发展方面的指导和帮助，为保证学习质量，还为他量身打造了“严爱兼济”的学习模式。另一方面，他自己也能将所学到的知识应用到创业实践中，做到学以致用。

诚信经营，优化品牌

毕业后，阿布都沙拉木·艾比布拉选择了返乡创业，立足我国新疆特色果业资源，创立了新疆沙拉木商贸有限公司。公司通过自主培育与农户加盟方式，掌握原产地一手货源，

在保证产品质量的同时，与同类产品相比取得了10%～15%的价格优势。通过校企合作，公司配备了食品安全溯源、食品安全监控等方面的专家，通过大数据分析为食品安全溯源、精准营销以及改善产品结构提供了保障。近三年公司向沙特阿拉伯、阿联酋、印度等国家供应新疆葡萄干等特色干果年均突破3000吨，在2019年上半年出口额达1500万元，占吐鲁番市出口总额的60%，公司总销售收入中出口占比超过50%。公司国内市场目前主要在北京、天津、上海、陕西等地，截至2019年上半年国内销售量为800吨，销售额约1600万元，与家乐福、雨润集团、永辉超市以及其他各类大型商超建立了稳定合作关系。

此外，为积极响应国家精准扶贫和乡村振兴战略，公司形成了“扶智”+“扶志”的服务模式，通过政府、企业、高校三方携手服务边疆三农建设。新疆地区盛产特色干果，但受交通不便、品控选拣不规范等因素的限制，其干果存在滞销、低价等问题。鉴于此，公司组建专业团队，并通过严格的品控、选拣、包装使产品销往世界各地。同时，公司提供上门收购，解决了因交通不便造成干果低价、滞销等问题。此外，公司积极开展特色果业的深加工业务，为当地贫困户创造更多就业机会，其中，聘用正式员工66人，季节性用工240余人。2018年公司仅葡萄干就收购了2000吨，解决了6个贫困村60%的干果滞销问题，带动农户收入持续增加，在当地形成了良好的品牌效应，最大限度地发挥了企业服务地区发展的社会责任。

奉献爱心，回报社会

公司的发展跟政府的支持、社会的关心是分不开的。阿布都沙拉木·艾比布拉常怀感恩之心，创业不忘扶贫，希望公司在不断发展的同时能更多地反哺社会。

他积极拓展销路，帮助农户增收，助力脱贫。公司年均收购量达3000余吨，2018年帮扶农户创收1000余万元，带动新加入农户280余户，2019年上半年带动农户创收800余万元，合作农户收入从1800元/月增至3800元/月，近三年实现收入翻番。他坚持将“扶智”与“扶志”相结合，提高农户技能与文化水平，进一步改善农企合作多赢效果。公司日常凝聚青年力量，带动大学生返乡创业，开展专业技能培训，截至目前公司已培训400余人，有效提高了种植技术，产品的质量和产量也得到明显提高，售价每千克提高约 5 元，新增带动就业 300 余人，农户生活条件得到有效改善。他致力于让智慧点亮乡村，旨在繁荣永续发展。平时关注乡村少数民族儿童的成长教育和发展问题，启动“智慧点亮乡村”计划，目前，公司已在木日吐克村设立“沙拉木”图书馆，为边疆儿童提供双语读物，特别是汉语与维语双语有声读物。与此同时，公司还发展采摘、观光一体化的旅游项目，建设独具新疆特色的“田园小镇”，打造集美食、歌舞为一体的独特民俗体验项目。他用自己的实际行动去践行奉献爱心、回报社会的誓言。

提到未来的发展，阿布都沙拉木·艾比布拉说：“我们是民族融合的受益者，也是‘一带一路’的参与者，未来将争取成为乡村振兴的贡献者，吸引身边的少数民族大学生返乡创业，做创业爱国的奋斗者！”

（陕西省高等学校毕业生就业服务中心供稿）

立志用科技成果繁富乡村大地

——西安科技大学侯智轩事迹

侯智轩，男，汉族，中共预备党员，西安科技大学建筑与土木学院土木工程（合作办学）专业本科生，现任班级班长、学院学生会主席、西安梵轩网络科技有限公司创始人兼总经理。2020 年，他响应“大众创业 万众创新”的号召，在学校的支持和梁博老师的指导下，牵头成立了西安梵轩网络科技有限公司，他带领公司团队走访调研了陕西省 3 市 5 县，与 170 余家农户及合作社建立合作关系，积极思考，创新打造了“n 小农＋1 社区”销售模式，科技赋能，因地制宜研发出 4 项智慧助农装置，并申请相关专利 4 项，其科技成果可减少农户劳动时间约 21%，可提高农户收益约 17%，助力乡村振兴。

怀揣梦想，善于思考，以己之力解决供销难题

古人云：“水之积也不厚，则其负大舟也无力。”扎实的专业基础才是创新的立身之本。从步入大学开始，侯智轩就一直夯实基础，朝着自己的梦想努力。他始终认为只要具有较强的专业理论知识，积极思考，注重科学实践，同样可以在非专业的领域有所作为。

从大一开始，侯智轩课余时间便一心扑在学科竞赛和各类创新创业比赛上，起早贪黑是生活常态。在开始做比赛后，他积极思考创新创业到底是为了什么。在浏览往届获奖作品之后，他发现所有的项目都是为了更好地解决现实问题和满足现实需求，在当前存在的现实基础上，做出新产品，提出新服务，更好地服务社会。他意识到了创新创业正是作为新时代大学生为社会创造价值的重要途径。

2020 年年初，突如其来的新冠肺炎疫情打乱了原本的生活节奏，给人们的正常生活带来了极大的困扰，尤其在日常蔬菜的供应上。也正是因为侯智轩本身也出生于农村，使他对于当地农户蔬菜滞销，农民蹲在地头抱头发愁的场面始终铭记于心。这时候他就在想，农户的蔬菜为什么不能直接对接给周边的社区，这样不仅可以解决供需双方的需求，还减少了外出时病毒传播的风险。

说干就干，侯智轩立即联系了学校电子商务专业的三位队友组建团队，思考如何解决这个问题，将小农户的售卖端和社区的需求端对接。他利用社群营销的方式，提出了“社群合伙人”和“农业订单预售模式”，将小农户种植的蔬菜全部精准对接给社区。疫情期间，团队累计对接 160 余户农户，帮助其销售蔬菜金额达 200 万元，实现了小农户与电商市场的有效衔接，这既是实现乡村产业振兴的关键，又是小农户与现代农业有机衔接的重要实践。

侯智轩利用这个模式，在 2020 年全国大学生创新创业计划训练项目中获得了国家级立项，在学校立项经费的支持下，他带领团队自主开发了电商小程序，在这个过程中，他也积累了一定的电商经验。回到学校后，他发现学校当地的特产水果石榴也存在销路不畅的问题，在之前为农户帮销的经验基础上，他又带领团队继续深化探索，帮助石榴果农重新设计特色包装，并全面拓展了电商直播推广矩阵，开启石榴的畅销之路。他带领团队总结经验，从销售模式、特色营销、创意包装等方面创新和改善原有的售卖模式，打造了一套可复制的“n 小农＋1 社区”的销售模式，强化产品信息沟通，提供销路，降低中间环节，实现了菜农有产必销，社区有需必供，也为精准扶贫添了把力。同时，该项目在第十届全国大学生电子商务“创新、创意及创业”挑战赛中荣获陕西省一等奖的好成绩。

敢为人先，不怕困难，借助双创助力企业发展

近年来，我国坚持深入实施创新驱动发展战略，推进“大众创业　万众创新”，依靠改革创新加快新动能成长和传统动能改造提升。国家对创业降低了各方面的要求，对中小型企业的支持较为显著，目的在于鼓励广大群众积极创业，提高广大群众对行业技术的追求，对工作激情的提升。

侯智轩敏锐地把握政策的支持方向，积极响应国家号召，在 2020 年 7 月创建了西安梵轩网络科技有限公司，担任公司法人，开启了助农的创业之路。幸运的是，2021 年年底他也受到了学校的大力支持，入驻学校的创业孵化工作室，在学校提供的资金和创业指导下，他们公司也得到了迅速的发展。

在构建了小农户对接电商市场的模式后，为保障客户对于所对接农户产品的信任，公司团队开发了梵轩科技农产品溯源系统，做到产品源头可追溯，保障食品安全，赢得客户信赖。短短时间，侯智轩带着自己的项目参加各类创新创业竞赛，从第一次路演的受挫，到评委和选手们主动为他鼓掌点赞，他的坚持得到了应有的成绩。在中国“互联网＋”大学生创新创业大赛、全国大学生电子商务“创新、创意及创业”挑战赛、“挑战杯”课外学术科技作品竞赛等竞赛中斩获 20 多项大奖。

在对社会有所贡献的同时，作为学生会主席，侯智轩深入学院实施共青团促进大学生就业行动，聚焦提供实际就业帮扶和提升社会化能力。他开创了学院“科创讲坛”系列沙龙活动，给全院同学传授自己的创业过程，鼓励每一个有创新梦想的同学勇于创新，敢于实践，带动全院学生积极投身于乡村振兴的建设工作中。

心怀天下，深入调查，立志科技赋能乡村振兴

2021 年暑期“三下乡”社会实践活动期间，侯智轩带领公司团队深入革命圣地——延安，对当地的农业情况进行了深入的调研。他发现当地的农户大多种植苹果这类经济作物，每年灌溉苹果的用水量需求特别大。但延安地处黄土高原腹地，降水量较少，农户只能用农用车从水源地拉水来灌溉苹果，还得顶着烈日浇水，一天最多也只能灌溉 150 棵树，工作强度很高。这样的灌溉方式不仅效率低、成本高，而且还不利于节能，农户不愿为之，却又不得已而为之。

农户在烈日下辛苦灌溉果树的情景，让侯智轩深感震撼，他暗下决心一定要解决当地农户的这一难题。调研结束后，他立马去校科技创新实验室找相关专业的同学学习，做理论模型，整天泡在实验室里，为解决延安果农灌溉难的问题寻找方法。

2021 年年底，经过长期的研究与实验，侯智轩为延安市昌明种养殖合作社的果园开发了智能滴灌系统，该滴灌系统可以在白天和夜间定时灌溉，精准地控制了灌溉时长，大大提升了灌溉水的利用率。与传统漫灌相比，该系统极大地减少了水资源的浪费并降低了人工成本。在试点合作社实践后，他提出“公司＋政府＋农村合作社”的营销模式，目前智能滴灌系统已经得到当地 7 家农业合作社的认可并签订了合作协议，覆盖面积达 210 余亩，预计每年可节水 30 吨，人工成本降低 45000 元，苹果增产约 5%。

在创业过程中，侯智轩始终铭记创新是一个国家和民族发展的不竭动力，他只是万千创业大学生的一个缩影；在建设美丽乡村这个事业中，他只是无数心怀梦想、心系乡村的创业者的一个微小代表。把激昂的青春梦融入伟大的中国梦，以青春奋斗领航民族振兴，是奋发有为的大学生创业者的至高追求。他将以实际行动积极融入陕西“大众创业　万众创新”的氛围，以微小之力助力乡村振兴，坚持创新创业，给自己多一点机会，给社会多一些价值。他始终坚定为祖国建功立业，用科技振兴祖国大地！

（陕西省高等学校毕业生就业服务中心供稿）

创新创业照亮了梦想之路

——西安航空职业技术学院田东旭事迹

“没有创新，创业之路就不会有灯塔”，23 岁的田东旭在校期间就已经是全校闻名的创业达人了。作为一名共产党员，田东旭曾任班长、创新创业社团社长、青年志愿者协会会长等职务。受学校创新创业基础课的启蒙和创新创业大赛的历练，在校期间他创办了西安万邦田园现代农业发展有限公司、西安旭航互联商贸有限公司等多家企业，拥有个人申请、获授权专利 23 项，其中授权发明专利 2 项、实用新型专利 17 项。作为项目负责人，他带领团队获得中国国际“互联网+”大学生创新创业大赛国赛金奖、铜奖，“挑战杯”中国大学生创业计划竞赛国赛银奖等省级以上大奖 31 项，曾获学校“创新创业之星”“优秀共青团干部”“优秀学生干部”等荣誉称号。

心之所愿，梦之起航

说到创业之旅，还要回到 2018 年的大学课堂上，那时的田东旭还只是一名普通的大学生，并未想过在创新创业的路上有所成就。直到在“创新创业基础”课堂上第一次听到老师对双创大赛的讲解后，他立刻感觉找到了未来前进的方向。勇于创新、热爱交流、思想活跃的他在课后立刻组建了自己的创新团队。在团队初创的时候，面临着宣传力度不够，活动不能有效开展，学生对创新创业没有认识等许多困难，但田东旭坚持不懈、克服困难，充分发挥了团队核心的支撑作用，在校内积极组织社团宣传的同时，他也时刻关注学校的创新创业项目并提交了申报计划。在田东旭的不断努力下，他带领的团队在学校组织的各项创新创业活动中都取得了优异的成绩，成为学校里创新创业实践团队的领头羊。

学校的创新创业沙龙会定期邀请创业导师、投资人、知名校友来讲述自己的创业经历和所遇到的商业难题。而真正使田东旭在创新创业之路上坚定信心与决心的一次经历就发生于此。在一次创业分享会上，田东旭听到了一位 2015 届毕业的优秀校友在阐述目前他的公司在材料制作工艺上所遇到的难题，希望可以解决材料在成型过程中缩短制作周期的问题。通过这位校友的分享，田东旭发现这一想法与自己团队项目的研究方向不谋而合。于是他第一时间在现场提出了自己的想法，通过交流，双方很快达成了一致，决定尝试在这个项目上进行深入合作。田东旭的项目也得到了学校的全力支持，邀请团队入驻学校的大学生创新创业孵化基地，并由专业教师和创业导师对项目进行指导。

经过所有人不懈努力，团队终于在 2019 年 5 月取得了成功，田东旭团队经过技术改进，成功研发出了新型材料成型工艺，有效缩短了产品的制作周期，解决了企业的实际困难，大大提高了生产效率，这也让田东旭成功地赚到了人生中的第一桶金。同年 9 月，他以这次项目研发为背景的作品参加了第五届中国“互联网+”大学生创新创业大赛，最终获得国赛铜奖；11 月团队又参加了第三届中华职业教育创新创业大赛，并获得国赛二等奖。有了这样丰富的经历和优秀的团队，他更加坚定了走创新创业这条路的信心。

脚踏实地，助力振兴

有了创新思路和实践的经历，田东旭把目光放到了自己的家乡。田东旭来自农村，家乡有很多靠种地为生的乡亲们，但是家乡农业在种植上存在着设备落后、数据化差距、销售滞销等方面的差距，这些问题导致家乡的农户虽然辛苦劳作，但综合收入仍然较低，迟迟不能走上脱贫致富之路。结合党中央提出的“乡村振兴”策略，田东旭立志为家乡的乡亲们探索出一条致富之路。经过充分调研和筹划，他带领团队创立了西安万邦田园现代农业发展有限公司，立志助力家乡发展。团队成员利用自身所学，以“互联网”的运营思维为纽带，通过“互联网＋新农业”的方式，在产品方面升级了现代农机设备，研发制作了符合当地现状的新型喷洒农业一体机和综合环境控制系统；在服务上通过线上线下多元化经营建立线上网络商城和公众号，通过“产品＋技术＋服务”的模式实现了科学化种植、现代化生产，有效延长了农产品的产业链，帮助农民节本增效。这一创业项目也荣获了第十五届全国高职高专“发明杯”大学生创新创业大赛一等奖和第七届中国国际“互联网＋”大学生创新创业大赛国赛金奖，创造了学校参加“互联网＋”大赛以来的最佳成绩，实现了国赛金奖零的突破。

在公司快速发展的同时，田东旭也没有忽略学校社团的发展。在新冠肺炎疫情常态化管理的态势下，田东旭与团队敏锐地发现了在封控状态下，校园周边食堂、超市和快递点等场所排队、拥挤的问题。在这样的大背景下，他带领团队成员进行细致的调查与数据收集，对市场需求进行了详细的市场调研，找到了用户的痛点，立足于学生需求，切实为学生们解决难题，和来自不同专业的同学一起注册了西安旭航互联商贸有限公司。公司在运行过程中，享受了国家对大学生创业的相关优惠政策，学校在免费提供办公场地的同时，还为创业团队匹配了多名创业就业导师积极指导帮助。在公司取得了初步的成功之后，田东旭及团队不断创新，勇于实践，带领更多的同学在各类创新创业实践中取得突破。

前路漫漫，未来可期

经过几年的不懈努力，田东旭在他所属的行业取得了一定的成功，他的责任意识更加强烈。2021 年 9 月，他与学校达成校企合作协议，共建教育培训实训基地，共同制订人才培养计划，旨在同校方一起，为社会培养更多的应用型技能人才，回馈母校，服务社会。在校企双方的共同努力之下，目前田东旭的公司积极参与课程开发和专业实习等环节，并与学校签订了校企产学研合作协议。

在田东旭团队及校方专业老师的指导下，在校学生通过实训和实践，将所学理论知识应用于实战当中。学生所学的专业知识都在实践中得到了充分体现，也进一步促进了学校学生专业能力的提升，是产教融合的成功案例，为学生日后更好地适应社会提供了切实而深远的帮助。田东旭的创业故事已经成为多个学校的授课案例，公司多人受聘担任高校的创新创业导师，在各高校分享自身的创业经验，为怀揣着创新创业梦想的同学答疑解惑。

合抱之木，生于毫末；九层之台，起于累土；千里之行，始于足下。从一个对创新创业懵懂的学生到带领公司取得一个又一个成果的创新创业先锋，田东旭的经历是丰富且充满了故事的。在创新创业的路上或有坎坷，或有荣耀，但对于田东旭来说这都是宝贵的人生经历，谈及创业的感想，田东旭感慨地说："我认为经历是创业路上最宝贵的财富，只有各种不同的经历，才能让我在面临各种困难时都有着坚持下去的勇气，我也相信只要坚持不懈，这一段经历就是我人生的见证和财富"。

作为一名年轻的创业者，创业的道路充满了机遇和挑战，只有依托创新，创业之路才可以走得更远。未来，田东旭的故事还在继续，他的下一个目标就在不远处……

（陕西省高等学校毕业生就业服务中心供稿）

闪亮的日子

甘肃

创新驱动创业，创业实践梦想

——兰州大学王世豪事迹

我叫王世豪，共青团员，家乡是河南省洛阳市，是一名即将从兰州大学物理科学与技术学院毕业的本科生，毕业后将入职华为技术有限公司。

刚步入兰州大学时，我便被这里浓厚的学习氛围所吸引，所谓“萃英山下好读书”，清幽的学习氛围浑然天成，老师们身上傲雪凌霜的人文氛围令人着迷，我暗自下定决心：要在这里干出一番事业。万事开头难，最开始的我一度认为学习就是“泡”图书馆，于是我每天除了上课就待在图书馆，两耳不闻窗外事，对社团、团建、科创比赛等一概不关心，导致我的视野一直停留在书本上，然而对于物理这门实验科学来说，纸上谈兵是远远不够的。直到一天晚上，我正在图书馆看书，一则关于“藏鹰”团队纳新的通知吸引了我的注意，这个通知改变了我对于学习的看法，改变了我的大学生活的基调。

大一第二学期，在春光熠熠的新一年里，我正式加入了由周锦宇学长带领的“藏鹰”大学生创新创业团队，成为其中“光功能材料”项目小组的一员。在这里，我成为了一个三人小团队的队长。从前期的理论准备，到着手材料的制备实验，再到模拟商业化应用，在半年的项目时期中，我不仅丰富了基础的物理理论知识，也从第一任“藏鹰”团队队长——周锦宇学长那里学到了很多实践创业上的经验。在项目有了一定成果的时候，我们团队积极响应学校号召开展创新创业工作，我自告奋勇地报名并担负起了团队创新与创业两个方面的工作。在这里我有幸和十余名来自各学院优秀的同学一起工作学习，工作初期，我们查阅了大量的相关资料，同时结合实事政策与国家发展趋势，将“趣味科学实验走进中小学生课堂”定为初期创业目标，于是团队第一个创业项目——“科学梦工坊”诞生了。这个项目延续至今，经过不断优化，已从最初的“趣味科学实验走进中小学生课堂”的目标逐步拓展为“创建多元立体科普文化体系”。基于此项目的成果，团队在学院支持下，先后成立了两家公司，带动了40余名各学院本科生、研究生参与到相关创新创业工作中，盈利10万余元，真正做到了将实验室的成果投入市场，实现了从理论思路上的“创新”到真正关乎市场生产的“创业”。公司的利润和体量虽然不大，但星星之火可以燎原，我们完成了从0到1的质变。同时这个项目让我们的视野和能力不再拘泥于学校这一方摇篮，它拓展了我们的社会能力，让我们在待人处事中不再是简单的学生思维，涉世或始今日，立身却在平生，这样的经历对于在校生来说更显弥足珍贵。

在该项目执行约半年的时候，团队进行了第二次招新，团队内成员进行了新老更替，我有幸继续留在了团队，作为为数不多的几个团队首发成员继续协助队长打磨项目。经过我们的不懈努力，新的团队继续扬帆起航，我们在第五届“互联网＋”大学生创新创业大赛省赛上获得金奖，这一奖项是我们整个团队的荣光，也是我在创业的漫漫长路上收获的第一桶金。有了之前的科研经历，我在师兄、师姐的帮助下进一步参与到有关发光材料的研究当中。同时，为了进一步提升自己，我积极参与团队各方面的工作，是团队中除队长外唯一一个同时参与创新与创业工作的同学。在学院的支持下，我们成立了一家基于“科研论文及相关制图工作”的创业公司，由于我对科研和创业工作均有一定经验，由我担任公司法人。公司基于兰州大学资源及平台优势以求发展，旨在为周边高校提供更加专业的科研论文制图服务。在团队的多年工作使我拥有了相对其他同学更多、更广泛的学科及创新创业经验，因而我被任命为“藏鹰”创新创业团队第二任队长。在我担任队长期间，我与原队长周锦宇学长进一步拓展团队规模，组织队员打磨项目，参与比赛，争取将团队进一步做强、做大。同时我们积极与校科技园开展创业方面合作，以团队为基础，成立自媒体子团队，通过直播、线上平台投稿等方式宣传兰州当地的特色产业。在第五届“互联网＋”大学生创新创业大赛结束后，我们团队与当地一家百合生产公司取得合作，以该公司的百合产品为主，结合校内及团队资源、平台，对其产品进行宣传，为当地农户谋福利。该项目获得第六届“互联网＋”大学生创新创业大赛省赛金奖和脱贫攻坚奖。与此同时，我们自大一起便准备的项目已经取得阶段性进展，我也有幸与师兄、师姐一起参与了“互联网＋”“创青春”等大赛，并荣获第六届“互联网＋”大学生创新创业大赛主赛道国赛银奖和第七届“创青春”国赛金奖。此外，我还多次带领团队参与包括“挑战杯”、“赢在南京”、“创青春”、西北四省就业创业大赛等多项高级别创新创业赛事，并获得优异成绩。由于本科期间丰富的创新创业经历，我连续两年获得“创新创业奖学金”，并作为创新创业优秀学生代表参与学校“榜样的力量”颁奖典礼。寒暑假期间，我还积极参与各类社会实践活动，如哲学社会学院的“城乡教育资源分布调查”、物理科学与技术学院的“趣味科学实验推广”等。大三暑假期间，家乡新冠肺炎疫情复发，我积极响应号召，参与疫情抗击工作，在家乡需要我的时候，尽自己的一份力量。

开学之后，我应新闻学院创业团队的邀请，作他们“小小果蔬引领乡村振兴”的项目指导，并一同参与到更进一步的扶贫工作当中。经过我们共同努力，该项目顺利结项并受到

校内多方好评，而且获得第七届“互联网+”大学生创新创业大赛青红赛道国赛铜奖。在学习工作之余，我还参加了学校组织举办的创新创业经验分享会，给学弟、学妹讲解了一些在创新创业项目中的经验，解答了他们的一些困惑。如今我即将毕业，希望这一份创新创业自强不息的精神可以薪火相传，相信未来他们可以做得更好。

入学军训结束时，连长对我们的教导到现在我还记忆犹新：“从尖刀连出来的同学，无论你们将来从事什么行业，一定要做到最顶尖！”每次我遇到困难时都会想起这句话，它伴随了我整个大学阶段，此后也将一直激励我自勉前行。

天行健，君子以自强不息。希望未来我能够伫立祖国山河，传承兰州大学精神，勇攀人类科技之巅，探索世界发展之息，在这个伟大的时代寻得无限的可能，成为于家国有用之人！

（甘肃省教育厅学生工作处供稿）

创业路上风景独好

——西北师范大学陈霖事迹

陈霖，女，汉族，2019 年 9 月进入西北师范大学国际文化交流学院学习。2022 年 5 月，她被上海师范大学语言学及应用语言学博士拟录取。她曾参与国家级、省级项目各 1 项，主持校级创业种子孵化项目 1 项，荣获研究生国家奖学金。研究生就读期间，她创办了甘肃西小狮科技发展有限公司，积极参与各类创新创业大赛，荣获全国大学生电子商务“创新、创意及创业”挑战赛国家级一等奖、最佳创新奖等国家级、省级奖项多项，被评为校级实践之星、中国大学生自强之星。她用实际行动践行“奋斗是青春最亮丽的底色，要勇于创新，以聪明才智贡献国家”。

用创新驱动发展

2020—2021 学年，陈霖主持了校级创业种子孵化项目“西小狮汉字王国系列学习平台”，创办甘肃西小狮科技发展有限公司，参加各项国家级、省级创新创业大赛并荣获佳绩。

2020 年年底，在西北师范大学国际文化交流学院李华老师的指导下，陈霖申报了校级创业种子孵化项目。她积极参加学校创新创业学院老师组织的各类培训、学习和会议。在各类创新创业比赛中，学习其他项目的长处，积极向创新创业老师求教。同年在老师的带领下奔赴甘肃临夏、云南昆明参赛，与各参赛队伍互帮互助、团结合作，完成了各类赛事并取得优异的成绩。

通过层层选拔，陈霖于 2021 年 7 月在第十一届全国大学生电子商务“创新、创意及创业”挑战赛全国总决赛中，带领团队从全国 96567 支参赛队伍中脱颖而出，荣获“国家级一等奖、最佳创新奖”。与此同时团队还荣获甘肃赛区特等奖、校级一等奖，得到了甘肃网、新甘肃、凤凰新闻、校级新闻等媒体的多次关注和报道。2021 年 9 月团队在第七届中国国际“互联网+”大学生创新创业大赛甘肃省赛区荣获省级金奖，2021 年 10 月荣获 CITC 网易创新创业大赛西北赛区十强，2021 年 12 月荣获第二届甘肃省大学生就业创业大赛省级二等奖。2021 年 7 月陈霖积极参与甘肃省创新创业教育慕课项目“汉字与对外汉语教学”建设，负责课程创意设计、逐字稿撰写、资源制作与整合、拍摄、剪辑等工作。她不断加强相关工作的学习，不断总结工作中的经验，用发展的眼光解决遇到的问题，能认真完成老师、学院交付的各项工作，并勇于创新，开阔思维，在平凡的工作中做出了不平凡的成绩。

用行动践行新时代青年使命

陈霖在校期间积极向党组织靠拢，成为入党积极分子后，在培训中认真学习党的相关理论知识，以优异的成绩完成结业考试。她将党史学习与专业实践相结合，通过制作微课讲述党史故事。

陈霖还积极参与志愿服务活动。2020—2021 年寒暑假期间，她坚守抗“疫”一线，积极参与社区抗疫服务工作，在社区疫情防控卡点、服务点进行志愿服务，有序开展询问摸排、卡点测温、秩序维护、信息登记、核酸采集、核酸信息采集等工作。她也积极参与建设文明城市，完成文明引导员工作，积极协助群众解决生活上的问题，志愿时长达 110 小时。2021 年年底兰州疫情严重，她还向学院师生捐献了口罩 5000 只。

陈霖用实际行动诠释了新时代青年的勇敢与坚强、责任与担当，为社区疫情防控、建设文明社区等工作贡献了青春与力量，得到了社区工作人员、群众、师生的一致好评。

坚持理论与实践相结合

陈霖学习勤奋刻苦，品学兼优，动手能力强，学习成绩稳居班级前列。2019 年 9 月她顺利通过国际中文教师资格证考试。在学习好本专业课程的同时，她还积极参与实践，注重将理论知识与专业实践相结合。研一第一学期她通过学校选拔，成为留学生专职教师，研二便成为线上汉语教学平台悟空中文优秀教师。2021 年她参加中外语言交流合作中心美国波多黎各未来中文校线上汉语教学工作，通过线下、线上等多种方式讲授中国故事，传播中国文化。2021 年 4 月，她曾在教育部语言文字应用研究所实习，完成教育部语言文字规范标准培训班相关推普工作。

陈霖在 2019—2021 学年，一直在各方面都严格要求自己，保质保量完成学习工作。她积极参加学校的各类活动，合唱、拔河、篮球赛、校级教学技能大赛、粉笔字、钢笔字大赛，在学校“研究生学术月”活动中多次作学术报告。2019 年，她荣获甘肃省汉语国际教育专业硕士教学技能大赛三等奖，全国汉语国际教育硕士微课大赛团体一等奖。2021 年，她参加第十三届“挑战杯”甘肃省大学生课外学术科技作品比赛，发表作品《国际中文线上汉字教学情况调查与思考》，荣获校级一等奖；并同导师李华在 CSSCI 集刊《中国文字研究》上发表了文章《对外汉字部件复现教学》。

（甘肃省教育厅学生工作处供稿）

小盆景里的大世界

——甘肃农业大学郭玉龙事迹

郭玉龙，中共党员，2000 年出生于甘肃省康乐县，因家庭原因，从小生活于西藏自治区拉萨市，大学就读于甘肃农业大学农学院，2018 级植物科学与技术专业本科生。作为一名普通的大学生，在平凡的大学生活中，他始终在追求着不同寻常的梦。在校园里，郭玉龙在保持较好学业成绩的同时，也非常注重个人综合能力的提升，积极参加各项党团工作和创业实践活动，在校期间曾获得兰州市人力资源和社会保障局中国创业培训合格证书，多次获得校级奖项。

怀揣梦想，确立目标

郭玉龙在进入大学之初，就清醒地认识到，既然选择了步入大学校园，就一定要成为一名合格的新时代大学生。在校期间，他认真学习，勤奋踏实，积极参加学校组织的各项活动，不断提升自身的能力和素质，并担任了学校社团组织——果树盆景协会会长。

郭玉龙一直以来就对植物有着浓厚的兴趣，受"绿水青山，就是金山银山"发展理念的影响，他从小就有一个梦想：种很多很多树，养很多很多花，创办自己的公司，为社会添一抹绿。2018 年考入甘肃农业大学后，他积极利用学校资源和学院老师们的帮助，钻研理论知识，利用假期到山东临沂、河北唐山等地进行实地考察学习。同年，还在就读大一的郭玉龙便开始了自己的创业之路，和大部分在校生一样，他没有很好的社会资源，也缺少创业资金，在一穷二白的情况下白手起家，依靠所学的专业知识，从一点一滴做起。

鼓足勇气，积极行动

相信很多人在提到大学生创业时，都是带着怀疑的态度，毕竟对于一个毫无经验和资本的大学生，创业怎么说都是很令人怀疑的。郭玉龙从小就在拉萨生活，2018 年从拉萨中学考入甘肃农业大学，他觉得在甘肃省发展是个好机会。在大学经过三年的学习和努力，他于 2021 年正式创办甘肃大康宏泰园林产业有限责任公司，公司选址甘肃省临夏回族自治州康乐县，坐落于道家宇兰宫，他作为创始人同时担任公司执行董事兼公司法人。创业之路九死一生，大学生创业成功的人更是屈指可数，但对于郭玉龙来说，创业是一件风险与收益相伴的事情，作为年轻人就应该敢拼敢闯。

信心满满，万事开头难

2018 年，郭玉龙满怀信心，力排众议，从山东菏泽引进菏泽观赏牡丹母本品种 26 种 100 余株，如八千代椿、飞燕凌空、珊瑚台等；引进观赏芍药品种 9 种 50 余株，如种生粉、紫玉尊、迟粉等；从荷兰进口芍药品种 5 种，引进甘肃特有品种紫斑牡丹 1200 余株。郭玉龙先后从山东临沂和辽宁朝阳引进果树盆景 16 个品种 10000 余盆，如烟富士、红富士、寒富、中秋王、黄金维纳斯等，另外，还引进桃树、李树、葡萄等果树 40 余品种 5000 余盆。由于引进地区离甘肃较远，气候差异显著，在盆栽果树挂果和越冬管理、养护上缺乏技术，导致引进苗木出现部分死亡，但经过三年摸索和试验比较，公司团队最终突破了技术瓶颈，研究出了适合在甘肃养护果树盆景挂果的全套技术，及具有自己特色的果树盆景艺术造型技术。

艰辛创业，矢志不渝

2021 年作为当时甘肃省为数不多存续经营的主要果树盆景公司，公司创立之初本就存在资金不足、设备不完善、人员数量少等问题，在 2021 年初又由于新冠肺炎疫情原因，实行人员管控，加之恶劣气候影响，公司室外果树花卉在整个冬季无人管护，导致公司直接亏损达十余万元。受 2022 年初倒春寒气候的影响公司的损失进一步加剧。对于公司初创以来最大的打击，郭云龙说，作为公司执行董事他绝不能就此放弃，应该迎难而上。凭借自信和吃苦的精神，深刻分析两次损失的原因所在，他发现导致损失的原因主要在于苗木的抗寒性差，通过从幸存下来的品种中进行筛选，公司最终培育出了适于在甘肃生长、且抗寒性高的盆景品种。公司也在郭玉龙的带领下克服重重困难，呈现出良好的发展前景，开始自产自销，从苗木种子播种开始，到嫁接、上盆、挂果，公司都拥有完善的管理体系和养护技术。2022 年甘肃大康宏泰园林产业有限责任公司获得水滴信用立信企业牌匾、守信承诺企业牌匾，并签订守信承诺书。

把握机遇，紧跟时代步伐

郭玉龙认为，公司能够发展起来得益于内部的正确发展思路、科学合理的管理制度，更重要的是国家政策的扶持。当前，党和国家高度重视“三农”和乡村振兴，国家对农业农村发展的扶持力度不断加强，对与农业有关的公司来说无疑是一个机遇，他们将不断加强公司建设，自觉拥护党的领导，听党话跟党走，抓住机遇力争上游，把个人的发展、公司的壮大融入时代发展的潮流中。

（甘肃省教育厅学生工作处供稿）

贫苦中自强，奋斗中自信

——甘肃农业大学王海贵事迹

人生是一个舞台，剧目有好有坏，情节有喜有悲，我们都在努力演绎自己的精彩。从小学到大学，家境贫寒让王海贵懂得，面对困难，要么自卑，甘于现状、自怜自艾，要么自强，无畏困苦、顽强拼搏，他选择在青春里奋斗，闯出一片新的天地。

王海贵，男，甘肃省庆阳市环县人，2019 年 6 月毕业于甘肃农业大学农业水利工程专业。2017 年，他积极响应国家“大众创业　万众创新”的政策号召，抓住机遇，创立了自己的公司——甘肃新西游国际旅行社。从白手起家到成立公司，他迅速成长为优秀的青年创业者代表，走出了一条奋斗之路。

家境贫寒，让我学会自立

王海贵，出生在甘肃省庆阳市环县的一个小山村，村里的教育资源非常有限，据王海贵回忆，他上小学时，有时候一整天都看不见老师。他说父母都是普通的农民，文化水平不高，但非常重视教育，后来就给他转到县城去上学，他成了村里第一个在县城读完小学的孩子。“在党和祖国的关照下，在父母的辛勤劳作下，我们兄妹四人均顺利读完大学，感恩父母，感谢祖国。”王海贵深情地说。

创业梦的开端

2015 年，刚刚跨入大学校门的王海贵对眼前的一切都充满了期待。然而，军训结束后他竞选班干部、面试学生会均以失败告终，但他没有气馁，选择在大学校园里寻找适合自己的路。他在校园里送过桶装水，在快递分拣站拣过快递……就这样他的校园经历让他收获了第一桶金。2015 年国庆假期，他和朋友坐上了前往西宁的火车，报旅游团去了青海湖。一路上，他领略了青海湖的浩瀚无垠，那种壮观是他之前无法想象的，但是他也见证了不同年龄的人一起旅游的不好体验，小孩的哭闹、老人的晕车呕吐以及游客之间的斤斤计较……就这一次偶然的机会，王海贵的创业梦就开始了。

回来以后，王海贵就一直在思考，大学生究竟需要怎样的旅行？什么样的景点才是大学生所喜欢的？他向身边的同学做了一系列的问卷调查，同时也拜访了兰州几家有名的旅行社。经过一年多的调研、思考、学习，在 2017 年，上大二的他向学校申请加入创业大军，成立公司——甘肃新西游国际旅行社。历尽重重困难，但他始终没有放弃，终于在 2018 年年初王海贵存够了 20 万质保金并取得了旅行社经营许可证，随后公司投入运营。2018 年的清明节假期，公司的营业额就突破了 10 万元，带领 300 多名大学生去了腾格里沙漠。

王海贵说：“接下来的每个节假日我们的顾客人数都是成倍的增长，我们始终坚信‘好的口碑胜过一切广告’，我们的游客 80%来自老顾客的推荐，我们把客户群体聚焦在 18～35 岁的青年人，我们就是希望同龄人可以一起出行，没有代沟，没有隔阂，一切都是那么疯狂！”

2019 年五一假期，尽管由于公司接待能力有限，提前一周截止了报名，但接待人数还是达到了 1500 人，营业额也突破了 100 万元，公司全职员工达到了 10 余人，兼职员工有 100 余人。

正当所有人都觉得公司如一匹黑马崛起的时候，正当大家准备提升服务品质的时候，突如其来的新冠肺炎疫情给了公司致命的一击。2020 年的前六个月，房租和人力成本就亏掉了公司之前的所有利润，下半年经济稍微复苏，公司又一次回归了市场，2020 年国庆假期的游客数量再创新高，游客人数突破 1700 余人，又一次给了大家极大的鼓励！

王海贵不仅自己在追求梦想的路上行稳致远，还带动更多的同学实现共赢。“作为纳税人，我们享受着国家的支持，也要用自己的行动回馈社会。公司仅用了四年的时间，便成为行业新锐。公司成立五年来，年营业收入不断增长，2021 年的营业收入突破了 500 万元大关。”王海贵说。

创业之路并不是一路平坦的，王海贵在勇敢追梦的同时，也面临着资金周转不畅等问题。国家实施的退还旅行社质保金、小微企业免收税费等各类优惠政策，对于创业中的他来说，这些优惠政策就像一场及时雨，在降低公司运营成本、缓解资金周转压力的同时，更为其注入了活力与信心。“在优惠政策的支持下，公司更能够补充人力为自身充电，为行业发展提供更好的服务，同时也有精力开发更多更好的适合年轻人的旅行线路。”王海贵说。

王海贵说：“回顾整个创业之路，国家的各项好政策一直相伴相随，让公司在创业之路上少了许多后顾之忧。”公司计划将节省下来的费用全部投入旅游新线路的开发，为西北的旅游事业贡献绵薄之力。王海贵激动地说：“减税降费，为祖国的惠企政策点赞！”

（甘肃省教育厅学生工作处供稿）

与农业结缘，成就创业青春

——甘肃农业职业技术学院赵皎事迹

作为一个出生在农村的“90”后，赵皎从一个毫无社会经验的毛头小伙，一个收入几千元的员工，到一个创业公司的掌舵人，一个敢于创新、追求进步的90后，坎坷的经历成就了今天的他。他投身于“三农”，服务于“三农”，实现了人生的价值。

赵皎，男，1997年出生于甘肃定西的农村，现任甘肃陇源锦鸿生态农业科技发展有限公司总经理，康乐县高原夏菜农资配送中心负责人，兼任甘肃金粟农业、甘肃庭越生态农业外聘技术员。四年时间，他完成了从初出茅庐的毛头小子到创业达人的华丽蜕变。

初出茅庐，与农业结缘

2019年毕业之后，赵皎通过个人的努力获得了甘肃怡泉新禾科技发展有限公司的一个职位，进入临泽公司担任厂区技术员。甘肃农业龙头企业的技术员，对于一个刚从大学毕业、年仅21岁的年轻人来说是一项充满挑战的事业。没有太多的实践基础，没有行业工作经验，赵皎从点滴小事做起，从细节学起，向前辈学习，去外厂观摩交流，购买国外相关工业化食用菌栽培书籍进行自学，经过1年多的努力，他将双孢菇种植产量从每平方米20多千克，提高到每平方米35.8千克，同时，他自身的技术水平也在不知不觉中得到了提升。

异地创业

回乡后，他考察了家乡周边气候是否适宜种植食用菌及蔬菜。最终，在康乐县景古镇确定种植位置，流转土地，修建大棚，引进河南优质香菇品种及中国农业科学院蔬菜花卉研究所的蔬菜种子，进行试种。2020年试种成功后，当年年末，他正式设立甘肃陇源锦鸿生态农业科技发展有限公司，注册资金200万元。公司采取“党支部＋公司＋基地＋农户”的发展经营模式。一是通过土地流转和吸引群众就近务工增收，有效盘活土地资源，提高土地利用率，增加农产品的附加值，不断提高群众收入，加快产业结构优化升级、土地流转、人员务工等切实帮助群众增收致富的步伐。二是通过确立订单，发放种苗给周边合作社及农户，提供技术指导，提高种植规模，加快产业转型调整，形成规模，面向市场供应蔬菜，加快全镇高原夏菜新品种的引进开发，达到品种优化、结构布局合理的目的，进一步示范引导全镇农业产业结构调整，推动高原夏菜产业发展。三是公司坚持使用有机肥和生物菌肥，进行科学施肥沃土，降低土地重金属含量和病虫害发生，进一步提高高原夏菜的产量，产出优质无公害绿色蔬菜。

公司坚持以农为本的理念，以发展绿色农业为己任。随着公司发展，2021年年初设立康乐县高原夏菜农资配送中心一处，辐射各乡镇，提供农业技术咨询、农技服务、农资配送等工作。2021年年中建成蔬菜储备候捡车间一座，为公司种植蔬菜装车提供便利，还花费18万元配备高标准节水灌溉配套设施一套，采用全覆盖滴灌方式，根据植物生长所需，定量施肥，达到减肥增效的目的。2021年，公司共种植露天蔬菜64亩、香菇2棚，种植品种有甘蓝、花椰菜、辣椒、芹菜，生产前景可观；品种筛选田 5 亩，选择适宜康乐县的种植品种。2022 年，为满足市场需求，公司进一步扩大了种植面积，提高产能，在定西流转 600 多亩土地，在临洮县流转 100 多亩土地，在康乐县流转 100 多亩土地，共计流转 800 多亩土地，建设高标准蔬菜育苗种植大棚 26 棚，用于供应公司和周边企业及农户蔬菜种植。大棚改北方传统一年一季的种植模式为一年两季的种植模式，部分叶菜类蔬菜可达到一年种植三季的新模式，土地利用率达到 200%以上。大棚内配备喷淋及高压雾化系统，集棚内喷水、雾化降温、消毒于一体，可减少自然灾害造成的损失，降低病虫害的发生，提前上市棚内蔬菜。

公司秉承诚信经营、质量为本、投身“三农”、服务“三农”的理念，坚持做高品质的绿色农产品，而这终将是新农企的发展方向。创业任重而道远，愿赵皎不忘初心，越做越好。

（甘肃省教育厅学生工作处供稿）

闪亮的日子

宁夏

返乡创业，科技助农

——宁夏大学石义泰事迹

石义泰，宁夏大学中卫校区2022届旅游管理专业毕业生，带领宁夏越泰航空科技有限公司创业团队专业从事无人机应用服务工作。团队曾荣获首届西北四省大学生就业创业大赛宁夏赛区二等奖、宁夏大学第七届“互联网＋”红旅赛道银奖、第四届“中国创翼”中卫市创业创新大赛主体赛二等奖、宁夏大学“挑战杯”三等奖。

在上大学期间，石义泰通过勤工俭学的方式开始了自己的创业。宁夏大学中卫校区属于新校区，很多服务设施都处于待开发状态，他觉得这是一个很好的机会。通过不断尝试与磨砺，石义泰打造了中卫校区马蜂校园服务平台，专业解决在校学生的生活学习问题；另外还搭建了万能墙平台，为同学提供信息获取渠道，这使石义泰的各种能力有了很大的提升，开阔了视野，提高了思维能力，为他毕业后创业奠定了基础。

石义泰与无人机结缘，源自一次偶然的机会。2017年中卫市中关村的中卫航空科技有限公司（简称中卫航空）想要在学校吸纳相关专业的学生，石义泰作为旅游管理专业学生，专业并不对口，但是他觉得这或许是改变他的一次机会。他随即和同学们一起去中卫航空参观学习，当时的情景让他大开眼界，各种型号的无人机，对他来说是新事物，从小到大，他根本没有这样的机会见识无人机。他非常想抓住这次机会。从那次参观后开始，他就抽出所有空闲时间和中卫航空的徐老师学习无人机组装调试飞行。两年时间里，参观学习的同学换了一波又一波，只有他始终如一，坚持不懈。在寒假期间，石义泰带领团队组织青少年无人机培训，这样一个完整的学习过程，奠定了他无人机创业的基础。

2020年新冠肺炎疫情暴发后，石义泰看着一支支医疗队火速赶往武汉驰援，一批批物资快马加鞭向疫区运输，每天抗击疫情的感人画面与动人故事，让他也萌生了为疫情防控做贡献的想法。于是，他带领团队自发联系中卫市农业农村局，获得当地政府支持后，走上了防疫抗疫之路。

石义泰带领大学生创业团队利用植保无人机高空喷洒消毒的优势，义务为中卫市区及周边乡镇喷洒消毒液，有效防止了病毒传播，为当地居民提供了安全可靠的出行环境。中卫市沙坡头区政府对他们的工作给予了大力支持，经过积极对接协商，为团队解决了消毒液的来源问题。石义泰团队贡献技术和人力，先后投入2台车、1台大疆T16植保无人机（价值41000元）、6块专用电池（每块价值4000元）及5名工作人员，每天的飞机、电池折旧费和运输成本均自行承担。石义泰团队投入使用的植保无人机具有众多优势，每次可承载16公斤消毒液，单次飞行覆盖面积达2万平方米，消毒效率是传统人工方法的50余倍，同时还能有效避免传统消毒方法中消毒人员的皮肤因沾染消毒液体而受到腐蚀的情况，极大节省了时间和人力，有效提高了疫情防控效率。截至目前，团队为中卫市各小区及周边村镇进行有效无人机消毒工作共计11055亩，覆盖10个居民小区、21个自然村、机场、汽车站及8所政府行政机关，惠及居民达10万余人。2020年石义泰入选“我身边的战疫模范”、第十一届“中华慈善楷模”。今后如有需要，团队还将继续无偿为相关区域进行无人机消毒工作。

石义泰和团队的工作获得了社会各界的赞赏，《宁夏日报》、宁夏新闻网等知名媒体均对其相关事迹进行了报道，当地社区和居民也给予了他们充分的肯定。他们每到一个社区开展工作，物业和政府值班人员都会殷切欢迎，积极协助团队做好消杀飞行前的准备工作，并为他们准备午餐及饮品，极大地鼓舞了他们的干劲。石义泰表示，只要新冠肺炎疫情不结束，他们就将继续把这件事情做下去。

2021 年 11 月宁夏新冠肺炎疫情卷土重来，石义泰带领团队身先士卒，积极主动参与疫情防控，与中卫市退役军人共同组建中卫市老兵应急救援队，担任无人机应急救援负责人，为中卫市第五小学、宁夏大学中卫校区、常乐中学、新墩花园社区、壹号名邸小区、夹道村、沈桥村、瑞应村义务防疫消杀。防疫消杀属于团队力所能及的事情，不仅仅是对石义泰的应急能力处理的锻炼，也是磨合团队的过程。

此外，石义泰申请的一项“多角度调节的显示器智能支架”实用新型专利填补了宁夏大学专利空白。在大三时，石义泰与合伙人共同开发了中卫市第一个“51 优果”农业电商信息平台，解决了家乡农产品销售渠道信息不对称的短板。大学期间，石义泰顺利考取了无人机机长证、航测证等无人机专业证书；在 2019 年 8 月尚未毕业时，他已与团队一起成立了宁夏越泰农业科技有限公司和越泰农民合作社，并取得了民航局颁发的民用无人驾驶航空经营许可证。目前公司有成员 8 名，皆系宁夏大学中卫校区学生，其中 3 人是无人机方面的专业技术型人才，且均考取了民用无人机驾驶合格证。公司前期投资 15 万元，主要用于购置无人机设备及保障公司基本运营，当前公司运营状态良好，有足够的能力将无人机飞防贯彻落实于农业服务与疫情防控当中。

无人机科创教育定位于青少年培训，主要以进入校园的形式普及无人机相关知识，推动青少年对于无人机的认知，培养青少年对航空航天知识的兴趣。中卫市沙坡头区团委与石义泰合作，为中卫市沙坡头区中小学生义务提供无人机创客教育，无人机进校园活动主要是让孩子们正确操作无人机，让学生亲身体验创造活动的调试组装环节，培养学生的创造思维，提高动手能力，培养中小学学生跨学科解决问题的能力。2021 年，石义泰为中宁县职业中学无人机专业学生进行无人机飞行培训，已有 20 名同学获得了民用无人机驾驶员合格证。

作为一名大学生，石义泰曾主持并参与多项大学生创新创业实践活动，2020—2022 年，和团队协同参加首届西北四省大学生就业创业大赛，获得宁夏赛区二等奖、宁夏大学第七届“互联网＋”红旅赛道银奖、第四届“中国创翼”中卫市创业创新大赛主体赛二等奖、宁夏大学挑战杯三等奖。石义泰涉足了多种社会实践和行业领域，多岗位的历练铸造了他吃苦耐劳、不骄不躁和敢为人先的优秀品质。在任何工作岗位上，他都始终牢记为人民服务的宗旨，永葆大学生的初心，把自己的岗位当作奉献的平台，在自己的岗位上收获着幸福和快乐。

（宁夏大中专毕业生就业指导服务中心供稿）

返乡创业注册贸易公司，学思悟践助力乡村振兴

——北方民族大学罗威事迹

罗威，男，24 岁，2021 年毕业于北方民族大学经济学院国际经济与贸易学专业。他在校期间曾担任银川市西夏区大学生创业协会副会长兼北方民族大学分会会长，成立“民大泉”桶装水创业项目；曾获评银川市苏大天宫优秀青年创业代表、银川市大学生创业协会优秀骨干。2020 年罗威注册成立华威进出口贸易（云南）有限责任公司并任执行董事，2021 年组织成立剑川县青年创新创业协会并任会长兼团支部书记，同时担任中国人民政治协商会议剑川县第十届委员会常务委员、中国共产主义青年团剑川县第二十次代表大会常务委员、共青团剑川县委副书记（挂职）、云南省青年创业协会副会长、中国国际电子商务中心 T1 级电子商务讲师、云南省青年创业导师、“一县一星”乡村振兴领头雁——剑川之星、大理州优秀共青团员、云南省优秀共青团员。

毅然决然，返乡创业

经过反复的思想斗争，罗威决定毕业后放弃在宁夏发展的机会和在校创业期间积累的资源，回家乡大理创业。2020 年 5 月 19 日他创立了企业——华威进出口贸易（云南）有限责任公司，并于同年 8 月 7 日入驻拼多多平台，成为大理州剑川县第一家拼多多企业店铺，销售红心马铃薯、苹果、白芸豆等剑川当地的特色产品，同时还经营抖音平台以及微信社区团购。

迎难而上，披荆斩棘

罗威在剑川开展电商业务时遇到了物流成本高、产品包装简陋、产品质量参差不齐、缺乏专业营销推广等县内电商企业发展普遍存在的客观制约因素，导致剑川农副产品在销售环节缺乏核心竞争力；在拼多多平台上得不到价格优势，在淘宝、京东、抖音平台上拼不出品质，导致农产品上行始终是一大难点。经过分析思考，罗威针对这些问题逐个进行解决。首先，提升包装改造，定制公司专用包装纸箱，纸箱上不仅有公司以及产品介绍，而且还请了设计师进行美化设计以提升产品包装吸引力。其次，罗威与合作社和种植大户合作制定产品供应标准，供应商装货前必须进行自检，货物到公司进行二次检查，一旦发现质量问题或其他不符合标准的产品直接销毁，造成的损失由供应商承担，在如此严格的采购标准下产品在外观和品质上都得到了保证。再次，营销推广问题，罗威多方面整合资源的同时把包装和质量做到位，产品就有了一定的市场竞争力，同时罗威也引进了一批市场营销、电子商务专业的人才进行全方位、多维度的宣传推广，订单不断增加。最后，物流成本高的问题，因为其他问题顺利解决了，产品订单不断上涨、公司发货稳定且量大，快递企业给公司开设了打折工号，极大降低了快递成本。

不断学习，探索发展新模式

创业一路走来，虽然有各种质疑，但罗威始终坚信电子商务是未来的发展趋势，跟上时代的脚步发展方向就错不了。罗威认真分析产品，不断地学习电商知识，不断尝试、总结创业经验。2020 年 8 月在剑川县商务局的推荐下他参加了由大理州商务局主办的大理州直播电商培训讲师专题班，经过认真地学习及相关考核成功获得了 T1 级直播电商讲师资格证。2021 年 9 月他荣获“一县一星”乡村振兴领头雁培养计划——剑川之星的荣誉，前往北京字节跳动、京东、美团等企业学习，学习直播带货以及短视频带货，探索把家乡的农产品和新时代的新媒体相结合。在日常营销的基础上，罗威积极联系剑川县商务局及团县委、乡村振兴局，成功承办了“青春助力・扶贫营销”比赛。公司利用比赛的方式组织了四千余名学生通过社交媒体开展助农扶贫，“云南大理红皮黄心土豆”产品蝉联拼多多土豆好评榜榜首。多种创新的扶贫营销活动对剑川县扶贫产品的宣传起到了至关重要的影响。日订单量破一万单，营业额破十万元，罗威成了剑川县小有名气的电商达人。

不忘初心，助力乡村振兴

在返乡创业过程中，罗威得到了当地许多部门的扶持，也正是因为有了这些支持与鼓励，让罗威感受到了新青年投身乡村振兴的巨大潜力和责任使命。2021 年 11 月，罗威牵头成立了剑川县青年创新创业协会并担任会长及团支部书记。剑川县青年创新创业协会聚集了电商孵化企业和广大创业青年，定期组织会员学习讨论、传授经验和解决问题。罗威积极帮助协会成员单位对接中央美院，邀请研支团给成员单位设计产品包装；在营销方面，协会安排专人对大家进行免费指导与方案设计；在物流方面，罗威提供了打折工号，让大家在做电商的时候可以极大降低快递成本，甚至还给没有打包场地的青年免费提供打包发货场地。罗威经常给创业协会的会员开展关于电子商务的专题培训，鼓励青年学习电子商务知识，共同创业。同时他还对非电商行业的创业青年提供免费的办公室及注册场地，积极开展创业补贴、创业贷款等政策宣讲。自2021年11月以来，已有多名有志青年到罗威的公司跟班学习，并先后开始了自主创业之路，每当看到有青年小伙伴跟班学习并掌握了电商知识，开始创业并尝到甜头，罗威都倍感欣慰。目前罗威的公司还在不断上架新产品，他说公司下一步将致力于让剑川县更多的特优产品通过网络走出去，帮助农户获得更多收益。罗威用自己的一片赤诚之心，扎根家乡，运营电商渠道，将家乡的农副产品卖得更远、卖得更好，帮助家乡的父老乡亲实现增收致富，用他的话来说就是不忘初心，方得始终。

（宁夏大中专毕业生就业指导服务中心供稿）

回乡创业，弘扬中医文化

——宁夏师范学院叶沛东事迹

叶沛东，男，汉族，1996 年 3 月出生，共青团员，现就读于宁夏师范学院政治与历史学院，系 2020 级学科教学（思政）专业硕士研究生。叶沛东在校期间积极上进，学习上认真努力、勤奋刻苦；生活中团结同学、诚信友善。与此同时，他还积极参加学校和学院组织的各项活动，表现优异，曾获得“中国大学生自强之星”学业奖学金，是一名品学兼优的共青团员。2019 年，叶沛东成立了信阳市百草惠生物科技有限公司，致力于弘扬中医传统文化；2022 年，他被家乡信阳市平桥区共青团委评为“优秀青年志愿者”，为平凡普通的大学生活增添了浓墨重彩的一笔。

叶沛东出生于中医世家，受其外祖父影响，自幼耳濡目染，立志继承外祖父治病救人的崇高志向和悲天悯人的医者情怀。随着外祖父年纪的日益增长，为防止外祖父手中珍贵的中医药精华失传，叶沛东经过深思熟虑后做出了一个郑重的决定：要将祖传的中医药验方发扬光大。于是，在征得亲友的同意和支持后，正逢考研进入紧张状态的叶沛东果断成立了信阳市百草惠生物科技有限公司，并组建了以外祖父和舅舅为主要成员的民间老中医开发团队，旨在收集、开发、研究民间极有可能失传的各种中医药验方，在此基础上继承并弘扬博大精深的中医文化。

2020 年，叶沛东成功考取了宁夏师范学院政治与历史学院的硕士研究生，开学以后，他一边投入紧张的学业，一边不忘公司的事宜。当学业与公司成立之初的繁多事务相碰撞时，鞭长莫及的他为兼顾学习及公司业务，常常加班加点，甚至通宵达旦。他也曾一度迷茫，想要放弃自己的公司，但学院领导和老师在得知他的创业事迹后表示非常支持，并给予了他极大的鼓励。学院领导和老师告诉他，年轻人应该有所作为，吃点苦受点累不算什么，中医文化博大精深，目前很多验方面临失传，需要有人传承，这是利国利民的大好事，应当全力以赴。学院领导和老师的循循善诱让叶沛东很受鼓舞，信心倍增，他调整心态后重新出发，公司慢慢步入了正轨，学业也取得了一定的成绩。

对于大学生来说，寒暑假是最惬意的时候。可对于叶沛东来说却不是如此，寒暑假恰恰是叶沛东的公司调制配药、整理验方最好的时机。每逢寒暑假，叶沛东每天都待在外祖父身旁听医案，并认真记录。他前后共整理了二百多篇经典医案，每一个医案都是一份传承，饱含着丰富的中医知识。他把这些医案精心梳理分类，编撰形成八万多字的《民间中医 70 年临床经验总结》，并计划今后坚持收集撰写，进一步扩充、完善，然后出版。他认为这是对中医药文化传承和保护的最有效方式。

在叶沛东的管理和努力下，公司陆续收集灵验医方上百种，这些都是外祖父继承和研发的，已经临床使用了几十年甚至上百年，也医治了较多大医院无法医治的疑难杂症。其中，公司开发的祖传黑膏药已注册商标“门氏鹊起”，专治腰颈椎腿肩疼，效果显著。此外，他还陆续整理出祖传褥疮膏、顽癣剂、鼻炎药、烧烫伤膏、糖尿病药、足药等方子，临床使用疗效显著。

叶沛东同学在艰苦创业的同时也不忘做慈善，献爱心。2020年年初，新冠肺炎疫情突如其来，一群群仁人志士勇担道义。全城管制，路断人稀，社区变成了一座座孤堡，大街小巷挂满了防疫抗疫的标语，网络上遍布“宅在家里也是为抗疫做贡献”的言论。叶沛东不甘蜗居家中，他认为“年轻人就应该担起社会责任，有所作为，有所担当，越当风险越向前”。为此，他主动向居委会请缨，到小区门口值守，连续数周在小区门口测体温，核查外来人员，受到社区群众一致好评。2021年1月，又一波疫情袭来之时，虽然他所在的信阳是低风险区，但每个小区路口都要有人值守，他又连续数日到小区门口值守，为进出人员测体温、提醒人们注意戴口罩，还为打疫苗的群众维持秩序，看似平常的小事却体现了他的社会责任与担当。为此，家乡平桥区共青团委授予他“优秀青年志愿者”称号。2021年3月，为弘扬雷锋精神，传递“奉献、友爱、互助、进步”的志愿服务精神，形成“我为人人，人人为我”的良好社会氛围，在平桥区好人志愿者学雷锋献爱心活动中，叶沛东一次性捐献公司的祖传黑膏药百余张，以及鼻炎药膏、止痒膏、褥疮膏、癣净等药品，价值五千元以上，免费供社区群众使用。他的义举引来了群众交口称赞，可他谦虚低调，不愿意接受采访，甚至不肯说出自己的姓名。其实，像这样的志愿者活动，叶沛东已经参加过很多次了，他也通过爱心协会多次捐款，为弱势群体献爱心。关于他的义举，精彩平桥、信阳讯、凤凰网河南综合等媒体都做了报道。对于媒体的宣传报道，叶沛东却淡然处之，他说：“我只是做了自己力所能及的小事”。这些举动看似平常，却彰显了一个企业有责任、有担当的精神。虽然叶沛东的公司刚刚起步，但他却时时刻刻想着回馈社会。公司成立以来资金虽捉襟见肘，但给患者送医、送药、送医方时他却毫不吝啬。他常常说自己做这份事业就是为了治病救人，让民间医药妙方不失传，如果单纯只为挣钱就失去了做这份事业的初心。

截至目前，叶沛东仍在努力考证外祖父记录的医案及经典医方，利用现代科学分析论证对它们加以甄别，以求安全有效，为下一步推广做准备，真正为弘扬博大精深的中医文化尽一份责任。所有的药方，他每开发一项，就向社会推广一项，让患者能够花小钱治大病、不花钱治顽疾，也彰显出我大中华中医药文化的博大精深！那些闪亮的日子并不会使他骄傲自满，因为青春本就该如此模样！

（宁夏大中专毕业生就业指导服务中心供稿）

用青春的汗水和金丝皇菊浸润的致富路

——银川科技学院付荣炜事迹

付荣炜是银川科技学院2020级工程造价二班一名普通的学生。自2020年10月进入大学，他便利用业余时间兼职赚生活费。一次机缘巧合下，他加入了学校的7M+创客空间，并第一次接触到了电商领域。

大学以前的付荣炜，总在网上买些自己所需的物品，可从未想过自己也会有一天了解这些物品的销售流程和后台运作，通过多方面接触，他也对成为一名电商产生了浓厚的兴趣。首先，他兼职一家店铺的客服，店铺卖的是帆布鞋，客服的工作便是对鞋子质量、物流跟踪等一系列问题进行反馈，通过这个工作他不仅对电商基本运营有了大致了解，也在和顾客日常相处下磨炼出了自己的性格脾气，因为客服要始终坚持“全心全意为顾客服务”。一学期下来他便有了挑战自己的想法，于是在跟工作室几个学长沟通后，他开始接触店铺的核心运营工作，开始学习从商品的选品到如何让商品有流量，再到如何把商品卖出去等一系列的事务。从此他每天除了上课就是在办公室里学习钻研，从早上一直待到晚上创业楼保安大爷催促离开，同时他也拒绝了一切无意义的社交活动，并且充分利用周末时间。他的舍友曾问他：“你一天这么辛苦有意义吗？”他对舍友说每个人的选择不一样，不一样的选择成就的人生也是不同的。当看到舍友睡大觉或打游戏的时候，他也时常羡慕舍友轻松快乐的日子，他也不断地在内心中问自己：要像他们那样浑浑噩噩地过完大学这四年吗？答案是否定的，这不是他大学四年青春该有的模样，也不是他以后想要拥有的未来。于是，他坚持自己的想法并为之努力，终于，他的店铺也有了不错的成绩并让他赚到了人生的第一桶金。

正因为接触到了电商，了解到了这必定是当下这个时代产品销售最便捷的方式，所以在看到老家的金丝皇菊无人问津的局面时，付荣炜做出了他人生中重大的决定——把家乡

的金丝皇菊通过电商销售出去。大一暑假他回了老家，看到政府的扶贫项目金丝皇菊种满了山坡，但是他通过调查发现，它的销售渠道很单一，只局限于线下销售——特产店和商场。他的家乡在中国硒元素高富集的地区，富硒产业已经形成规模，有完备的产业基础，同时他的家乡是国家一级保护文物鎏金铜蚕的出土地，有着浓厚的文化底蕴。但是，这么优质的农产品仅依靠传统的销售模式是很难真正实现村民的致富增收的。从小就在农村长大的他，对家乡有着强烈的归属感，当看到家乡在国家政策的大力支持下已经有了很大的变化，他自己也从事电商，并且有了比较丰富的电商运营经验，便想依靠他们年轻人的电商技术将家乡特产销售出去。他想用自己的能力为家乡的发展做出努力，这是他作为家乡的一分子应尽的义务。

说干就干！在创业开始之前付荣炜咨询了村委会，村支书说了一句令他至今都难以忘怀的话，“放开手大胆地干，有一切好的政策我们会想尽办法让你用”。这也坚定了继续干下去的信心。但是好景不长，新冠肺炎疫情的几次突然加剧动摇了他的信心，他也想过放弃。如果干下去如何解决线下参观的问题？如何动员农民积极参与到金丝皇菊的种植过程中来？如何让消费者买得放心、喝得舒心？这些都是他要挖空心思考虑的问题。在他犹豫不决的时候，父母也参与到项目中为他出谋划策：线下解决不了他们就将重点放到线上，把线上和线下结合起来；把金丝皇菊的种植环节、采摘环节、晒干环节、销售环节都严格消杀的实况场面录成视频放到线上，让顾客买得安心，喝得放心。于是在父母、乡政府、县政府的鼓励下，他下定决心于 2020 年 8 月 6 日注册了他的第一家公司安康荣晟炜烨商贸有限公司，通过线上平台抖音开设了专卖店，与当地的合作社签订了长期合作协议，并取得了专利的长期使用权。在店铺里，他们上架了商品金丝皇菊和桑叶茶。在店铺运营准备工作都做好了之后，他不断地与抖音上有着大量粉丝的网红和带货达人对接，请他们在直播间里售卖他们的产品，结果产品一经推出效果极佳。可是这个情况下他又遇到了新的问题：每天晚上他自己一个人打包发货到凌晨，这使他的压力越来越大。但好在有家人的帮助，让他勇敢地坚持下来，在他努力为金丝皇菊奋斗的时候，他的项目也得到了当地政府的支持，将他们的产品放在供销社官方账号上进行宣传售卖，并且在消费扶贫年货节上，县长亲自为他们带货。县长对大学生的这种创业活动也很是赞赏。他们也尝试在菊花田和加工车间进行直播，将透明的种植加工过程展示给顾客，严抓品质让顾客买得安心，喝着放心。紧接着，他们对朋友圈的潜在顾客也进行私域化运营，在维护亲密良好关系的前提下，也让朋友圈里越来越多的人了解并购买他们的产品。他的辅导员老师在得知他创业之后，也给予了他很大的帮助，对项目一些细节方面作出了很细致的指导，同时学校的7M＋创客中心的老师对他们的项目也很关心，给他们培训创业技巧、财务知识等，并且为他提供了办公场地以及帮他们申请创业补贴。付荣炜发自内心地说，他非常荣幸能得到这么多亲人、老师、领导的支持和帮助，只有不负众望才能对得起他们的期望。

在各方各面的努力下，公司去年下半年线上成交额已经突破10万元，流转村里闲置土地100余亩，每亩的土地流转费到农户手中有500元，在花期采摘时，公司的用工量在30～40人，可带动就业40余人。看到采摘期繁忙的景象，付荣炜顿时觉得他做的这件事是有意义的，他觉得他的坚持是有价值的。在这一年汗水的浇灌下，他明白了无论创业成功还是失败都要保持一种积极向上的精神，“天生我材必有用，千金散尽还复来”，一个创业者应该有这样的胸怀，也应该有一种不灰心、百折不挠的精神。因为创业本就是一件残酷的事情，1％的成功者都是来自99％的失败。而不成功的原因也可能并不是因为创业者不够聪明、不够优秀，也可能只是运气不好，时机不对。古人常说“未思进，先思退”，创业过程尤其是这样，所以，创业之初要正确看待失败得失。

在付荣炜看来创业是一项充满挑战的奋斗历程，一个具有创业愿望的大学生能否最终走上成功创业之路，与他是否相信自己可以在激烈的挑战和竞争中胜出有着直接的关系，创业是大学生通过发现和识别商业机会，组织各种资源提供产品和服务，以及创造价值的过程。创业必须要付出时间与努力，承担相应的物质和精神压力。要想把项目做得更好，一个人的力量是有限的，但是团队的力量却是无穷的，多一个人就多一份力量，只有大家共同努力，才能取得更大的成果。

“机会永远不是等出来的，而是自己争取并付出努力才能得来的。”这是付荣炜创业以来最大的感悟。等不忙，等下次，等有时间，等来等去，等没了青春，等没了健康，等没了机会，等没了选择。你无法改变过去，无法预知将来，唯一能抓住的只有现在。该做的事全力去做，该尽的努力不打折扣地完成，不要给自己等来太多的遗憾，总有一天你会感激当时那个再艰难也咬牙坚持的自己！

（宁夏大中专毕业生就业指导服务中心供稿）

彩橘养生

——宁夏职业技术学院朱嘉慧事迹

朱嘉慧，宁夏职业技术学院 2022 届中药制药技术专业毕业生。她在实习期间开始尝试创业，目前经营一家特色养生馆，起名为彩橘养生馆，已正常运营近半年时间，主要经营艾灸、中药足浴、按摩等基础养生项目。她的养生馆主要由行业师傅和学校教师提供技术支持，她一边学习技术一边积累经验，把理论与实践相结合，打造出服务好、环境好的特色养生馆。

生活千姿百态，有人喜欢安定，就有人喜欢挑战。很多事情总要去尝试，只有在尝试过后才能判断事情可行与否。创业是一个听起来就充满困难和压力的名词，因为它不仅需要时间还需要经验，对于一个刚刚踏出校门、涉世未深的女孩来说，创业无疑是困难的。但是朱嘉慧坚信没有比脚更长的路，她坚定了创业的想法，在实习期间开始了自己的创业之路。

敢想敢干，战胜自己

在 2021 年朱嘉慧开始实习的初期，她和所有学生一样按部就班的准备选择适合自己的企业紧张地准备面试，打算进入人生下一个阶段。按照预期，她顺利通过了面试，进入了一家药店开始实习。和所有实习生一样，她每天都在勤恳工作，积累经验。但是后来她因家庭缘故辞去了实习工作，回到了家乡，打算重新寻找实习单位。在这个阶段，她也迷茫过，不知道未来的路怎么走。后来她发现在家乡的街道上，不知从什么时候开始，按摩养生店如雨后春笋般多了起来，在一定的实地调研的基础上，她便有了一个大胆的想法，自己创业开一个特色养生馆。

前路漫漫，克己复礼

创业不是容易的事情，不能单凭一腔热情，必须要有资金、经验和技术。当朱嘉慧把创业这个想法告诉家人时，一开始遭到了家人的反对，家人觉得这个想法过于冒险，便软硬兼施劝她放弃这个想法，但是她仍然不改初心，在创业的道路上奋力前行。她制订了自己的创业计划，第一步就是学习技术，毕竟对于服务业的创业，没有过硬的技术是不可能成功的。为了学习技术，朱嘉慧找到一家按摩老店去当免费学徒，每天都认真地学习按摩手法。刚开始没有机会正式上手实践，她就在一旁仔细观摩，等客人走了以后再向老师傅提问，用心记录。回到家后，再为家人按摩，让前不久考取了按摩技术资格证的妈妈再对她进行指导。这样的学徒生活一直持续了两个多月，在不懈的努力下，她终于获得了上手实践的机会，此后的每一天她都跟着老师傅为顾客按摩，学习艾灸理疗，日复一日的锻炼，使她的技术不断精进，得到了顾客的一致认可。但是在这期间，她仍旧没有放弃寻找商铺创业的想法。巧的是恰好有一家养生馆正在出租，她争取到了家人的支持，将店铺租了下来，开始了她的创业之路。为了节省成本，大部分装修都由她和母亲完成，为了节省人力成本，她邀请她的母亲和她一起在店里工作，由母亲来担当技术指导，而她每天都在为店铺做宣传，利用抖音、美团等线上平台，想尽办法加大宣传力度，获得客源。

坚持梦想，脚踏实地

成功经营养生馆不是易事，朱嘉慧不仅要时刻关注市场需求，同时还要关注行业的发展。中医养生是服务行业，其面向的客户群体以中年群体居多，而他们所需求的是在忙碌的工作之后得到足够的放松，因此专业技术过硬是一方面，良好的服务态度更是另一方面。她的养生店不仅是致力于按摩足浴，还有一些附带的产品及服务，如艾灸贴，当代人身体内湿气重，容易生病，而艾灸属于老式的中医理疗方法之一，适当的艾灸对于人体排除体内湿气大有好处。此外，店里还提供一些养生花茶类的产品，每逢顾客上门她都会主动为其倒上一杯，让顾客亲身感受之后再做选择。每当顾客上门，朱嘉慧都会为其详细介绍店里的服务和产品，尽量有针对性地满足顾客的需求。常言道有付出才会有收获，但是创业不会一帆风顺，对于朱嘉慧而言，这才是创业初期，她并不期望能有多高的收入，只想踏实地走好每一步，做好服务，满足客户需求。她的养生馆致力于个性化服务，并不一味地追求高端的店铺形象，她认为顾客的满意度才是养生馆的立足之本，因此想方设法维系老顾客，在顾客每次消费后她都会根据顾客的身体状况赠送小礼品，如花茶、艾贴等。这种方法不仅可以更好地推广产品，而且也可以有效提高顾客的满意度。在经营养生馆的过程中，她不断改变销售方法和理念，在日常经营中总是尝试新的方法也包括新的技术，这些努力也使她的养生馆的经营状况蒸蒸日上，当然这其中也离不开家人的支持和鼓励，这是她创业路上最有力的后盾。对于资金方面，她打算申请政府的大学生创业补贴，这是国家为了鼓励大学生创业，助力大学生创业梦实现的一项利好政策，可以有效解决她的资金不足问题。

创业之路充满坎坷，虽然朱嘉慧只是一个平凡的创业实习生，但是小小的人物也有大大的梦想，也有坚定的决心和勇气。就像鲁迅先生曾说过的："愿中国青年都摆脱冷气，只是向上走，不必听自暴自弃者流的话。能做事的做事，能发声的发声。有一分热，发一分光。"年轻本来就是资本，敢想，敢做，敢拼，不怕失败，这才是青春该有的模样！

（宁夏大中专毕业生就业指导服务中心供稿）

闪亮的日子

新疆

以马为梦，绽放青春

——新疆农业大学葛世萌事迹

葛世萌，男，汉族，1993 年 1 月出生，硕士研究生学历，现任新疆驰霄博骏畜牧业有限公司总经理、新疆马业协会登记官。

2016 年 6 月葛世萌毕业于新疆农业大学动物科学学院动物科学专业，获学士学位。2019 年 6 月他毕业于新疆农业大学动物科学学院动物遗传育种与繁殖专业，获硕士学位，主要研究方向为马业科学。在校期间，葛世萌依托新疆农业大学马产业研究院优势资源，结合学院内部热爱马产业的同学资源，在前期研究基础上，针对马匹早期选择、调教训练经验化，专用产品缺乏等问题，组建了“小马快跑”创业团队，利用部分科研成果申报大学生创新创业项目，并参加相关创业赛事。

“小马快跑”创业团队于 2017 年获第三届中国“互联网＋”大学生创新创业大赛新疆赛区银奖、最佳带动就业奖、全国铜奖。大赛结束后，经过团队成员深思熟虑，积极响应国家“大众创业　万众创新”的号召，依托新疆农业大学马产业研究院，将“小马快跑”创业团队落地，企业化运营管理，集中精力干大事，实现产学研深度结合，为产业发展助力。在学校相关创业就业部门的帮助下，“小马快跑”团队于 2017 年 11 月 6 日在新疆农业大学“新农星创”正式注册为新疆驰霄博骏畜牧业有限公司。公司成立后，以马产业技术服务和配套产品销售为主，经营范围包括马业项目规划、科研技术服务、赛事策划、马匹早期选择、马匹性能测定、调教训练、遗传育种、人工授精、相关产品开发等方面。公司已与相关供货商达成合作协议，并已开展完成了多个项目。同时，公司受到行业内广泛关注，2018 年 5 月 4 日，公司收到中国马业协会批复，正式将公司纳入“中国马会・先锋计划”，成为中国马业协会重点孵化企业之一。同年，公司以“现代马业一站式解决方案”项目代表新疆农业大学参加第四届中国“互联网＋”大学生创新创业大赛，获得新疆赛区初创组金奖、最具商业价值奖，全国初创组银奖，追平新疆初创组最好成绩。2019 年公司荣获新疆马业协会科技创新企业奖。

新疆驰霄博骏畜牧业有限公司,注册资金500万元,新疆马业协会理事单位,是一家专业的现代马业发展策划和技术服务公司。公司资质雄厚,主要服务于大中型马场、马术俱乐部、赛马俱乐部、地方畜牧单位,提供马业项目规划、专业赛事策划、科研技术服务、技术推广、马匹早期选择、专项训练、相关产品开发与销售于一体的集成式服务。

公司汇集了行业顶尖人才,拥有核心技术人员副教授2名、讲师1名、博士6名、硕士20余名,且公司中孟军副教授、王建文副教授为2021年新疆维吾尔自治区现代马产业技术体系领衔专家,曾亚琦为特聘专家。公司已完成编写马匹育种管理软件1项,拥有实用新型专利2项,协助申请科研项目1项,上市公司马业发展可研报告1项等。公司成员曾参与编写《国家种马场(新疆维吾尔自治区)建设规划》《新疆维吾尔自治区塔城地区裕民县马业发展规划》《中国温血马暨中国礼仪仪仗马育种计划》等马业发展策划,得到各级部门的一致称赞。公司人员长期从事马匹功能基因挖掘、运动马调教训练、性能测定、赛后恢复、评分负磅等方面研究,积累了大量测试方法、研究数据及科研成果,累计发表论文60余篇,参与发表标准20余个。公司成员不仅拥有扎实的理论基础,同时还具备极强的专业实践能力。公司成员多次作为裁判团队参与疆内外各大赛事执裁,涵盖赛事各环节,共计执裁大型赛事29场,累积场次800余次,受国家级行业协会表彰4人,地区级行业协会表彰9人。

现阶段,公司承担新疆马业协会马匹登记工作,2018年至今,公司团队先后在昭苏县、察布查尔县、新源县、乌鲁木齐、博湖县、霍尔果斯等地全面开展伊犁马马匹登记注册工作,共计登记马匹2000余匹;保障了2018—2020中国新疆伊犁天马国际旅游节“丝绸之路杯”速度赛马系列赛事、伊犁马常态化赛事、中华民族大赛马·新疆马会系列赛的顺利进行。公司参与赛事组织协调、执裁与赛事发布工作,2018年首次开通伊犁马常态化赛事网络报名通道,为伊犁马常态化赛事的顺利进行做出了巨大贡献。2019年公司先后与新疆生产建设兵团第九师165团、广西德保县等地签订马产业战略合作协议,协同发展现代马产业。公司逐渐成长为新疆马业科技创新的优秀企业。

(新疆维吾尔自治区教育厅学生工作处供稿)

奔走在新疆

——新疆理工学院何晓东事迹

对于一个大学生来讲，创业可能是一件不可思议的事情，是一种舍本逐末的冒险行为，是一个胆子特别大的学生才会做的事情。但是，对于何晓东来讲，创业不仅仅是开一家公司或经营一家企业，在他的概念中，所有从无到有的过程都可以称之为"创业"。

何晓东，男，中共预备党员，24岁，生于1997年4月26日，四川省绵阳人，曾就读于新疆理工学院工商管理专业，曾任新疆理工学院国旗护卫队副队长、新疆理工学院经济贸易与管理学院团委学生副书记、新疆理工学院众娱喜剧艺术社社长，现在是新疆疆忆优选供应链平台的创办人之一。2021年8月正式上线的新疆疆忆优选供应链平台是一个集地方特产、旅游住宿、休闲零食、美妆护肤等为一体的购物平台，同时也是为在校大学生提供兼职、二手交易等生活服务的综合服务平台。

高考结束，开启创业之路

2017年，何晓东高考结束，在家无事，就想出去闯闯，带着借来的500元，他来到县城，购置了一辆二手三轮车，开始摆起了夜摊，卖起了烧烤。

第二天，何晓东开着买来的二手三轮车，到县城最大的KTV门口撑起了摊子，从KTV出来的顾客们一般都会比较饿，或者转场，所以他的烧烤摊的生意还不错，经过一个月的经营，也有了不少的收入。这就是何晓东第一次创业经历。

接着，通过高中学校团委的介绍，何晓东进入了团县委，成为盐亭县创建精神文明城市工作组志愿者。在半个多月的工作中，他认识了许多领导和老师，积累了不少人脉和经验，再加上父亲的支持和鼓励，让何晓东决定大学毕业之后要创业。

尝试各种工作，积累社会经验

2017年进入大学后，何晓东便加入了学生会和国旗护卫队，历任经贸管理系学生会社会实践部干事、副部长，新疆理工学院国旗护卫队队员、副队长，经贸管理系团委第二课堂主任、经济贸易与管理学院团委学生副书记。他还经常与学院领导、老师沟通创业事宜。

从大一暑假开始，何晓东陆续在各种地方打工。2018年暑假他在乌鲁木齐餐饮店做服务员，寒假在广告公司做设计员；2019年暑期在绵阳市人力资源公司工作，2019年9月开始在康辉大自然国际旅行社阿克苏分公司从事导游工作，正是在大学的兼职工作经历，让他积累了不少的人脉与经验，同时也明确了创业目标。

创办星路文化传媒，正式走上创业路

"要想干一番事业，不需要做惊天动地的事情，只需要做自己喜欢、能让生活充实和快乐的事情就行了。"何晓东如是阐述创办星路文化传媒的初衷。

对于启动资金，何晓东笑着说："资金不是问题，前期一定要瞄准投资小、产出大的项目，以短期盈利项目来支撑长期基本业务。"大学四年，何晓东赚了将近10万元，再加上政府给予大学生创业的支持和鼓励，公司入驻了阿克苏地区创新创业大厦。大厦不仅免费提供办公场地，同时水电费和办公设备也全免，但是运营没有指导和扶持，要全靠何晓东和另一名合伙人杨锐杰（新疆理工学院工商管理专业学生，何晓东的同学兼舍友）来摸索。

星路文化传媒创办之初计划做各类赛事的专业服务工作。公司成功筹办了"柯柯牙青年之声"阿克苏地区歌手大赛，当20余万元各类赞助费到账之时，公司上下都十分兴奋。但是因为新冠肺炎疫情的反复，比赛最终只能取消，退还了所有的赞助费，最终亏损6万余元。

失败复起，再建商城

2021年8月，经人介绍，何晓东认识了携程旅游阿克苏分公司的总经理韩总，经过磋商，由携程韩总出资1.3万元建立百事通阿克苏商城，2021年9月正式开始招商入驻。同年9月14日至28日，何晓东在浙江学习期间又认识了诸多企业家，同时也谈成了许多商品的货源。

2021年，经过10月一个月的策划与完善，公司在11月举办了为期一个月的新疆理工学院第一届"携程杯"农特产品营销大赛，到目前为止商城盈利1万余元，总销售额破5万元，然而就在这一片喜气之中，投资人韩总撤资，公司又面临重起炉灶的窘境。2021年11月25日，百事通阿克苏商城下线，更名为疆忆优选。平台也将从零售逐步转变为供应链供货商，由平台负责选品、发货、售后，由创业电商负责销售。

通过对大赛的情况汇总，平台将逐步上线二手交易模块，同时也将扶持在线大学生创业，从事电商经营活动。

目前公司员工有全职的社会人员和在校实习学生，对于招聘的员工，何晓东一定会亲自面试，寻找志同道合，把工作作为事业的人。公司目前有20%的股份是悬空的，何晓东坦言会把这部分股份留给工作表现优秀的人。

对于企业管理，何晓东提出“两本”，即诚信为本和以人为本，同时要有铁的纪律，纪律面前，人人平等。在平时，他比较喜欢看能把中国传统管理思想与国际标准完美结合的书籍，比如张晓刚先生的《历史是个商学院》等。

其间，何晓东曾有过创办人力资源公司的想法，但是受限于目前疫情之下学校学生无法外出，客观因素无法克服，他放弃了这个想法。由于父母比较开明，只要不干违法乱纪之事，都会尊重和支持何晓东的决定，很大程度上消除了他的后顾之忧。

学习是快乐的，生活是充实的

“对于商城的建设和发展，我前期也是一窍不通，通过后来的学习才慢慢懂得。”何晓东说，“中国共产党提出了建立学习型政党，企业更要建立学习型企业”。

学习是自由和快乐的，学习知识是一个快乐的过程，不该是苦作舟，而应是乐作舟。

何晓东很喜欢交朋友，他交友有两个原则，一是态度端正，即三观正确，二是热爱学习。他不断拓宽人脉，不断结交新的朋友。平时他还会通过网上留言、微博、微信结识志同道合的朋友。

何晓东经常会试着转换角色，在老师和同学面前，是普通的学生；在员工面前，有老板的样子；在家人眼里，是父母的孩子。在时间分配上，他也有自己独特的方法，80%的精力投入疆忆优选，20%的时间用来旅行，创业以来他已经独自一人旅行了6个省份。他喜欢充实的生活、喜欢接近大自然，这样能够放松自己，释放自己。

鼓励创业,但并非人人皆可创业

“目前国家为解决大学生就业难的问题,正在鼓励‘大众创业　万众创新’,但是创业之路是一条曲折之路,需要创业者有强大的心理素质,更需要有永不言败的毅力。”何晓东慎重地说。

创业者不能是冲动的,一定要有判断力,不能迟疑不决。创业还有三大因素不可缺少,第一是人,即所谓的团队;第二是事,即所谓的项目;第三是资金。三者缺一不可。“团队是骨骼,项目是心脏,是五脏六腑,具有造血功能,资金则是血液。”何晓东这样诠释创业。

创业时不要畏惧会有很多风险,打工才是最具风险的。何晓东还想告诫在校的学弟学妹们,创业不要眼高手低,不要人云亦云,要根据自己的实际情况,选择自己的路。人最重要的就是要找准自己的位置,做适合自己的事情。

(新疆维吾尔自治区教育厅学生工作处供稿)

创新创业,逐梦青春

——新疆农业职业技术学院庞晶晶事迹

我叫庞晶晶,女,汉族,共青团员,现就读于新疆农业职业技术学院园林科技分院,是2019高职食品营养与检测1班的学生,在班级中担任组织委员一职,曾任社区办公室副主任。自2019年入校以来她以身作则,体现了良好的组织管理和协调能力,具有较强的社会实践能力。同时她还参加了不同的创新创业大赛,在第十二届"挑战杯"新疆大学生创业计划竞赛中获得校赛二等奖、区赛一等奖及国赛一等奖,在第四届新疆农业创业创新项目创意大赛中获三等奖,获得第六届中国国际"互联网+"大学生创新创业大赛新疆赛区金奖及国家铜奖、第七届中国国际"互联网+"大学生创新创业大赛校赛二等奖及新疆赛区金奖、首届西北四省区大学生就业创业大赛一等奖、第四届中华职业教育创新创业大赛国家二等奖,以及"优秀共青团员""优秀学生"等荣誉称号。

我与创新创业大赛的缘分,是由于大二时和其他班的同学一起参加了学校第十二届"挑战杯"新疆大学生创业计划竞赛获得了校赛二等奖。当时我虽获奖了,却有遗憾。在学院老师的鼓励支持下,我和团队成员一起着手准备后续的比赛。在一次次的走访企业和创业培训中,前辈们的创业思路与实践经历、老师们的不断指导,都为我指明了前进的方向,使我们的创业项目内容更加清晰完整。我们的项目从2020年7月筹划至今,经过校赛、省赛、国赛的层层打磨,根据不同赛事要求,进行相应修改,我们"杏扶助农——新疆色买提杏全产业扶贫项目"团队获得了可喜的成绩,获得第六届中国国际"互联网+"大学生创新创业大赛新疆赛区金奖及国家铜奖、第十二届"挑战杯"新疆大学生创业计划竞赛区赛一等奖及国家铜奖、首届西北四省区大学生就业创业大赛一等奖、第四届中华职业教育创新创业大赛国家二等奖。2020年9月及11月"杏扶助农——新疆色买提杏全产业扶贫项目"登上喀什地区英吉沙县电视台和新疆天山网。此外,我还积极参加学校的各项活动、比赛及项目。2021年负责的"优蒜有你"项目获得第七届中国国际"互联网+"大学生创新创业大赛校赛二等奖、新疆赛区金奖,并于2021年1月和2月陆续登上新疆天山网和《中国青年报》。两个项目均受到广大农户以及社会各界的认可。

我跟着老师一起研究大蒜中的蒜酶如何高效提取,现已有初步性的结果。我觉得我足够幸运,能遇到良师益友,任何事情都未必一帆风顺,任何经历都是一种人生积累,面对困难我不会退缩,因为我坚信迈出的每一步都会更接近梦想。我也曾为了比赛努力学习制作精美直观的PPT;为了项目的申报,无数个夜晚挑灯夜战;为了活动的举办而全力以赴。青春的起点还很稚嫩,未来的路途还很漫长。我会不断认识规律,不断进行理论创新、实践创新、文化创新,做走在时代前列的奋进者,勇立潮头的开拓者,让青春在创新中飞扬。同时我还明白了只有不懈奋斗,生命才会辉煌。通过大学两年多的锻炼,我明白了做人、做事的道理，懂得了基本的社交礼仪，学会了恪守职责、踏实做人的理念。我将从三个方面对我的成长进行总结表述：

一、思想方面

自考入大学以来，我就以一名共产党员的标准严格要求自己，旗帜鲜明，立场坚定，坚决拥护中国共产党的领导。在思想上积极要求进步，树立了正确的人生观和价值观，入校后第二个学期我就向党组织递交了入党申请书，我平时认真学习马克思列宁主义、毛泽东思想、邓小平理论和“三个代表”重要思想、科学发展观、习近平新时代中国特色社会主义思想等。经过党校老师的讲解，我的入党思想由感性认识上升为理性认识。通过交流学习，我进一步端正了入党动机，进一步认识到在新的历史时期作为一个共产党员所应具备的条件，这为我积极要求入党在思想上和理论上做好了准备。我积极、认真学习并实践科学发展观，将其应用到班级工作之中。同时我积极关注实事，紧密关注党的方针、政策，时刻牢记要保持自身的先进性，并且在各个方面都严格要求自己，在思想行动上为同学们树立了一个良好的榜样，向老师虚心求教，接受同学监督。

二、学习方面

从进入大学起，我一直把学习放在首位，清晰地认识到大学学习的自主性，因此，我始终坚持“今日事，今日毕”的原则，积极投入到各门基础课和专业课的学习中，给自己明确学习目标并端正学习态度；课前认真预习；课上认真听讲，积极与老师配合；课下勤于思考，及时高质量地完成老师布置的各项作业。

三、生活方面

我性格开朗，朴素节俭，严于律己，宽以待人。身为寝室的一员，又是学生干部，我带头做好宿舍的卫生工作，杜绝一切不良的生活作风，同时主动关心同学，帮助同学解决学习和生活中遇到的问题。平时我善于和同学沟通，也乐于帮助同学，在生活中与同学建立了很好的人际关系，获得了大家的尊重和支持。

我的大学生活尽管有艰辛和苦楚，但更多的是汗水和欢笑，我在不断挖掘着自己的潜能，使自己的每个细胞都得到锻炼，不断充实、完善自己，用青春描绘着梦想，用努力和拼搏续写着人生的华美篇章。

两年多的大学生活锻造了我坚毅的品格，让我愈发沉稳坚强。虽然以后的人生道路还会充满荆棘，但我仍会一路高歌，披荆斩棘，谱写属于自己的美丽人生。今后，我会加倍努力、扬长避短，化成绩和荣誉为动力，继续拼搏，再创佳绩，用实际行动来回报学校领导和老师的信任与期望。成绩只能代表过去，实力和自信才是我进步的源动力，我对自己的未来充满希望。我坚信，只要自己不放弃，就一定能获得更加辉煌的成绩。

（新疆维吾尔自治区教育厅学生工作处供稿）

秸秆还饲的科创之梦

——阿克苏职业技术学院林彭楚彬事迹

林彭楚彬，男，汉族，中共党员，阿克苏职业技术学院 2021 届优秀毕业生，目前在新疆农业大学本科就读，同时担任中国农业部草食家畜遗传育种与繁殖重点实验室刘晨曦团队科研助理，阿克苏职业技术学院反刍动物群发病防控工作室成员，获国家奖学金、院长奖学金等 3 次，发表核心期刊论文 5 篇，申请国家专利 2 项，主持参与研究课题 4 项，参与的"点草成金"秸秆还饲综合利用项目(任此项目副组长)曾获联合国粮农组织全球农创客大赛世界铜奖。

心之所愿，做你所想，无问西东

林彭楚彬出生于新疆维吾尔自治区巴音郭楞蒙古自治州库尔勒市的一个公务员家庭，他从小就表现出了对科学的兴趣。高中毕业后，他没有听从身边人的建议选择人们所认为的热门专业，而是选择了畜牧兽医专业，他希望自己能够参与到畜牧业当中，在将来能为新疆的畜牧业发展贡献出一份力量。

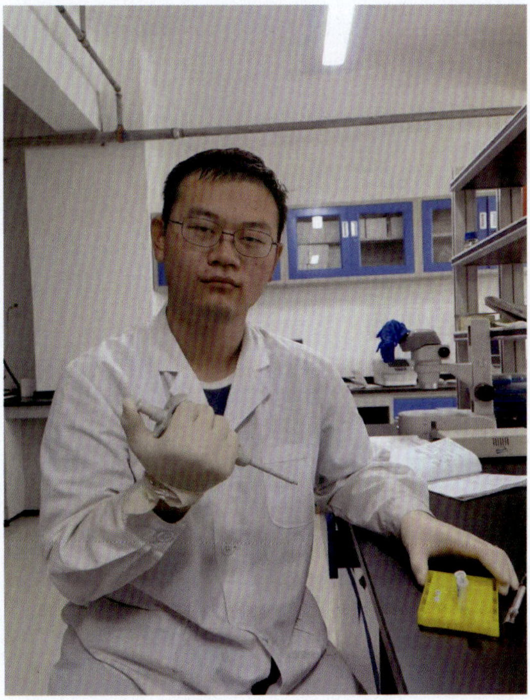

科研的启蒙

从来到校园的第一天起，为了能够实现自己的梦想，林彭楚彬就一直勤奋努力，并担任班级学习委员，其综合能力排名系部第一。为了不做只会读书的书呆子，在注重理论学习的同时，他还注重技能实践，而他的努力老师们也看在眼里。2019 年 5 月，他被推荐参加新疆维吾尔自治区技能大赛，同新疆其他高校的精英一决高下，然而准备时间只有短短的两个星期。为了比赛能够拿到好成绩，林彭楚彬放弃了所有的休息时间，只要一有空他就练习移液枪，上千只手套、三万根废枪头、二十万次的按压，这些都是他努力的体现。功夫不负有心人，他最终在比赛中获得了第二名的好成绩，这为他以后的科创之路奠定了非常重要的基础。

双创的奠基

“大众创业　万众创新”的时代浪潮中也有林彭楚彬的身影。在 2019 年阿克苏职业技术学院创新创业大赛中，他获得了三等奖及优秀奖 2 项。但他对这个成绩并不满意，他做好准备，计划在第二年取得更好的成绩。然而在项目的关键时期，因为连续一个月不休少眠，他因为心律失常被救护车送到医院，根据医生的建议，他被迫回家接受强制性休息调养，但是他并没有放弃比赛，在身体情况欠佳的情况下，他依然坚持参加了 2020 年的阿克苏职业技术学院创新创业大赛并荣获金奖。同时他还遇到了更多的良师益友，让他走向了更大的比赛舞台，并荣获阿克苏市创新创业大赛一等奖、最受欢迎项目奖和前十五强、中国创翼浙阿杯创新创业大赛优胜奖。其创新创业项目现已开通了网店，申请了国家专利 1 项，并入驻南疆丝路众创园接受了当地政府相关领导的检查，且被媒体和报社采访报道。他没有满足于现状，在事业蒸蒸日上的时候他始终记得自己的初心是什么，于是他又做出了一个令人惊讶的决定，放弃了当前的项目。

科创的初心

创新创业是林彭楚彬最宝贵的一笔财富，拓展了他的创新思维，为他日后的科创奠定了基础。通过不懈努力，2020 年他被推荐参与新疆维吾尔自治区的科研课题，当时正值假期，其他同学在家里打游戏、睡觉的时候，他反而一直在实验室丝毫不敢松懈，面对从未接触过的实验器材，他静下心从零开始学习，一直到除夕才回家休息。之后他还作为志愿者前往北疆参与狼群保护工作，在北京同其他高校的双创团队交流学习等，最终，他于 2021 年成功通过了新疆畜牧科学院的审核，被派往中澳绵羊研究中心的研究岗位实习，这也意味着他正式走上了科研之路。

在实习期间，林彭楚彬努力工作，成为单位第一批接受 PRIMUS DEXA 培训的学员，同时他还担任中澳绵羊研究中心在读博士生的助手，参与绵羊活体胚胎样本的取样和胚胎检验的实验。实习结束时，研究员看到了他的努力，问他是否愿意留下继续参加科研工作，他坚定地回答，当然愿意！通过这段实习的经历，他坚定了未来考研读博的决心。

投入时代洪流，巩固脱贫攻坚成果

不管是创新创业还是科学研究，都是林彭楚彬人生中最宝贵的经历。进入新疆农业大学后，他凭借着积累的科研经验在新疆农业大学组建了自己的科创团队，他和搭档专攻遗传育种和饲料营养两个方向，其中“秸秆还饲”项目甚至还进入了国际比赛。和以前的“互联网+”“创青春”比赛不同，这次国际比赛不再是高校之间的较量，而是要与来自世界各国有着成熟研究方案的一流科研团队进行竞争，面对的评委也是来自联合国和各个跨国集团的专家，团队所有人都没有足够的经验去参考，但是他和组员并没有放弃，而是迎难向上，最终获得联合国粮农组织全球农创客大赛世界铜奖，并获得联合国粮农组织专家们的一致好评。他们的“点草成金”秸秆还饲综合利用项目已落地喀什，并向阿克苏地区拓展，截至目前，项目为相关种植农户每亩提高产值120元(增长约20%)，节约养殖成本1200～1500元/头(节约30%)，项目带动了相关的厂区建设，提供就业岗位120个，并在2021年带动新疆南疆种养殖产业提质增效累计上千万元，他表示这将为解决世界反刍动物粗饲料不足的瓶颈问题提出重要的解决方案。

除了饲料营养方面，在遗传育种的研究方向上，林彭楚彬也被学科带头人的教授选中，作为“FABP基因家族对西门塔尔牛性状遗传效应”的课题主持人，并即将发表SCI论文1篇。他表示，自己将致力于分子生物技术的研究，用科技的力量来巩固脱贫攻坚成果，为新疆畜牧业的发展尽自己的一份力量！

(新疆维吾尔自治区教育厅学生工作处供稿)

闪亮的日子

海南

少年自有凌云志，不负黄河万古流

——海南大学韩静事迹

韩静，男，山西省大同市人，2018 年入读海南大学美术与设计学院环境设计专业，专业成绩名列前茅，辅修风景园林专业，被意大利米兰理工大学可持续建筑与景观设计专业录取。在校期间，他多次带领团队参与大学生创新创业训练计划，个人主持 2 项国家级项目、3 项省级项目；获得各类设计比赛奖励 20 余次、创新创业类竞赛省级及以上奖励 3 次；获得国家级实用新型专利 2 项、国家级外观专利 2 项、软件著作权 1 项。2019 年他开创了自己的首家设计工作室，2020 年创立海南易创广告传媒有限公司，主营广告设计业务，2021 年创立海南岛的文化发展有限公司，主营景观规划设计、竞赛和项目策划业务。他曾多次担任海南大学各个学院的创新创业院赛评委。

生而逢盛世，青年当有为

韩静踏上海南这片土地，恰逢海南自由贸易港建设正当时。自大学入校以来，韩静一直目标清晰，希望可以在这里找到属于自己的理想平台，为海南自由贸易港建设贡献自己的一份力量。在学业成绩名列前茅的同时，他还积极参与学校各类活动，丰富竞赛经验。在夯实理论基础，掌握专业知识的同时，他还积极参与各项实习，丰富自己的实践经验，沉淀资源，蓄势待发。2019 年，他和学长、学姐一起创办“三人行”工作室，以竞赛为核心，组织团队参与设计项目竞赛，从最开始的校赛竞赛勉强获奖，到之后获得了诸多省奖荣誉，团队得到了海南大学众多老师的指导和鼓励，也吸取了行业专家的建议，不断完善。在 2020 年和 2021 年，韩静先后成立了海南易创广告传媒有限公司和海南岛的文化发展有限公司。在他担任两家公司总经理期间，团队从 3 位海南大学学子发展到现在 20 多位各个专业的学子。他不断挖掘大家的潜能，使团队成员从只能做概念设计方案到逐步能落地一些简单的项目，从为个人和企业做设计服务到为地方政府做村落规划、业态整合。他一直不断努力，一直坚持着。他带领公司和一众同学，不断创造属于海南大学学子的奇迹，伴随着海南自由贸易港的发展共同走向更好的未来。

和光同尘，与时舒卷

创业的开始，通常会伴随着初入社会的陌生感。创业的起源，皆来自自我的挑战和资源的巩固。韩静要在学业和工作之间平衡也是作为学生创业的一种挑战和选择，是他在日夜流转的时间缝隙里对创业积攒的热爱和追求。从最开始的自我发展，到察觉诸多求职者的就业困难，他积极反思，勇于创造，力求提升当代求职者竞争力，以解决企业用人难的问题，从社会的角度缓解就业压力。在创业团队孵化的过程中，韩静经历过初期项目量少、收益单一、团队人员离职等困难，但他义无反顾地坚持了下来，克服困难，扩展业务链，解决企业遇到的问题。他坚信，海南发展需要人才，更需要发现人才、发展人才、发挥人才，平台的力量是不可或缺的。因此，从工作室到两家企业，韩静一直朝着为更多优秀人才提供展示才华、施展才华机会的方向，不断改进企业竞赛平台制度，丰富洽谈合作方，希望更多优秀人才能通过自己的平台，在各自擅长的领域一展宏图。

霁月光风，不萦于怀

在创业的过程中，韩静的心态一直比较平和，哪怕正在经历一些挫折和磨难，他的心中也一直包含着创客的精神和热情，沿途也一直受到行业领军人物的鼓励和肯定。2019—2022年，公司团队联合多家企业参与开发海口美丽沙景观绿化设计、海南三亚藤桥河畔项目藤桥村整村开发项目（在建）、广东湛江西湾村整村开发项目（在建）等，让更多企业感受到海南大学美术与设计学院的专业水平和海大学子的无限创造可能。2020年公司参展海口市消费品展览会，以独特的设计创意布置展位，此次参展也受到许多企业的认可和合作邀请。2021年公司参展海南国际文创周并得到业内前辈和导师的认可，结识了各领域优秀的企业家。创业的过程是艰难的，需要慢慢地去感受生活的艰辛，传承一种踏实做事的工匠精神。在过去的四年时间里，他一直秉承着为亲朋谋福利、为大众谋机遇、为生活创好运的初衷，认真钻研设计，希望能够为更多人提供好的发展机会。只有能造福社会的企业，才是能够长久发展的企业，才是能够传承永恒的企业。做一名合格的创业者，霁月光风，不萦于怀。既为青年，当有凌云志，不负黄河万古流。

（海南省人力资源开发局供稿）

激流勇进，勇攀高峰

——海南科技职业大学刘冰事迹

刘冰，男，汉族，1998 年 1 月 16 日出生，中共党员，高中毕业于安徽省宿州市泗县第二中学，并于 2017 年 9 月就读于海南科技职业大学机电工程学院机电一体化技术专业。刘冰在校期间成绩优异，积极参加学校组织的各类活动，并担任 2018 届海南科技职业大学机电工程学院学生会主席，尽心配合学院的各项工作安排，积极响应学校的各项指令，曾多次获得“三好学生”“学习标兵”“优秀学生干部”等荣誉称号。他十分热爱体育运动，每天都会进行体育锻炼。

机会偶现，想法初成

身体是革命的本钱，健康的体魄是一切活动的基础。这个认知一直是刘冰所坚持的。一个人再有钱，如果没有健康保障，财富也将变得毫无意义。秉承着对体育的热爱，刘冰萌发了体育方面的创业想法。随着创业的种子在刘冰的身上逐渐萌芽，一次机会，刘冰注意到当代家长不仅对孩子的理论知识教育十分重视，而且对孩子体能方面的培养也丝毫不松懈，在这方面也不吝钱财。于是开设一个儿童体育方向的教育机构的想法在刘冰心里越来越强烈。

开始创业，基地建成

2020 年刘冰大学毕业了，也正是这一年，刘冰开始了自己的创业之路……2020 年 6 月，刘冰开始了创业策划，首先资金是一大难题，刚毕业的大学生如何筹集创业启动资金呢？刘冰尝试了各种途径，向学校申请创业资金，以个人名义进行创业贷款，在他的不懈努力下，终于第一笔启动资金筹集成功了。2020 年 11 月，刘冰辗转各地寻找合适的场地作为活动基地，地理位置不合适的不能选，户型不够标准的不能选，价格过高的不能选，历经一个月的寻找，刘冰终于找到了一处最佳的地方。2020 年 12 月，刘冰开始进行装修，为了节省一笔不菲的装修费，他和团队自己动手进行装修：前期拆改、水电改造、木工、线路排布等都亲力亲为。他们一点点摸索出了最想要的效果，经过不懈的改进与调整，终于建成了自己的理想小屋。

皓宸出世，配备齐全

2021 年 1 月，皓宸体育正式成立。中国奥林匹克运动的先驱张伯苓先生曾说过：“教育里没有了体育，教育就不完全。”皓宸体育占地面积 1000 平方米，公司内设有各种培训设施，针对不同孩子的体能进行不同运动量的培训，培训的内容多种多样，主要有篮球、乒乓球、平衡车体适能等训练，皓宸体育为孩子们配备了专业持证上岗教练十余人，真正做到了专业的均衡锻炼。培训场地也做到了儿童化，不仅所有的设施都十分安全，而且颜色、形状设计也非常贴近孩子的喜好，让孩子们在游戏中得到更好的锻炼。皓宸体育不仅对孩子们进行室内体能锻炼，也会经常带领他们进行户外训练，真正实现内外结合，全面发展。公司还开设暑寒假培训班，让孩子们有更多集中的时间强化自己的体能。公司配备的教练每天会向家长汇报孩子们的锻炼情况，也能实时让家长知道孩子们在基地的训练情况。不仅如此，刘冰还会对每个孩子的训练进度进行记录，孩子在训练中的改变和成长都在他的记录中展现出来，这种负责任的态度让许多家长都放心把孩子交到皓宸培训。

突飞猛进，发展合作

皓宸开业第一年招生就突破了200人，营业额高达100万元。经过刘冰与团队的不懈努力，皓宸与江苏肯帝亚篮球俱乐部兰博文体育成为战略合作伙伴，并与江苏羽毛球运动协会达成合作，还被评选为少儿体适能测评授权考点。随着皓宸的实力不断增强，越来越多的家长更信赖皓宸，皓宸也被中国好教育协会评为“家长信赖儿童教育品牌”之一。

激流勇进，未来可期

“没有激流就称不上勇进，没有山峰则谈不上攀登。”刘冰始终秉承着这个道理。刘冰用行动证实了自己对体育的热爱，他也想让更多的孩子能从小就建立一个良好的体育意识，不仅仅促进孩子锻炼身体，而且要加强青少年对体育的热爱。未来刘冰想让更多的孩子能够爱上体育，他的规划是与各所幼儿园和小学谈成合作，让皓宸走进中小学生的校园，让更多的孩子在愉快玩耍的同时增强体格、强健体魄。

刘冰对未来的展望是开多家分店，并成为当地的龙头企业。这个目标说大不大，说小却也不小。对于一个刚毕业没几年的大学生来说，能把公司做到如此规模实属不易，但是刘冰想要的是让皓宸为更多人所熟知，让更多人认识皓宸，这不仅仅是为了自己，更是为了让更多的孩子明白什么是真正的体育精神。刘冰说，他这一路摸爬滚打，深知创业不易，他也希望能尽他所能回馈母校，帮助更多的同学提供就业岗位与创业指导，同时热情回馈祖国的教育，树立起新时代大学生的创业榜样！

（海南省人力资源开发局供稿）

从实验室里成长起来的创业者

——海南热带海洋学院徐秋阳事迹

从稚嫩的大学生到成熟的创业者，从一个技术宅到一个管理者，徐秋阳的蜕变历经了五年的时光。在学习创业的道路上，他一直在前进。

实验室的时光

2016 年年末，由于具备较好的化学基础，徐秋阳被专业老师带进了环境水质科研组，那是他第一次去实验室，当时的科研组有四个高他一届的学长、学姐。与很多刚进实验室的小白一样，徐秋阳也是从刷瓶子开始的。几天后开始做实验，由于拥有较好的记忆力，他花了不到两个月就学完了实验室所有的检测标准，然后开始学习各种仪器的使用，学院和实验室的老师也为他提供了很多便利。四个月后他正式开始接手管理科研组。为了壮大科研团队力量，他利用担任学生团委副书记的职务便利，积极发展优秀的学生进入科研组，2017 年年初，科研组的人员数量翻了两番。

在参与众多老师的科研项目后，徐秋阳在科研思路上逐渐形成了自己的理解。当组织团队开始进行内部科研立项时，他积极申报各类项目，2018 年年初团队已经发展到 30 多人，至 2018 年年末已接近百人。为了便于管理，他于 2018 年年初建立了科研社团星海环境协会。自此团队科研成果和人员队伍便开始了井喷式的增长，从 2018 年申报科研项目十余项，到 2019 年申报科研项目达到四十余项。他所带的团队也在三年内先后斩获国家级奖励 2 项，省级金奖 2 项，银奖 20 余项，铜奖 30 余项；团队获得省级国家级大创奖项 20 余项；先后申请专利 10 余项，发表论文 4 篇。而他本人也先后获得雅居乐奖学金、团中央电信奖学金、国家奖学金等荣誉。时至今日团队每年的科研成果产量依然保持在一个较高的水平。

从公益项目开始创业

2018 年 5 月，徐秋阳获得同盾基金支持后，入选由桃花源基金会和昆山杜克大学组织的蓝色先锋计划公益项目，之后在国际学术交流会上结识了舟山巨洋技术开发有限公司（简称巨洋）的总经理方懂平。茶歇时挪威的一个参赞和方懂平总经理对徐秋阳的专利微塑料染色剂表示很感兴趣。一番交谈后，受方懂平总经理邀请，徐秋阳去参观了巨洋的省级众创空间和机械加工中心。之后二人决定进行合作，并在三亚设立巨洋分公司。2018 年，徐秋阳卸任团委职务后便专心从事科研及企业工作。为选拔人才，推进产学研转化与企业建设，2018 年年末徐秋阳开始对科研团队进行了几番改组，并筹建了英国 Natural Star Ocean 投资控股有限公司。2019 年，徐秋阳开始从科研组剥离一部分核心团队筹建海南元森环境工程有限公司，并出任董事长一职，至 2020 年 3 月，公司团队基本筹建成型。

从 2020 年 6 月企业成立开始，公司陆续开展了白沙县厕改调研、文昌人居环境三年行动验收、海南省重点投资产业调研、儋州海南省农村危房改造调研、陵水县新村污水处理厂一期工程竣工环保验收等项目，整个企业团队逐渐在磨合中进步。截至目前，元森先后吸纳应届毕业生10余人，实习生40余名。2020年年末，徐秋阳开始组建元森环境子公司，大力发展环境装备研发制造、环境大数据、环境设计、环境投资等项目。2020年元森获得海南省科创杯总决赛优秀企业，2021年获评海南省科技型中小企业，获批工信部增值电信业务ICP、EDI、SP资质、货物与技术进出口资质，并通过ISO20000认证，签订海南热带海洋学院环境工程实践教学基地。目前企业正在加紧进行三亚市就业见习基地、双软企业、高新技术企业等认定。

与乡村振兴结缘

自2020年下半年起，由于公司先后承接了多项乡村振兴相关的项目，需要深入基层调研白沙、五指山、文昌、儋州等多个市县。2020年年初徐秋阳去了白沙县南开乡的几个极其偏远的村子调研，那边的道路很是不便。在金波乡与鹦哥岭的交界处，一个仿佛被世间遗忘的村子还留守着几个老人。在山里，手机没有信号是常有的事。感触山村的落后，徐秋阳决定带领企业投身乡村振兴建设。2021年年初陆续出台的有关乡村振兴的文件给了徐秋阳极大的鼓舞。经过几轮会议，公司最终决定从大数据、产业孵化、生态环境等方面着手，从事乡村振兴建设。2021年2月徐秋阳数次前往儋州考察，并与儋州老市村谈判合资设立隆喜果酱公司，助力当地农产品加工，并商议在当地投资建设环境产业孵育实验室。根据企业规划，未来他们将以儋州老市村作为示范基地，将成功的经验复制到白沙、五指山等地。

从2015年步入大学到现在成为一个企业的管理者，徐秋阳一直走在学习的路上，一路走来，学校、家长、老师、同学都给了他很多帮助。他常常说“止于至善，成于精勤”的校训是他一辈子都会记在心里的。这是他高中时的校训，老师常常说大道无止境，但是勤劳努力，精研术业，总有一天会收获成功。如今，他的脸上褪去了几分学生时代的青涩，多了几分沉稳。但他还经常和员工调侃：“叫学长就好了。这‘您’用的，显得生分，还把我叫老了。哈哈哈！”

无论是一个企业，还是一个人，都一定是时势造英雄，千万不要英雄造时势。顺流而上，这是手法。形势好了，大家才有机会成为英雄。只有成为英雄后，才有可能去适应时势、改造时势。如今海南自贸港的建设如火如荼，各地的乡村振兴局也在陆续成立，机遇等待着一个个前来寻找它的人们。新的时期，谁都会是那个弄潮儿，在中国大地扎根，书写人生华章。

（海南省人力资源开发局供稿）

创业之路＝1%的灵感＋99%的努力

——三亚航空旅游职业学院张有程事迹

张有程，男，三亚航空旅游职业学院空中安全保卫专业2020届毕业生，毕业后创立了沈阳市欧鲸教育科技有限责任公司，同时也是尚艺家（辽宁）装饰材料有限公司法人。

张有程任沈阳市欧鲸教育科技有限责任公司的董事长，但每当有人称呼他为张总或张董的时候，这个刚毕业没多久的小伙子总是笑得很腼腆。他说："其实我心里很清楚，别人这样称呼我，大多数是因为尊重我，或者是朋友捧场，但越是这种时候，我越要保持冷静，越要明白自己与真正的张总或张董之间的差距。"张有程并没有被那一声声的张总或张董的敬称冲昏头脑，反而对目前的自己和公司的现状有着十分清醒的认识。从学生时代发现商机、筹备创业，到毕业后创立企业、管理企业，张有程逐渐褪去了学生的青涩，开始真正成长为一个合格的创业者与管理者。

关于张有程创业的源头，还要从他的一次勤工俭学说起。

学生时代的张有程经常勤工俭学，曾先后两次协助学校老师在东北地区进行招生面试工作。在这个过程中，张有程以一个准空中安保员敏锐的观察与判断，从来往的考生与考生家长、艺考培训领队的比例等细微之处，发现了沈阳艺考培训资源求大于供，行业远未饱和，尚有待开发的商机。"老话说种因得果，无论是学校给予我们的丰富的勤工俭学与社会实践机会，还是老师在课堂上深入浅出的教学，对学生职业素养的严格把关，都是我能发现商机，开启创业之路的前因，我一直记得，一直都很感恩。"张有程如是说。

发现商机之后，坐起立行的张有程在进行了周密的市场调研后，便迅速于沈阳创立了艺考培训公司。张有程公司的主要业务范围包括艺考培训、航空相关技能培训与个性化定制培养项目，开设有形体、普通话、航空英语、声乐、体能等专业课。从前期物色创业场所、办理各种证照、招聘专业人才，到后期联系学校与企业进行宣讲、建立合作关系以及具体化的公司运营，张有程所经历的坎坷与艰辛不足为外人道也。

目前，张有程的公司已走上正轨，他如是总结自己的创业经验："创业这件事，1%的灵感固然重要，但剩余的99%的汗水才是创业的常态与主体组成部分，创业最怕空想，最怕吃不得苦"。张有程送给所有有创业计划的学弟和学妹们一句话，"有志者，事竟成，破釜沉舟百二秦关终属楚；苦心人，天不负，卧薪尝胆三千越甲可吞吴"。

（海南省人力资源开发局供稿）

陪伴他人一起成长

——海南外国语职业学院王志博事迹

王志博，1996 年出生于山西太原，2015 年就读于海南外国语职业学院应用俄语专业。在校期间，王志博担任班长一职，勇于实践，大胆创新，并通过所学知识在校期间低成本试错，为自己的职业人生做了详细的科学规划。创业期间，他录制的“大湾区智汇创业+”节目获得 500 万元天使融资，并获得与商业大佬及明星的交流和后续合作机会，还获得独角兽企业、诚信企业家等名誉。2020 年其名下的一家公司在广东股票交易中心挂牌新四板，创业五年后，于 2022 年成功创办木耶海集团。

一个创业者在创业之前不一定非得要具备许多能力，但他必须具备善于学习的能力和反思的品质。在目前的市场经济条件下，社会的各方面变化都很快，人们所学的知识和掌握的经验过时的周期越来越短，只有在实践当中不断进行学习，努力把握事物发展的趋势才能永葆自己的青春和活力，在竞争中立于不败之地。

警醒自己：社会中的小学生

“我创业前的故事在 2018 年的时候通过采访已经告诉了大家，今天我和大家聊聊创业后的事情，我在 21 岁那年公司分红分到两百多万元，鉴于当时的我心智并不是很成熟，又因为各种因素就有点飘。现在回想起来，因为自傲我迷失了方向，错失了许多合作伙伴，但是也和老板、导师、专家大佬等有了深入联系。和他们接触后，我才意识到我陷入了一个自我的世界，以为我自己看到的世界就是全世界。人外有人，山外有山，直到这一刻我才真正领悟了这个道理。于是每次路演、录制节目或者接受采访我都会用这句话结尾。”说这段话的正是海南外国语职业学院西语系 2015 届应用俄语专业的王志博，现在是木耶海集团董事会主席兼首席执行官。

在大学的时候，王志博就有了清晰的创业目标。毕业后他一直在按照自己制订的规划一步步实现自己的目标。几年的事实证明，他正在按自己的规划坚定地往前走着。

浴火重生：问题都是用来解决的

2019 年年底新冠肺炎疫情暴发，对于实体公司来说打击很大，整个中国的快递业停滞，海南景区因封闭没有游客，每个月的景区、景点、展厅、柜台的渠道费用照常支付，员工每个月的基础底薪会发放日常工资的 80%，公司完全是一种入不敷出的局面。其间，王志博不断调整公司战略，重组组织架构，开拓新的销售渠道。他说那段时间完全是黑白色的，他也想过放弃，但是转身还是会全身心投入到工作当中，然而现实是残酷的，事情也并没有想象中那么顺利。为找到解决办法，打开局面，王志博打电话回款、请教、合作。他时常打电话打到手发麻，熬夜制作思维导图也是家常便饭，制作后再推翻更是常有的事。他不断告诉自己："再坚持坚持，再过一个星期疫情就结束了。"就这样，他一直坚持到 2020 年 5 月，公司不仅有了新的销售渠道，商业模式也更加完善。

很多时候并不是没有解决方法，而是我们没找到解决问题的方法。通过这次新冠肺炎疫情，公司团队从危机中找到商机，不仅救活了疫情之下的企业，还在疫情发生过程中发现了初创企业的痛点，王志博萌生了做企业服务生态链平台的想法。为了更好地为企业服务，公司于 2021 年花费数万元买下企业电话号码，并在海南省海口市美兰区合作拥有了一块六亩的土地，配合海南自由贸易区政策为企业孵化做准备。王志博在面对问题时冷静思考，在冷静思考中认真总结，带领公司做好全面风险预防把控。他说"危机亦是转机"，任何事情都是双刃剑，有利有弊，抓住了就是机遇，没抓住就是问题。

回馈社会：大学生创业项目天使投资人

王志博创业已有五年时间，其间有高光，有低谷，有快乐，有烦恼，他感谢很多帮助扶持过他们的政府政策、学校、贵人、朋友、合作伙伴。予人玫瑰，手有余香，他也会将此传承下去，去帮助更多的初创企业。

荣誉名称	等　级
企业信用等级证书	AAA级
企业资信等级证书	AAA级
诚信供应商证书	AAA级
诚信企业家证书	王志博
重服务守信用证书	AAA级
重质量守信用证书	AAA级
诚信经营示范证书	AAA级
重合同守信用证书	AAA级
质量服务诚信证书	AAA级
大湾区智汇创业+	500万天使融资
广东股票交易中心新四板	股票代码:251619
创投决	独角兽企业

“尊重人的价值,开发人的潜能,升华人的心灵。”这是王志博与木耶海共通的人才理念。他说:“感谢创业路上的一切,感谢学校、社会的帮助,我们也会通过投资创新性项目的方式间接性回馈母校,回馈社会。助普通的人变成优秀的人,优秀的人变成卓越的人,陪伴源源不断的人实现自己的人生梦想。”

(海南省人力资源开发局供稿)